教师教育系列教材

心理学导论

(第 3 版)

张　朝　于宗富　编著

清华大学出版社
北　京

内 容 简 介

心理学公共课是高等院校教师教育类专业的一门重要必修课，其承担着培养教师教育类专业学生教育科学素质的使命，对培养合格教师具有非常重要的意义。本书在面向教师教育类专业职业发展的同时，兼顾学生的现实心理需求，在加强思想性和科学性的基础上，更加突出职业性、应用性和可操作性。本书共分14章，以普通心理学内容为主，包含了教育心理学、发展心理学、社会心理学和健康心理学等内容。本书根据教育部考试中心制定的《中小学和幼儿园教师资格考试标准及大纲》，增加了学习理论、学习策略、学习迁移等教育心理学内容，并将普通心理学、发展心理学的基本理论与教育教学实践紧密地结合起来，将学科最新研究成果引入到教材中，既能满足心理学公共课教学大纲的要求，又能覆盖教师资格证考试大纲中的心理学知识点，有助于教师教育类专业学生更好地备考。

在内容组织形式上，本书各章内容涵盖知识要点、正文、阅读资料、复习思考题及教师资格证考试真题等。在正文的编写过程中，本书遵循少而精的原则，将部分内容以阅读资料、线上数字资源的形式进行补充，既包含心理学小测验和心理学动态介绍，也包含对所学理论的应用示例等。这样既拓宽了学习者的知识视野，又增加了知识的趣味性和实用性，使本书的可读性更强。

本书适合作为教师教育类专业的心理学公共课教材，亦可作为成人高等教育教材，还可以作为教师继续教育用书和对心理学感兴趣者的自学教材。

本书封面贴有清华大学出版社防伪标签，无标签者不得销售。
版权所有，侵权必究。举报：010-62782989，beiqinquan@tup.tsinghua.edu.cn。

图书在版编目（CIP）数据

心理学导论 / 张朝，于宗富编著. -- 3 版. -- 北京：清华大学出版社，2025.5.
(教师教育系列教材). -- ISBN 978-7-302-68759-7

Ⅰ. B84

中国国家版本馆 CIP 数据核字第 20257CL955 号

责任编辑：孙晓红
封面设计：刘孝琼
责任校对：周剑云
责任印制：刘海龙

出版发行：清华大学出版社
网　　址：https://www.tup.com.cn, https://www.wqxuetang.com
地　　址：北京清华大学学研大厦 A 座　　邮　编：100084
社 总 机：010-83470000　　邮　购：010-62786544
投稿与读者服务：010-62776969，c-service@tup.tsinghua.edu.cn
质 量 反 馈：010-62772015，zhiliang@tup.tsinghua.edu.cn
课 件 下 载：https://www.tup.com.cn, 010-62791865
印 装 者：三河市少明印务有限公司
经　　销：全国新华书店
开　　本：185mm×260mm　　印　张：19　　字　数：462 千字
版　　次：2008 年 5 月第 1 版　2025 年 5 月第 3 版　印　次：2025 年 5 月第 1 次印刷
定　　价：58.00 元

产品编号：102207-01

前　言

心理学公共课是高等院校教师教育类专业的一门重要必修课。心理学公共课的教学目标可以概括为两个方面：一是职业发展目标，即心理学公共课要为学生将来从事的教师职业服务，为学生将来的教育教学提供必要的知识、技能，帮助学生形成从事教育活动所要求的职业素质，促进教师职业的专业化发展；二是现实生活指导目标，即心理学公共课除了要服务于学生未来的职业活动外，还应服务于学生当下的现实生活，发挥现实生活指导作用，指导学生的专业学习、人际交往和心理素质培养，帮助学生更高效地学习、合理地规划人生、解决所遇到的心理问题和困扰，促进学生心理的健康发展等。

《心理学导论(第1版)》于2008年5月由清华大学出版社出版，它是在先后使用20多种不同版本的心理学教材授课的基础上编写的，作为全国高等师范院校的心理学公共课教材，先后被全国众多高校采用。《心理学导论(第2版)》于2017年8月出版，是在认真总结和分析了多年的心理学公共课教学经验的基础上，先后承担了8项心理学教学研究课题后出版的。《心理学导论(第2版)》因为编写目标明确，定位清晰，结构合理，切合教师教育类专业培养学生的需要，所以在出版后受到广泛欢迎，并获评山东省普通高等教育一流教材。

《心理学导论(第3版)》修订的缘起有两点。首先，从社会需求来看，近年来国家对师范教育的改革高度重视，先后发布了一系列文件。2017年，教育部印发《普通高等学校师范类专业认证实施办法(暂行)》；2018年，中共中央、国务院印发《关于全面深化新时代教师队伍建设改革的意见》，同年，教育部等五部门印发《教师教育振兴行动计划(2018—2022年)》；2019年，中共中央、国务院印发《中国教育现代化2035》等，都表达了国家对提高师范生培养质量、优化教师教育人才培养模式的迫切需求。为了切合国家对师范教育提出的新要求，需要对教材进行及时修订。其次，从学科发展需求来看，近年来随着社会经济及人们生活方式的急剧变化，人们的心理发生了很大的变化，尤其是青少年的心理变化远远超出了成人预期，使得原本规矩的课堂教学受到了越来越大的冲击，如何把心理学研究的新成果应用到教学当中，是现代教育教学亟待解决的问题。为了更好地体现学科的发展，及时地把心理学研究的新成果融入教材当中，对教材进行及时修订非常必要。

《心理学导论(第3版)》的修订本着科学性、思想性、发展性、实践性等基本原则，保留了原有两版教材定位清晰、内容实用的优点，同时注重反映近年来心理学研究的新成果和教师教育发展的新趋势，遵照教育部新颁布的教师教育课程标准、教师资格证考试大纲，体现了师范认证的教学理念，对教材的内容和章节进行了必要的调整和补充。本书的具体特点表现在以下三个方面。

(1) 在教材的内容上，加强了"教师教育职业发展"的特点。本书在保持普通心理学基本内容体系的前提下，充实了教师教育职业发展所需的内容。本书共14章，以普通心理学知识体系为主(前12章)，增加了教育心理学和发展心理学的内容(后2章)，同时，将发展心理学、社会心理学和健康心理学相关内容融入各章节当中。一方面,本书保留了心理学公共课教学大纲要求的知识体系,并体现了教师教育课程标准,确保学科定位明确;另一方面,本书丰富了教师教育职业发展的内容,全面覆盖了教师资格证考试大纲的心理学知识点,确保教师教育职业定位明确。

(2)在教材的组织形式上,采用了立体化教材模式,即纸质教材与网络资源相互结合。纸质教材涵盖学习目标、正文内容、阅读资料及部分教师资格证考试真题等板块。网络资源则包含青少年心理发展与心理健康教育、2013—2023年教师资格证考试心理学真题、心理效应案例、心理测验内容,还有课件库等资源。读者可通过扫描书中二维码获取部分教学资源。纸质教材未能详尽之处,借助网络教学资源予以补充。如此安排,一方面能够降低成本,减轻学生经济负担;另一方面,紧跟时代步伐,利用网络资源助力学生开展主动探索性学习,培养其多种能力。

(3)在教材的文字编撰方面,我们始终致力于做到逻辑清晰、简洁明了。在本书的修订工作中,对语言表达提出了更为严苛的要求,无论是内容阐述的深度,还是语言表述的质量,均实现了较大程度的提升。一方面,在表述心理学基本概念与基本原理时,我们竭力确保逻辑严谨、条理清晰且简洁易懂;另一方面,在理论的实践应用部分,力求以通俗易懂、深入浅出的方式呈现,尽可能将学术用语转化为贴近生活的表述,以便读者理解与运用。

本书初稿完成后,笔者邀请了多位心理学教授、用书单位的任课教师,以及已修读过心理学课程的学生和即将开设此课程院校的学生通读全书内容。广泛从不同角度收集他们的意见与建议,对书稿进行了反复打磨与修改,字斟句酌,致力于提升书稿质量。

本书编写的具体分工如下:张朝(山东理工大学)、李寿欣(山东师范大学)编写了第1、3、9章;于宗富(山东理工大学)、孙宏伟(山东第二医科大学)编写了第2、7章;于宗富(山东理工大学)、张道祥(山东航空学院)、李树军(临沂大学)编写了第4、8章;张朝(山东理工大学)、丁俊兰(山东航空学院)、杨逸群(山东理工大学)编写了第5、6章;程巍(山东航空学院)、于宗富(山东理工大学)、李义安(聊城大学)编写了第10、11、12章;林丰勋(济南大学)、张朝(山东理工大学)编写了第13、14章及附录。于宗富负责整理教师资格证考试真题库。最后,由张朝、于宗富负责全书的统稿。

在本书的编撰过程中,众多专家及编辑给予了大力支持。他们凭借极高的工作热情与严谨细致的工作态度,为本书的顺利出版倾尽全力,在此,我们向他们致以衷心的感谢。同时,我们也对编撰期间参考的国内外同类教材及相关文献的作者深表感激,在此,谨向相关专家、学者献上最诚挚的谢意。

教材具有极为重大的育人价值,对提升教学质量贡献卓越。自本教材首次出版至今,已历经17年有余。编写团队始终紧跟时代步伐,在教材的体例架构、内容遴选及撰写风格上不断追求卓越、精益求精。然而,鉴于心理学领域知识极为广泛,教材中难免存在一些疏漏之处。诚望各位专家、同行以及广大师生不吝赐教,提出宝贵的意见与建议,以便我们对教材进行进一步的完善与提升。

编者
2025年3月

目 录

第1章 绪论 ……………………………… 1
引言 ……………………………………… 1
1.1 心理学的研究对象 ……………… 1
 1.1.1 心理学的概念 ………………… 1
 1.1.2 心理学的研究对象 …………… 3
1.2 心理学的发展历史 ……………… 7
 1.2.1 科学心理学的诞生 …………… 7
 1.2.2 心理学的主要流派 …………… 8
 1.2.3 心理学的学科分支 ………… 14
1.3 心理学的研究方法 ……………… 17
 1.3.1 研究原则 ……………………… 17
 1.3.2 心理学的研究方法 ………… 19
复习思考题 …………………………… 22
教师资格证考试真题再现 …………… 22

第2章 科学的心理观 ………………… 23
2.1 唯物主义和唯心主义的心理观 … 23
 2.1.1 唯心主义的心理观 ………… 23
 2.1.2 唯物主义的心理观 ………… 24
2.2 科学的心理观 …………………… 24
 2.2.1 脑是心理活动的器官 ……… 25
 2.2.2 客观现实是心理活动的源泉和内容 ……………… 25
 2.2.3 心理是脑对客观现实的主观能动的反映 ………… 26
 2.2.4 人的心理是在社会实践中发生和发展的 ………… 26
2.3 高级神经活动的基本过程与规律 ………………………… 28
 2.3.1 神经系统的结构与机能 …… 28
 2.3.2 高级神经活动的基本过程和运动规律 …………… 32
 2.3.3 心理现象产生的基本方式——反射 ………………… 34
 2.3.4 内分泌系统 ………………… 35
复习思考题 …………………………… 37

第3章 感觉和知觉 …………………… 39
3.1 感觉和知觉概述 ………………… 39
 3.1.1 感觉和知觉的概念 ………… 39
 3.1.2 感觉与知觉的分类 ………… 41
 3.1.3 感觉的基本规律 …………… 45
 3.1.4 知觉的特性 ………………… 48
3.2 观察及观察力的培养 …………… 52
 3.2.1 观察及良好的观察条件 …… 52
 3.2.2 观察力的培养 ……………… 53
复习思考题 …………………………… 54
教师资格证考试真题再现 …………… 54

第4章 注意 …………………………… 57
4.1 注意的概述 ……………………… 57
 4.1.1 注意的概念 ………………… 57
 4.1.2 注意与心理过程的关系 …… 58
 4.1.3 注意的功能 ………………… 58
 4.1.4 注意的外部表现 …………… 59
4.2 注意的种类 ……………………… 59
 4.2.1 无意注意 …………………… 59
 4.2.2 有意注意 …………………… 61
 4.2.3 有意后注意 ………………… 61
 4.2.4 无意注意、有意注意和有意后注意三者的关系 …… 62
4.3 注意的品质 ……………………… 62
 4.3.1 注意的范围 ………………… 62
 4.3.2 注意的稳定性 ……………… 63
 4.3.3 注意的分配 ………………… 64

  4.3.4 注意的转移 ·············· 65
4.4 注意规律与教学 ················ 66
  4.4.1 无意注意规律在教学中的运用 ··············· 66
  4.4.2 有意注意规律在教学中的运用 ··············· 67
  4.4.3 巧妙地利用几种注意交互转化的规律组织教学 ······ 68
复习思考题 ························ 69
教师资格证考试真题再现 ············ 70

第5章 记忆 ·················· 71

5.1 记忆概述 ······················ 71
  5.1.1 记忆的概念 ·············· 71
  5.1.2 记忆内容储存的形式 ······ 73
  5.1.3 记忆的分类 ·············· 74
5.2 记忆的过程 ···················· 78
  5.2.1 识记 ······················ 78
  5.2.2 保持和遗忘 ·············· 81
  5.2.3 再认或回忆 ·············· 85
5.3 记忆的品质 ···················· 85
  5.3.1 记忆的敏捷性 ············ 86
  5.3.2 记忆的持久性 ············ 86
  5.3.3 记忆的准确性 ············ 86
  5.3.4 记忆的准备性 ············ 86
复习思考题 ························ 87
教师资格证考试真题再现 ············ 87

第6章 思维 ·················· 89

6.1 思维概述 ······················ 89
  6.1.1 思维的概念 ·············· 89
  6.1.2 思维的种类 ·············· 90
  6.1.3 思维与语言 ·············· 92
  6.1.4 思维的过程 ·············· 93
  6.1.5 思维的形式 ·············· 94
  6.1.6 思维的品质 ·············· 96
6.2 问题解决 ······················ 96
  6.2.1 问题解决的思维过程 ······ 97
  6.2.2 影响问题解决的因素 ······ 97
6.3 创造性思维及其培养 ··········· 100
  6.3.1 创造性思维的概念 ······· 100
  6.3.2 创造性思维的基本过程 ································· 101
  6.3.3 创造性思维的培养 ······· 102
复习思考题 ······················· 104
教师资格证考试真题再现 ··········· 104

第7章 情绪和情感 ············ 107

7.1 情绪和情感概述 ··············· 107
  7.1.1 情绪、情感的概念 ······· 107
  7.1.2 情绪、情感的生理变化和外部表现 ······················ 110
  7.1.3 情绪与情感的分类 ······· 111
7.2 情绪的理论 ··················· 114
  7.2.1 詹姆斯—兰格情绪理论 ··· 114
  7.2.2 坎农—巴德情绪理论 ····· 115
  7.2.3 情绪认知理论 ··········· 115
  7.2.4 艾利斯的情绪ABC理论 ································ 117
7.3 情绪、情感与身心健康 ········· 119
  7.3.1 情绪、情感对身心健康的影响 ···························· 119
  7.3.2 青少年的情绪特点 ······· 120
  7.3.3 青少年常见的情绪问题与调控方法 ···················· 121
复习思考题 ······················· 127
教师资格证考试真题再现 ··········· 128

第8章 意志 ················· 129

8.1 意志概述 ····················· 129
  8.1.1 意志的概念 ············· 129
  8.1.2 意志与认识、情感的关系 ······························ 130
8.2 意志行动的心理分析 ·········· 131
  8.2.1 采取决定阶段 ··········· 131
  8.2.2 执行决定阶段 ··········· 133
  8.2.3 意志行动中的挫折 ······· 134
8.3 意志品质及其培养 ············· 138

8.3.1 意志品质 …………………… 138
8.3.2 良好意志品质的培养 …… 139
复习思考题 …………………………… 141
教师资格证考试真题再现 …………… 141

第9章 个性与个性倾向性 ………… 143

9.1 个性概述 ……………………………… 143
　9.1.1 个性的概念 ………………… 143
　9.1.2 个性的基本特征 …………… 145
9.2 需要 …………………………………… 146
　9.2.1 需要的概念 ………………… 146
　9.2.2 需要的种类 ………………… 147
　9.2.3 马斯洛的需要层次
　　　　理论 ………………………… 148
9.3 动机 …………………………………… 151
　9.3.1 动机的概念 ………………… 151
　9.3.2 动机与行为效率的
　　　　关系 ………………………… 153
　9.3.3 动机的种类 ………………… 154
　9.3.4 学习动机 …………………… 155
9.4 动机理论 ……………………………… 158
　9.4.1 成就动机理论 ……………… 159
　9.4.2 归因理论 …………………… 161
　9.4.3 自我效能感理论 …………… 165
复习思考题 …………………………… 166
教师资格证考试真题再现 …………… 166

第10章 气质 ………………………… 169

10.1 气质概述 …………………………… 169
　10.1.1 气质的概念 ………………… 169
　10.1.2 气质的学说 ………………… 170
　10.1.3 高级神经活动类型说与
　　　　　气质的生理基础 ………… 175
10.2 气质类型及测量 …………………… 177
　10.2.1 气质类型 …………………… 177
　10.2.2 气质类型的行为
　　　　　表现 ………………………… 179
　10.2.3 气质的测量 ………………… 181
10.3 气质在实践活动中的作用 ……… 183

　10.3.1 气质对能力的影响 ……… 183
　10.3.2 气质与学校教育 ………… 184
　10.3.3 气质与职业选择 ………… 185
复习思考题 …………………………… 186
教师资格证考试真题再现 …………… 186

第11章 性格 ………………………… 187

11.1 性格的概述 ………………………… 187
　11.1.1 性格的概念 ……………… 187
　11.1.2 性格的结构 ……………… 188
　11.1.3 性格与气质的关系 ……… 189
11.2 性格理论 …………………………… 190
　11.2.1 性格类型理论 …………… 191
　11.2.2 性格特质理论 …………… 195
11.3 性格的测量 ………………………… 198
　11.3.1 自陈量表法 ……………… 198
　11.3.2 投射测验 ………………… 199
11.4 性格的形成与发展 ………………… 200
　11.4.1 生物遗传因素 …………… 201
　11.4.2 家庭环境因素 …………… 202
　11.4.3 学校教育因素 …………… 204
　11.4.4 社会环境因素 …………… 205
　11.4.5 个体主观因素 …………… 206
复习思考题 …………………………… 206
教师资格证考试真题再现 …………… 207

第12章 能力 ………………………… 209

12.1 能力概述 …………………………… 209
　12.1.1 能力的概念 ……………… 209
　12.1.2 能力的种类 ……………… 209
　12.1.3 能力与知识、技能的
　　　　　关系 ………………………… 211
12.2 能力的理论 ………………………… 211
　12.2.1 能力的因素理论 ………… 211
　12.2.2 能力的结构理论 ………… 214
　12.2.3 能力的信息加工
　　　　　理论 ………………………… 215
12.3 能力发展与个体差异 ……………… 218
　12.3.1 能力发展的一般

           趋势 …………………… 218
    12.3.2 能力的个体差异 ……… 220
    12.3.3 能力形成与发展的影响
           因素 …………………… 222
12.4 能力测量 ……………………… 224
    12.4.1 智力测验 ………………… 225
    12.4.2 特殊能力测验 …………… 228
    12.4.3 创造力测验 ……………… 228
复习思考题 …………………………… 229
教师资格证考试真题再现 …………… 230

第13章 学习的基本理论 …………… 231

13.1 学习概述 ……………………… 231
    13.1.1 学习的概念 ……………… 231
    13.1.2 学习的分类 ……………… 232
13.2 行为主义的学习理论 ………… 235
    13.2.1 巴甫洛夫的经典条件
           反射学习理论 ………… 235
    13.2.2 桑代克的试误—联结
           学习理论 ……………… 237
    13.2.3 斯金纳的操作性条件
           反射学习理论 ………… 238
    13.2.4 班杜拉的社会学习
           理论 …………………… 241
13.3 认知派的学习理论 …………… 244
    13.3.1 布鲁纳的认知—发现
           学习理论 ……………… 244
    13.3.2 奥苏伯尔的接受—同化
           学习理论 ……………… 247
    13.3.3 加涅的信息加工学习
           理论 …………………… 250
13.4 建构主义的学习理论 ………… 253
    13.4.1 建构主义学习理论
           概述 …………………… 253
    13.4.2 建构主义学习理论的
           基本观点 ……………… 254
    13.4.3 建构主义理论在教育中的
           应用 …………………… 256
13.5 人本主义学习理论 …………… 258

    13.5.1 康布斯的学习理论 ……… 258
    13.5.2 罗杰斯的学习理论 ……… 259
复习思考题 …………………………… 261
教师资格证考试真题再现 …………… 262

第14章 学习策略和学习迁移 ……… 263

14.1 学习策略 ……………………… 263
    14.1.1 学习策略的概念 ………… 263
    14.1.2 典型的学习策略 ………… 265
    14.1.3 学习策略的训练 ………… 269
14.2 学习的迁移 …………………… 271
    14.2.1 学习迁移概念 …………… 272
    14.2.2 学习迁移的基本理论 …… 274
    14.2.3 学习迁移与教学 ………… 277
复习思考题 …………………………… 279
教师资格证考试真题再现 …………… 280

附录A 心理效应 …………………… 281

A.1 罗森塔尔效应 ………………… 281
A.2 破窗效应 ……………………… 282
A.3 鲇鱼效应 ……………………… 283
A.4 蝴蝶效应 ……………………… 284
A.5 霍桑效应 ……………………… 285

附录B 心理测验 …………………… 286

B.1 症状自评量表(SCL-90) ……… 286
B.2 气质类型问卷 ………………… 289
B.3 A型行为问卷 ………………… 291
B.4 焦虑自评量表(SAS) ………… 293
B.5 抑郁自评量表(SDS) ………… 294

参考文献 …………………………… 295

第 1 章 绪　　论

本章学习目标
- 心理学的研究对象
- 心理学的学科性质
- 心理学的主要流派
- 心理学的学科分支
- 心理学的研究方法

青少年心理发展与心理健康教育

引　言

"心理"一词，对许多人来说充满了神秘感。没有学过心理学的人，只要听说谁是学心理学的或教心理学的，总会好奇地问一个问题："你知道我在想什么吗？"心理学主要研究什么呢？关于这个问题许多学生脑海中常常带着一连串的问号：学了心理学是不是就可以知道别人心里在想什么？人是怎样来认识各种各样的事物的？人又是怎样来获得经验的？我们眼睛所看见的一切都是真实的吗？人是怎样对外界刺激信息进行加工、存储并在这个基础上解决问题的？如何使用学习策略？学习动机越强，学习效果就越好吗？人为什么会发脾气？经常发脾气该怎样调控？怎样判断心理健康？许多同学带着这些疑问来到心理学课堂上，他们对心理学抱有很高的期望，希望能学到很多对个人发展有价值的东西，也希望能借此调整他们日常生活中的身心状态。事实上，心理学这门课程涵盖的范围很广。本书致力于提供同学们最关心的心理学问题的科学分析，以及心理学在学习、生活、工作中具体的应用方法。本章将诠释心理学的研究对象、学科性质、发展历史、研究方法等，以期帮助大家更全面地认识心理学。

1.1　心理学的研究对象

1.1.1　心理学的概念

1. 心理学的含义

人类对心理的探究，根据文字记载来推断，已有两千多年的历史。公元前 4 世纪古希腊哲学家亚里士多德(Aristotle)就对"灵魂"的本质进行了探究。他写的《论灵魂》一书是西方最早研究心理现象的著作。在词源上，心理学的英文是"psychology"，它源于希腊文的"psyche"和"logos"。"psyche"在英文韦氏大词典中被解释为"灵魂"或古罗马神话中的"灵魂女神"。在传说中,作为"灵魂女神"的 Psyche 与丘比特互生情愫,作为凡人的 Psyche,本性聪慧,温柔善良,美丽动人,为了追求爱情,不辞千辛万苦,不畏强权暴力,决心踏入神的禁地来寻回自己的爱人。Psyche 的精神与毅力最终感动了奥林波斯山上的主神宙斯,于是,宙斯赐其永生,赋其神性,命其掌管人类的灵魂。从此,"psyche"一词就有了"灵魂女神"的含义。因此,"psyche"包含两个主题:爱与灵魂。"logos"的含义是"解说"或"阐述"。把"psyche"和"logos"合起来即为"对心灵或灵魂的解说"。这是心理学最早的定义,但是这个定义并没有对心理学作出科学的解释,只具有哲学内涵,不具备科学意义。

在《大英百科全书》中"心理学"是作为一个词条来解释的,引述了这样一个故事:"在古希腊奥林波斯山上,有一座特菲尔·奥林帕斯神殿,神殿里有一块石碑,上面写着——人,认识你自己。"就是这么一句话,经过几千年的演化,形成今天的心理学。"人,认识你自己"既是心理学的源头,同时也是历代心理学家为之奋斗的目标。对于今天的我们来说,"人,认识你自己"仍然是一个"谜",仍是横亘在当代人类面前的一个严峻课题。

19 世纪中叶,随着自然科学和实验方法的发展,心理学从哲学中分化出来,发展成为一门独立的科学。进入 20 世纪后,心理学家们对心理学的研究内容和方法进行了广泛的争鸣和探索,形成了丰富的理论知识,对人的心理现象和奥秘作出了颇有见地的解释和说明,也建构起完整的研究范式和理论体系,心理学逐渐发展成为一门具有丰富理论内涵和重要应用价值的科学。自心理学诞生以来,各学派的心理学家对于心理学研究对象的理解与主张可谓是五花八门、百家争鸣。心理学既研究心理活动的形式,又研究心理活动的内容和功能;既研究有意识的心理活动,又研究无意识的心理活动;既研究心理,又研究行为,还把心理与行为统一起来加以研究。此外,信息论、控制论和系统论的诞生,对当代心理学特别是认知心理学产生了深远的影响。心理学界开始把人看成是一个信息加工者,认为环境所提供的信息是通过人的认知过程而加以编码、存储和操作,进而影响人的行为的,主张心理学应主要研究心理活动的脑机制,特别是认知功能的神经生物学机制等。

心理学成为一门独立学科后,已发展了一百多年,对心理学的界定随着各个时期的发展而有所变更。到了 20 世纪 80 年代,人们对心理学的界定达成这样一个共识:心理学是研究人的心理和行为及其活动规律的科学。

2. 心理学的性质

心理学是一门兼有自然科学性质和社会科学性质的边缘科学(又名中间科学或交叉科学),它不仅是一门认识客观世界的科学,也是一门认识和调控人的心理和行为的科学。人的心理现象十分复杂,这就要求我们从不同的角度和层面,采用不同的方法来研究,有时需要分析影响个体心理的内部因素,探讨个体心理活动的内部规律和内在机制;有时需要分析影响心理活动的外部社会因素。一般说来,侧重于个体心理内部规律和内在机制的心理学研究具有自然科学的倾向,而侧重于外部社会因素对个体心理影响的心理学研究具有社会科学的倾向。

具有自然科学倾向的心理学分支有实验心理学、生理心理学、医学心理学等,这些心理学分支和生物学、物理学、化学等学科有着比较密切的联系。比如,对感知觉的研究就涉及被感知物体的声、光特性,以及感知神经的激活和对信息的处理,而对神经细胞的研究又涉及细胞膜内外的电位差、细胞内的神经介质等内容。

具有社会科学倾向的心理学分支有社会心理学、发展心理学、管理心理学等，这些心理学分支和社会学、人类学、教育学等学科有着比较密切的联系。当我们对人尤其是作为群体中的人的某种社会行为进行研究的时候，往往离不开对历史、文化以及经济的研究。

不同科学倾向的心理学在研究方法上有所不同，具有自然科学倾向的心理学更多地采用观察、实验等研究方法，在研究中注重条件的控制和变量的关系，研究的结果大多是定量的。具有社会科学倾向的心理学则较多地采用社会调查、个案研究、文献综述等方法，侧重于对宏观因素的分析，所得的结果主要是定性的。不过随着统计方法的普遍使用以及逐渐成为研究中不可缺少的工具，具有社会科学倾向的心理学研究也有逐步向定量化发展的趋势。

需要注意的是，在心理学研究中常常需要综合不同的理论和采用不同的方法来研究同一内容。比如对学习行为的研究，既要从神经生物学的角度，以实验的方法进行微观研究，以确定学习的内在机制；也要从家庭、学校和班级等方面，用调查的方法、统计的方法和个案研究的方法进行宏观分析，以研究学习行为和外部环境因素的关系。

1.1.2 心理学的研究对象

对心理学具有不同水平、不同层次、不同功能的研究。心理学既研究人的心理，也研究动物的心理；既研究个体心理，也研究社会心理；同时也研究个体行为。心理学的研究对象主要是人的心理，但为了真实、准确地把握人的心理，同时也需要考察人的行为，并且探讨、分析人的心理与行为之间的规律性联系。

1. 人的心理

人既是个体的又是社会的，一方面人作为个体而存在，另一方面人还与周围的环境和其他人产生着联系。为了全面地理解人的心理，可以将人的心理分为两方面，即个体心理和社会心理。

1) 个体心理

个体心理(individual psychology)是指个人所具有的心理现象。个体心理是复杂的，是自然界最繁杂、最奇妙的一种现象。人眼可以看到五彩缤纷的世界，人耳可以聆听旋律优美的钢琴协奏曲，人脑可以储存极其丰富的知识，即便时过境迁而记忆犹存。人有"万物之灵"的智慧，人能运用自己的思维去探索自然和社会的各种奥秘。同时，人还有七情六欲，人能通过各种活动去满足自己的各种需要，并在周围环境中留下意志的印迹。

为了深入研究人的心理，在心理学中，通常把个体心理人为地划分为两个方面，即心理过程和个性心理。个体心理结构示意图如图1-1所示。

$$
个体心理 \begin{cases} 心理过程 \begin{cases} 认知过程：感觉、知觉、记忆、思维、想象等 \\ 情感过程：事物的态度体验过程 \\ 意志过程：意志行动的心理过程 \end{cases} 注意(伴随) \\ 个性心理 \begin{cases} 个性倾向性：需要、动机、兴趣、信念、理想、世界观等 \\ 个性心理特征：能力、气质、性格 \end{cases} \end{cases}
$$

图1-1 个体心理结构示意图

(1) 心理过程。心理过程(mental process)是指在客观事物的作用下，心理活动在一定时间内发生、发展的过程，包括认知过程(cognitive process)、情感过程(emotional process)和意志过程(will process)，简称"知""情""意"。其中认知过程是最基本的心理过程，情感过程和意志过程是在认知的基础上产生的。假如你与一人初次见面，认知过程就是你在认识此人的过程中的心理活动。你对此人的认知过程开始于对他(她)的感觉和知觉，感觉是对此人个别特性(如肤色、声调、体型等)的认识，知觉是对此人的诸多个别特性之间关系的整体认识，如将肤色、体型等个别特性加以综合，就可以看到一个具体的人。但通过感知觉所获得的经验在此人离开以后并没有马上消失，而是停留在你的头脑中，并在需要时再现出来，这种累积并保存个体经验的心理过程就叫记忆。你还可能会根据他(她)所说的话、他(她)的行为举止，推想他(她)的兴趣爱好、过去的经历等，像这样在感知觉与记忆的基础上，间接、概括地认知客观对象，并通过推理、判断，解决面临的各种问题的过程，就叫思维。你还可能对头脑中保存的有关他(她)的具体形象加以改造，使他(她)变得更美，这就是想象。你也可以用语言将自己的感知觉、记忆以及思维表达出来，与他(她)进行交流，这就是语言活动。同时，人非草木，孰能无情，你在认知他(她)时，还会产生喜欢或者厌恶、愿意接近或者唯恐避之不及等主观体验，这就是情绪情感过程。接下来，你可能采取进一步行动，根据自己的认知和体验，经过深思熟虑之后做出一系列行为，如邀请他(她)看电影等，最终达到预期目的，这就是意志过程。

在心理过程中，还有一种特殊的心理现象——注意。它不是一种独立的心理现象，它随着心理活动的产生、发展、变化而存在，并保证着心理过程的顺利进行，没有注意的参与，心理活动就不可能产生。

认知过程、情感过程和意志过程之间相互联系、相互制约、相互影响。认知、情感和意志共同构成了心理活动的动态过程，它们既具有共同特点，又各有其发生、发展及变化的规律。认知是产生情感和意志的基础，没有认知，人的情感和意志就无从产生和发展；情感既是意志行动的动力，又能使认知活动带有一定的情感；意志对认知和情感具有控制和调节作用，意志坚强的人既能够自觉地控制自己的情绪情感，使情感服从于理智，又能够调节自己的认知过程，促进认知的深化。

(2) 个性心理。个性心理(personality psychology)又称个性差异(personality differences)，也称个性，是指个体在心理活动的发展过程中经常表现出来的比较稳定的心理活动倾向与心理活动特点，包括个性倾向性和个性心理特征两个方面。

个性倾向性是人进行活动的基本动力，也是个性结构中最积极、最活跃的因素。作为人的心理和行为积极性的动力系统，其主要由需要、动机、兴趣、信念、理想和世界观等因素构成。由于这些构成因素在个性倾向性中所处的地位不同，因此它们所起的作用也不一样。需要居于基础地位，是人心理和行为最初的动力源泉，动机、兴趣等都是在需要的基础上产生的，是需要的表现形式。世界观是人对世界或客观环境的总的看法。心理动力随着人的生理和心理逐渐成熟，各年龄阶段有所不同。例如，在儿童时期，兴趣是支配心理活动与行为产生的主要动力；在青少年时期，理想则上升至主导地位；到了成年期，人生观、价值观和世界观成为主导心理动力，并支配着整个心理活动和行为表现。世界观是心理动力的最高表现形式和最高调节器，它集中体现了人的社会性质。

个性心理特征是指一个人身上经常且稳定表现出来的心理特点，包括能力、气质和性格。例如，有人记得快，有人记得慢；有人擅长思考，有人擅长想象，这些表现在认知及活动效率方面的不同特点是能力差异。再比如，有人性情暴烈，易于激动；有人性情温和，不易发脾气，这些表现在心理活动动力方面的不同特点是气质差异。又比如，有人主动进取，有人畏葸不前；有人机智果断，有人优柔寡断，这些表现在态度和行为方式上的不同特点是性格差异。

心理过程与个性心理是相互制约、相互影响的。一方面，个性心理是在心理过程的基础上逐渐形成和发展的，并在心理活动过程中表现出来；另一方面，个性心理一旦形成，又影响着心理过程，使个体的心理过程往往带有个性色彩。可以说，既没有离开个性的心理过程，也没有脱离心理过程的个性。二者融会贯通，共同构成一个人完整的心理面貌。

2) 社会心理

社会心理(social psychology)是社会刺激与社会行为之间的中介过程，是由社会因素引起并对社会行为具有引导作用的心理活动。人是社会化的动物并生活于社会环境中，总是与周围的其他人进行交往，并与其他社会成员或社会群体结成各种各样的社会关系，如亲属关系、朋友关系、师生关系、阶级关系、民族关系、国家关系等。社会生活中所包含的各种人际关系使得人们在心理上也相互影响，从而产生各种各样的社会心理。

社会心理学主要是在个体水平和社会群体水平上对人际关系进行探讨。在个体水平上进行研究的内容有：个体社会化过程、交往、言语发展、伙伴、家庭和居住环境及学校对个人的影响等。在社会群体水平上进行研究的内容有：群体交往结构、群体规范、群体凝聚力、群体心理氛围、群体士气、种族偏见、风俗习惯和文化等。

社会心理与个体心理是密不可分的。社会心理现象体现在个体心理活动当中，它离不开个体心理。但对个体而言，社会心理又是一种重要的社会现实，其直接影响个体心理的形成与发展。个体心理是社会现实在个体头脑中的反映，虽然它属于个体主观精神活动，但其中包含着丰富的社会心理因素。

2. 人的行为

行为(behavior)是指机体的反应系统，它由一系列反应动作和活动构成。这种反应包括个体任何外显的、可观察的反应动作和活动，如说话、攻击、散步等；还包括个体的生理现象，如任何部位肌肉的活动，甚至神经系统的活动。有些行为很容易被观察到，有些行为则需要借助很复杂的方法和装置才能观察到，如借助脑电图仪观察脑电波，借助脑诱发电位仪观察脑电位变化。不同心理学家是在不同的水平上研究人的行为的，有的心理学家关注神经细胞的活动和汗腺的活动，有的心理学家则关注更高水平的解决问题的行为。

人的行为是复杂的，其复杂性是由心理活动的复杂性引起的。同一刺激可能引起不同的反应，不同刺激也可能引起相同的反应，其原因就在于人有丰富的主观世界。因为主观世界的情况不同，所以人对同一刺激的反应常常是不一样的。俗话说："饿时吃糠甜如蜜，饱时吃蜜蜜不甜。"个体的内部状态不一样，对同一事物的反应也可能不一致。人的心理活动在头脑内部进行，不能直接观察和度量，但往往有一定的外部行为表现，通过观察和描述人的行为，可以探讨其内部心理活动。

可以说，心理是一种主观精神现象，是一个"黑箱子"，看不见，摸不着，没有重量、大小和体积。而行为却具有显露在外的特点，它可以用客观的方法进行测量。通过对人的外显行为进行系统的观察、描述、测量和分析，可以揭示人的心理活动规律。

阅读资料 1-1

俄狄浦斯情结

俄狄浦斯(Oedipus)是传说中希腊底比斯(Thebes)的英雄。相传俄狄浦斯是底比斯国王拉伊俄斯和皇后伊俄卡斯忒的儿子。国王拉伊俄斯听到预言说，自己将死于亲生子之手，因此，当俄狄浦斯出生后，就刺穿了他的双脚(俄狄浦斯这个名字的意思就是"肿脚的")，并命令一个奴隶把俄狄浦斯扔去喂野兽。奴隶可怜这个孩子，把他送给了科林斯国王波吕玻斯的牧人。后来，俄狄浦斯又被科林斯国王波吕玻斯收养。长大了的俄狄浦斯在一次宴会中偶然得知自己并非科林斯国王的亲生子，便去寻求神谕，于是得知了自己弑父娶母的命运。为避免悲剧发生，他离开了科林斯，来到了忒拜边境。在一场冲突中，俄狄浦斯与一个老人争执起来，并杀死了这个老人，老人的侍从除一人逃走外，剩下的也全被杀死。俄狄浦斯不知，这位老人就是要去德尔菲神庙求神解除"斯芬克斯"灾难的他的父亲——底比斯国王拉伊俄斯。神谕的前半部分就这样应验了：他成了弑父的凶手。

此时，底比斯城正遭遇着"斯芬克斯"灾难。在前往底比斯的途中，俄狄浦斯遇见了怪物斯芬克斯(长着美女的头，狮子的身子，雄健的翅膀)。守在通往底比斯城的十字路口的斯芬克斯，让过路人猜一个谜语："是谁早晨用四条腿走路，中午用两条腿走路，晚上用三条腿走路？"猜不出的人就会被吃掉。俄狄浦斯猜出了这个谜语：婴儿(早晨)爬行，青年(中午)步行，老年(晚上)拄拐，因此谜底是人。怪物斯芬克斯既气恼又羞愧，立刻堕入深渊，通往底比斯的道路从此太平无事。底比斯人感激不尽，把这位救星选为新的国王，同时根据习俗，前国王拉伊俄斯的遗孀伊俄卡斯忒也成了他的妻子，并且他们生下了两个儿子和两个女儿。

俄狄浦斯当了几年治国有方的国王以后，底比斯发生饥荒和鼠疫。此时神谕预言，只有放逐杀害前国王拉伊俄斯的凶手，灾害方能消除。俄狄浦斯忧国忧民，全力缉捕罪犯。最后，他找到了那个唯一脱险的老国王的侍从，才知道杀害底比斯老国王的凶手竟然是自己。凶杀案的见证人恰恰又是曾把婴儿时的俄狄浦斯交给波吕玻斯国王的牧人的那个奴隶。俄狄浦斯惊恐万分，不祥的预言全部应验了：他不仅杀害了父亲，而且娶了母亲。

难以承受真相的俄狄浦斯弄瞎了自己的双眼，放逐了自己，其母伊俄卡斯忒也羞愤自尽。

俄狄浦斯的神话以及弗洛伊德有关"俄狄浦斯情结"的分析，将使我们在透视人格的探索中找到许多启示。弗洛伊德认为，这个悲剧之所以对古人、今人都有强烈的震撼力，是因为它触发了人类社会每个成员都有的一个深刻心理情结，就是儿子的"恋母憎父情结"，或者更尖锐地说是"弑父娶母情结"。弗洛伊德把这个情结称为"俄狄浦斯情结"又叫恋母情结。这已成为世界范围内精神分析学的通用概念。

一个真正认识自己的人，应该具有斩断"悲剧"命运，自己掌握自己命运的能力。而俄狄浦斯杀父娶母的悲剧表明：生理上处于青年时期的俄狄浦斯，其心智是不成熟的，他对"斯芬克斯之谜"的解答是"表象"的、"动物"层面的，他并没有真正地解开"斯芬克斯之谜"，并没有真正地认识自己。但俄狄浦斯在可怕的预言支配下演绎了一连串像是命中注定的悲剧之后，并没有退缩和认命，而是勇敢地背起了自己的"十字架"：他用别在伊俄卡斯忒胸前的金别针戳瞎了自己的双眼，放逐了自己。这是在用"慧眼"取代"肉眼"，这也是一个个体"赎罪"和"拯救"的隐喻，表明俄狄浦斯的"智慧"成熟了，他认识了自己。而一旦认识了自己，人就能够扼住命运的咽喉，斩断"多米诺骨牌效应"那样的悲剧，让可怕的预言终止。

(资料来源：杨治良. 简明心理学辞典[M]. 上海：上海辞书出版社，2007.)

1.2 心理学的发展历史

1.2.1 科学心理学的诞生

对于心理学的发展历史，德国著名的心理学家艾宾浩斯(H. Ebbinghaus)曾说过："心理学有着漫长的过去，却只有短暂的历史。"

所谓心理学有漫长的过去，是指人类的心理学思想源远流长，人类很早就注意到心理现象，并开始探讨心理问题。在远古时期，由于科学、知识水平的限制，人类不能理解身体的结构与机能，对感觉、记忆、思维、睡眠、梦等一系列身体现象缺乏正确的认识，把它们归结为某种特殊的神奇力量——灵魂的作用。后来，随着生产力水平的提高和科学的进步，人类对心理现象的理解越来越深刻、正确，先后出现过许多心理学思想家，如古希腊的德谟克利特、亚里士多德，中国的孔子、孟子、荀子等，他们都有对心理学问题的论述。在某种程度上可以讲，人类社会的进步和发展史实际上也是人类对心理、精神的探索史。

所谓心理学只有短暂的历史，是指心理学真正成为一门科学的历史是非常短暂的。在19世纪70年代以前，心理学始终处于哲学的附属地位，没有作为一门独立的学科存在，研究心理现象的人大多为哲学家、文学家或医学家等，研究方法带有极大的主观性和思辨性。到了19世纪70年代，随着哲学心理学、生理心理学和物理心理学的产生与发展，心理学才脱离哲学的"怀抱"，成为一门独立的科学。

科学心理学诞生的标志性事件是：1879年，德国著名哲学家、心理学家威廉·冯特(Wilhelm Wundt)在莱比锡大学建立了世界上第一个真正意义上的心理学实验室。该实验室的建立是心理学史上的一个里程碑，冯特也因此被誉为"实验心理学之父"和"心理学之父"。冯特的影响主要表现在以下两个方面。

(1) 从学术研究的背景看，冯特是19世纪后期生理心理学领域的集大成者。在柏林大学与海德堡大学求学期间，冯特曾师从当时的著名生理学教授缪勒与赫姆霍兹。冯特是位学识渊博、著述甚丰的学者，曾先后获取医学、哲学两个博士学位。他的著作不仅数量多达近500种，而且涉及面广，除心理学外，还发表大量有关生理学、物理学、哲学、逻辑学、语言学、伦理学、宗教学等方面的著作。可以说，冯特集生理学家、哲学家、心理学家等多重身份于一身，正如他的学生铁钦纳所说："冯特的全部思想集中于心理学。"冯特在海德堡大学任教的10年间，集其研究成果，于1874年出版《生理心理学原理》(*Principles of Physiological Psychology*)。该书被生理学与心理学界推崇为里程碑之作，其重要性犹如学术史上的心理学独立宣言。

(2) 冯特建立了世界上第一个心理学实验室，并首创了系统实验方法。自此，心理学被视为一门独立的科学，心理学家也可以像其他自然科学的学者一样做实验研究。科学特征中所强调的客观性和验证性和系统性三大标准，在心理学研究中采用系统的科学实验方法也可以做到。

1.2.2 心理学的主要流派

心理学成为一门独立的科学后，众多学者对心理学的研究对象、研究方法及理论体系等进行了不断探索，产生了不同的思想和观点，出现学派林立、百家争鸣的局面。在心理学100多年的发展历程中，产生了许多不同的思想和理论流派，影响较大的主要有：构造主义、机能主义、行为主义、格式塔心理学、精神分析学派、人本主义心理学和认知心理学。

1. 构造主义

构造主义的代表人物是科学心理学的创始人冯特和他的学生铁钦纳(E.B.Titchener)。冯特把心理学的研究任务定义为对心理结构的研究，试图通过找到组成复杂心理活动的元素而发现心理组合的方式与规律。铁钦纳继承了冯特的思想，将这种重视心理结构的研究命名为"构造主义心理学"(structural psychology)，并在美国宣扬推广。他们认为，心理学应该研究人的意识经验，通过内省法(introspection method)来研究个人的直接经验，对经验的研究需从内容、过程和原因三个方面进行。内容是指个人所经历的经验，包括感觉、意象和感情。过程是指个人经验发生、发展的历程，包括某种经验是如何发生的及各种经验之间是如何联系起来的。原因是指探究各种经验产生的缘由，以及它们之间彼此存在着的因果关系，以便对人的心理现象作出解释。

由于构造主义心理学只重视对心理结构的研究，严重脱离实际，因此受到了不少心理学家的批评，并被称作"砖瓦和泥浆的心理学"。但是，其他一些学派正是以它为攻击标靶而兴起的，因此，它在心理学发展史上功不可没。

2. 机能主义

机能主义心理学(functional psychology)由美国心理学家威廉•詹姆斯(William James)与约翰•杜威(John Dewey)等创立。与构造主义心理学不同，机能主义心理学只强调心理的作用和功能，认为心理学应该对个体在适应环境时的心理与意识活动进行了解，这远比研究心理或意识的结构重要。比如，构造主义关心思维是由哪些成分构成的，而机能主义则关心思维在人适应环境的过程中具有哪些作用。构造主义只静态地研究意识的元素，而忽视了意识像流水一样有其动态的连续性，即"意识流"。机能主义认为意识不是人体的附着物，而是人适应环境的工具。心理学的任务与其说是揭示心理的构成元素，不如说是研究它在人适应环境过程中的机能与作用。此外，詹姆斯认为心理学的研究工作不应局限在实验室内，还可采用观察、测验以及问卷调查等方法，考察人是如何调整行为以适应环境的。

机能主义的研究大大推动了心理学面向实际领域的发展，促进了教育心理学、儿童心理学、变态心理学、心理测验等研究领域的开拓和发展。

3. 行为主义

20世纪初，就在构造主义学派与机能主义学派在一系列问题上争执不休的时候，美国心理学界出现了另一个学派——行为主义(behaviorism)，并出现了一匹黑马——约翰·华生(John B. Watson)。华生在1913年发表《一个行为主义者眼中的心理学》，在论文中阐明了他的行为主义观点。这篇论文被认为是行为主义心理学正式成立的宣言，它对传统心理学研究方法和理论框架提出公开的挑战，并阐述行为主义心理学的基本观点和原理。1919年，华生出版的《行为主义的心理学》一书，系统地阐明了行为主义的理论体系。行为主义主张心理学用客观的方法，研究外部可观察的行为，把人的意识当作一个黑箱，不管里面装的是什么，只需考察其在刺激影响下的反应活动。刺激(stimulus)—反应(response)，即S—R，是行为主义的最高原则。另外，华生主张环境决定论，认为人的一切行为都是在后天环境影响下形成的，遗传的影响可以不必理会。他甚至自信地宣称，你给我十多名儿童，在良好的、由我做主的环境中，不管他们的天资、能力、父母职业和种族如何，我可以把任何智力与身体正常的人培养成指定的人，如医生、律师、艺术家、商人，也可以让他(她)成为乞丐、流氓或小偷。结果，心理学成了不谈心理、没有心理内容的心理学。这不仅引起行为主义以外心理学家的反对，也使行为主义内部产生了分歧，于是"新行为主义"应运而生。新行为主义的代表人物是美国心理学家伯尔赫斯·弗雷德里克·斯金纳(Burrhus Frederic Skinner)，他在坚持研究行为的同时，不再像原来的行为主义者那样忌讳对传统心理学概念的应用，而且不再对其他心理学派别采取壁垒森严的对峙态度，有时也公开采用其他心理学派的概念。

行为主义在心理学发展史上占有重要地位。它运用客观的、可以验证的实验方法，强调研究可观察到的行为，对科学心理学的发展做出了很大贡献，尤其在学习的规律、条件反射、奖励与惩罚的应用、行为矫正方法等方面极有价值。由于行为主义迎合了美国人重视实用性的生活风格，因此很快就得到了大批美国青年心理学学者的拥护，成为影响美国心理学界半个世纪之久的主流学术思想，并在世界各国心理学界都产生了强烈反响。但行为主义过于极端，它否认心理学是研究心理现象的科学，排斥内省法，否定意识研究的重要性，使心理学研究的内涵窄化，从而阻碍了心理学的健康发展。

4. 格式塔心理学

在美国出现行为主义的同时，德国一些心理学家，如韦特海默(M. Wertheimer)、苛勒(W. Kohler)和考夫卡(K. Koffka)等对传统心理学(构造主义心理学、机能主义心理学)也表示不满，提出了"格式塔心理学"(gestalt psychology)，成为格式塔心理学派。格式塔为德文"gestalt"的汉语音译，原意为"形式""整体""完形"，所以，格式塔心理学又称完形心理学。他们主张人的心理应该作为一个整体来研究，而不能像构造主义那样把意识分解成元素，如果把心理或行为分解为部分的话，那么心理学研究会变得毫无意义。例如，一支乐曲，对人来说是一个整体，若把它拆分成各种音符，就不会使人产生对该曲调的心理感受。格式塔心理学认为，整体不能还原为各个部分、各种元素；整体先于部分而存在，并且制约着部分的性质与意义；整体大于部分之和，部分相加不等于整体，等等。

格式塔心理学重视心理学实验，在知觉、问题解决、思维、学习、艺术、逻辑、政治和社会行为的研究方面做出了很大贡献，在知觉的相似律、接近律和对比律，以及学习理论的顿悟等方面都有深入研究，推动了认知心理学的兴起。格式塔心理学的核心观点也成为心理治疗的重要理论基础。

5. 精神分析学派

精神分析(psychoanalysis)学派由奥地利精神病医生西格蒙德·弗洛伊德(Sigmund Freud)于19世纪末至20世纪初创立。弗洛伊德重视对人的潜意识心理的研究，并把人的潜意识视作最重要的行为原因。在早期，弗洛伊德提出了"心理地形说"，主张人的心理由潜意识(深层)、前意识(中层)和意识(表层)三个层次构成。到了后期，他提出了"三我人格结构说"，认为人格是由本我、自我和超我三部分构成。本我由一些原始的冲动所组成，这些冲动以性欲和各种追求快乐的动机为代表，它如同"一口充满沸腾刺激的大锅"，不考虑价值判断与现实环境，一味地追求满足，按快乐原则行事。自我处在本我和现实之间，用来协调自身和外部世界的关系，只让本我的愿望在适当条件下获得满足，按照现实原则行事。超我是社会道德的代表和理想中的我，高高在上，与本我处于直接冲突之中，按照道德原则行事。由于弗洛伊德的精神分析理论不仅注重行为的表现，而且更注重行为原因的深层挖掘，因此有人称他的心理学为"深度心理学"；但由于他过分强调性欲在人的各种行为中的作用，因此其理论又被称为"泛性欲心理学"。

精神分析理论不仅是心理学领域影响最大的理论之一，而且也是20世纪对人类文化影响最大的理论之一，它的影响已扩大到哲学、社会学、人类学、文学和精神病学等领域。但由于该理论的研究主要出于主观的臆想和逻辑的演绎，无法得到科学的验证，因此充满了神秘色彩。

6. 人本主义心理学

人本主义心理学(humanistic psychology)是由美国心理学家亚伯拉罕·马斯洛(Abraham H. Maslow)和卡尔·兰塞姆·罗杰斯(Carl Ransom Rogers)在20世纪50年代创立的。在心理学发展历程中，一般把行为主义和精神分析学派分别称为第一势力和第二势力，而把既反对行为主义又反对精神分析学派的人本主义心理学称为心理学中的第三势力。人本主义心理学是对美国文化把人兽性化、非人格化和无个性化的有力反驳，它的理论正受到越来越多心理学家的青睐，代表了心理学的第三力量。

人本主义心理学在理论取向上，反对精神分析学派与行为主义心理学两者的窄化与偏颇，批评精神分析学派是伤残心理学，因为精神分析理论是以精神病患者的心理现象为基础的。批评行为主义心理学是幼稚心理学，因为其理论是以动物与儿童的心理现象为基础的，尤其反对行为主义心理学以零碎的、片面的反应作为心理学研究题材，认为这无异于宣示其研究的只是由零碎反应集合而成的行为，而不是表现行为的整个人。

人本主义心理学家主张，心理学研究应以正常人为对象，研究人类异于动物的一些复杂经验，以及真正属于人性各种层面的问题，如动机、欲望、价值、快乐、幽默、情感、生活责任、生命意义以及爱情、嫉妒、仇恨等。人本主义心理学对人性持乐观看法，认为人类本性是善的，而且人类本性中就蕴藏着无限的潜力。人本主义心理学的研究不只是研究人性，而且还研究通过改善环境以及创设条件来充分发展人的潜能，以满足自我实现(self-actualization)的需要，并使人发展成为"健康的人"。

人本主义心理学强调人的社会性，主张从人的需要出发去研究人性，并开创性地将人的本性和价值放在心理学研究对象的首位，开拓了心理学研究人类许多高级精神生活的领域，如人的价值、自我实现、超越自我等，为人的心理本质作出了新的诠释，对教育心理学、发展心理学、心理咨询与辅导、心理治疗等领域产生了很大影响。但是，人本主义心理学使用的研究方法并不明确，其理论也难以得到检验，因此它是一门处在发展中的学说，但它却代表着心理学发展的一个新的方向。

7. 认知心理学

认知心理学(cognitive psychology)是探索人如何获取知识和使用知识的心理学。自20世纪50年代中期以来，它随着信息论和计算机科学与技术、语言学、神经科学等学科的迅速发展而兴起。1967年，美国心理学家奈瑟尔(U. Neisser)出版的《认知心理学》一书标志着认知心理学的正式产生，同时也标志着心理学发展到了一个新的阶段。该书第一次采用了认知心理学这个术语，提出了认知心理学的基本理论，认为认知心理学主要是研究人类认知的信息加工过程。

认知心理学与以往的心理学理论不同，它不是由某个心理学家独立提出来的理论体系，而是在众多学者的研究基础上产生的。作为心理学的新模式，它以心理结构与心理过程为其研究对象，探讨人类认知的信息加工过程，把人视为一个主动的信息加工系统，努力揭示认知过程的内部心理机制，探讨人对信息的获得、存储、加工和使用过程。认知心理学所探讨的问题，涉及人类心理活动的深层次心理机制及其过程，根据实验结果建立的认知过程的心理机制模型，促进了对人的心理活动过程的理解。例如，人是如何通过感知觉、注意、记忆、语言、思维与推理等心理活动对信息进行加工，并转换成为知识与经验来解决所面临的问题的，人是如何运用知识来对自己的各种行为和认知活动做出决定并产生效果的。

认知心理学继承了行为主义客观的研究方法以及格式塔心理学在知觉、思维和问题解决等领域的研究成果，承认在人类信息加工中存在某些无意识的过程(精神分析学派提出的)，并用客观的方法研究这些过程。在此基础上，认知心理学还发展了一些特有的研究方法，如计算机模拟法、发声思维法等。可以说，认知心理学为心理学提供了一种新的研究范式，它的影响遍布当代心理学的整个领域，代表了当代心理学的发展趋势。

阅读资料 1-2

20世纪影响中国心理学发展的十件大事

20世纪，心理学在我国经历了从无到有，蓬勃发展。心理学的基础研究领域和应用研究领域越来越广泛，在心理学科研、教育和临床应用工作以及组织机构建设等方面均取得了很大成就，心理学从业人员的队伍也在不断壮大。为了总结历史，展望未来，在人类刚刚跨入新世纪之际，中国心理学会组织全国理事和国内各高校的心理系主任投票，选出了20世纪对中国心理学发展有重大影响的10件大事。现在将这10件大事及其来龙去脉介绍如下。

1. 中国第一个心理学实验室在北京大学建立

1879年德国心理学家冯特(W. Wundt)在莱比锡大学创建了世界上第一个心理学实验室，这标志着心理学从哲学中独立出来并成为一门专门的学科。1908—1911年，蔡元培先生(中国教育家)在德国莱比锡大学学习了冯特讲授的心理学、实验心理学、民族心理学课程，成为冯特唯一的中国留学生。他回国任北京大学校长时，于1917年支持该校哲学门(系)的心理学、哲学教授陈大齐)创立了我国第一个心理学实验室。陈大齐在1918年出版《心理学大纲》，这是中国第一本大学心理学教本，它反映了冯特时代心理学的主要内容和科学水平，标志着中国科学心理学的诞生。

2. 中国第一个心理系在南京高等师范学校成立

1920年，专门攻读心理学的赴美留学生陈鹤琴、廖世承、陆志韦回国，并到南京高等师范学校任教。当时该校在教育科中设立了一个心理系，不久南京高等师范学校改名为东南大学。1921年秋东南大学成立心理系。当时心理系的学生在学程上有两组趋向：一组侧重教育学科；一组侧重理科。这两组趋向的影响，今日犹存。

3. 中国心理学会成立

1921年8月，中国心理学会的前身中华心理学会成立。学会选举张耀翔为会长兼编辑股主任，总会及编辑股办公处设在北京高等师范学校(即北京师范大学的前身)。中华心理学会在1927年以后，因经济困难、时局不宁而停止活动。"九一八"事变后，国难当头，中华心理学会即不复存在。在1935年11月的一次聚会上，由陆志韦发起组织中国心理学会，经过1年筹备于1936年11月由北京、上海、南京等地心理学者共34人联名发出正式通知，于1937年1月24日在南京国立编辑馆礼堂举行中国心理学会成立大会。不久后，由于"七七"事变的发生，抗日战争全面爆发，中国心理学会因此而停止活动。

中华人民共和国成立后，中国心理学会(重建)筹备委员会于1950年8月成立，中国心理学会于1955年8月在北京正式成立，并举行第一次全国代表大会，选出第一届理事会成员17人。潘菽为理事长，曹日昌为副理事长，丁瓒为秘书长。目前，中国心理学会会员已近9000余人，学会下设20个专业委员会、9个工作委员会、2个编委会，设有办事机构秘书处并挂靠在中国科学院心理研究所，还有30余个省、自治区、直辖市的心理学会在业务上受中国心理学会的指导。中国心理学会在很多方面做了大量卓有成效的工作，为中国心理科学的发展做出了重要贡献。

4. 中国第一种心理学学术期刊《心理》发行

《心理》杂志是中华心理学会的会刊，由张耀翔主编。1921年9月，他开始筹备，于1922年1月出版了中国第一本心理学杂志《心理》，这也是东方第一种心理学杂志。日本是过了1年以后才有心理学杂志的。《心理》杂志内容分类有：普通心理、实验心理、动物心理、儿童心理、青年心理、社会心理、变态心理、心理学史、应用心理、教育心理、智力测验、教育测验等。《心理》杂志共出版14期，发表论文163篇，合计140万字。因旧社会政局不稳、经费困难，故《心理》杂志于1927年停刊。

5. 中央研究院心理研究所成立

中央研究院心理研究所是现今中国科学院心理研究所的前身。1928年11月，在中央研究院院长蔡元培的倡导下成立了该研究所，由唐钺开始筹备，于1929年5月在北平正式成立。唐钺为中央研究院心理研究所首任所长。该所在成立后20多年的时间里，虽然饱受长期战火的影响，但仍然奠定了中国神经生理学和生理心理学的研究基础，也对中国科学院心理研究所的办所方向产生了深远的影响。

6. 中国科学院心理研究所成立

中华人民共和国成立后，1949年11月即成立了中国科学院。1951年12月7日中科院心理所成立，曹日昌任所长；1953年1月改名为心理研究室，曹日昌任主任，丁瓒任副主任；1956年心理研究室与南京大学心理系合并扩建成中国科学院心理研究所，并于同年12月22日在北京举行成立大会，潘菽任所长，曹日昌和丁瓒任副所长。中国科学院心理研究所隶属于中国科学院生物学部。20世纪50年代初，该研究所开始进行动物行为(条件反射)的实验研究；1958年以后，该研究所联系实际，开始进行教育心理、劳动心理、航空心理、医学心理等方面的应用研究，同时也开展了生理机制的研究和动物心理的研究；20世纪60年代，增加了心理过程记忆、思维的研究。1966年"文化大革命"开始，研究工作停止。1968年全所人员下放干校，少数人改行。1970年心理所撤销。1972年心理所科研人员从干校回来，逐步开展了儿童心理发展、视觉、听觉、记忆、人工智能、航空工程心理、病理心理和生理心理的研究，还增加了对心理学基本理论问题的研究。粉碎"四人帮"以后，心理所于1977年6月正式恢复。

心理所是国务院学位委员会首批获批可授予博士学位和硕士学位的单位，并建立了中国第一个心理学博士后流动站，还与中国心理学会合办《心理学报》，并主办《心理学动态》(注：现更名为《心理科学进展》)，在国内外发行。

7. 全国心理学学科座谈会在平谷召开

1976年10月"四人帮"被粉碎后，迎来了科学的春天，心理学也重获新生。1977年夏季，在中国科学院的推动下，各门学科都在制定新的长远科学规划。由心理所主持，于1977年8月16~24日，在北京平谷召开了全国心理学学科规划座谈会。在会上拟定了比较详细和全面的心理学学科发展规划，对我国心理学工作者起了极大的鼓舞作用。平谷会议开始全面恢复心理学的研究和教学工作，扭转了心理学在"文革"期间被迫停顿的局面，这是中国心理学发展史上的一个重要转折点。

8. 中国心理学会加入国际心理科学联合会

1980年7月6~12日，国际心理科学联合会在德国莱比锡举行第22届国际心理学大会。会议期间陈立和荆其诚作为中国代表出席国际心联代表大会，会上讨论并一致通过接纳中国心理学会加入国际心理科学联合会，成为其第44个会员国家，这标志着中国心理学走向世界。入会20多年来，中国心理学会先后有前理事长荆其诚当选为国际心联执委(1984—1992)和副主席(1992—1996)，前副理事长张厚粲当选为国际心联执委(1996—2000)和副主席(2000—2004)。中国心理学会的领导人被选入国际心联中担任领导职务，说明中国心理学已走向世界，开始在国际心理学界占据重要地位。

9. 中国心理学会赢得在北京举办第28届国际心理学大会的主办权

1996年7月，在加拿大蒙特利尔第26届国际心理学大会上，中国心理学会与哥伦比亚、埃及和土耳其心理学会分别作申办报告。经各国代表的投票表决，我国成功获得第28届国际心理学大会(ICP2004)的主办权。第28届国际心理学大会于2004年8月8~13日在北京召开。

10. 心理学被确定为国家一级学科

1999年，国家科技部开始组织制订"全国基础研究'十五'计划和2015年远景规划"，由国家自然科学基金委员会牵头评估，将心理学确定为18个优先发展的基础学科之一。2000年，心理学被国务院学位委员会确定为国家一级学科。这表明心理学被正式列入我国主要学科建设系列，从而在点和面上都有力地促进了我国各科研机构、院校中心理学专业研究生的培养工作，进而提高心理科学在我国的教育和研究水平，并推动心理学在社会各界的迅速普及。

(资料来源：陈永明，张侃，李扬，等. 心理科学，2001-11-20.)

1.2.3 心理学的学科分支

随着心理学研究的深入和拓展，心理学已经发展成为一个独立的科学体系，并与社会实践的多个领域建立了广泛联系，形成了分支繁多的学科体系。为了简明，我们把众多的学科分支归纳为两大类：基础心理学和应用心理学。

1. 基础心理学

基础心理学是研究心理学的基本原理和心理现象一般规律的基础性学科，主要包括以下学科分支。

1) 普通心理学

普通心理学(general psychology)是研究心理现象发生和发展的一般规律(如感知觉、记忆、思维等心理活动过程的规律，动机、需要、气质、性格、能力等个性心理差异的规律)的学科，它是心理学的基础学科、入门学科，也是心理学的一条主干学科。它既概括了各心理学分支的主要成果，又构成了各个心理学分支的理论基础。作为主干学科，它衍生出许多分支，如教育心理学、发展心理学、人格心理学、社会心理学和生理心理学等，图1-2所示为普通心理学和其他心理学分支学科以及与心理学邻近学科的关系。

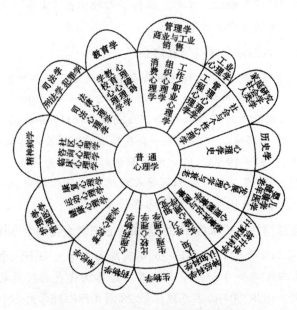

图1-2 普通心理学与其他学科的关系

2) 生理心理学

生理心理学(physiological psychology)以心理现象的生理机制为研究对象，揭示心理现象与生理过程之间的规律性联系，不仅对科学地解释各种心理现象具有重要的意义，而且还促进了工程心理学、临床心理学等应用学科的发展。生理心理学涉及生物学、物理学、化学、医药学、解剖学等学科。

3) 实验心理学

实验心理学(experimental psychology)是把现代自然科学中的研究方法，特别是将实验方法运用到心理学中的一门分支学科。实验心理学主要研究心理实验的原理、原则、方法、技术和资料的处理等内容。

4) 发展心理学

发展心理学(developmental psychology)是研究人类个体心理发展规律的学科。发展心理学按照人的不同年龄阶段，可分为婴幼儿心理学、儿童心理学、少年心理学、青年心理学、成年心理学和老年心理学，分别研究各年龄阶段的心理特征及其发展规律。

5) 认知心理学

认知心理学(cognitive psychology)是以研究人类知识的表现方式为目的，探讨知识从获得、存储、转化直至使用的完整规律的学科。人工智能是认知心理学中的一个重要课题。

6) 心理测量学

心理测量学(psychometrics)是以心理学和统计学为基础，专门研究心理测验的理论和方法的学科。心理测量学在教育科研、教育评价、临床诊断、人才选拔和职业指导中有广泛的应用。

7) 心理统计学

心理统计学(psychological statistics)是把统计学的理论和方法运用于各种心理实验、心理测验的研究中，对在心理实验和心理测验中获得的数据进行分析和处理的工具。通过对获得数据的统计性分析，达到掌握情况、探索规律、制定方案、检查效率的目的。心理统计学主要包括描述统计学、推断统计学和多元统计分析。

8) 变态心理学

变态心理学(abnormal psychology)是研究异常心理发生和发展的原因和规律，并对异常心理进行描述、分类、解释，说明其机制，从而为心理诊断和治疗提供依据的学科。

2. 应用心理学

应用心理学着重对社会生活中存在的心理问题进行探讨，寻求解决各种实际问题的方法和途径。心理学的应用研究极其广泛，相关的分支难以一一列举，这里主要介绍几个有代表性的心理学分支。

1) 教育心理学

教育心理学(educational psychology)是研究教育教学情境中教与学的基本心理规律的学科，主要包括教育教学情境中师生教与学相互作用的心理过程、教与学过程中的心理现象等。教育心理学是应用心理学中出现最早的分支学科，以教师与学生之间的相互作用为研究对象，包括教学心理学、学习心理学、品德心理学研究，如研究学生在掌握知识、形成技能、发展智力、培养品德过程中的心理学问题，研究学生情绪问题，学习困难的学生的心理原因，以及如何提高教学效果、学习效率等。

2) 社会心理学

社会心理学(social psychology)是介于心理学和社会学之间的交叉学科，它研究在一定社会生活条件下人的心理发生和发展的规律，以人的社会心理及社会行为为研究对象，包括社会认知、态度形成与转变、人际交往与人际关系、个体的社会化、社会影响、侵犯与利他行为、流行、流言等。社会心理学的研究不仅有助于科学的管理，而且对确立正确的婚姻观、家庭观，以及预防违法犯罪、形成良好社会风气均有积极意义。

3) 医学心理学

医学心理学(medical psychology)是研究心理活动与病理过程之间相互影响的心理学分支。医学心理学是把心理学的理论、方法与技术应用到医疗实践中的产物，是医学与心理学结合的边缘学科。它包括基本理论、实际应用技术和客观实验等内容，研究和解决人类在健康或患病以及二者相互转化过程中的一切心理问题，即研究心理因素在疾病病因、诊断、治疗和预防中的作用。

4) 司法心理学

司法心理学(forensic psychology)是司法科学和心理科学相结合的边缘学科，主要研究和司法活动有关的心理现象。根据研究对象，司法心理学又分为犯罪心理学、审判心理学、诉讼心理学和改造心理学等。

5) 管理心理学

管理心理学(management psychology)主要研究团体组织中人与事的问题，包括人员的个别差异研究、人际关系、团体效能、领导行为等。它的目的是改进管理机制，协调人际关系，提高工作绩效。

6) 工业心理学

工业心理学(industrial psychology)研究人与机器之间的配置和功能协调，以实现人、机器、环境系统的最佳配置，使人能在安全有效的条件下从事工作，并创造最佳效益为目的。工业心理学是心理学与现代技术科学相结合的产物。开展这一领域的研究，有利于改善工人的劳动条件，保障生产的安全，发挥人在生产过程中的积极作用，提高劳动效率。

阅读资料 1-3

不同的心理学家擅长做些什么

现在，你已经知道了许多关于心理学的知识，你可以在整个心理学范围内提问题。在表1-1中，我们提供了一些问题，并向你介绍了什么类型的心理学家可能更擅长回答这些问题。

表 1-1 心理学研究的多样性

问 题	谁来回答这个问题	研究和实践的焦点
人们如何更好地处理日常问题？	临床心理学家 咨询心理学家 社区心理学家 心理治疗师	研究心理障碍的起源，评估治疗方案；对心理障碍及其他个人调适问题进行诊断和治疗

(续表)

问 题	谁来回答这个问题	研究和实践的焦点
我如何应对中风的后遗症？	康复心理学家	为病人或残疾人提供评估和咨询；为患者、看护者、雇员和社区成员提供应对策略和指导
记忆是怎样存储在大脑中的？	生物心理学家 精神药理学家	研究行为、感受和心理过程的生物化学基础
如何教一条狗听从命令？	实验心理学家 行为分析师	采用实验室实验，通常以动物为实验对象，研究学习以及感觉、知觉、情绪和动机等产生的基本过程
为什么我总是不能回忆起我确信自己知道的信息？	认知心理学家 认知科学家	研究记忆、感知、推理、问题解决、决策和语言使用等心理过程
是什么让人们彼此不同？	人格心理学家 行为遗传学家	开发测验和发展理论以理解人格和行为上的差异；研究遗传和环境对这些差异的影响
"同辈压力"是如何起作用的？	社会心理学家	研究人们在社会群体中如何发挥作用，以及人们选择、解释和记忆社会信息的过程
关于世界，婴儿知道些什么？	发展心理学家	研究个体一生在生理、认知和社会功能上发生的变化；研究遗传和环境对这些变化的影响
为什么我的工作让我这么沮丧？	工业组织心理学家 工效心理学家	研究在一般工作场所或特定工作上影响表现和士气的因素；将这些观点运用于工作场所
老师应该如何对待调皮学生？	教育心理学家 学校心理学家	研究如何改进学习过程的各个方面；协助设计学校课程、教学训练项目和儿童呵护项目
为什么我在每次考试之前都生病？	健康心理学家	研究不同的生活方式如何影响身体健康；设计和评估预防方案以帮助人们改变有害健康的行为，以及应对压力
被告在犯罪的时候是精神失常的吗？	司法心理学家	在执法领域，将心理学知识运用于人类问题上
为什么我在重要的篮球赛上总是呼吸困难？	运动心理学家	评估运动员的表现；运用动机、认知和行为的原理来帮助他们获得最高的表现水平
如何弄清人们丢给我的数据？	定量心理学家 心理测量师	开发和评估新的统计方法；构建和验证测量工具

(资料来源：理查德·格里格，菲利普·津巴多. 心理学与生活[M]. 19版. 王垒, 等, 译. 北京：人民邮电出版社, 2016.)

1.3 心理学的研究方法

心理学研究必须具有科学的态度，采取科学的研究方法。心理学作为一门研究心理现象的学科，经过一个多世纪的发展，心理学家们采用客观的研究方法，按照一定程序，遵循心理学研究原则，加深了对人类心理活动及行为的认识。

1.3.1 研究原则

心理学的研究原则主要表现在以下几个方面。

1. 客观性原则

客观性原则就是实事求是的原则，是进行任何科学研究都必须遵循的原则。由于心理现象的复杂性，故在进行心理学研究时，尤其要强调客观性原则，按照心理现象的本来面目来研究心理活动的规律，切忌主观臆造。

为贯彻客观性原则，研究者应做到以下几点。

(1) 研究者在搜集研究资料时，必须如实地记录，切不可对没有出现的心理事实妄加臆造或以个人主观感受代替事实材料。

(2) 研究者在处理资料和分析整理结果时，应尽可能用某种客观的尺度来评定，切忌带有主观偏见。

(3) 研究者在下结论时，要做到一是一、二是二，不任意夸大或缩小。

2. 发展性原则

发展性原则是指把人的心理活动看作一个动态的变化发展过程，要用发展的眼光看待人的心理活动。心理过程、心理特征在人的一生中是不断发展变化的，而且在不同的发展阶段具有不同的特点和规律。心理活动的发展具有一定的方向性和阶段性，既不能违背既定方向，也不能跨越必要的阶段，但在一定的条件下可以加速这种发展的进程。不同个体之间、同一个体在不同发展阶段之间存在着量和质的差异。研究者既要看到心理活动发展稳定的一面，又要看到其发展变化的一面。

3. 系统性原则

系统性原则是指用系统的观点来考察心理现象，把人的心理活动当作一个开放的、动态的、整体的系统来加以考察。人的心理活动本身就是一个极为复杂的系统，其中包括了心理过程、个性心理等子系统。这些子系统又各自包含了许多的心理要素，它们互相影响、互相制约，还与社会环境、生理因素有密切联系和相互作用，形成了一个错综复杂的开放式动态系统。

贯彻系统性原则，要求研究者做到以下几点。

(1) 研究者要把心理现象看作一个有机整体。在研究中应全面考察心理的各种关系，进行多方面的综合研究，不要孤立地研究心理现象的任何一种关系。

(2) 研究者要认识到人的心理系统是一种有序的、有组织结构的系统。

(3) 研究者要对心理现象进行动态分析。

(4) 研究者要把心理当作一个开放系统来进行研究。要研究心理系统与生理、环境等心理相关系统的关系，而不是把心理看作一个自我封闭系统。

4. 教育性原则

教育性原则是指研究学生的心理及其发展规律，以更好地教育学生。在课题的选择、方案的制定及实施过程的各个环节中，都必须牢记教育性原则，看其是否有利于实现教育目标，是否有利于教育教学质量的提高，是否有利于学生良好心理品质的形成。把研究工作与教育工作协调起来，即遵循教育性原则。

总之，在心理学的研究过程中必须综合考虑上述各种原则，只有把它们结合起来进行研究，才能真正地、科学地阐明人的心理现象及其发展规律。

1.3.2 心理学的研究方法

心理学的研究方法有很多，主要有观察法、调查法、测验法、实验法和个案法。

1. 观察法

观察法(observational method)是指在自然情境中，对被观察者的行为做系统的观察记录，以了解其心理活动的一种方法。例如，观察学生在听课时的表现，可以了解学生注意力的集中情况。观察法通常是由于无法对被观察者进行控制，或者由于控制会影响其实际行为表现或有碍于伦理道德而采用的。

按照观察者是否参与被观察者的活动，观察法可以分为参与观察法和局外观察法。参与观察法是指观察者隐蔽自己的身份，将自己作为被观察者的一分子，从而参与到被观察者的活动中去，在和被观察者的共同活动中将所见所闻记录下来。例如，20世纪30年代，美国心理学家怀特为了掌握街头反社会团伙的活动情况，就加入到一个由美籍意大利青年组成的团伙中。经过数月的系统观察，他获得了大量有关该团伙的价值观念、内部组织结构和活动规律的资料，后来写成畅销一时的《街角社会》一书。局外观察法是指观察者以旁观者的身份来观察和研究被选定的对象。不论是参与观察法还是局外观察法，原则上都不应使被观察者发现自己在被别人观察，否则就会造成观察结果的不真实。

根据观察要求的不同，观察法可以分为长期观察法和定期观察法。长期观察法是指在相当长的时期内进行系统性观察，有计划地积累资料。例如，达尔文(C.R.Darwin)的《一个婴孩的生活概述》、陈鹤琴的《一个儿童发展的程序》就是这一类研究。定期观察法是指在某一特定的时间里进行观察记录。例如，在每周中几个特定时间里观察小学生的课业责任心行为表现，待资料积累到一定程度的时候，再进行分析整理，继而得出结论。

科学研究方法的"观察"不同于我们在日常生活中的"观察"。为使观察富有成效，科学的观察要求我们不仅要有明确的观察目的，而且要计划周详。比如，教师用观察法研究学生的心理，就应该明确是观察学生的集体行为还是观察学生的个体表现，是观察学生的学习行为还是观察学生的品德行为。另外，观察者还要明确所要观察的行为特征和程度。为了把被观察者的行为表现详尽且准确地记载下来，除了纸笔记录外，还可以使用录音、录像等设备。

使用观察法应遵循以下几项原则。

(1) 观察必须要有明确的研究目的，对拟观察的行为特征要加以明确界定，制订好计划，按计划进行观察。

(2) 观察必须是系统的，而不是零星、偶然的。

(3) 必须随时如实地做好记录，严格地把"传闻"与"事实"、"描述"与"解释"区分开来。

(4) 应在被观察者处于自然状态的情况下进行观察。

观察法的优点是：在被观察者不知情的情况下采用的一种心理学研究方法，被观察者的行为比较自然，所获得的资料也比较真实。观察法的不足是：观察者始终处于被动地位，只能消极等待被观察者某些行为的出现，观察所积累的资料只能说明"是什么"，而不能解释"为什么"。因此，由观察法发现的问题还需要用其他方法作进一步的研究。

2. 调查法

调查法(survey method)是指以提问题的方式，了解被调查者心理活动及其特征的方法。调查法可以用来探讨被调查者的个体变量(如性别、年龄、教育程度、职业、经济状况等)、反应变量(如对问题的理解、态度、期望、信念、行为等)，以及它们之间的相互关系。

调查法可分为书面调查和口头调查。书面调查又叫问卷法，是指根据研究的目的，以书面形式将所要收集的材料列成明确的问题，要求被调查者将自己对问题的回答按要求填写在问卷上，然后研究者对回答的结果再进行分析研究。书面调查的优点是：能够进行大范围的研究，不受地域限制，可以进行定量分析等。书面调查的不足是：研究缺乏控制，有时结果中会混进任意作答的资料，使研究的精确性受到影响。

口头调查又叫晤谈法，也称访谈法，它是以面对面、通信或电话采访的方式，向被调查者提出事先拟好的问题，以一问一答的方式进行调查。由于研究者和被调查者的联系是直接的，所以研究者可以通过补充提问、临时提问对所要了解的问题进行详细的调查，并根据被调查者的反应来确定回答的真实程度。由于口头调查只能在较小的范围内进行，因此获得的资料可能只是代表少数人的看法。

3. 测验法

测验法(test method)又称心理测验，是指用标准化的量表来测量被试者的智力、性格、态度、兴趣以及其他个性特征的方法。测验法在人格评定、人才选拔、心理疾病诊断等方面得到了广泛应用，是一种能够科学而又迅速地对人的心理特征进行了解的工具。心理测验的种类很多，按测量的人数，可把测验分为个别测验和团体测验；按测验的目的，可把测验分为智力测验、兴趣测验和人格测验等；按测验的材料性质，可把测验分为文字测验、投射测验和情景模拟测验等。

测验法的使用具有很强的专业性，它要求主试必须具有丰富的专业知识和熟练的测验技能。主试应注意以下几点。

(1) 选用的测量工具应适合于研究目的。
(2) 主试应具备使用测验技术的基本条件，如了解测验实施程序和指导语。
(3) 严格按测验手册上载明的方法记分和处理结果。
(4) 测验分数的解释应有一定的依据，不能随意解释。

上述的观察法、调查法和测验法可以用来发现两个(或几个)变量之间的相关程度，但不能确定它们之间是否存在着因果关系。

4. 实验法

实验法(experimental method)是指有计划、有目的地控制条件，使被试者产生某种心理活动并对其进行分析研究的方法。实验者在进行实验研究时分为两组：一组为实验组，另一组为控制组。控制组和实验组的被试者除了在接受实验者要求上不一样外，其他实验过程和条件都是一样的。

在实验过程中，实验者给予被试者一系列变化的刺激信息，这些变化的刺激称为变量。在心理学研究中，用于确定事件或现象因果关系的变量主要有以下三类。

(1) 自变量。由实验者安排、控制、操纵与实施的实验条件叫自变量或独立变量。自变量是引起被试者行为差异的原因，其范围、大小和取值由实验者决定，而不依赖任何其他条件。

(2) 因变量。实验者要观察、测量和记录被试者做出的反应的变量叫因变量或依从变量，它们是实验者要收集和研究的真正对象。例如，探讨学生阅读速度与记忆的关系，那么要求学生阅读的材料数量及速度等是自变量，而学生对材料的记忆成绩则是因变量。

(3) 控制变量。控制变量是指实验者欲排除的某些条件，主要是为了避免实验结果受到它们的影响。例如，阅读过程会受到光线、内容深浅、阅读动机、噪声等条件的影响，这些都是实验变量之外可能会影响实验结果的变量，虽然实验目的并不是研究它们，但为了避免它们对实验结果产生影响，需设法予以控制。总之，采用实验法研究人的心理活动和行为特点的目的，是在控制条件下探讨自变量与因变量之间的因果关系。

在实验中，一般会把被试者随机地分配至两个组中并加以控制，随机分配是指被试者都有机会被分到实验组或控制组，以保证个体差异在两个组之间达到平衡，当两组所有条件一样时，差别就只存在于自变量与因变量。

实验法是心理学研究中最有用的工具，也是心理学研究的主要方法之一。实验法不但能揭示问题"是什么"，还能进一步探究产生问题的原因"为什么"，即通过控制了的实验条件来验证事件或现象之间存在着的因果关系，因此，它在心理学研究中被广泛应用。

5. 个案法

个案法(case method)是指对某个人进行深入而详尽的观察与研究，以便发现影响某种行为和心理现象的原因。个案法是一种比较古老的方法，是由医疗实践中的问诊方法发展而来的，其被认为是临床检验中的一种特殊形式的晤谈法，也是发展心理学、教育心理学常用的研究方法。

个案法可以对一个人的心理发展过程进行系统的、历史的研究，或对某几个人的同一种心理活动的发展进行比较或跟踪研究。例如，美国心理学家推孟(L. M. Terman)曾选择了1500名智力超常的儿童进行了长达30多年的跟踪研究，并对其中150名最有成就者和最不成功者进行了详细的对比分析。结果发现，两者在智力水平上并没有多么大的区别，他们最大的差别在于，最有成就者普遍具有较强的韧性，有为实现目标而不断积累成果的自信心，且能克服自卑心理；最不成功者则缺少这些性格特征。

另外，产品分析法作为个案研究的一种常用方法，主要用于对被试者完成的产品进行心理学分析，从而了解心理活动过程及其特点。例如，学生的作文、图画、考卷等，都表现出学生的心理活动过程及不同的心理特点。

个案研究法有助于我们深入了解某些具有典型意义的个体心理变化及其与环境等相关因素的关系。尤其是当不能对某些心理活动进行严格控制，或很难收集到相关信息资料，或出现了不寻常情况时，若个案研究成为唯一的资料来源，则此时它的优越性更能充分显现出来。但由于个案法使用案例少，其研究的结果可能只适合于个别情况，因此，在推广运用这些成果或做出更概括的结论时，必须持谨慎态度。

复习思考题

1. 名词解释：心理学、观察法、调查法、测验法、实验法、个案法。
2. 心理学的研究对象是什么？个体心理包括哪些心理现象？
3. 为什么说心理学是一门交叉性学科？
4. 科学心理学独立的标志是什么？
5. 科学心理学的主要理论流派有哪些？其主要代表人物分别是谁？各流派的主要观点分别是什么？
6. 心理学有哪些分支学科？其主要的研究内容是什么？它们在人类生活中有何作用？
7. 心理学研究应遵循什么原则？心理学的主要研究方法有哪些？
8. 当代心理学的影响已遍及社会生活的各个领域，请就心理学在我们生活中的作用谈谈你的体会。

教师资格证考试真题再现

一、单选题(每题 2 分)

(2019.11)教育实验中，控制其他条件，考察不同教学方式对学生学习效果的影响。教学方式在这项实验中属于(　　)。

A. 因变量　　　B. 自变量　　　C. 干扰变量　　　D. 无关变量

二、简答题(每题 10 分)

(2018.11)简述弗洛伊德的人格发展阶段理论。

第 2 章　科学的心理观

本章学习目标

➢ 唯物主义和唯心主义的心理观
➢ 科学的心理观
➢ 高级神经活动的基本过程与运动规律

2.1　唯物主义和唯心主义的心理观

人的心理现象究竟是怎么一回事？心理的实质究竟是什么？在人类漫长的历史中，人们对自身心理活动的了解和探究一刻也未停止，其间充满着唯心主义和唯物主义、机械唯物论和辩证唯物论之间的斗争。

2.1.1　唯心主义的心理观

在古代，由于当时生产力发展水平和知识水平的限制，人们对自己的身体结构和机能缺乏正确的认识，因而不能正确认识自己的心理现象，不能揭示心理现象产生的原因及其本质，认为人的心理现象，如感觉、记忆、思维、睡眠、做梦及觉醒等都是与身体有特殊关系的灵魂的活动，认为灵魂是不依赖于物质而独立存在的精神实体，认为灵魂是不灭的、超自然的东西。

唯心主义心理观认为：心理是不依赖于物质而独立存在的，心理是第一性的，心理决定着物质，是世界的本源；一切物质都是第二性的，是由心理派生的，是心理的产物。唯心主义者颠倒了心和物的关系，他们的观点是错误和荒谬的。唯心主义有两种表现形式：客观唯心主义和主观唯心主义。

客观唯心主义者认为：世界上一切事物都是由存在于世界之外的"绝对观念"或"宇宙精神"决定的，都是这种看不见、摸不着的"绝对观念"的产物。如德国唯心主义哲学家黑格尔认为，"绝对观念"在自然界和人类社会出现以前，就已经存在了，世界上一切事物都是由"绝对观念"发展而来的。

主观唯心主义者则认为："心"是万物和宇宙的主宰，客观事物都是由个人的感知、思维，即心理决定的，是心理的产物。我国南宋哲学家陆九渊说："宇宙便是吾心，吾心即是宇宙。"明朝的王阳明提出："天下无心外之物""天地万物皆在吾心中"。英国大主教贝克莱也提出："存在就是被感知""物是观念的集合"等。

唯心主义者颠倒了心和物的关系，把心理、绝对观念看成是第一性的，认为心理、绝对观念产生客观事物。这种观点是错误和荒谬的。

2.1.2　唯物主义的心理观

唯物主义的心理观主张：客观世界是物质的，物质是第一性的，而心理是物质派生的，是第二性的。唯物主义的心理观虽然有各种说法，但都把心理现象看成是物质活动的产物，是身体的机能，是在一定事物的作用下产生的，从而正确地说明了心和物之间的关系。

古代朴素的唯物主义心理观认为：心理活动是身体的一种机能。战国时期的荀子说："形具而神生，好、恶、喜、怒、哀、乐臧(藏)焉，夫是之谓天情。"他认为先有物质的身体，后有精神，人的好、恶、喜、怒、哀、乐等精神现象的产生是与身体分不开的。南北朝时期的范缜也指出："形者神之质，神者形之用。"又说："形存则神存，形谢则神灭。"就是说物质的身体是主体，而精神只是物质身体的产物，是从属于物质身体的。身体死亡了，精神也就必然随之消失。明末清初的学者王夫之说："形也，神也，物也，三相遇而知觉乃发。"他认为心理现象是人对外界事物的感知、辨别和感受。明代医药家李时珍提出"脑为元神之府"和"泥丸之宫，神灵所集"的论断。清代名医王清任在《医林改错》中明确提出"灵机记性，不在心在脑"的著名论断。以上这些都是古代朴素的唯物主义思想的杰出表现。

但是，并不是所有的唯物主义者都能正确阐明心理现象。例如，法国近代机械唯物主义者拉美特利(J.O. La Mettrie)说："人不过是一架巨大的、极其精细的钟表。"德国的毕希纳(L. Büchner)、瑞士的福格特(K. Vogt)等人错误地认为脑髓分泌出思想正如肝脏分泌出胆汁一样。这些朴素、机械的唯物论观点是缺乏发展和辩证的观点，看不到人的社会实质，看不到心理活动对社会实践的依赖关系及其能动性，而把人看成机器，把人产生心理活动看作机器的正常动作，仍然不能科学地揭示人的心理的本质。

辩证唯物主义认为：脑是心理活动的器官，客观现实是心理活动的源泉和内容，心理是脑对客观现实的主观能动的反映，人的心理是在社会实践中发生和发展的。辩证唯物主义心理观不同于机械唯物主义，它不是将心理活动简单地归结为物理过程，而是强调心理活动的复杂性和多样性，以及心理与生理、个体与社会的相互作用。辩证唯物主义心理观不仅揭示了心理现象的客观基础，还强调了心理活动的社会历史性质和人的主观能动性。这一观点对于指导人们认识世界、改造世界，以及发展社会主义文化具有重要意义。

2.2　科学的心理观

辩证唯物主义正确地阐释了物质与精神、存在与意识、生理与心理的辩证关系，明确指出科学的心理观是：脑是心理的器官；客观现实是心理活动的源泉和内容；心理是脑对客观现实主观能动的反映；人的心理是在社会实践中发生和发展的。

2.2.1　脑是心理活动的器官

产生心理活动的器官究竟是什么？对此人们并不是一开始就十分清楚的。历史上相当长的一段时期，人们曾经认为心脏是产生心理活动的器官。西方有人认为心脏产生心理如同肝脏分泌胆汁；同样，汉语中也保留着这种错误认识的痕迹，与精神活动有关的字大都带有"心"字部首，至今我们思考问题时还常说"用心想一想"。

直到 18 世纪前后，随着时代的进步，经验的积累，尤其是近代科学的发展，人们逐渐认识到产生心理活动的器官是脑，而心脏与心理活动并无特别直接的关系。我国清代医生王清任早在 1830 年就指出脑与心理的关系。30 年后，俄国生理学家谢切诺夫在其著作《脑的反射》一书中，把脑的全部活动解释为对事物的"反射"。此后，著名生理学家巴甫洛夫提出的高级神经活动学说，进一步科学地揭示了心理活动的脑机制。

生理解剖学的发展，促进了人们对脑机能的认识，特别是临床方面的经验与研究，证实了脑在心理活动方面的功能。例如，法国医生布洛卡于 1861 年发现大脑左半球额下回有"语言运动中枢"，若该区受损伤，人的言语表达功能就会出现障碍。随后，人们又发现大脑额叶中回有"书写中枢"，额叶上回后部有"言语听觉中枢"，如果这些部位受损伤，相应的心理活动就会产生障碍等。这些临床的经验与事实都进一步表明，脑是心理的器官。

物种进化的历史和个体发育的进程表明，心理活动与神经系统尤其是大脑有着直接的关系。动物的心理发展水平与其神经系统的发展水平是相适应的。从单细胞动物到人类，神经系统的进化经历了从无到有、从简单到复杂的变化，心理发展水平也从低级到高级。单细胞动物没有神经系统，因而只能对生存具有直接意义的事物产生有限的感应。无脊椎动物虽有神经系统，但由于没有脑，所以不能对刺激物的属性进行分析，其心理活动只能停留在极其原始、简单的感觉阶段。脊椎动物的神经系统进一步发展，原始的脑开始形成，爬行动物出现了大脑皮层，这就具备了心理活动的最高调节机构，因而就有了稳定的知觉。灵长类动物的大脑接近人脑的水平，所以对事物有了原始的概括能力，能进行简单的思考。而人类的大脑结构更加复杂，其机能高度完善，所以人类成了地球上最顶端的主宰者。就人类个体的发育而言，心理水平的发展也是与脑的发育紧密相联的。婴幼儿的大脑虽然在形态、结构上与成人相似，但由于重量轻、突触没有成人多、神经网络不如成人细密等原因，其心理活动要比成人简单得多。

其实，常识也告诉人们大脑是心理活动的器官。人们在睡眠或酒精中毒状态下，心脏活动与清醒时并无多大差别，但精神状态、心理活动却与清醒时大不一样。精神病人的心理活动与正常人差别很大，而他们的心脏机能却与正常人相同。一个心脏机能正常的人，如果大脑受到损伤，心理活动就会部分或全部丧失，如植物人。

以上事实和越来越多的研究表明，脑是心理活动的器官，心理是脑的机能，人类一切心理活动的产生和发展都依存于人脑。正如恩格斯所说："我们的意识和思维，不论它看起来是多么超感觉的，总是物质的、肉体的器官，即人脑的产物。"

2.2.2 客观现实是心理活动的源泉和内容

客观现实包括自然环境和社会环境。自然环境是指人类赖以生存和实践的自然界，如天地日月、山川河流、飞禽走兽、花草树木。社会环境是指人类所有的社会生活，以及与之相联系的各种社会事物，如生产劳动、社会关系、人际关系等。只有当客观现实作用于我们的感觉器官时，我们才能产生感知觉、记忆、思维、想象、情感等心理现象。无论是简单的心理现象，还是复杂的心理现象，甚至神话中虚构的人物和故事情节，其内容都来自客观现实。例如，孙悟空七十二变、嫦娥奔月等神话，虽然十分离奇，但是构成这些形象的原始材料是来自客观现实的。因此，心理是客观现实作用于人脑的产物，是客观现实在人脑中的反映，客观现实是心理活动的源泉和内容。

2.2.3 心理是脑对客观现实的主观能动的反映

1. 心理是对客观现实的主观映象

人脑对客观现实的反映过程，是在头脑中形成映象的过程。事物的映象和事物本身是相像的，但却不是同质的，事物的映象不等于事物本身。事物的映象是以观念形式存在于人脑中的，是经过人脑加工改造过的物象，具有主观性。例如，客观现实中有一支钢笔，它通过感官作用于人脑，就产生了钢笔的映象。钢笔和它的映象不同，钢笔是客观存在的物质，看得见，摸得着；而钢笔的映象是心理现象，存在于人脑中，是观念的东西，看不见，摸不着。因此，心理是对客观现实的反映，这种反映是对客观现实的主观映象。

不同的人对同一事物的反映存在着差异。个人的知识经验、个性差异和年龄特征都会对这种反映有深刻的影响。例如，同样是一棵杨树，不同的人有不同的联想反映，农民觉得它可以遮阳；诗人则吟出"唯有垂杨管别离"的诗句；画家关心的则是树的色调明暗变化。

同一个人在不同时间、不同条件下，对同一事物的反映也不尽相同。例如，唐代诗人李白，对同一座君山，当他大醉时写过"淡扫明湖开玉镜，丹青画出是君山"的佳句，盛赞君山景色如画；等他酒醒之后，却又写道："划却君山好，平铺湘水流"，恨不得一铲把君山削平，让湘水奔流，反映截然不同。

2. 人的心理是对客观现实能动的反映

心理的反映形式，不像镜子和照相机那样简单地、刻板地反映对象，而是对客观现实进行积极的、能动的反映。人的心理不仅反映客观世界，而且人类总是利用积累的经验，根据对客观事物发展规律的认识，通过实际行动去改造客观事物。人对客观世界的能动反映，一方面表现为能动地把握客观世界的规律性；另一方面则表现为能动地改造客观世界，并在改造客观世界的同时，也改善着人类本身。正如恩格斯所指出的："动物仅仅利用外部自然界，单纯地以自己的存在来使自然界改变；而人则通过他所作出的改变来使自然界为自己的目的服务，来支配自然界。这就是人同其他动物的最终的本质区别。"

2.2.4 人的心理是在社会实践中发生和发展的

有了正常的人脑，有了客观现实，并不一定会产生人的心理，因为人的心理是在认识和改造世界的社会实践中产生的。

1. 社会实践是人的心理产生和发展的唯一途径

人的心理不是自发产生的，只有作为心理源泉的客观现实和作为心理器官的脑二者相互作用，才能产生正常的心理，而这种相互作用是通过人的社会实践活动实现的。人的心理现象是在各种社会实践活动中，在人们彼此交往的过程中产生和发展起来的。人的心理是对一个人整个生活经历的真实写照。人从出生那天起，就从事着各种各样的活动，如游戏、学习，成年后又从事着各种社会实践，人通过各种实践活动去感知周围的事物，并不断改造着客观世界。正是在改造世界的实践活动中，产生了人对事物的认识，使人的认识和知识逐渐丰富起来，并形成了人的兴趣、动机、情感、愿望等，表现出人克服困难的意志行动。同时，由于社会实践活动的多样性和复杂性，也形成了人不同的能力和性格。

如果没有社会生活实践，即使具备了人的脑，仍然不能产生人的心理。"狼孩"的案例充分说明了人的社会生活实践对人的心理的产生与发展起着决定性作用。

阅读资料2-1

"狼孩"的案例

1920年，在印度发现两个在狼群里生活的孩子，人们把大的(约8岁)取名为卡玛拉，小的(约2岁)取名为阿玛拉，阿玛拉被发现后不久就死去了。卡玛拉不会说话，用四肢行走，不穿衣服，不吃人手里拿的肉，只吃扔在地上的生肉，用舌头舔食物吃。她既怕火又怕水，从不让别人帮助洗澡，即使天气寒冷，也撕掉衣服。她怕强光，白天缩在墙角，夜间出来活动，夜间视觉敏锐，深夜会像狼一样嚎叫。经过医护人员的悉心照料与教育，2年后，卡玛拉学会了站立；4年后，学会了6个单词；6年后，学会了走路；7年后，学会了45个词，同时会用手吃饭，用杯子喝水。但是到17岁临死时，她也只有相当于4岁儿童的心理发展水平。卡玛拉虽是人类后代，具有人脑这一高度发达的器官，但是她为什么只有动物的本性，而没有人的心理呢？其根本原因就在于她从小脱离了人类的社会生活，无法进行社会实践活动，无法学会人类的语言，不能进行人际交往和接受人类的知识经验等。在她的头脑中只有狼群生活的反映，而没有人类社会生活的内容，所以不能产生人的心理。

如果不参加社会实践活动，就不能使人的心理得到相应的产生和发展。例如，1970年，美国加利福尼亚州发现一个现代"野孩"(研究者为她取名吉妮)，在她出生十几个月后即被父亲野蛮地隔离起来，只给她吃饭，不准家里人与她交谈，甚至不准家里人高声谈话。在她11岁半被发现时，她还不会说话，不会走路，智力水平仅相当于1岁婴儿的水平。吉妮生活在人类社会的一个特定"真空"环境里，缺乏社会环境的刺激，无法参加人类社会的实践活动，脱离了人类的社会生活，因而她的心理只能停留在婴儿水平。

(资料来源：梅尔·派尼丝. 心理学探新[J]. 王志超，译. 1983.)

如果长期脱离社会生活，离开丰富的外界刺激，一个成人的心理也会变得不正常。例如，日本侵华时期，日本侵略者从中国强拉了大批华工到日本做苦工。山东省高密县有一个叫刘连仁的华工，因为不堪忍受日本矿山主的奴役，逃往北海道深山老林，过了13年茹毛饮血的生活。在1956年被当地猎人发现时，他的语言能力已基本丧失，行为怪异，已难以恢复到正常人的心理状态。

事实说明，人的心理并不是天赋的，也不是脑的一种自然属性。人的心理是在人类社会活动中产生的，是人类社会实践的产物。

2. 社会实践是检验心理是否正确的标准

人的心理、意识是否正确地反映了客观现实，必须在社会实践中加以检验。当人根据对事物的反映进行活动时，实践就证明哪些是正确的，哪些是错误的。人不断地纠正着自己的认识和行动，使心理反映更准确，更符合客观实际，从而进一步促进心理的发展，使心理反映达到深刻化和完善化的程度。

综上所述，人的心理是人脑的机能，是客观现实的反映。这种反映既是客观的，又是主观能动的，是在社会实践活动中发生、发展、表现，并通过社会实践活动加以检验的。由于人在实践中所接触到、感受到的客观事物日新月异地变化着，人的心理也随之而发展变化着，因此，人的心理对于客观世界的反映是永远不会完结的。

2.3 高级神经活动的基本过程与规律

2.3.1 神经系统的结构与机能

神经系统是心理活动的主要物质基础，人的一切心理活动，都要通过神经系统的活动来实现。人的神经系统可以分为中枢神经系统和周围神经系统。

1. 中枢神经系统的结构与机能

中枢神经系统包括脊髓和脑。脊髓位于脊柱内，是中枢神经系统的低级部位，它的基本机能是进行简单的反射活动(如排泄、膝跳反射)和传导神经兴奋。许多先天的无条件反射中枢就位于脊髓内。脑是中枢神经系统的高级部位。下面主要介绍有关人脑的结构与机能。

1) 人脑的结构与机能

人脑由大脑、小脑、脑干、间脑和边缘系统组成，如图 2-1 所示。

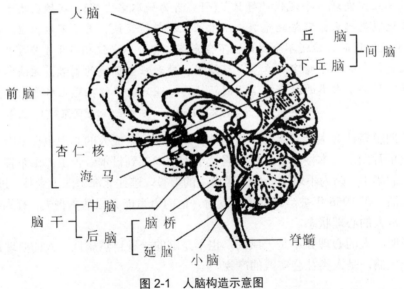

图 2-1 人脑构造示意图

(1) 大脑可以分成左、右两个半球，重量占全部脑重(1500 克左右)的 70%左右。大脑两半球外部是约 3mm 厚的灰质层，叫作大脑皮质。大脑皮质集中了中枢神经系统 70%的神经元，约 140 亿个神经细胞。大脑皮质是人类心理活动最直接的物质基础，是高级心理活动的"司令部"。人类之所以能使用语言、制造工具、学会复杂技能，很大程度上是由于大脑皮质的存在。

(2) 小脑的机能是协助大脑维持身体的平衡、调节肌张力和协调随意动作。一些复杂的运动，一旦学会，编入小脑，就能自动进行。小脑损伤后会出现肌张力障碍、共济运动失调，丧失基本的运动能力等现象。

(3) 脑干又叫生命中枢，是心跳、呼吸、咀嚼、吞咽、唾液分泌、呕吐、打喷嚏、咳嗽等活动的中枢，在维持生命上有重要作用。

(4) 间脑包括丘脑和下丘脑。丘脑是神经通路的"中转站"，由身体传入到脑的信息和由脑传出到身体的信息都要经过这里。下丘脑是快乐、愤怒、害怕、沮丧和渴望等情感的控制中心。此外，下丘脑还可以控制摄食、饮水、体温、内分泌等活动，是内脏活动的调节中心。

(5) 边缘系统与记忆、动机、行为、情绪等有关。在进化中，边缘系统是前脑中发育较早的部分。低等动物的边缘系统起着控制动物饮食、搏斗、逃跑、生殖等行为的作用；人类的这些功能逐渐集中到新皮层，边缘系统退居次要地位。

2) 大脑皮层机能定位

大脑皮层主要分为四个机能区：感觉区、运动区、言语区、联合区。

(1) 感觉区：包括视觉区、听觉区和机体感觉区，如视觉区位于枕叶内；听觉区位于颞叶内；机体感觉区位于额叶的中央后回，主要接收由皮肤、肌肉和内脏器官传入的感觉信号，从而产生触压觉、温度觉、痛觉和内脏觉。运动皮层、感觉皮层中与身体各部分对应的左半球组织如图 2-2 所示。

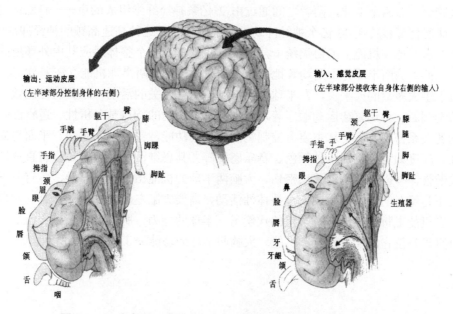

图 2-2　运动皮层、感觉皮层中与身体各部分对应的左半球组织

身体各部位在皮层机能区投射面积的大小，取决于它们在机能方面的重要程度。某个身体区域越敏感，它相应的感觉皮层所占的面积就越大。例如，人的极度敏感的嘴唇所占的脑皮层比十个脚趾所占的脑皮层面积要大得多。再如，磁共振成像(MRI)扫描揭示：熟练的钢琴家具有比普通人更大的用于编码钢琴乐声的脑皮层区域，聋人由于具有更强的视觉感知能力，所以他们的视觉皮层区域更大。可见，大脑形成的决定因素不仅只有基因，人的经历也是一个非常重要的影响因素。

(2) 运动区：主要位于额叶的中央前回，是躯体运动的中枢。其主要功能是发出动作指令，支配和调节身体在空间的位置、姿势及身体各部分的运动。同样，身体各部位在运动区的投射面积取决于它们在机能方面的重要程度。

(3) 言语区：绝大多数人的言语区位于左半球，少数左利人的言语区位于右半球。在额叶的后下方，靠近外侧裂处，有一个言语运动中枢，被称为布洛卡区(Broca's area)，主要控制人说话时的舌头和颚的运动，这个区域如果受损就会产生运动性失语症(又称表达性失语症)。在颞叶上方，靠近枕叶处，有一个听觉性言语中枢，被称为威尔尼克区(Wernicke's area)，它与理解口头言语有关，如果这个区域受损将引起听觉性失语症，即病人听不懂别人说的话。在顶叶—枕叶交界处，有言语视觉中枢，损坏这个区域将出现书面语言理解障碍，即病人看不懂文字材料，属于视觉性失语症。

(4) 联合区：人类的大脑除了具有上述机能不同的区域外，剩下的大片区域称为联合区。联合区可以接收多通道的感觉信息，负责对来自各个感觉器官的信息进行综合处理，它是更复杂、更高级的心理活动的皮层区。依据联合区在皮层上的分布和功能，可将其分成感觉联合区、运动联合区和前额联合区。感觉联合区与长时记忆和高水平的知觉组织关系密切，运动联合区主要负责精细的运动和活动的协调，前额联合区与注意、记忆、问题解决等高级心理机能有密切关系。

3) 大脑左右半球机能分工

大脑分左右两个半球，两者之间通过由2亿条神经纤维组成的束——胼胝体进行连接沟通，胼胝体每秒传递40亿个神经冲动于两半球之间。这种高速高频的神经冲动的传导，保证了左右半球在机能上的协调统一，使大脑得以作为一个整体适应其内外环境的变化。但是，人的大脑两半球并不是均等地支配人的活动，大脑两半球机能存在着分工。

对于绝大多数的人来说，左半球主要控制与语言有关的活动，还具有控制数学运算、时间节奏判断、协调复杂运动顺序等功能。其思维活动的特点是分析性、逻辑性强，与智力活动的关系密切。右半球主要有控制空间知觉的功能，包括空间定向、平面与立体图形的感知、深度知觉、辨别各种颜色、音乐感知等。其思维活动的特点是富有直觉性、综合性、发散性，与创造性活动关系密切。大脑两半球的机能虽然存在差异，各有分工，但这种分工不是绝对的。人要完成一个整体性活动，需要大脑左右半球协同配合，密切合作。而且，在机能上每一半球都有一定的代偿另一半球的能力，脑的局部遭到损伤后，脑的其他部分可以补偿它的部分或全部机能。大脑两半球的功能分工如图2-3所示。

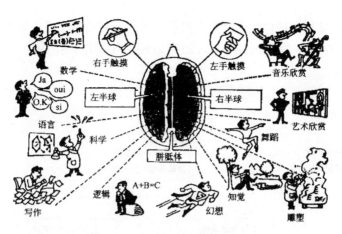

图 2-3 大脑两半球的功能分工

> 阅读资料 2-2

趣味活动

试试用你的右手做画圆圈动作。再让你的右脚与右手同步进行相同的动作，不难，是吧？如果让你的右脚与右手进行反向画圈(手不变)，很难，是吧？但是，如果试着用右手对侧的左脚来反向画圈，就容易多了。四肢的左右侧是由对侧的大脑控制的，因此，它们相反的运动彼此干扰较小。

2. 周围神经系统的结构与机能

周围神经系统分为躯体神经系统和植物性神经系统。

躯体神经系统由与骨骼肌和感受器相连接的神经组成，主要负责中枢神经系统与感觉器官和骨骼肌肉之间的信息交换。植物性神经系统主要负责内脏器官与腺体之间的信息交换。躯体神经系统和植物性神经系统协同活动，协调人的内部状态和外部行为，两者的主要区别是，躯体神经系统的活动是随意的，植物性神经系统的活动是非随意的。人类神经系统的层次结构如图 2-4 所示。

3. 神经元的结构与机能

1) 神经元的基本结构与机能

神经元(neuron)即神经元细胞，是神经系统结构和机能的基本单位。神经元分为细胞体和突起两部分。细胞体由细胞核、细胞膜、细胞质组成，具有联络和整合输入信息并传出信息的作用。突起有树突和轴突两种。轴突是神经细胞伸出的一根粗细均匀的细长突起，也叫作神经纤维，其功能是传递细胞体发出的信息，把神经兴奋传递给相邻的另一个神经元或直接传递给效应器官。树突短而分枝多，是从细胞体延伸出来的树状分枝，其功能是接受其他神经元轴突传来的冲动并传给细胞体。神经元的结构如图 2-5 所示。

2) 神经元之间的突触传导

一个神经元不能单独执行神经系统的机能，各神经元必须互相联系。对于脊椎动物来说，神经元之间在结构上没有细胞质相连，仅仅是互相接触。一个神经元与另一个神经元特化的相互接触的部位，被称作突触。它是神经元之间在机能上发生联系的地方。突触由三部分组成：突触前膜、突触间隙和突触后膜。其结构如图2-6所示。

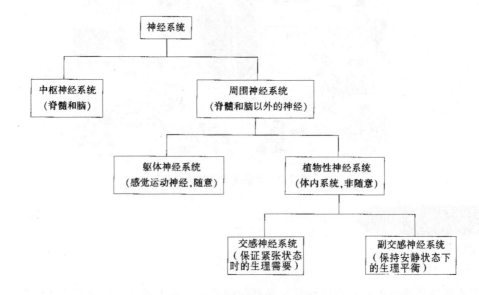

图2-4 人类神经系统的层次结构

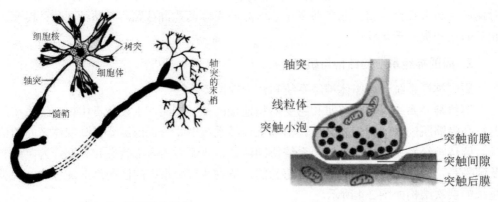

图2-5 神经元的结构　　　　　　图2-6 突触的结构

神经兴奋在突触间的传递，是借助于神经递质(neurotransmitter)来完成的。每个神经元的轴突末梢有许多突触小泡，当神经兴奋达到轴突末梢时，突触小泡内储存的神经递质通过突触前膜的张口释放出来。这种神经递质经过突触间隙后作用于突触后膜并与受体结合，从而改变了膜的通透性，进而引起突触后神经元的电位变化，实现了神经兴奋的传递。突触的这种传递，是感知活动的物质基础，使人能够感受到外界和体内发出的各种信息。

2.3.2 高级神经活动的基本过程和运动规律

1. 高级神经活动的基本过程

大脑高级神经活动的基本过程可分为：兴奋过程和抑制过程。

1) 兴奋过程

兴奋过程简称兴奋，是指神经细胞由静止状态转向活动状态，或是从弱的活动状态转变为强的活动状态，进而引起或加强相应器官、腺体、肌肉的反应活动。例如，当我们身处险境时，神经系统兴奋，进而使我们的肌张力升高、血压升高，形成应激状态。

2) 抑制过程

抑制过程简称抑制，是指神经细胞由活动状态转向静止状态，或从强的活动状态转变为弱的活动状态，进而压抑或减弱相应器官、腺体、肌肉的反应活动。例如，当我们进入睡眠状态时，神经系统抑制，进而使肌肉放松、血压降低。抑制的种类很多，可分为非条件性抑制和条件性抑制两大类。

(1) 非条件性抑制。非条件性抑制是指生来就有的先天性抑制。它包括外抑制和超限抑制两种。

① 外抑制，是指由于强烈、新异刺激的出现，使正在进行的条件反射受到抑制。例如，接受实验的狗形成了以灯光为信号刺激的分泌唾液条件反射，当灯光出现的同时给狗以强烈的电击，这时狗的唾液分泌会减少甚至停止。因为电击引起了大脑皮层相应部位的更强的兴奋，新的兴奋抑制了原来的条件反射。

② 超限抑制，是指由于刺激过强或时间过长使神经细胞难以承受时产生的抑制。例如，有人在听到重大的喜讯或极度悲伤的消息时，都可能出现晕厥现象，就是超限抑制的表现。超限抑制实际上是有机体的一种保护性抑制，能够保护机体的神经系统，使其免受损害。

(2) 条件性抑制。条件性抑制又称内抑制，是指在后天一定条件下逐渐形成的抑制。它包括三种：消退抑制、分化抑制和延缓抑制。

① 消退抑制，是指已形成的条件反射由于没受到强化而产生的抑制。例如，我们学过的知识如果长时间不复习或不使用，就会出现遗忘。

② 分化抑制，是指对类似条件刺激物的刺激不予强化，使类似刺激物引起的条件反射受到抑制。例如，在巴甫洛夫的实验中，若只对每分钟50次节拍音响予以强化，而对每分钟60次节拍音响不予强化，则泛化现象消失，狗只对受到强化的刺激物产生反应，而对与其类似的刺激物产生抑制。这种在分化过程中产生的抑制即为分化抑制。分化抑制具有重要意义，它是有机体形成精细动作和人类掌握精确知识的生理基础。

③ 延缓抑制，是指对条件刺激物进行延缓强化而引起的抑制。例如，有些单位因种种原因，不能及时发工资，员工在劳动过程中就会缺乏积极性、主动性等。

人的心理活动就其神经机制来说，都与大脑皮质的兴奋和抑制有密切联系。兴奋和抑制是两个对立而统一的过程，二者性质相反，但又相互依存、相互转化、相互制约。

2. 高级神经活动的运动规律

1) 兴奋或抑制的扩散和集中

大脑皮层无论产生兴奋还是抑制，都会遵循扩散和集中的规律。当大脑皮层某部位产生兴奋或抑制时，并不是停留在原发点不动，而是向周围散布开来，这种现象称作兴奋或抑制的扩散。扩散到了一定程度就不再扩散，而是朝着原发点回拢，这种现象称作兴奋或抑制的集中。有了神经过程的扩散，就能在大脑皮层上形成各种暂时神经联系；有了神经过程的集中,才能形成对刺激物的精确反应。例如,熟睡状态是以抑制的扩散为基础,又是兴奋集中的结果;而人由熟睡状态转向觉醒状态,就是抑制逐渐集中、兴奋逐渐扩散的结果。

2) 兴奋或抑制的相互诱导

在大脑皮层上,一种神经过程的活动引起(或加强)另一种与之相反的神经过程的活动,叫作神经过程的相互诱导。

相互诱导可分为正诱导和负诱导两种。由抑制引起(或加强)的兴奋过程称为正诱导。例如,婴幼儿闹觉现象,当婴幼儿困倦时,往往先哭闹一阵;又如,经过一夜睡眠休息,早晨记忆效率高。由兴奋引起(或加强)的抑制过程称为负诱导。例如,当我们聚精会神看书时,对教室外有人大声喊叫会充耳不闻。这是因为进行智力活动的皮层兴奋,诱导相应听觉中枢的抑制发生了作用。

兴奋或抑制的扩散和集中与相互诱导是相辅相成、交替进行的,它们相互依存、相互制约,既显示了大脑皮层神经活动的复杂性,又保证了大脑皮层神经活动的和谐与统一。

2.3.3 心理现象产生的基本方式——反射

1. 反射及反射弧

反射(reflex)是指有机体借助神经系统对内外刺激所作的规律性反应。如眨眼、膝跳、呕吐等都是反射。反射是人和动物适应环境的基本方式,是通过一定的神经结构来完成的。反射弧(reflex arc)是实现反射的全部神经结构,由感受器、传入神经、神经中枢(脑和脊髓)、传出神经、效应器(肌肉和腺体等)五部分组成,如图2-7所示。

反射弧的最后环节并不意味着反射活动的结束。通常情况下,由效应器产生的反应活动又将成为一种新的刺激物,重新引起一定的神经冲动,并沿传入神经返回到神经中枢,这个过程称作反馈(feedback)。中枢神经系统根据这种反馈信息,可以对效应器的活动作进一步的调节,以保证有机体活动的连续性、完整性与准确性。

2. 无条件反射和条件反射

1) 无条件反射

无条件反射(unconditioned reflex)是指先天遗传的不需要学习就能产生的反射。婴儿出生时就会啼哭,东西放进嘴里就会吮吸,异物进入鼻孔就打喷嚏等,都属于无条件反射

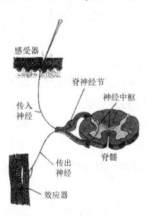

图 2-7 反射弧模式图

活动。无条件反射的神经通路是固定的,不需要后天的学习和训练,是人和动物共同具有的。

2) 条件反射

条件反射(conditioned reflex)是指后天形成的,需要经过学习才能产生的反射。条件反射不是固定不变的,它是一种暂时神经联系,是在无条件反射的基础上形成的。例如,吃梅子时嘴里会流口水,这是无条件反射;生活中我们看到梅子或听说梅子就流口水,这是条件反射。动物和人在个体生活中必须建立许多条件反射,以适应千变万化的周围环境,

条件反射是动物和人的学习、行为的基础。条件反射不仅可以在无条件反射的基础上形成，而且可以在旧的、已经巩固了的条件反射的基础上形成。

3) 两种信号系统

依刺激物的性质不同可将条件反射分为第一信号系统和第二信号系统。第一信号系统是以具体刺激物为条件刺激而建立的条件反射系统，这些具体刺激物称为第一信号刺激物。第一信号系统是动物和人都具有的条件反射系统。第二信号系统是以语言文字为条件刺激而建立的条件反射系统，语言文字是具体事物的信号，也就是第一信号的信号，所以叫第二信号，是人类所独有的信号系统。

人的心理活动是第一信号系统、第二信号系统协同活动的结果，第一信号系统的活动是第二信号系统形成的基础；反过来，第二信号系统又对第一信号系统起支配和调节作用。

2.3.4 内分泌系统

人的心理和行为除了受神经系统的支配和调节以外，还受内分泌系统的调节。内分泌系统由多种内分泌腺构成，内分泌腺合成并分泌的生理活性物质叫激素，也称荷尔蒙(hormone)。它直接进入血液或淋巴液，并被输送到全身各处，以各种方式作用于不同类型的细胞(靶细胞)。每个靶细胞都有受体，能识别引起细胞反应的那种激素。激素是具有高效能的生物活性物质，在血液中的含量虽然微少，但它对人的身体和心理状况影响重大。与人的心理现象关系比较密切的内分泌腺主要有脑垂体、甲状腺、肾上腺、副甲状腺、性腺、胰岛等，如图 2-8 所示。

1. 脑垂体

脑垂体(pituitary gland)位于下丘脑的下部。它产生的激素种类最多，并且通过这些激素来控制其他内分泌腺的活动，因而称之为主腺。

脑垂体分泌的激素中有一种被称为生长激素，其功能为促进身体发育，对糖和脂肪的代谢也有很大影响。幼年缺乏生长激素，将导致"侏儒症"，但不影响智力的正常发展；生长激素分泌过多，则可导致"巨人症"。脑垂体在神经系统和内分泌系统的相互作用中处于关键地位。例如，在应付压力反应的过程中，下丘脑的一些细胞分泌一种促肾上腺皮质激素释放因子(Corticotropin Releasing Factor，CRF)，刺激脑垂体分泌促肾上腺皮质激素(Adreno Cortico Tropic Hormone，ACTH)，它是身体主要的压力激素。ACTH 随血流到达肾上腺和身体各器官，促进 30 多种激素的释放，其中每种激素在应激反应中都起某种作用。

2. 甲状腺

甲状腺(thyroid gland)是人体最大的内分泌腺，重 20~30 克，位于气管上端的两侧，左右各一，分泌甲状腺素。这种激素能强化机体代谢机能，促进机体发育过程。幼年时，甲状腺激素分泌不足，会导致身体异常矮小、智力低下，即"呆小症"。成年人甲状腺机能不足，则会导致基础代谢下降、记忆力减退、思维迟缓、精力不足和嗜睡。甲状腺机能亢进的人容易出现多食、基础代谢增高、情绪激动、脾气急躁、反应过敏、体重减轻等现象。

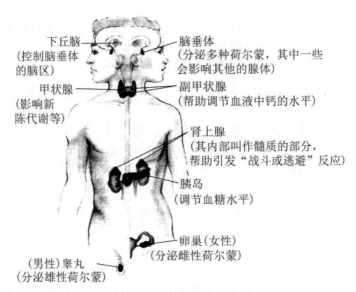

图 2-8　人体主要内分泌腺

3. 肾上腺

肾上腺(adrenal gland)有两个，共重 10～15 克，分别位于左右肾脏的上方。它分为内外两层：内层是肾上腺髓质，外层为肾上腺皮质。

肾上腺髓质释放的激素有肾上腺素与去甲肾上腺素，主要作用是使交感神经兴奋，促使血压升高、心率加快、胃肠肌肉松弛、瞳孔放大等，因而对有机体应付环境突变有重要的作用。

肾上腺皮质可分泌的具有生物活性的物质多达 50 多种，参与体内钠、钾以及糖代谢的调节，并与性行为和副性征有关。人体缺少肾上腺皮质激素，会出现精神萎靡、肌肉无力等症状。

4. 副甲状腺

副甲状腺(parathyroid gland)是位于甲状腺后方的 4 颗豌豆大小的腺体。其分泌的激素称为副甲状腺素。副甲状腺素的功能是调节血液中钙和磷的浓度，维持神经和肌肉的正常兴奋性。当它分泌多时，血液中的钙量增多，磷量减少，易导致骨骼折断或变形，甚至还造成肾结石。当它分泌不足时，血液中的钙量减少，磷量增多，致使神经和肌肉的兴奋性提高，引起痉挛。

5. 性腺

性腺(gonad，又称生殖腺)主要指男性的睾丸和女性的卵巢，它们分泌不同的性激素。睾丸分泌雄性激素，它具有刺激精子的产生、性冲动和促进男性第二性征的发育等功能。卵巢分泌雌性激素，它具有控制排卵、月经周期和促进女性第二性征的发育等功能。

6. 胰岛

胰岛(pancreastic islet)存在于胰腺中，主要分泌胰岛素和胰高血糖素，通过分泌两种具有相反控制作用的激素来控制血糖。胰高血糖素将肝糖原转化为血糖并释放到血液中。胰岛素的作用正好相反，其将细胞周围的血糖含量降低，以便细胞吸收糖分。血糖降低是引起饥饿感的原因之一，同时血糖也决定着人的活力。

复习思考题

1. 名词解释：神经元、突触、兴奋、抑制、非条件性抑制、条件性抑制、外抑制、超限抑制、消退抑制、分化抑制、延缓抑制、反射、反射弧、无条件反射、条件反射、第一信号系统、第二信号系统。
2. 为什么说脑是心理的器官？
3. 如何理解客观现实是产生心理的源泉？
4. 谈谈对"人的心理反映既是客观的，又是主观的"这一命题的理解。
5. 为什么说"人的心理是在社会实践活动中发生发展的"？
6. 怎样理解大脑皮层机能定位？在大脑皮层上有哪些主要机能区？
7. 大脑两半球的机能是如何分工的？
8. 举例分析高级神经活动的基本过程和运动规律。
9. 人体有哪些主要的内分泌腺？它们与心理活动有什么关系？
10. 实例分析：一天，王老师讲了一则寓言故事，课后让全班同学谈谈其含义和现实意义。结果全班几十位同学你说东，我说西，很难找到两个相同的看法。全班几十位同学都是同一时间内听的同一节课，为什么会产生不同的看法呢？试用心理学的有关理论加以分析。

第 3 章 感觉和知觉

本章学习目标

- 感觉和知觉的概念
- 感觉和知觉的分类
- 感觉的基本规律
- 知觉的特性
- 观察及观察力的培养

3.1 感觉和知觉概述

3.1.1 感觉和知觉的概念

1. 感觉的定义

感觉(sensation)是人脑对直接作用于感觉器官的事物个别属性的反映。

在现实生活中，人对各种事物的认知活动是从感觉开始的。任何事物都有许多个别属性，如颜色、声音、气味、味道、温度、光滑度等，当这些个别属性直接作用于人的眼、耳、鼻、舌、身等感觉器官时，就会在大脑中引起相应的视觉、听觉、嗅觉、味觉、触觉等感觉。感觉不仅反映事物的外部属性，还反映有机体的变化和内部器官的状况。例如，人体的运动姿势、干渴、饥饿、疼痛等。外部和内部的刺激首先作用于人的感觉器官，并产生客观事物的刺激模式，感觉器官将适宜刺激转换成神经冲动，经过传入神经到达大脑皮层的相应区域，从而产生相应的感觉。

感觉具有以下两个特征：①直接性。感觉反映的是当前直接作用于感觉器官的客观事物，而不是过去的或间接作用的客观事物。因此，那些记忆中再现的事物属性或幻觉中各种类似感觉的体验都不是感觉。②个别属性。感觉反映的是客观事物的个别属性，而不是客观事物的全貌或整体特征。

2. 知觉的定义

知觉(perception)是人脑对直接作用于感觉器官的事物整体属性的反映。

知觉是脑对客观现实多种属性及其关系的综合的、整体的反映，是多种感觉协同活动的结果。知觉不仅受感觉系统生理因素的影响，而且极大地依赖于一个人过去的知识和经验，受人的心理特点，如需要、动机、兴趣、情绪等制约。知觉是一种对事物进行解释的过程，它要揭示事物的不同属性、不同部分之间的关系以及感觉到事物是什么。在揭示事物是什么的过程中，知觉是对感觉属性的概括，是对不同感觉通道的信息进行综合加工的结果。例如，一个苹果，我们通过视觉反映它的颜色，通过味觉反映它的味道，通过触觉反映它的光滑度，这些都是单纯的感觉。与此同时，人脑总是在已有经验的参与下对各种感觉信息进行加工，给事物冠以名称，对事物作出解释，从而产生对苹果的整体知觉。但知觉不是各种感觉的简单相加，而是各种感觉信息按事物的一定关系和联系被整合成一个完整的映像。因此，知觉是比感觉更加复杂的认知活动，它是个多层次、多水平的信息加工过程。

知觉的产生是多种分析器系统综合活动的结果。现代神经心理学的研究表明，知觉过程是一个复杂的机能系统，这个系统依赖于许多大脑皮层区域的完整复合体的协同活动。

3. 感觉和知觉的关系

感觉和知觉是心理活动的基础，是两个不可分割的基本心理过程，它们之间有共同点、区别和联系。

感觉和知觉的共同点：①感觉和知觉同属于认知过程的初级阶段，即感性认识阶段，二者所反映的对象都是客观事物的表面现象，人们在头脑中所形成的映像都是客观事物的具体形象，是获得感性经验的过程。由于都属于感性认识阶段，因此通常把感觉和知觉统称为感知觉。②二者都是对客观事物的直接反映，只有在客观事物直接作用于感觉器官时，感觉、知觉才会产生。如果客观事物消失了，感觉、知觉也就消失了。③感觉和知觉都是其他心理活动的基础，一个人若没有感觉和知觉，就不能形成记忆、想象、思维、情感、意志等复杂的心理活动。

感觉和知觉的区别：①产生的来源不同。感觉的产生主要来源于感觉器官的生理活动以及客观刺激的物理特性，它是以生理作用为基础的简单的心理过程，是介于生理和心理之间的活动，是个体共有的普遍现象。而知觉则是纯粹的心理活动，是在感觉的基础上对客观事物的各种属性进行综合和解释的心理活动过程，表现了人的知识经验和主观因素的参与。人的感觉有无经验均能产生，经验可使感受性更加敏锐，但知觉的产生离不开经验，它更多依赖于个体的知识经验和个性特点。②反映的具体内容不同。感觉是对客观事物的个别属性的反映，知觉则是对客观事物各个属性的综合的、整体的反映。知觉不是感觉的简单相加，知觉比感觉复杂。③生理机制不同。感觉是单一分析器独立工作的结果，知觉是多种分析器协同活动的结果。

感觉和知觉的联系：①感觉是知觉的基础，知觉是多种感觉的有机综合。感觉是知觉产生的基本条件，没有对客观事物个别属性反映的感觉，就不可能有反映客观事物整体的知觉。②知觉是对感觉信息组织和解释的过程。外部世界的大量刺激作用于我们的感官，我们倾向于有选择地输入信息，把感觉信息整合、组织起来，形成完整且清晰的映像。例如，听觉刺激是一个复杂的序列，它能被我们知觉为语言、流水声或汽车声，即组织成有意义的声音。在知觉一个客体时，我们会解释感觉信息，总是根据经验把它归为某一类，说出它的名称或赋予它某种意义。在日常生活中，我们很少意识到孤立的感觉，我们的头脑总是在不断地对感觉信息加以组织及解释。③感觉和知觉是同时进行的。在现实生活中，人很少有孤立的感觉存在，感觉和知觉通常是融为一体的，在心理学中只是为了研究的需要，才把它们区分开来加以讨论。

3.1.2 感觉与知觉的分类

1. 感觉的种类

客观事物具有各种不同的属性,它们作用于人的不同分析器,因而产生不同的感觉。"感觉"一词是多种感觉的总称,根据分析器和适宜刺激的特点,可以把感觉分为两大类:外部感觉和内部感觉。

1) 外部感觉

外部感觉(external sensation)的感受器位于人体表面或接近表面的地方,主要接受来自体外的适宜刺激,反映体外事物的个别属性。它主要包括视觉(vision)、听觉(audition)、嗅觉(smell)、味觉(taste)、肤觉(cutaneous sensation),合称五大感觉。在这些感觉中,视觉对人的认识作用最大,在人接收的外部信息中,80%~90%都是通过视觉获得的,听觉次之。

2) 内部感觉

内部感觉(internal sensation)的感受器位于机体内部,主要接受机体内部的适宜刺激,反映自身的位置、活动和内脏器官的不同状况。它主要包括运动觉(motor sensation,又叫动觉)、平衡觉(equilibratory sensation,又叫静觉)、机体觉(visceral sensation,又叫内脏觉)。不同的感觉种类如表3-1所示。

表3-1 感觉种类一览表

感觉种类		适宜刺激	分析器		
			外周感受器	传入神经	皮层相应区
外部感觉	视觉	390~800纳米的光波	视网膜上的棒状与锥状细胞	视觉神经	枕叶区的视区
	听觉	每秒振动频率为16~20 000次的音波	内耳蜗管内科蒂氏器官	听觉神经	颞叶区的听觉区
	嗅觉	有气味的物质微粒(气体分子)	鼻腔上部嗅膜中的嗅细胞	嗅觉神经	颞叶内部的嗅区
	味觉 甜觉 酸觉 苦觉 咸觉	溶解于水或唾液中有味道的化学物质。如糖、盐酸、奎宁、食盐	分布在舌面、咽后部、腭及会厌上的味蕾	味觉神经	颞叶内部的味区
	肤觉 触觉 冷觉 温觉 痛觉	物体的机械、温度或电的作用	皮肤上和外黏膜上的各种专门感受器。如迈斯纳氏触觉小体、巴西尼氏环层小体、克劳斯氏球、罗佛尼氏小体和皮肤深处的自由神经末梢等	肤觉神经	皮层上中央沟后回代表点,皮层下区部位有关代表点
内部感觉	动觉	肌肉收缩程度与四肢位置变化	肌肉、筋腱、韧带、关节中的专门感受器	动觉神经	皮层上中央沟前回(乙状回)
	静觉	人体位所发生的重力、方向的变化	内耳迷路中的前庭和三半规管	静觉神经	颞叶区内的静觉区
	机体觉	有机体内部各器官、各系统活动的改变	位于消化、呼吸、循环、泌尿、生殖器官中小壁和植物性神经系统的神经节中	机体觉神经	大脑皮层上的代表区和丘脑

> **阅读资料 3-1**

为什么"辣"的食物会产生痛觉

你曾经有过这样的经历吗？你正在一家中国或墨西哥餐馆中吃一道很辣的菜，突然不小心咬到了一个红辣椒。此时你的感觉从愉悦变成了强烈的疼痛。如果这种情况曾经发生过，你可能会想：辣是痛觉还是味觉？

辣从传统的意义上来说是一种味觉，但从神经科学的角度来说，辣其实是一种痛觉，因为辣的感觉是通过辣椒素作用于舌头的痛觉纤维上而产生的。通俗一点说，辣是通过刺激味蕾中的痛觉神经，而让人感受到烧灼感的。从生理学的角度很容易解释为什么辣椒会产生痛觉。在你的舌头上，味蕾与痛觉纤维是相连的，因此，能够刺激味蕾感受器的化学物质也会刺激与味蕾紧密相连的痛觉纤维。

味觉一般是味蕾在受到刺激之后出现的，它会使人感觉到酸、甜、苦、咸等味道，主要是通过感受器接收，并直接传入到中枢神经系统，一般只有在吃食物的时候才会出现。而辣的感觉在口腔、舌头以及面部皮肤、四肢等部位都可以感受到，因此辣并不属于味觉，而属于痛觉。

(资料来源：理查德·格里格，菲利普·津巴多. 心理学与生活[M]. 19版. 王垒，等，译. 北京：人民邮电出版社，2016.)

2. 知觉的种类

根据不同的标准，可对知觉进行不同的分类。根据知觉过程中起主导作用分析器的不同，可以把知觉分为视知觉、听知觉、味知觉、嗅知觉、触知觉。根据知觉所反映事物的特征，可以把知觉分为空间知觉、时间知觉和运动知觉，这是我们最常用的一种分类方法。

1) 空间知觉

空间知觉是人脑对客观事物的形状、大小、方位、距离等空间特性的反映。它是以视觉、听觉为主的知觉，包括形状知觉、大小知觉、方位知觉、距离知觉和立体知觉等。

2) 时间知觉

时间知觉是人脑对客观现象的延续性(时间长短)和顺序性(先后)、周期性的反映。人对时间的知觉总是以某种客观现象作为参照物的。获得时间知觉的线索有许多种，例如自然环境的变化(太阳的东升西落、月圆月缺等)、生活中的工作程序(工作完成了多少、写了多少字、走了几里路等)、内在线索(生理上的日节律、生物钟、身体上的代谢作用等)。因此，视、听、运动以及内脏等分析器在时间知觉中起着非常重要的作用。

3) 运动知觉

运动知觉是人脑对物体在空间位置移动的反映。它与时间知觉和空间知觉有着不可分割的关系，是多种分析器协同活动的结果。参与运动知觉的有视觉、运动觉、平衡觉，有时还有听觉和肤觉的成分。运动知觉依赖于物体运动的速度、运动物体距观察者的远近、观察者本身所处的运动或静止状态等。

3. 错觉

错觉(illusion)是指人在特定条件下对事物必然会产生某种固定倾向的歪曲知觉。错觉是在客观事物刺激作用下产生的主观歪曲的知觉，是对客观事物不正确的感知。错觉往往具有固定的倾向性，只要具备了错觉产生的条件，错觉就会产生，通过主观努力很难克服。错觉是由物理的、生理的和心理的多种因素引起的。人的主观因素(经验、情绪、年龄和性别等)对错觉形成也有重要影响。

错觉不同于幻觉。幻觉(hallucination)是指在没有任何外界刺激的情况下，出现无中生有的知觉。幻觉是由于神经系统功能紊乱，引起大脑皮质细胞不随意联系而发生的。幻觉是一种心理异常的表现，会严重影响和支配患者的思维、情绪和行为。精神病患者、无辜受害者、脑力高度紧张或催眠状态下的人，容易产生幻觉。

错觉的种类很多，各种感知觉中都存在着错觉现象。在知觉中，不论是对物还是对人都可能产生错觉。心理学研究中，常把错觉分为两大类：物体错觉和对人的错觉。

1) 物体错觉

物体错觉的种类很多，可以发生在视觉方面，也可以发生在其他知觉方面。视错觉最常见，其中被研究的最多、最具有代表性的有以下几种几何图形错觉，如图3-1所示。

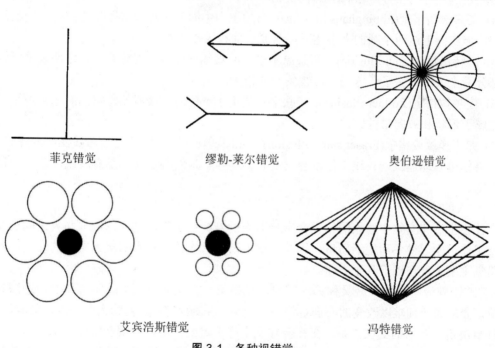

图 3-1 各种视错觉

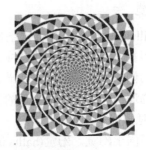

佐尔拉错觉 　　　　　　　　　　弗雷泽螺旋错觉

图 3-1　各种视错觉（续）

(1) 菲克错觉(Fick illusion)：垂直线与水平线是等长的，但垂直线看起来比水平线长，这属于线条长短错觉。

(2) 缪勒-莱尔错觉(Müller-Lyer illusion)：两条横线等长，只有两端所附箭头方向不同，但下边的横线看起来较长，这属于线条长短错觉。

(3) 奥伯逊错觉(Orbison illusion)：图中圆形看起来并非正圆，方形看起来并非正方，其实圆为正圆，方为正方。这属于形状错觉。

(4) 艾宾浩斯错觉(Ebbinghaus illusion)：右边图中中间的圆看起来比左边图中中间的圆大一些，但实际上这两个圆的大小相同，这属于面积大小错觉。

(5) 冯特错觉(Wundt illusion)：两条原本平行的直线被许多菱形分割后，这两条平行线中间部分看上去凹下去了，这是一种线条弯曲错觉。

(6) 佐尔拉错觉(Zollner illusion)：一些平行线由于一些附加线段的影响而看起来不平行了，这属于形状和方向错觉。

(7) 弗雷泽螺旋错觉(Fraser spiral illusion)：此图诱使人的大脑认为黑白线在向内螺旋，但是如果你单独地追踪一条线，你就会发现它们实际上是同心圆而不是螺旋线，这是一种方向错觉。

2) 对人的错觉

在社会生活和交往中对人的错觉会影响对人的判断和认识，进而影响人与人之间的交往以及工作、学习效率和生活质量。因此，深入研究对人的错觉有着极为重要的意义。对人的错觉主要表现在以下几个方面。

(1) 首因效应。首因效应又称第一印象，是指第一次与某个人接触所留下的极为深刻的印象，会形成一种难以改变的心理定势。它鲜明、深刻而牢固，会给人一种固定的看法，影响甚至决定着今后的交往关系，在社会知觉中起着重要作用。鲁钦斯做过一个实验，他用两段文字编写了一个描述杰姆的故事，一段写优点，一段写缺点，给甲组被试者看的材料是优点在前，缺点在后，而给乙组的顺序正好相反。结果显示：认为杰姆好的，甲组中有 78%，乙组中有 18%。这说明，第一印象好，人们就会认为这个人是好人，则愿意接近他、信任他，对于他的言行能给予较多的理解；第一印象不好往往会让人认为这个人不好，就不愿接近他，对他的言行则不予理解。在社会知觉中，这种"先入为主"的偏差经常存在。可见，第一印象常常不能全面反映一个人的面貌，而且，人总是在不断变化着的，要历史地、全面地、发展地看待一个人。第一印象只能作为对人知觉的起点，而不能作为终点。

(2) 近因效应。近因效应是指最近形成的对某个人的印象会改变长期以来对他的认识。例如，一个你熟悉的很不起眼的人，突然取得了某项成就，使你对他刮目相看。近因效应主要产生于熟人之间，由于近期的某一信息，而使过去形成的认识或印象发生了质的变化。在对陌生人的认知中首因效应是明显的，而在对熟人的认知中则是近因效应作用更大。

(3) 晕轮效应。晕轮效应又称光环效应、日晕效应，是在人际相互作用过程中形成的一种社会现象，就好像日、月的光圈，在云雾的作用下扩大到四周，形成一种光环一样。例如，一白遮百丑、情人眼里出西施、爱屋及乌等。

晕轮效应除了与人们掌握对方的信息太少有关外，主要还是个人主观推断的泛化、扩张和定势的结果。它往往容易出现"以点概面"或"以偏概全"，故在人才选拔、任用和考评过程中应谨防这种现象发生。

(4) 刻板印象。刻板印象是指人根据已有的知识经验对一类人持有的固定的、笼统的看法和印象。例如，认为美国人是热情的、聪明的、功利主义的；黑人爱好音乐、擅长跳舞；山东人身材魁梧、正直豪爽，能吃苦耐劳；江浙人聪明伶俐，能随机应变；等等。这些都是刻板印象。刻板印象一旦形成，在人的认知中就会不自觉地、简单地把某个人归入某一群体，从而给人的认知带来偏差。所以，要善于从每个人的具体行为表现中去认识他，不能光凭刻板印象去认识、评价具体的个人。

(5) 投射效应。投射效应是指从自身出发对他人进行认知。这便是人们常说的推己及人，把自己的感情、意志、特性投射到他人身上，以为他人也具备与自己相似的特性。比如，一个心地善良的人会以为别人都是善良的；一个经常算计别人的人就会觉得别人也在算计他；等等。

3.1.3 感觉的基本规律

1. 感受性和感觉阈限

感受性(sensitivity)是指感觉器官对适宜刺激的感觉能力，反映了感觉的灵敏程度。感受性一般用感觉阈限来衡量。感觉阈限(sensory threshold)是指人的感觉器官感到某个刺激存在或刺激发生变化所需刺激强度的临界值。感受性有绝对感受性和差别感受性之分，分别用绝对感觉阈限和差别感觉阈限来衡量。

1) 绝对感受性和绝对感觉阈限

感觉是由刺激物直接作用于人的某种感觉器官引起的。但并非所有的刺激物都能引发感觉，只有刺激达到一定强度或在一定范围内才能引发感觉。例如，一粒灰尘落在皮肤上不能引起感觉。要想引起感觉，刺激必须达到一定的量。这种刚刚能引起感觉的最小刺激量就叫绝对感觉阈限(absolute threshold)。而对这种最小刺激量的感觉能力就叫绝对感受性(absolute sensitivity)。绝对感觉阈限和绝对感受性之间成反比关系，即绝对感觉阈限的值越小，说明绝对感受性越高；反之，绝对感受性则越低。测定绝对感觉阈限最简单的方法是最小变化法。也就是把微弱刺激物(阈下刺激物)逐渐增加，直到产生感觉为止，记录此时的刺激量，然后再从比较大的刺激量开始，逐渐减少，直到感觉消失为止，把这个刺激量也记录下来。最后把这两个刺激的量值加以平均，就得到了感觉的绝对阈限。

2) 差别感受性和差别感觉阈限

在刺激物引起感觉后，尽管刺激量经常变化，但微小的变化往往不被人觉察，只有减少或增加到一定数量时,才会引起新的感觉。比如原质量是100克,加上1克,对多数人而言,觉察不到100克与101克之间有什么差别。但当增加到103克时,就可以觉察到100克和103克之间的差别。这种刚刚能够引起差别感觉的刺激的最小变化量叫差别感觉阈限(differential threshold)。而这种刚刚觉察到最小差异量的感觉能力,就叫差别感受性(differential sensitivity)。差别感受性和差别感觉阈限成反比关系。

1834年,德国生理学家韦伯(E.H.Weber)研究认为,在中等刺激强度范围内,能够被机体感觉到的刺激强度变化与原刺激强度之比是一个常数(即韦伯常数)。例如,原质量是100克,只有增加了3克或减少了3克才能觉察出与原质量不同,如果原质量是500克,则需增加15克或减少15克才能被觉察。韦伯将上述关系用如下公式来表示:

$$K=\Delta I/I$$

其中I为原刺激强度,ΔI为可辨别的差值,即感觉的"差别阈限",K为常数,这个公式后来被称为"韦伯定律"。

根据研究,人的不同感觉的差别阈限是不同的,在一般情况下,质量的K值为0.03(即100克的质量必须在±3克的范围外才能觉察到质量的改变),而视觉为0.01、嗅觉为0.25、压觉为0.05等。

2. 感觉适应

感觉适应(sensory adaptation)是指同一感受器接受同一刺激的持续作用,使感受性发生变化的现象。感觉适应可以引起感受性提高,也可引起感受性降低。在一般情况下,分析器如果受到强烈刺激的持续作用,感受性就会降低;反之,当受到微弱刺激的持续作用时,感受性就会提高。在各种感觉中,视觉、嗅觉、味觉、触压觉、温度觉的感觉适应都比较明显,而痛觉和听觉的感觉适应较小。

1) 视觉适应

视觉适应包括明适应和暗适应两种。例如,白天从阳光灿烂的大街上进入黑暗的电影院,起初感到一片漆黑,但经过一段时间就可以看清周围的轮廓了。这是在微光的持续作用下,人的眼睛对弱光产生了适应,感受性逐渐提高,这种由明到暗的适应叫"暗适应"。反之,由暗到明对强光的适应叫"明适应",是强光的持续作用引起了视觉感受性降低。暗适应时间较长,全部完成大约需要30~40分钟;而明适应进行很快,在最初的1秒内,由明适应引起的感受性下降就十分明显,此后变慢,明适应的过程大约1分钟就能全部完成。

2) 嗅觉适应

"入芝兰之室,久而不闻其香;入鲍鱼之肆,久而不闻其臭"就是嗅觉适应的表现。嗅觉适应表现为嗅觉感受性降低的现象。嗅觉适应的速度,以刺激物的性质而有所不同。一般的气味,只需1~2分钟就可以适应;强烈的气味要经过10多分钟才能适应。而特别强烈的气味会令人厌恶,难以适应,甚至完全不能适应。

3) 味觉适应

味觉适应较为明显,也表现为味觉感受性降低的现象。例如,饭店的厨师由于连续地品尝,到后来做出的菜会越来越咸。

4) 其他感觉适应

在皮肤感觉中,触压觉的适应最为明显,大约在3秒后皮肤对压力的感受性就降到开始的 1/5。例如，冬天，我们穿上棉衣时，压力的感受性会很快降低，甚至消失。温度觉适应也较快，温度觉的适应时间大约需要 3～4 分钟，但对特别热和特别冷的刺激，适应现象则很难发生或不能发生。而痛觉和听觉的适应性很小，尤其是痛觉，甚至根本没有适应现象。例如，用针轻微扎一下就能产生痛觉，如果继续扎下去将难以忍受。痛觉是伤害性刺激的信号，如果痛觉能够适应，将危及机体的生存。

总之，在感觉适应现象中，除了视觉的暗适应是感受性升高、痛觉极难适应之外，其他的感觉适应，包括视觉的明适应、嗅觉适应、触压觉适应以及温度觉(冷觉和温觉)适应，都表现为感受性降低的现象。

阅读资料 3-2

红色光可以缩短暗适应过程

美国著名心理学教授迈尔斯(Miles)发现，红色光可以大大缩短暗适应的过程。这是个纯生理学上的发现，想不到居然被应用到了军事上。比如，在北方雪地里作战的部队，就全部配备了红色护目镜，从而避免了官兵们在突然进入地下掩体时会出现的暂时丧失视力的危险。对于那些需要在黑暗处与亮处来回转移的人(如雷达观察者)来说，戴红色护目镜可以缩短暗适应过程。

在第二次世界大战期间，人们利用红色光可以缩短暗适应时间的原理，让飞行员等需要很快进入暗适应状态的人员戴上特制的红色护目镜在休息室等候，一旦需要，只要在黑暗中摘掉护目镜就可以使眼睛感受性达到最佳的程度。在美国的军用机场为随时待命起飞的空军战斗人员设置的休息室里，全部改用红色光，其目的是当敌机来袭时，飞行员接到出击命令，快速进入机舱后，可以立即看清驾驶舱内的各种仪表，不至于因为暗适应过程而耽误了时间。

(资料来源：朱滢. 实验心理学[M]. 北京：北京大学出版社，2016.)

3. 感觉对比

感觉对比(sensory contrast)是指同一感受器接受不同的刺激而使感受性发生变化的现象。它分为同时对比和先后对比。

1) 同时对比

同时对比是指几个刺激物同时作用于同一感受器时而产生的对比现象。马赫带现象(见图 3-2)就是同时对比的一个突出例子。所谓的马赫带，是指人在明暗交接处感到明处更亮而暗处更黑的现象。再如，同一个灰色长方形放在灰色背景下显得暗，而放在黑色背景下则显得亮，如图 3-3 所示。

图3-2 马赫带现象

图3-3 颜色对比

2) 先后对比

先后对比是指几个刺激物先后作用于同一感受器而产生的对某种刺激物的感受性的变化。例如，吃糖之后再吃药就觉得药特别苦，吃糖后再吃苹果就觉得苹果格外酸。

4. 联觉

联觉(synesthesia)是指一种感觉引起另一种感觉的现象。它是感觉相互作用的一种表现。联觉的形式很多，其中以色觉的联觉最为突出。例如，色觉可以引起温度觉，红、橙、黄等有温暖感(称暖色)，而蓝、青、紫则会有寒冷感(称冷色)。又如，颜色—重量联觉，同样大小的两个球，白色的会使人感到轻些，黑色的则会使人感到重些。再如，室内家具如果选用淡而亮的颜色就会给人轻巧的感觉，如果选用深暗的颜色就会给人压抑的感觉。

5. 感觉补偿

感觉补偿(sensory compensation)是指人的某种感觉能力丧失后，为适应生活的需要，使其他感觉的能力获得突出的发展，以取得弥补与代偿作用。例如，盲人的听觉、触觉、嗅觉特别发达，以此来补偿丧失了的视觉功能。感觉补偿也是不同感觉间相互作用的特殊表现，不同的感觉之间之所以能够相互补偿，是因为在一定条件下不同形式的能量可以相互转化。例如，苏联有一位盲聋的特殊教育家斯柯罗霍多娃，她依靠触觉、嗅觉和震动觉来认识周围世界，精通文字，会写诗，发表过几部专门研究聋盲人如何认识周围世界的著作，取得了很大的成就。

> **阅读资料3-3**

视觉的联觉——教室的颜色

土耳其心理学家经过长期的研究发现，小学教室的墙壁根据不同年龄阶段学生的特点而使用不同的颜色，会对学生的视觉产生较大的影响，从而有助于学生的心理健康。

土耳其心理咨询中心的专家们认为，3～6岁的儿童正处于好动阶段，非常容易发生意外，因此在幼儿园的教室里，应较多地使用具有安定情绪作用的黄色，辅以少量的暗绿色。小学一年级的新生由于进入了一个全新的环境，容易产生不安全感，而青绿色有助于增强他们的安全感。象征着活力与和平的橘黄色最适合小学二年级的学生。黄色、橙色和橄榄绿则有助于提高三、四年级学生的创造力。而大量的青绿色加上少量的蓝色和黄色，对于刚开始步入青春期而又不知所措的五、六年级学生来说是再合适不过的了。

专家们同时提醒教育界人士，应尽量避免将小学教室的墙壁涂成白色、深蓝色、黑色、咖啡色或灰色，因为白色会使人产生距离感，深蓝色容易使青少年过于老成，黑色和咖啡色使人心情沉重，而灰色会让人缺乏主见。

(资料来源：田学岭. 心理学导论[M]. 北京：中国科学技术出版社，2001.)

3.1.4 知觉的特性

知觉的基本特性主要有四个：知觉的选择性、知觉的理解性、知觉的整体性和知觉的恒常性。

1. 知觉的选择性

知觉的选择性(selectivity of perception)是指人对同时作用于感觉器官的所有刺激无法都发生反应，而只对其中少数刺激发生反应，并对外来信息进行选择而做进一步加工的特性。例如，上课时，老师指着教具讲解，这时教具就成了知觉的对象，整个教室就成了知觉的背景，而当老师板书时，知觉的对象就转换成了黑板上的字。

在知觉过程中，由于知觉任务的变化，知觉的对象和背景不仅能够相互转化，还会相互依赖。图 3-4(a)是知觉对象和背景相互转换的例子，即双关图。若以黑色部分作为知觉对象，看到的是一个男人；若以白色部分作为知觉对象则看到的是一个女人。图 3-4(b)可以知觉为两个老人头像，也可以知觉为两个人的全身像，还可以知觉为花瓶等。图 3-4(c)为兔子与鸭子的转换图。人在观看这种刺激图形时，尽管刺激同时作用于视觉器官，但人不可能清楚地感知客观世界的全部事物，而只能有所选择。

(a)
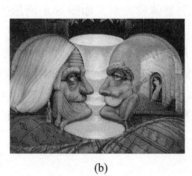
(b)
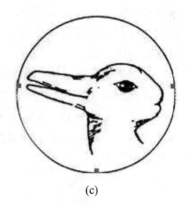
(c)

图 3-4　对象和背景转换双关图

知觉选择的影响因素包括主观因素和客观因素两个方面。从主观方面来看，与知觉主体的需要、兴趣、情绪状态、知识经验及其是否有明确的目的有关。从客观方面来看，与知觉对象的对比性、强度、新颖性、活动性、排列方式等有关。

2. 知觉的理解性

知觉的理解性(understanding of perception)是指人在知觉事物时，往往根据自己的知识经验来解释它，赋予它一定的意义，并用词语把它的特性标志出来。

知觉的理解性主要受个人的知识经验、言语指导两个方面因素的影响。

1) 知识经验

人的知识经验的多寡，会影响其知觉的理解性。例如，一份新电器产品设计图纸，技术人员会比普通人理解得更深刻、更精确，而且知觉的速度也更快。

2) 言语指导

由于言语能够指示知觉的内容，当外部的对象标志不明显时，通过言语的指导，可以唤起人过去的经验，有助于对知觉对象的理解。例如，图3-5 上的一些黑色斑点，人们初看时

图3-5 斑点图

难以知觉出它是什么东西，但如果提示说"它像一条狗"，言语的指导就会立刻使人理解黑色斑点的意义，而将它知觉为一条行走在雪地里的狗。此外，实践活动及个人的兴趣、爱好、动机等对知觉的理解性也都有重要的影响。

3. 知觉的整体性

知觉的整体性(wholeness of perception)是指当直接作用于感官的刺激在不完整的情况下，我们总是对刺激物进行加工处理，把它知觉为一个有组织的整体，使知觉保持完整。与感觉不同，在知觉过程中，人不是孤立地反映刺激物的个别特性和属性，而是对多个个别属性进行有机综合，反映事物的整体和关系。如图3-6 所示的斑点图形，人一眼就能看出这是马的形象。

在知觉活动中，整体和部分是相互依存的，我们对事物个别属性的知觉依赖于事物的整体特性。图3-7 说明了部分对整体的依赖关系。在横列中，我们常常认为是：A、B、C，将中间图形知觉为B；在纵列中，我们常常认为是：12、13、14，将中间图形知觉为13。在此过程中，我们是把个体放在整体关系中去知觉的，也就是说，过去的知识和经验提供了关系信息。

图3-6 斑点图形 　　　　　图3-7 部分对整体的依赖关系

知觉整体性的影响因素来自客观和主观两个方面。

1) 客观因素

客观因素表现在以下三个方面。

(1) 知觉对象各组成部分之间的强度关系。物体各部分所起的作用是不同的，最具代表性、关键性及刺激性强的部分往往决定整体知觉，其他部分常常被忽视。例如，观看公众人物漫画像，我们可以根据其关键特征将其辨认出来。

(2) 知觉对象各组成部分的排列特点。格式塔心理学家曾对知觉的整体性进行过许多研究，提出知觉是按照一定的规律形成和组织起来的，在知觉任何给定的刺激模式时，我们易于以稳定且连贯的形式把不同的元素简单加以组织，而不是把这些元素当成一堆不可理解的、孤立的混乱感觉。格式塔心理学的知觉组织原则主要有：接近律、相似律、闭合律、连续律等。

接近律是指在空间、时间上彼此接近的部分容易被人知觉为一个整体，如图 3-8(a)所示，距离上接近的，被知觉为一组，每两列为一个整体；相似律是指物理属性(强度、颜色、大小、形状)相似的个体易被知觉为一个整体，如图 3-8(b)所示，颜色相似的圆点被知觉为横行；闭合律是指对看到的图形进行完形的知觉，图 3-8(c)所示的线段和点会因闭合因素而忽略三角轮廓所缺少的部分，易被知觉为一个整体的图形(两个三角形或一个六角形)；连续律是指具有连续性或共同运动方向等特点的客体，易被知觉为一个整体，如图 3-8(d)所示，此图形易被知觉为一个圆形和一个正方形的组合。

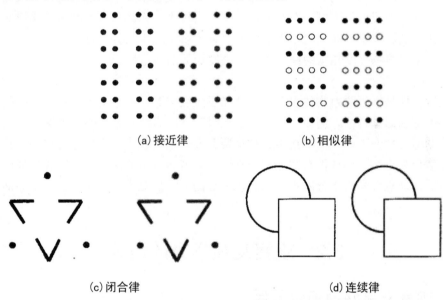

图 3-8　知觉的组织原则

(3) 知觉对象各组成部分之间的结构关系。有时刺激物的个别部分改变了，但各部分的关系不变，仍能保持整体的知觉。例如，一首乐曲由不同人演唱，或用不同乐器演奏，都能被人知觉为同一首乐曲。

2) 主观因素

知觉的整体性有赖于人的知识经验。当知觉对象提供的信息不足时，知觉者常常运用经验对残缺部分进行补充整合，从而获得整体映像。例如，曾经感知过大理石的人，只要看一眼大理石，就知道它是光亮的、坚硬的、冰凉的。

4. 知觉的恒常性

知觉的恒常性(constancy of perception)是指当知觉条件在一定范围内变化时，知觉映像在相当程度上仍保持不变的特性。知觉的恒常性现象比较普遍，尤其是视知觉的恒常性特别明显，主要表现在以下几方面。

1) 大小恒常性

大小恒常性是指人对物体大小的知觉不完全随视网膜上成像的变化而变化，而是趋于按其实际大小来知觉。例如，对同一个人，距离我们较远时，虽然在我们视网膜上的成像变小了，但我们绝对不会认为这个人变小了，这就是大小恒常性。

2) 形状恒常性

形状恒常性是指人对物体形状的知觉映像，不会因为观察的角度不同而改变。例如，一个硬币从正面看是圆的，从斜面看是椭圆的，但我们依然觉得它是圆的，这就是形状知觉的恒常性。

3) 亮度恒常性

亮度恒常性是指物体的亮度取决于它的反射率，反射率大的看起来亮，反之则暗。例如，煤炭和石灰的反射率不同，石灰的反射率比煤炭大，因此石灰看起来总比煤炭亮。若把石灰放在暗处，煤炭放在亮处，人们还是会认为石灰比煤炭亮。这种不受外界照明条件的影响，保持对事物亮度知觉的稳定性就是亮度知觉的恒常性。

4) 颜色恒常性

颜色恒常性是指当照射物体表面的颜色光发生变化时，人们对该物体表面颜色的知觉仍然保持不变的知觉特性。例如，在不同灯光照射下，房间里家具的颜色保持相对不变。

知觉的恒常性在人的生活实践中具有重要意义。它可使人在不同的环境中，按照事物的本来面貌反映事物。如果没有知觉的恒常性，人就难以适应瞬息万变的外界环境，人类适应环境的活动也会变得十分困难。因此，知觉的恒常性是人有效从事社会生活活动的必要条件。

3.2 观察及观察力的培养

3.2.1 观察及良好的观察条件

1. 什么是观察

观察(observation)是知觉的高级形式，是一种有目的、有计划、比较持久的并且有思维和语言参与的知觉过程。观察比一般知觉有更强的积极性和理解性，思维在其中起着重要的作用，所以，观察被称为"思维的知觉"。

观察是人从现实中获得感性认识的主动积极的活动形式，是人学习知识、认识世界的门户，也是一切创造的开端。科学研究、艺术创造和教育教学等都离不开细致、敏锐的观察。"观察，观察，再观察"，这是苏联科学家巴甫洛夫从长期的科学研究中得出的重要经验。

2. 良好的观察条件

良好的观察条件主要有如下四条。

1) 要有明确的观察目标

观察的效果如何，取决于观察目标是否明确。观察的目标越明确、具体，观察者对观察对象的反映就越完整、清晰；反之，目标不明确，学生就会东看看、西望望，不能把注意力集中在预定的观察目标上，整个观察过程便会无的放矢，抓不住要领和关键，得不到应有的收获。因此，教师可以引导学生预先提出明确的观察目标，并且根据学生的年龄特征和知识水平尽量把观察的目标提供得具体些。

2) 观察前要有必要的知识准备

良好的观察，都是以必要的知识准备为基础的。没有相应的知识准备，即使有了明确的观察目标，也不知如何去观察。例如，一位有造诣的考古学家能从挖掘出来的陶瓷碎片上发现有重要价值的信息，而一个门外汉却很难看出任何值得注意的东西。所以，教师在引导学生观察一个事物前，应事先要求学生有必要的知识准备，知识准备越充分，观察的效果就越好。

3) 要有周密的观察计划

在进行观察之前，要根据观察目标制订周密的行动计划和具体的实施方案。特别是在观察复杂现象时，计划更应周密，这样可以避免观察时产生盲目性和偶然性。

4) 做好观察记录，巩固观察结果

一个优秀的观察者，不仅要有精确感知事物的技巧，还必须养成巩固观察结果的习惯。要想使观察所获得的知识长期保存下来，成为有效的经验，就要在观察结束后，做好观察结果的处理和运用工作。对于专门组织的观察活动，应要求学生做观察记录，写观察报告、作文、绘画等；对于较长时间的观察活动，应要求学生写观察日记等，用这些措施来巩固观察的成果。同时，要鼓励学生提出在观察中发现的新问题，为今后进一步的探索活动做准备。

3.2.2 观察力的培养

观察力(observation ability)是一种有意识、有目的、有组织的知觉能力。它是在一般知觉能力的基础上，当心理活动的有意性达到一定水平时产生的高级知觉活动能力。观察力的发展是整个智力发展的一个有机组成部分，也是掌握系统知识的必要条件。

培养学生的观察力，应该注意以下几点。

1. 激发学生的求知欲，培养浓厚的观察兴趣

浓厚的观察兴趣，会促使人主动持久地对某一事物进行观察，探究和认识客观事物的奥秘。由兴趣而导致的强烈的求知欲，会使人以不同寻常的态度和方法去审视一般人所注意不到的事物和细节。如果学生没有观察兴趣，处处依赖教师的指导，那么观察力是培养不起来的。观察兴趣可以通过郊游、参观、访问等多种形式来培养。

2. 丰富学生的知识，提高观察的广度和深度

观察依赖于人的知识经验，人往往喜欢观察自己感兴趣、了解而又不太熟悉的事物。

人的知识面越广阔，被吸引注意力的事物就越多。同时，已有的知识经验可以影响观察的广度和深度。知识丰富的人能从瞬息万变的事物中获取大量的资料。所以，教师要引导学生广泛涉猎各领域的知识，从而拓宽他们的思路。

3. 教会学生观察的方法和技巧，获取有价值的信息

教会学生观察的方法和技巧，是培养他们观察力的重要手段。一般来说，老师应从以下几个方面来着手。

(1) 老师要教会学生按照一定的顺序进行观察。在观察活动中，老师要用语言引导学生进行观察，使他们掌握观察的顺序。例如，老师引导学生先整体后部分，先轮廓后细节，先近后远，从上到下，从左到右，从整体着手，经各方面的分析，再回到整体。久而久之，学生就可以学会全面完整的观察事物的顺序。

(2) 教师应教会学生充分利用各种感官，在思维中进行观察。例如，观察春天，不仅要让学生去看春天，看吐新芽的柳枝、解冻的冰河、荡漾的碧波及田野里的一派新气象，还要让学生去听春天、听微风、听鸟语、听流水声……通过这样的观察，学生对春天就会有丰富的感性认识。在此基础上，教师还要引导学生，根据观察的目的和任务，思考看不见、摸不着但能表明事物本质的东西。

(3) 老师要教会学生根据不同的观察对象和任务来确定观察的方法。例如，学生在观察事物发展变化过程时，可采用定期观察法，了解各个阶段事物发展的特点，最终掌握事物发展的规律；在观察几种事物之间的异同时，可采用比较观察法，通过同中求异和异中求同，来辨别事物之间的异同。

4. 提供观察的机会，培养学生随时观察的习惯

观察力是在长期的社会实践活动中逐渐培养起来的。教师要根据学生的心理特点和知识经验，为他们提供各种观察的机会。例如，组织参观访问、社会调查、种植花草、义务劳动等。在日常生活中，培养学生随时观察的习惯，使学生处处留心观察、勤于观察、乐于观察。

复习思考题

1. 名词解释：感觉、知觉、错觉、幻觉、感受性、感觉阈限、绝对感受性、绝对感觉阈限、差别感受性、差别感觉阈限、感觉适应、感觉对比、联觉、感觉补偿、观察、观察力、马赫带现象、晕轮效应、刻板效应。
2. 举例说明什么是感觉，什么是知觉，并说明二者之间的关系。
3. 感觉和知觉的种类有哪些？分别是依据什么分类的？
4. 感觉的基本规律是什么？试列举日常生活中应用感觉基本规律的事例。
5. 感受性和感觉阈限之间的关系是什么？感受性变化具有什么样的规律性？
6. 知觉的特性是什么？其对教学设计有什么启示？
7. 举例说明错觉现象，以及它在现实生活中的作用。
8. 什么是观察？良好观察的条件有哪些？

9. 如何培养学生的观察力？

10. 实践题：本章讨论了人的最基本、最初级的心理活动——感知觉。请思考一下，在教学实践中我们应该遵循哪些感知觉的规律来提高教学的质量？请根据自己经历过的一堂课，分析评价这堂课的教学内容哪些符合感知觉规律，哪些不符合甚至违背了感知觉规律而需要加以改进。

教师资格证考试真题再现

一、单选题(每题2分)

1. (2017.11)周老师在教生字的时候，把容易写错的笔画，用彩笔标出来，这是利用了( )。

   A. 知觉整体性　　B. 知觉选择性　　C. 知觉理解性　　D. 知觉恒常性

2. (2018.05)当人们听到一种自己觉得可怕的声音时往往会感到发冷，甚至起鸡皮疙瘩，这种现象称为( )。

   A. 适应　　　　　B. 对比　　　　　C. 联觉　　　　　D. 后像

3. (2019.05)橙色往往使人感到温暖，蓝色往往使人感到清凉。这种心理现象属于( )。

   A. 联觉　　　　　B. 感觉对比　　　C. 感觉适应　　　D. 感觉后像

4. (2021.10)一件白衬衫在灯光昏暗的室内和阳光明媚的户外，其亮度差别很大，但是人们都能将其知觉为白色衬衫，这反映了知觉具有( )。

   A. 整体性　　　　B. 选择性　　　　C. 理解性　　　　D. 恒常性

5. (2021.10)识字教学中，老师将辩、辨、辫、瓣的不同部分标成红色，以帮助学生更好区别。这一做法符合( )。

   A. 知觉的选择性　B. 知觉的理解性　C. 知觉的恒常性　D. 知觉的整体性

二、简答题(每题10分)

(2019.05)简述知觉的基本特征。

第4章 注　　意

本章学习目标

- 注意的概念
- 注意的种类
- 注意的品质
- 注意规律在教学中的运用

4.1 注意的概述

4.1.1 注意的概念

1. 注意的定义

注意(attention)是心理活动对一定对象的指向与集中。注意是人们熟悉的一种心理现象，常说的"聚精会神""全神贯注""集中精力""专心致志"等就是对人的注意状态的描述。

注意对人类生活起着积极的维持和组织作用，使人能够及时了解自己的心理能量，清晰地反映客观事物，更高的适应环境、改造世界。俄国教育家乌申斯基曾指出，注意是心灵的唯一门户，意识中的一切必须经过它才能进来。巴甫洛夫认为，人总是保持着一定的警觉性，人的注意的警觉性与大脑皮质中的警戒点有关，而警戒点不论在人清醒或是睡眠状态下都存在着。熟睡的母亲之所以容易被身边孩子的动静惊醒，就是由于大脑皮质中的警戒点在起作用。

2. 注意的特征

注意具有两个基本特征：注意的指向性与注意的集中性。

注意的指向性是指心理活动有选择地反映一定的对象，而离开其余的对象。注意的指向性表明心理活动所反映的对象和范围。例如，一个人在剧院里看戏，他的心理活动选择了舞台上演员的台词、动作、表情、服饰，而忽略了剧场里的观众。对前者他看得清、记得牢，而对后者只能留下非常模糊的印象，甚至看完了戏，还不知他邻座的观众是一个什么样的人。在纷繁的环境中，人的感觉器官每时每刻都要接受各种信息的刺激，它们不可能同时成为人心理活动的内容，人总是选择特定的客体作为心理活动的对象。

注意的集中性是指心理活动停留在被选择对象上的强度或紧张度。注意的集中性能够使心理活动离开一切无关的事物，并且抑制多余的活动。例如，医生在做复杂的外科手术时，他的注意高度集中在病人的病患部位和自己的手术动作上，与手术无关的其他人和物，便排除在他的注意之外。心理活动紧张度越高，注意也就越集中。

注意的指向性与集中性是同一注意状态的两个方面。注意的指向性是注意的集中性的前提和基础，而注意的集中性是注意的指向性的体现和发展，二者密不可分。

4.1.2　注意与心理过程的关系

注意不是一种独立的心理过程，不可能孤立存在，它是一切心理活动的开端，同时又贯穿着整个心理活动的始终。

一方面，注意没有特定的反映内容，而是以心理过程的反映内容为自己的指向对象。它总是参与到感知、记忆、思维、想象、情绪、情感等心理过程之中。人在注意什么实际上是正在感知什么、记忆什么或思考什么等。通常所说的"注意黑板上的挂图""注意教师的话"，实际上是指"注意看黑板上的挂图""注意听教师讲的话"，只是由于习惯，把"看"字和"听"字省略了。注意如果离开了"看""听""思考""想象"等心理过程，也就失去了其存在的意义。

另一方面，注意总是表现在各种心理活动之中，它是一切心理活动的开端和起点，并伴随着认知过程、情感过程和意志过程而产生和发展。如果没有注意的参与，既不可能产生人的认知过程，也不可能产生情绪、情感和意志过程。注意不是反映事物，它只是保证人的心理活动能够更好地反映这个事物或现象，使心理活动具有组织性、积极性、清晰性和深刻性。注意是心理过程得以顺利进行的必要条件，并伴随心理过程的始终，使心理活动处于积极状态并且有方向性。

4.1.3　注意的功能

许多心理实验表明，注意对学生学业成绩的高低和智力的发展，对劳动者生产效率的提高都有重要的作用。注意之所以在人的心理活动和行为中起着这么重要的作用，是由它的特殊功能所决定的。

1. 选择功能

注意具有对信息进行选择的功能，即选择有意义的、符合需要的与当前活动目的相一致的各种事物或活动，避开或抑制那些无关的事物或活动。注意的选择功能使心理活动具有一定的指向性，保证了心理活动的目的性和方向性。千变万化的外界事物，如果不加选择地进入人的意识，或者人头脑中原有的表象全部同时呈现出来，那么人的心理活动将是一片混乱，任何活动都不可能顺利进行。

2. 保持功能

注意的保持功能将注意对象的映像或内容维持在意识之中，得到清晰、准确的反映，直至完成任务、实现预定目的为止。例如，围棋选手在对弈时，为了战胜对手可全神贯注地在棋盘上厮杀几小时；外科大夫为了抢救病人可连续数小时站在手术台前，集中注意做手术，这些都说明注意具有保持功能。如果没有注意的保持功能，注意就不会有清晰的映像，信息就会很快消失，各种心理活动就不可能连续地进行。

3. 调节和监督功能

注意的调节和监督功能是指注意控制心理活动向着一定的方向或目标进行。在注意状态下，心理活动一旦偏离既定的目标或方向，人们就会及时地调节和矫正。同时，根据活动变化的需要，能适时转移注意，以提高活动效率。工作和学习中的事故和错误一般都是在注意分散或注意没有及时转移的情况下发生的。苏联心理学家加里培林把注意称为"智力监督动作"。

4.1.4 注意的外部表现

人在注意时，常常伴随着一些特有的生理变化和外部动作，具体表现在如下几个方面。

1. 产生适应性动作

当注意某一事物时，人对感官进行的适当调整行为就叫适应性运动。如注意看时，视线必定集中在某物体上，举目凝视；注意听时，把耳朵转向声源，侧耳倾听；注意思考问题时，常常眼睛呆视，双眉紧皱，凝神沉思。这些举目凝视、侧耳倾听、凝神沉思都是注意的适应性运动。

2. 无关运动被抑制

人在注意力高度集中时，一些与活动任务无关的动作就会自然而然地停下来。比如，如果学生听课入神时，会抬起头注视着老师听课或专心思考，与听课无关的东张西望的小动作就会停止。

3. 生理状态的变化

当人处在紧张注意状态时，呼吸会变得轻微而缓慢，呼与吸的时间比例也会发生改变，呼长吸短。人在高度紧张地注意时，有时会发生呼吸暂时停止的现象，即所谓的"屏息"现象。另外，当注意力高度紧张时，还会出现心跳加速、牙关紧闭、握紧拳头等现象。

了解注意的外部表现，对教育工作者具有重要的意义。有经验的老师，能够根据学生注意的外部表现，如姿势、面部表情，特别是眼神判断他们是否注意。一经发现学生注意力分散或虚假注意的苗头，就要及时加以调整和引导。

4.2 注意的种类

根据注意发生时有无目的性和是否需要意志努力，可以把注意分为无意注意、有意注意和有意后注意。

4.2.1 无意注意

1. 无意注意的含义

无意注意(involuntary attention)又称不随意注意，是指事先没有预定目的，也不需要意志努力的注意。例如，上课时突然有位迟到的同学在门口喊"报告"，大家就会不由自主地把目光投向这位同学，这就是无意注意。

无意注意从其发生的方式来说是一种定向反射，它往往是由周围环境发生突然变化引起的，或由那些强烈的、新颖的和吸引人的刺激引起的表现为在一定刺激物的影响下，人不由自主地把感觉器官朝向刺激物。

2. 引起无意注意的原因

引起无意注意的主客观条件有以下两个方面：刺激物的特点和人自身的状态。

1) 刺激物的特点

(1) 刺激物的强度。强度大的刺激物容易成为注意的对象。例如，明亮的光线、喧嚣的声音、巨大的声响、强烈的气味等都容易引起人的无意注意。因此，学校要远离闹市，教室布置要简洁。

(2) 刺激物之间的对比关系。刺激物之间在强度、大小、形状、颜色等方面差别越明显，就越容易引起人的无意注意。例如，鹤立鸡群的鹤(大小)，许多圆形中的一个正方形(形状)，万绿丛中一点红(颜色)，等等，这些都容易引起人的无意注意。

(3) 刺激物的活动与变化。活动与变化的刺激物比静止不动的刺激物容易引起人的注意。例如，晚上大街上的霓虹灯，救护车、消防车、警车顶上的标灯与声音，课堂上做小动作的学生，等等。

(4) 刺激物的新异性。新奇的东西容易成为人注意的对象，千篇一律、刻板、司空见惯的东西则不容易引起人的注意。儿童的好奇心常常是从对新奇东西的注意开始的。因而，教师讲课要有新内容、新知识点，即使是复习课，也要有新东西，不应简单机械地重复。

2) 人自身的状态

(1) 人的兴趣和需要。凡是能满足人的需要，符合人的兴趣的事物，就容易引起人的注意。例如，关于举办音乐会的广告，一般容易引起音乐爱好者的注意；准备考研的同学对各种考研培训班的海报特别注意。

(2) 已有的知识经验。凡是和已有知识经验相联系又能增进新知识的事物，容易引起注意；十分陌生或者非常熟知的事物，不容易引起人的注意。例如，学英语的学生听到英语广播时，就容易引起他们的注意，而听到俄语广播时，就不容易引起他们的注意。

(3) 人对事物的期待。凡是人们期待着的事物，容易引起注意。例如，中国古典章回小说常用"欲知后事如何，且听下回分解"作为每一回的结尾，可使读者形成一种期待心理，吸引读者欲罢不能，手不释卷，一遍一遍地读下去。

(4) 人的情绪状态。人的情绪状态在很大程度上可以影响无意注意。如果一个人心情舒畅时，就会"人逢喜事精神爽"，平常不太注意的事物，这时候也容易注意到；如果一个人郁郁寡欢、无精打采，平常容易注意的东西，这时候也很难注意到。

(5) 人的健康状态。一个人身体健康、精力充沛时，他的注意范围会比较广泛；反之，一个人生病、疲劳或者处于瞌睡状态时，注意的范围就会减小。

4.2.2 有意注意

1. 有意注意的含义

有意注意(voluntary attention)又称随意注意，是有预定目的、必要时需要做出一定意志努力的注意。例如，当我们正津津有味地阅读小说时，上课时间到了，为了更好地完成学习任务，就必须努力把自己的心理活动从小说内容转向并集中到老师所讲授的内容上，这就是有意注意。

有意注意是高级形式的注意，是人完成实践活动的必要条件。人类的实践活动是复杂的，无论是劳动还是学习，不可能全都引人入胜，肯定有许多困难，这就要求我们必须做一定的意志努力，迫使自己把注意力集中到这些活动上来。因而也有人称它为意志的注意。

2. 引起和保持有意注意的条件

(1) 明确活动目的和任务，加深对活动任务的理解。人对完成任务的重要性理解得越深刻、越清晰，完成任务的注意力就会越集中。例如，学生的课前预习，事先了解这节课要讲的内容，知道哪些地方自己没有看懂，就有了比较明确的听课目的，从而可以更有效地从课堂上选择信息。

(2) 合理地组织活动，排除无关刺激的干扰。为了使注意集中在要完成的任务上，要对活动进行全面合理的组织，有计划地实施。首先，要做好准备工作。根据要求，把用品准备齐全，以便在活动中全神贯注。其次，把活动程序安排妥当，明确规定各阶段应完成的任务，提出进一步完成任务的具体要求，对"已经做过什么"了如指掌，对"现在还要做什么"有强烈的责任感。再次，把记忆、思维等智力活动与实际的外部活动结合起来，能更好地保持有意注意。

(3) 培养间接兴趣。间接兴趣是对活动目的、活动结果的兴趣。例如，有些人本来对体育运动不感兴趣，但体育锻炼可以增强体质、减少疾病，因此才坚持参加体育锻炼，其注意力是集中在增强体质上。

(4) 增强克服困难的意志力。一个人克服困难的意志力越坚强，他从事某项活动的注意力就越容易集中。

4.2.3 有意后注意

有意后注意(post voluntary attention)又称随意后注意，是有自觉目的，但无须意志努力的注意。有意后注意是在有意注意的基础上，并在有意注意之后产生的。它是一种更为高级的注意。例如，初学文言文时，学生可能对"之乎者也"不感兴趣，只是为了完成学习任务，这时候的注意是有意注意。之后，当学生对文言文的基础知识掌握之后，对文言文本身产生了兴趣，凭兴趣可以自然而然地将注意力集中到文言文学习上，这时候的学习就是有意后注意。

有意后注意的发展要靠有目的、有组织、有系统地学习或训练，才能收到良好的效果。培养有意后注意关键在于发展对活动本身的直接兴趣。当我们完成各种较复杂的智力活动或动作技能的时候，我们要设法增进对这种活动的了解，让自己逐渐喜爱它，并且自然而然地沉浸在这种活动中，这样，才能在有意后注意的状态下，使活动取得更大的成效。有意后注意既服从于当前的活动目的与任务，又能节省意志的努力，因而对完成长期、持续的任务特别有利。

4.2.4 无意注意、有意注意和有意后注意三者的关系

无意注意、有意注意和有意后注意在人的活动中是密切联系的，通过长期的训练它们可以在活动中相互配合、相互转化。

三种注意密切联系。三种注意虽然产生的条件和性质都不相同，发展的过程也有明显差异，但是在人的活动中它们往往联系密切、不能截然分开。心理学的研究表明，学生只凭无意注意去学习，虽然轻松，但会使学习杂乱无章，难以形成完整的知识结构，一遇到干扰，就不能顺利进行；如果学生只凭有意注意去学习，时间长了会感到精神紧张，导致活动效率降低，也会影响创造性的智力活动；如果有意注意、无意注意与有意后注意协调配合，就会大大提高学生的学习效果。

三种注意可以相互转化。虽然三种注意是相对独立存在的形态，但在实践活动中，它们经常打破各自的稳定性，朝着某一顺序的发展趋势转化。例如，在教学过程中，教师生动的讲解引起了学生的无意注意。当教师深入地分析知识的重点、难点时，学生一方面要检索已有的知识来参与理解，另一方面又要把新知识纳入自己的知识结构体系，这就要付出一定的意志努力，这时依靠的是有意注意。随着教学的深入，学生顺利地接受了知识，扩大了知识领域，对教师传授知识的方式、方法也产生了兴趣，感到上课是轻松愉快的事，这时依靠的是有意后注意。再如，学习弹古筝，有人最初只凭直接兴趣学习，后来认识到它对陶冶情操、增长知识有重大意义，于是开始认真地钻研有关的理论，克服指法、乐理、识谱上的种种困难，保持了对这项活动的高度注意，这时无意注意被有意注意替换。随着学习的进步，他的弹奏技巧越来越娴熟，练习的自觉性也逐渐有所提高，对活动的目的、意义也越来越明确。这时，他无须作过多的意志努力就能维持稳定的注意，而且不会感到疲劳，这时有意注意被有意后注意替换。三种注意的转化有时可以自然而然地进行，有时则需要一定诱发因素的帮助。教师要善于促成三种注意的转化，这是提高教学效率的一种技巧。

4.3 注意的品质

注意的品质主要有：注意的范围、注意的稳定性、注意的分配、注意的转移。

4.3.1 注意的范围

1. 注意的范围含义

注意的范围(attention field)又称注意广度(attention span)，是指在同一时间内，人能清晰地把握注意对象数量多少方面的特征。知觉的对象越多，注意的范围越广；知觉的对象越少，注意的范围越窄。

最早进行注意广度实验的是哈密尔顿(Hamilton)。他在地上撒一把石弹子让被试者即

刻辨认数量，结果发现当石弹子数量在 6 个以上时，被试者很难准确说出其数量，如果把石弹子以 2 个、3 个或 5 个放成一堆，被试者能掌握的堆数和掌握的单个石弹子数一样多。后来，心理学家用速视器来进行实验，在 1/10 秒的时间内呈现彼此不相联系的字母、图形或汉字，研究表明，成人注意的平均广度是：外文字母 4～6 个；黑色圆点 8～9 个；几何图形 3～4 个；汉字 3～4 个。

2. 影响注意的范围的因素

影响注意的范围的因素主要有以下三方面。

(1) 注意对象的特点。①对具有实际意义的、易于被理解的对象，我们注意的范围就大，反之则小；②对象的排列如果有规则，能成为相互联系的整体，我们注意的范围就大，反之则小；③对象颜色、大小、体积等特点如果较有规律，我们注意的范围就大，反之则小。

(2) 活动任务和知识经验。①活动任务越单纯，我们注意的范围越大，反之则小；②一个人在某一方面的知识经验越丰富，就越善于把所感知的对象组成一个整体来认识，他的注意范围就越广阔，反之则越狭窄。

(3) 把握对象的方法。①能熟练运用某些感知策略的人，其注意范围就大，反之则小；②善于应用符合心理操作规律、方法去把握对象的人，其注意范围就大，反之则小。

在学习过程中，注意范围的扩大，可以提高学习和工作效率。注意范围大，阅读速度就快，可以"一目十行"。因而，训练学生扩大注意范围，是提高学习效率的必要条件。

在教学过程中，教师也应有比较大的注意范围。一般来说，学生有一种共同心理，希望能够引起教师对自己的注意。教师对学生饱含期望和亲切的注意，能够激发学生积极向上的愿望，成为鼓舞学生努力学习的力量，还能够使教师及时地、更多地获得学生对教学的反馈信息。因此，教师应当有意识地扩大自己对学生的注意范围。

4.3.2 注意的稳定性

1. 注意的稳定性含义

注意的稳定性(stability of attention)又称注意的持久性，是指注意在同一对象或同一活动上所能持续时间的长短。这是注意在时间上的特征，注意集中的持续时间愈长，注意的稳定性就越高。心理学研究表明，注意稳定时间的长短与年龄有关。一般 5～7 岁的儿童每次注意稳定的时间约为 15 分钟，7～10 岁儿童每次注意稳定的时间约为 20 分钟，10～12 岁儿童每次注意稳定的时间约为 25 分钟，12 岁以后的人每次注意稳定的时间约为 30 分钟。

注意的稳定性有狭义和广义之分。

狭义的注意稳定性是指注意保持在同一对象上的时间。例如，长期间看书、看电视等。但人在感知同一事物时，注意很难长时间地保持稳定。

注意起伏(fluctuation of attention)是指短时间内注意周期性的不随意跳跃现象。例如，把一只手表放在耳边，保持一定距离，能隐约听到表的嘀嗒声。如果被试者时而听到表的嘀嗒声，时而又听不到，或者感到表的声音时强时弱，这就是注意起伏。要使注意持久地集中在一个对象上，是很困难的。如图 4-1 所示，当要求被试者全神贯注地持续观看时，

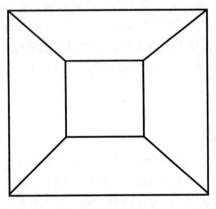

图 4-1 注意的起伏

便会发现该图中的小方块时而向外凸出，时而又向内凹进，很难稳定下来。但是，如果被试者把它想象为一个有实物意义的图形，如一个台座或者一个房间，上有天花板，下有地板，这时注意的起伏现象便会减轻。研究表明，注意起伏现象是不能直接控制的，是一种经常发生的、受神经活动本身特点影响的正常心理现象，注意的起伏周期一般为2~12秒。对于不同的刺激，注意起伏周期的持续时间是不同的，对声音刺激起伏周期时间最长，其次是视觉刺激，而触觉刺激起伏周期最短。

广义的注意稳定性是指注意保持同一活动上的时间。例如，学生在完成作业的过程中，可能要看课本，要写字，要演算，虽然他所看的课本、所写的字句或数字时刻在发生变化，但是他的注意仍能集中于完成作业这一项总的任务上。这时，他的注意就是稳定的。研究也证明，经过15~20分钟的注意起伏，将导致注意不由自主地离开客体。根据这一特点，要保持学生稳定的注意，教师上课时，每隔10~15分钟应使学生转换活动方式，把一些实际操作、动作融入学生的听知觉和视知觉的活动中，以便学生较长时间地将注意稳定在学习上。

注意分散(distraction of attention)，又称分心，是与注意的稳定性相反的一种现象，是指心理活动没有完全保持在当时所应该指向和集中的对象上。注意的分散是由无关刺激物的干扰或由单调刺激物所引起，是与注意稳定性相反的一种注意状态，它对完成当前的活动任务具有消极的影响作用。我们应该增强抗干扰能力，避免分心的产生。

2. 保持注意的稳定性的条件

(1) 注意对象的特点。如果注意的对象是单调的、静止的，注意就难稳定；如果注意的对象是复杂的、变化的、活动的，注意就容易稳定。

(2) 活动的组织安排。如果活动多样化，并且不同的活动交替进行，以及不断出现新内容，提出新问题，那么就可以较长时间地保持注意稳定性。

(3) 人自身的特点。如果人对所从事的活动持积极的态度，有浓厚的兴趣，并借助有关动作维持知觉或思想进程，或从各种不同的角度进行观察和思考，那么注意就容易稳定、持久；相反，如果人对所从事的活动持消极态度，缺乏兴趣，注意就容易分散。

4.3.3 注意的分配

1. 注意的分配含义

注意的分配(distribution of attention)是指在同一时间里人可以把注意指向不同的对象和活动。例如，司机开车，要眼观六路，耳听八方，手扶方向盘，脚踩油门和刹车，还要根据不同的路况随时调整速度等。

在日常生活中我们常常说"一心不能二用"，但我们又能看到大量一心二用，甚至是一心多用的现象。在西方，波尔哈姆(Paulham)最早进行过这个问题的实验，他试图一边口诵一首熟悉的诗，一边手写另一首熟悉的诗，结果发现是可以做到的。虽然有时他也会写出一个正在背诵着的词，但总的说来，这种相互干扰作用并不大。比纳(Binet)也观察到，要两手同时各做不同的动作是困难的，但如果两手的动作能组合成协调动作，就不会有干扰作用。可见，注意是能够进行分配的，但注意的分配是有条件的。

2. 注意的分配的条件

(1) 自动化(熟练)的程度。同时进行的两种或多种活动中最多有一种是不熟练的，其他的都已经达到了相对"自动化"的程度。这样，对熟练的、自动化的活动不需要更多的注意，就可以将注意分配到比较生疏的活动上。例如，老司机开车时能边开车边和人聊天，而新手司机是不敢这么做的。

(2) 活动间要存在一定联系。同时进行的多种活动之间必须有一定的联系，或通过练习建立起某种反应系统，这样它们同时进行就容易成功。如果同时进行几种毫不相关的活动，则注意的分配是很困难的。例如，弹钢琴，右手弹主旋律，左手配和弦，左右手虽然弹得不一样，但活动之间存在一定的联系与系统。

注意的分配能力是在实践活动中锻炼出来的。几乎所有的实践活动都要求较高的注意分配能力，而且也应该有意识地通过各种活动指导学生形成必要的熟练动作，使他们善于分配注意，能够把注意集中在主要的学习任务上，同时又能够照顾到次要的方面。

4.3.4 注意的转移

1. 注意的转移含义

注意的转移(shifting of attention)是指根据新的任务，人主动地把注意从一个对象转移到另一个对象上，或从一种活动转移到另一种活动上。例如，学生前两节课听一门功课，后两节课又听另一门功课，根据新的任务把注意从一门功课转移到另一门功课上，这就是注意的转移。

注意的转移与注意的分散是不同的，前者是根据新任务的需要，主动地把注意转移到新的对象上，使一种活动合理地代替另一种活动，是一个人注意灵活性的表现；而后者则是在需要注意稳定的时候，不随意地改变了注意的对象，是受无关刺激的干扰，使自己的注意离开了需要注意的对象。

2. 影响注意的转移的因素

(1) 原来活动的强度。原来活动的注意强度越大，注意的转移就越困难、越缓慢。例如，有的教师喜欢一上课就测验或发试卷，然后进入新课，这样做教学效果往往不好，其主要原因是学生对测验或试卷上的分数十分在意，以致让学生的注意力较难转移到新课上来。

(2) 新注意对象的特点。新注意的对象越符合人的需要和兴趣，注意的转移越容易；反之，注意的转移就越困难。

(3) 人的神经系统的灵活性。神经系统灵活性强的人能较快地实现把注意力从一个对象转移到另一对象上；神经系统灵活性差的人，实现注意转移的过程则较为缓慢。

> 阅读资料 4-1

注意缺陷与多动障碍

注意缺陷与多动障碍 (Attention deficit and hyperactivity disorder, ADHD), 在我国常被译为多动症, 是以明显注意集中困难、注意持续时间短暂、活动过度或冲动为主要特征的一组综合征。ADHD 在临床上有三种类型: 注意力缺陷障碍(ADD)、注意力缺陷多动障碍(AHD)及两种症状的混合。

临床表现: ①注意缺陷。患儿注意集中时间短暂, 注意力易分散, 他们常常不能把无关刺激过滤掉, 对各种刺激都会产生反应。患儿在听课、做作业或做其他事情时, 注意力常常难以保持持久, 好发愣走神; 做事往往难以持久, 常常一件事未做完, 又去做另一件事等。②活动过度。指与同年龄、同性别大多数儿童相比, 患儿的活动水平超出了与其发育相适应的应有的水平。在幼儿期后, 患儿往往表现出好动, 坐不住, 爱登高爬低、翻箱倒柜, 难以安静地做事等。③好冲动。患儿做事较冲动, 不考虑后果。在班级里老师问话未完, 会经常未经允许而抢先回答; 常常会不分场合地插话或打断别人说话, 排队等待时不耐烦等。④认知障碍和学习困难。患儿存在空间知觉障碍、视听转换障碍等。⑤情绪行为障碍。患儿因经常受到老师和家长的批评及同伴的排斥而出现焦虑和抑郁, 约 20%~30% 的患儿伴有焦虑障碍, 该障碍与品行障碍的同病率则高达 30%~58%。与同龄人相比, 患有 ADHD 的青少年在情感上显得较不成熟。

疾病病因: 遗传因素、生理学因素、轻微脑损伤、神经生化因素、神经解剖学因素、心理社会因素、生物钟因素、其他因素。目前国际上普遍认为 ADHD 是由于大脑内多巴胺分泌失常所致, 但机制未明。

疾病治疗: ADHD 的病因、表现及诊断非常复杂, 当然治疗时也需要综合治疗。目前 ADHD 的治疗方法主要有药物治疗、心理行为治疗、家庭治疗、脑电生物反馈治疗等。研究认为, 药物治疗为主, 同时合并心理行为治疗、家庭治疗或脑电生物反馈治疗是最好的策略。

近年来, 注意缺陷与多动障碍的发病率有逐年增高的趋势。在美国, 大约 3%~5% 的儿童患有注意力障碍综合征。有些(但不是所有的)问题会随着年龄的增大而逐渐减少。大约有 40% 注意力障碍综合症儿童在青少年后期仍然存在此类问题, 10% 的患者在成年以后仍部分地表现出此类问题。

(资料来源: 保罗·贝内特. 异常与临床心理学[M]. 北京: 人民邮电出版社, 2005.)

4.4 注意规律与教学

4.4.1 无意注意规律在教学中的运用

学生在学习过程中所产生的无意注意有消极与积极之分。为此, 教师应努力利用无意注意规律组织教学, 充分发挥无意注意的积极作用, 排除其消极影响, 应考虑采取以下措施。

1. 优化教学环境，减少引起分心的因素

良好的教学环境是避免产生消极无意注意的重要因素。教室要尽量远离一些喧闹的场所，如马路、闹市、操场、音乐教室等。教室里的空气要新鲜，光线要充足，布置要简朴、整洁，不要有过多的装饰和张贴。教师的服装要朴素大方，不宜着奇装异服和留夸张发型，语言不宜带口头禅，不要成为引起学生无意注意的刺激物。教师换了新装或新发型后，可以在上课前先到学生面前"亮亮相"，这样可以有效地减弱学生上课时的注意分散现象。

在直观教具的运用中，背景材料必须淡化，直观教具的展现时间要适当，及时收取。过早地把直观教具展现出来，会分散学生的注意力，使他们不去注意教师讲授的内容，而在真正需要使用教具时，这些教具又失去了新异性。

在课间休息时，不宜让学生做激烈的或竞赛性的活动，防止学生因过度兴奋而不能将注意及时转移到课堂上，等等。

2. 精心组织教学内容

教学内容是吸引学生注意的重要条件。教师要精心组织教学内容，要具体生动、新颖有趣、难易适当，让学生既能听懂又要有新意，这是引起学生兴趣、维持学生注意的关键。过于抽象，枯燥无味的内容会使学生注意分散。在处理教材中的重点、难点时，教师应注意运用直观教学，充分利用教具，语言要生动形象、语调要抑扬顿挫，配以适当的表情和手势，化难为易。对于教学中必须重复的内容，如课文的熟读、同一类题的反复练习活动，教师应采用灵活多变的方法，保持其新颖性。

3. 教学方法要灵活多样，吸引学生的注意

教学方法要直观形象、灵活多样。根据学生注意和思维特点，选择灵活多样的教学方法，尤其是低年级儿童，离开了具体实物和直观教具就难以理解抽象的概念，这就要求教学方法必须充分利用多媒体、幻灯、画片、挂图、标本、模型、实物等进行直观教学，把抽象的理论变得具体、鲜明，以引起学生的兴趣和注意，激发他们的求知欲。

4.4.2 有意注意规律在教学中的运用

教学是一种有目的、有组织、自觉的活动过程。教师要有效地组织教学，除了充分发挥无意注意的积极作用外，同时还必须遵循有意注意规律进行教学，依靠有意注意来维持和保证教学任务的完成。教师为了有效地组织与运用有意注意，在教学中可以采取以下的措施。

1. 明确学习目的和任务

学习是一种自觉的、有目的、以一定方式组织起来的活动。要引导学生有明确学习目的和任务，要激发学生的学习自觉性。学生对学习目的意义认识得越清楚、越深刻，就越能引起和保持有意注意。教师可以通过各种教育、教学活动，培养学生学习的目的性、自觉性。例如，在开始讲授一门新课时说明这门课程的目的、任务和意义，在一个新单元开始时明确提出需要解决的问题，在教材比较难懂的地方预先说明问题的复杂性和重要性，这些都能激发学生的学习自觉性，学生确立了自己的学习目的，就能有意识地把注意力集

中在教学活动中。

2. 科学地组织课堂教学

学习活动需要学生维持有意注意,但有意注意很难长久地保持,所以教师要巧妙地组织课堂教学,教学内容和时间安排既要紧凑,使每个教学环节都有充实的内容,又要避免任务安排过满,要给学生留有适当放松休整的时间。同时,应当把智力活动和实际操作相结合,使学生的听、看、想与老师的讲解同步,让每个学生都成为教学活动的积极参加者,这样能更有效地保证学生的有意注意长时间地稳定在学习上。另外,教师可以适当放慢速度,穿插些有趣的谈话,也可以更好地促进学生的注意稳定。可以说,课堂教学组织越合理,越符合学生的心理特点和内在需要,学生越不容易分心。

3. 培养间接兴趣

除了确立学习目标,还应让学生了解知识掌握后的功用和社会价值,引起他们对学习结果的间接兴趣。特别是在一些内容相对枯燥、难度较大的科目学习中,可以向学生阐明学习知识的意义和重要性,培养知识学习的间接兴趣,使他们进入有意注意的学习活动之中。

4. 加强意志力的锻炼与培养

学习是一项艰苦的脑力劳动,需要有顽强的意志力才能排除各种干扰,克服困难完成学习任务。因此,必须加强意志力的锻炼和培养,让学生学会自我控制,主动与注意分散做斗争。

4.4.3 巧妙地利用几种注意交互转化的规律组织教学

课堂教学中,教师常常面临学生注意力逐渐下降的现象。要使学生的注意力长时期保持,必须交替运用无意注意、有意注意,并使之向有意后注意转化。这就依赖于教师对课堂教学的组织和教学技巧。在课堂教学的不同阶段,应采取灵活多变的策略。

在一堂课中,教师应对几种注意做巧妙安排使之自然地相互交替。一般说来,上课之初,学生的注意还停留在课前感兴趣的活动上,需要通过组织教学引起学生的有意注意。教师通过检查提问,可以使学生集中注意。接着通过生动活泼、灵活多样的教学,使学生对新内容产生兴趣,引起无意注意。另一方面,可以运用由浅入深、由具体到抽象的教学方法,减少学生学习中的困难,使学生顺利接受新内容,使有意注意进一步发展为有意后注意。下课之前,学生的注意最易涣散,所以在概括本节知识或布置作业时,要向学生提出明确而具体的要求,以引起他们的有意注意。在学生学习遇到困难或有外来干扰时,教师需及时鼓励学生克服困难,消除畏难情绪,对学习活动保持注意。随着教学的深入,学生顺利地接受了知识,扩大了知识领域,对教师传授知识的方式方法也产生了兴趣,感到上课是轻松快乐的事,这时依靠的是有意后注意。

总之,在教学过程中,使几种注意有节奏地交替,并要善于引导学生运用三种注意相互转化的规律来安排学习,使学生的学习有张有弛,既能把注意指向学习活动,又不会引起过度紧张与疲劳,从而顺利、有效地完成学习任务。

> 阅读资料 4-2

数字划消测验

下面介绍一种测定注意力的简单方法——划数测验。它由几个分测验构成：第一个测验要求被试者划去"3"字；第二个测验要求被试者不划"3"字，而划去位于"3"字前面的一个数字(要求被试者的注意力从"3"转移到"3"字前面的一个数字)；第三个测验要求被试者只选划"3"字前一位的"7"字(进一步要求被试者选择性注意)；第四个测验要求被试者划去夹在"3"字和"7"字中间的一位数字(要求被试者注意广度扩大)；第五个测验是划"3"和"7"之间的偶数(要求被试者在注意的广度上加强选择性注意)。

记分方法：全部划对数之和为粗分，错划和漏划的一半为失误，粗分减失误为净分。

净分=粗分−(错划+1/2 漏划)

失误率=(错划+1/2 漏划)÷划对×100

例：将 3 划去。

24913652048635217892
54379125765081347645120873520947890l8524
17801546349122541864552180732586067592S4
344735064910846157681624725042565898498 7
14936526857198492747559370412875896l3403
39092915781298027736847072140541753789 80

例：将 3 和 7 中间的偶数划去。

43972347801367635401
71038913735713279840159736026170498473 21
65402613058161764912673176081867261613 93
37916039152162403146465394597261358276 04
43879197076415576197804513064037021935 73
10920537929317680718206917905163478217 02

(资料来源：王有智，欧阳仑.心理学基础——原理与应用[M].6 版.北京：首都经济贸易大学出版社，2018.)

复习思考题

1. 名词解释：注意、有意注意、无意注意、有意后注意、注意的范围、注意的稳定性、分心、注意起伏、注意的分配、注意的转移。
2. 注意的功能是什么？注意有哪些外部表现？
3. 引起无意注意的原因有哪些？
4. 如何引起和保持有意注意？
5. 注意的品质有哪些？影响注意品质的因素是什么？
6. 在教学过程中，如何运用注意的规律组织教学？

7. 实例分析，在教学中有这样一种现象，有些老师非常重视兴趣对学生学习的影响，主张："要让学生在笑声中掌握知识"，每次上课学生都兴趣盎然，笑声满堂。但是笑过之后学生却头脑空空，每到考试都手足无措。试用心理学的有关理论加以分析。

教师资格证考试真题再现

一、单选题(每题2分)

1. (2021.03)同学们正在教室里聚精会神地听老师讲课，突然从教室外飞进来一只小鸟，于是大家不约而同地把视线朝向小鸟，这种现象属于(　　)。
   A. 随意前注意　　B. 随意后注意　　C. 无意注意　　D. 有意注意

2. (2021.03)张老师在课堂上一边讲授一边板书，同时留意学生反应，这种品质属于(　　)。
   A. 注意广度　　B. 注意转移　　C. 注意分配　　D. 注意稳定性

3. (2022.03)郭老师上课时，边讲课、边板书、边观察学生的课堂表现，并取得了良好的教学效果。这反映了哪种注意品质？(　　)
   A. 注意的稳定　　B. 注意的分配　　C. 注意的范围　　D. 注意的转移

4. (2022.03)下列词语中，体现注意品质广度特征的是(　　)。
   A. 一目十行　　B. 一心二用　　C. 目不转睛　　D. 心猿意马

5. (2023.03)丁老师正在上课，突然有人敲门，这时学生都不由自主将目光转向门口。学生的这种注意属于(　　)。
   A. 有意注意　　B. 无意注意　　C. 有意后注意　　D. 无意后注意

二、简答题(每题10分)

1. (2015.11)简述教师培养学生注意力的方法。
2. (2018.11)简述影响学生的有意注意的因素。
3. (2021.10)注意的品质有哪些？

第 5 章 记　　忆

本章学习目标

- 记忆的概念
- 记忆的分类
- 记忆的过程
- 影响识记的因素
- 艾宾浩斯的遗忘规律
- 良好的复习方法
- 记忆的品质

5.1　记忆概述

当感知过的事物不再继续作用于人的感官时，在大脑中留下的有关事物的映象并未随着事物的消失而消失，大脑不仅能记住感知过的事物的映象，而且能把思考过的问题、体验过的情绪和情感、做过的动作和运动等重新反映出来。也就是说，经历过的事物，可以在头脑中保持并储存起来，并在一定的条件下通过回忆再现，这就是记忆。

5.1.1　记忆的概念

1. 记忆的定义

记忆(memory)是过去经历过的事物在头脑中的反映。一个人对过去经历过的事物，并不会因事过境迁就失去所有的印象，而是或多或少、或深或浅地在头脑中留下一些痕迹，在一定的条件下，会以各种形式表现出这些痕迹的作用。比如，你看过一场电影，你仍能记得里面激动人心的场面、荡气回肠的情节，乃至主人公的某些至理名言。你走访过一些地方或名胜古迹，若干年后，当你故地重游时，会不时地触景生情记忆起当初走访的情形，对那里的一景一物、一山一水有一种熟悉感，甚至还能辨认出某些道路、标记和细节，这里就是大量的记忆现象。

据心理学研究，人的记忆能力是非常惊人的。正常人脑可储存约 10^{15} 比特的信息，相当于美国国会图书馆藏书总量的 50 倍(该馆藏书 1000 多万册)，即 5 亿本书的知识，是目前世界上任何计算机所不能比拟的。研究人员说，记忆是自然智慧的基础，自有人类以来，人们非常重视记忆，并且想出种种办法来加强人脑的记忆，从结绳记事，利用画线、筹码到发明文字、记账、写日记、做记录、刻碑文、写历史、外交上的备忘录、再到现在电脑上的存盘等，都是为了帮助记忆、积累和传递经验。

2. 记忆的基本过程

记忆是个复杂的心理活动过程，是比感知觉更复杂、更高级的一种心理过程，是从"记"到"忆"的过程。

记忆的基本过程包括三个环节：识记、保持、再认或回忆(重现)。识记是获取知识经验的过程，是经过反复地感知、反复地思考、反复地体验和反复地操作而实现的；保持是巩固已获得的知识经验的过程，也就是把识记过的事物的映象储存在头脑中的过程；再认或回忆(重现)是在不同的条件下恢复过去经验的过程。

从信息加工的观点来看，记忆就是刺激信息的输入、编码、储存、检索和提取的过程。记忆过程的三个环节连续的信息加工过程。

3. 记忆的生理机制

根据巴甫洛夫的条件反射学说，记忆是大脑皮层上暂时神经联系的形成、巩固和恢复的过程。识记是暂时神经联系的建立；保持是经过复习和强化，暂时神经联系被巩固；在有关刺激的影响下，暂时神经联系的痕迹又得以恢复，这就是再认或回忆(重现)；遗忘则是暂时神经联系的消退或被干扰现象。

人脑究竟在什么部位如何储存信息的呢？条件反射学说并未解释透彻。现代科学研究做了进一步的说明，记忆是整个中枢神经系统的功能，是不同神经中枢部位参加的整合活动。临床研究表明，大脑皮层的额叶和颞叶与记忆的关系密切。大脑额叶受损伤时，会失去积极识记的愿望，不能主动选择识记的手段和方法。海马与短时记忆有关，切除病人两侧的海马，短时记忆消失，但很久以前(如童年的许多细节)的记忆和过去学会的技能并不会丧失。

对神经系统结构的研究发现，学习和记忆会使神经结构发生相应变化。实验将一组大白鼠饲养在丰富多变的环境中，另一组饲养在黑暗的环境中。解剖发现，前者突触小枝明显增多，轴突的横切面扩大。研究表明，学习可以使突触部位的神经末梢增多或延长，会使突触间隙变窄，学习和记忆能促进突触的生长。另有研究证明，记忆与神经元内部的化学变化有关，也就是在神经元内记忆的储存需要脑内蛋白质的合成，而蛋白质的合成要受一种化学物质——核糖核酸(RNA)分子的支配。20世纪60年代，瑞典著名的神经生理学家海登(H. Hyden)，通过对白鼠进行走钢丝(平衡觉)练习，发现脑前庭细胞的核糖核酸(RNA)在质和量上都发生了显著的变化，认为记忆的产生与在RNA支配下脑内蛋白质的合成有关。据此，海登认为大分子是信息的储存库，RNA和DNA是记忆的化学分子载体。

4. 记忆的意义

记忆是人们生活、学习和工作的基础。通过记忆，人才能够形成和积累知识、经验；通过记忆，人才能在已有知识、经验的基础上对客观事物进行更深入的认识，不断丰富、拓展自己的知识领域；通过记忆，人才能形成正常的心理和完整的个性；也只有有了记忆，人类的教育和受教育活动才成为可能。记忆在人类的心理活动与现实生活过程中居于不可或缺的地位。

记忆是认知活动的关键。记忆力是智力的重要组成部分，智力结构中的多种因素都离不开记忆。研究认为，人的记忆力一般在20岁以前是向上发展的，18～35岁记忆力最好，假定此时期的记忆成绩为100%的话,则35~60岁时记忆的平均成绩为95%,60~85岁时记忆的平均成绩则降为80%~85%。研究记忆的规律,对于有效地避免和减少遗忘,提高记忆效率,有着非常重要的意义。因此,在教学过程中,教师要根据记忆规律和学生记忆的特点组织教学,使学生获得知识经验并发展记忆力。

5.1.2 记忆内容储存的形式

研究表明,记忆信息的储存形式主要有两种:语词和表象。

1. 语词

语词是信息以语言符号的形式被储存在人脑中。语词是客观事物简略化的记忆内容,人经历的事物是多种多样的,经过思维加工就能够以抽象化、概括化的语词的方式在头脑中保持下来,需要时又能在头脑中重现出来。

对语词的记忆是一个相对复杂的过程。研究表明,语词由字形、字音、字义三部分构成,进入大脑分别编码为形码、声码、义码。经过编码后的语词信息,可以储存在记忆中。

2. 表象

1) 表象的含义

表象也称记忆表象,是指感知过的事物不在眼前而在头脑中重现出来的形象。例如,去过济南大明湖的人在回忆时,头脑中会出现"四面荷花三面柳,一城山色半城湖"的景象,这就是记忆表象。表象产生的基础是感知,没有感知,人脑中就不能产生有关客观事物的形象,表象就不可能形成。

2) 表象的特征

(1) 直观性。记忆表象是感知后留下的形象,所以它具有形象直观的特征。例如,当同学们回忆起中学时代的某位老师时,这位老师的音容笑貌、言谈举止的形象会在大脑中浮现。但它远不如直接感知时那样鲜明、完整和稳定,通常反映的仅是老师形象中的一些主要特征和大体的外貌。

在记忆表象的鲜明性方面存在着明显的个体差异。有人有鲜明的视觉表象,如画家;有人有鲜明的听觉表象,如音乐家;有人有鲜明的触觉表象,如先天的盲人;有人有鲜明的动作表象,如运动员、舞蹈家。有些儿童有遗觉像,即他们在背诵课文时,就好像是看着书在朗诵一样,能形成十分鲜明的视觉表象,这种记忆表象称为遗觉像(eidetic image)。遗觉像多在儿童中出现,一般到了青年期就消失了。美国心理学家哈伯研究表明,遗觉像型儿童约占儿童的8%。

(2) 概括性。记忆表象常常是综合了多次感知的结果,具有概括性。我们多次感知同类或同一物体,留下的是事物的一般形象。例如,当人们提到春夏秋冬时,在表象中呈现的是季节的一般形象:春天是阳光明媚,春暖花开,鸟语花香;夏天是骄阳似火,人们汗流浃背;秋天是秋高气爽,稻谷金黄;冬天是寒风呼啸,雪花飘飘。这是四季的一般形象在记忆表象中的反映,具有概括性的特征。

3) 记忆表象的意义

记忆表象是从感性认识过渡到理性认识的桥梁。从表象的直观性来看,它具有感知的特征；从表象的概括性来看，它具有思维的特征。所以，记忆表象是介于感知和思维之间的中间环节，在人的认识过程中起着重要作用。

记忆表象是学习的重要内容。据研究推测，形象信息与语言信息的比例大约为1000：1，知识内容的重现，大多数以记忆表象的形式出现，可以说，我们若没有记忆表象就没有学习，对于某些职业活动来说更是如此。例如，画家、音乐家、运动员、技术员等的记忆表象具有更大的作用，所以教师在教学过程中必须注意发展和丰富学生的记忆表象。

5.1.3 记忆的分类

1. 根据记忆内容划分

根据记忆内容，可将记忆分为形象记忆、逻辑记忆、情绪记忆和运动记忆。

1) 形象记忆

形象记忆(imaginal memory)，是以感知过的事物形象为内容的记忆。形象记忆所保持的是事物的具体形象，具有鲜明的直观性，是以图像的形式储存的。例如，我们去看一部电影，对某个艺术人物的记忆，就是形象记忆。

形象记忆可以是视觉、听觉、嗅觉、味觉和触觉方面的记忆。在日常生活中，一般以视觉和听觉方面的形象记忆为主。有研究表明，在儿童记忆发展中，形象记忆的意义和作用虽然随年龄的增长而相对降低，但其重要性始终是显著的，无论哪个年龄阶段，形象记忆效果都优于语词记忆效果。

2) 逻辑记忆

逻辑记忆(logical memory)，是以语词、概念、判断、推理、公式、定理、规律等为内容的记忆。例如，对数学定理、哲学命题的记忆。

逻辑记忆是人类所特有的记忆，是对事物本身的性质和意义以及事物的关系高度理解的记忆，其特点是以抽象逻辑思维为基础，具有高度的概括性和逻辑性。

3) 情绪记忆

情绪记忆(emotional memory)，是以体验过的情绪情感为内容的记忆。例如，第一次领到工资时愉快心情的记忆就是情绪记忆。虽然事件已经过去很久，但对该事件的情绪记忆仍经久不忘，甚至终生难忘。情绪记忆的映象有时比其他形式的记忆映象更持久，如"一朝被蛇咬，十年怕井绳"。

4) 运动记忆

运动记忆(motor memory)，又称动作记忆，是以做过的运动或动作为内容的记忆。例如，对体操、舞蹈动作的记忆、游泳动作的记忆，都属于运动记忆。运动记忆是技能形成的基础，对人的动作的连贯性、精确性等具有重要意义。运动记忆一旦形成，保持的时间往往很长久。

2. 根据信息保持时间的长短划分

根据信息保持时间的长短，记忆可分为瞬时记忆、短时记忆和长时记忆。

1) 瞬时记忆

瞬时记忆(immediate memory)又称感觉记忆(sensory memory)或感觉登记，是指当感觉刺激停止之后头脑中仍能保持瞬间映象的记忆。例如，电影胶片静止的一张张画面连续播放时，使人看起来是连续的动作，这就是由于瞬时记忆的缘故，即视觉后像。

瞬时记忆是记忆系统的第一阶段，具有以下四个特点：①信息保存的时间很短，一般是 0.25～2 秒之间；②保存的信息具有鲜明的形象性；③记忆容量大；④瞬时记忆的痕迹易衰退，信息传输与衰变取决于注意。在瞬时记忆中的信息如果没有受到注意就会很快消失，如果受到注意就会转入短时记忆。

2) 短时记忆

短时记忆 (short-term memory)是指信息保持的时间大约在 1 分钟之内的记忆，又称工作记忆或操作记忆。例如，通过 114 查询电话号码，查到后能马上根据记忆拨出这个号码，但打完电话后又记不起这个号码了，这就是短时记忆，也称为电话号码记忆。

短时记忆是瞬时记忆和长时记忆的中间阶段，就其功能来说是操作性的，它对来自瞬时记忆和长时记忆储存的信息进行有意识的加工。一方面，它通过注意接收从瞬时记忆输入的信息，为当前的认知活动服务，并把其中必要的信息经复述输入长时记忆储存(不必要的信息随即消失)；另一方面，它又根据当前认知活动的需要，从长时记忆中提取储存在那里的信息进行操作，如提取一个公式，对当前的数字进行运算，待用完后再放回长时记忆中。因此，短时记忆是一种当前工作状态的记忆，也是信息加工系统的核心。

短时记忆具有以下三个特点：①短时记忆的信息容量有限，大约是 7 ± 2 个记忆组块(chunking)。"组块"即记忆单位，可以是一个数字、字母、音节，也可以是一个单词或短语，组块的大小因人的知识经验而异，知识经验越丰富，组块也越大。米勒提出，短时记忆容量的决定因素往往不是取决于记忆的项目数，而取决于组块。不同的组块方式，记忆的容量也不同。例如，如果记忆项目数是 4～5 个组块，以字词为组块，可以记住 8～10 个字；以短语为组块，可记住 16～20 个字；以一句律诗为组块，可记住 20～28 个字。再如，有这样排列的 16 个英文字母"THANKYOUVERYMUCH"，对不懂英文的人来说，这是 16 个记忆单位，很难记住。而对懂英文的人来说，就变成了 THANK YOU VERY MUCH 4 个组块，很容易记住。可见，组块化提供了一种超越短时记忆存储空间度的手段。②语言文字材料在短时记忆中多为听觉编码，非语言文字材料主要是形象记忆。③短时记忆的内容经过复述可转入长时记忆。如果不经复述，会很快消失。

3) 长时记忆

长时记忆(long-term memory)，是指信息经过充分和一定深度的加工后，在头脑中长时间保留下来的记忆。一般来说，信息保持的时间在 1 分钟以上，包括数日、数年，直至终身，时间跨度极大。

长时记忆是记忆系统的第三阶段，与短时记忆相比，长时记忆的功能主要是备用性的，储存在长时记忆中的东西不用时处于一种潜伏状态，需要时才被提取到短时记忆中。因此，短时记忆为动态记忆，而长时记忆为静态记忆。长时记忆具有以下三个特点：①信息保持时间长，可随时提取使用；②长时记忆的容量很大；③编码方式是言语编码和表象编码两种，并且相互补充。

综上所述，这三种记忆既有区别，又有联系，既可视为三个不同的种类，又可视为记忆系统信息加工过程中相互联系的三个阶段。外界刺激引起感觉，它留下的痕迹就是瞬时记忆；如果不注意便消失，如果注意，就转入工作记忆；工作记忆的信息若及时加工或复述，就会转入长时记忆。信息在长时记忆中被编码、储存，在一定的条件下可以提取出来。这就是记忆的三级加工模型，如图 5-1 所示。

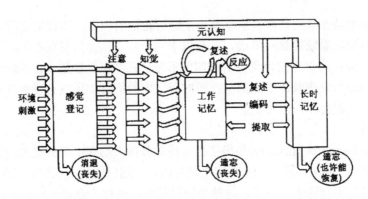

图 5-1 记忆的三级加工模型

3. 根据信息加工和存储内容划分

根据信息加工和存储内容，记忆可分为陈述性记忆与程序性记忆。

1) 陈述性记忆

陈述性记忆(declarative memory)，又称事实性记忆，是以陈述性知识为内容的记忆，提取时往往需要意识的参与。

陈述性知识，又称描述性知识，是静态的，可以用语言直接进行描述和表达，用来说明事物的性质、特征和状态，主要用来回答"是什么""为什么""怎么样"等问题，包括字词、定义、人名、时间、事件、概念和观念等。例如：李白是唐代诗人。五四运动发生于 1919 年。"活到老，学到老""生命在于运动"等观点等均属于陈述性知识。

2) 程序性记忆

程序性记忆(procedural memory)，又称操作性记忆、技能性记忆，是以程序性知识为内容的记忆，提取时往往不需要意识的参与。

程序性知识，又称操作性知识，它是动态的，无法用语言直接进行描述和表达，只能借助一系列的动作或者操作来推测其存在的知识，主要用来解决做什么和怎么做的问题。例如：骑马、打篮球、开车、运算等均属于程序性知识。

4. 根据意识的参与程度划分

根据意识的参与程度，记忆可分为内隐记忆和外显记忆。

1) 内隐记忆

内隐记忆(implicit memory)，又称自动记忆或无意识记忆，是无法清晰意识到的过去经验对当前任务产生影响而表现出来的记忆。人们很难觉察到自己拥有这种记忆，也很少有意识地提取这种记忆，一般不能用言语表达出来，但却能在特定任务的操作中表现出来。例如，婴幼儿并不需要系统地学习语词和语法，却能在不知不觉中学会了母语；夫妻在长期地相处和互动中，会不自觉地学习和模仿对方的言行，甚至越来越有"夫妻相"。

2) 外显记忆

外显记忆(explicit memory)，又称受意识控制的记忆，是指人在意识的控制下，主动搜集某些知识经验来完成当前任务时表现出来的记忆，是过去经验对个体当前活动的一种有意识影响。外显记忆的形成一般有评估、比较和演绎等认知过程的参与，能对记忆的信息进行较准确的言语描述。例如，学生考试作答、医生诊疗疾病等。

内隐记忆与外显记忆的主要区别有：①对信息的检索和提取过程不同，内隐记忆是无意识进行的，外显记忆是有意识进行的。②受信息加工水平(深度)影响不同，内隐记忆基本不受信息加工水平影响，外显记忆受信息加工水平影响明显。③保持时间不同，内隐记忆的消退速度比外显记忆慢。④记忆负荷量的影响不同，内隐记忆基本不受其记忆负荷量的影响，外显记忆的成绩则随识记数目的增加而逐渐下降。⑤受干扰因素的影响不同，内隐记忆较少受无关因素的干扰，但外显记忆容易受到无关因素的干扰。

> 阅读资料

人类记忆的独特分类

俄罗斯生物学家亚历山大·卡缅斯基认为，人类的记忆方式有三种。

1. 遗传记忆

在人类生殖细胞(卵细胞和精子)中已经"记录"下任何一种生物的构成和活动原理，而这一"活动细则"将作为一组基因随着生殖细胞世代相传。遗传记忆的信息容量非常大，约为 10^{10} 个信息单位。而要记录下一个人构成的全部信息，总共只需其基因的 2%；那其余的 98% 是怎么回事呢？

原来，有一部分基因是我们从当时尚未进化成人的先祖那里继承下来的，甚至可以这样认为，这一部分基因是自然界的储备基金。在通常情况下，它们是不活动的，但地球上一旦出现意外的灾难，人类的生存条件一下子变得同几千年前的情况相同，先祖古老的基因便起作用，可以使现代人身上长出一些可以帮助他们存活下去的器官。本来人的胚胎就有腮和尾巴，这样就既可以在陆地上生活，也可以在水中生活，但大自然让你只能二选一。遗传记忆有时候也会出差错，不活动的那部分基因开始活动起来，这时就会出现各种各样意想不到的奇怪现象。比如说，尾椎骨节数量有所增加，便使人长出尾巴，孩子全身长满浓密的长毛。

2. 免疫记忆

在人类的血液中有一种小小的、在真正意义上具有献身精神的细胞，它们短暂一生的使命就是消灭更多人类的敌人。淋巴细胞对异己细菌和最简单的有毒物质进入血液会有反应，这时它们便会产生一种抗体去"胶合"致病物质，不让它们进入别的器官。而要消灭这些已被"制服"的敌人，这一任务则由血液中的另外一种细胞——噬细胞来承担。

我们的这些细胞卫士能轻易地将异己细胞同自身的细胞区分开来，还有很好的记忆性，能在自己短暂的几天生命中牢记那些"敌人"，并且将此信息传给下一代。这样一来，凡得过麻疹、水痘和猩红热的人，可以获得终生的免疫力。如果诱发这些病症的细菌试图再度进入血液，必将很快被免疫系统内记住它们的噬细胞消灭掉。除此之外，在绝大多数人的身上，它们还能识别和消灭癌细胞，产生一种抗癌的免疫力。由此可见，如果这种记忆"出了问题"，那后果真是不堪设想。

3. 神经记忆

这就是我们平时常说的那种记忆。它的容量很大，约为 10 个信息单位。科学家们对神经记忆的研究由来已久，但至今对它的机制仍知之甚少。一旦接收某种信息之后，即开始记忆，而且此信息越是能调动情绪，就会记得越牢。神经记忆还分短期的和长期的。短期记忆的信息只能记住几分钟。比如说，当我们从电话号码本跑向电话机时，还能记住陌生的电话号码，该记忆很不牢固，精力稍有分散便忘了。但如果该信息能引起强烈的感受，而且将来还用得着，那它会自动转入长期记忆，有时一辈子也忘不了。信息从短期记忆转入长期记忆的过程称为巩固过程，人脑中有一个非常重要的部分——位于大脑颞叶下方深层的海马回便参加了其中的工作。

总之，遗传记忆使我们变成了人，免疫记忆使我们拥有健康的身体，而神经记忆则使我们具有个性，三者结合，使我们得以从已经历的过去走向未知的将来。

(资料来源：卢家楣. 心理学[M]. 上海：上海人民出版社，2013.)

5.2 记忆的过程

记忆过程是个复杂的心理活动过程，包括识记、保持、再认或回忆三个基本环节，每个记忆环节都有各自的特点和规律。

5.2.1 识记

1. 识记

识记(memorization)就是识别并且记住事物，是记忆过程的第一环节，是其他环节的前提和基础。从信息加工理论的观点来看，识记是信息输入和编码的过程。

2. 识记的种类

1) 无意识记和有意识记

根据目的性和努力程度，识记可分为无意识记和有意识记。

无意识记(unintentional memorization)又称不随意识记，是没有明确的目的，也不需要意志努力，自然而然发生的识记。例如，在日常生活中"潜移默化""耳濡目染"等都是无意识记的结果。虽然没有给自己提出明确的识记目的和任务，也没有付出特殊的意志努力和采取专门的措施来识记某些事物，但这些事物自然而然地保留在大脑中，成为一个人知识经验的组成部分，这就是无意识记。

无意识记的内容具有两个特点：一是这些刺激在一个人的生活中具有重要的意义；二是符合人的需要、兴趣以及能产生较强烈情绪体验的内容。具备这些条件的信息才容易进入无意识记，所以，无意识记具有极大的偶然性、片面性，单凭无意识记不能迅速获得系统的知识经验。

有意识记(intentional memorization)又称随意识记，是事先有预定目的，必要时还需要一定意志努力的识记。识记的目的性决定了识记过程是对识记内容的一个积极主动的编码过程。例如，在教学中教师给学生提出识记某些定理、公式、历史事件或外语单词的任务都要靠有意识记才能获得。人掌握系统的科学知识，主要靠有意识记，所以，有意识记在学习和工作中占有重要的地位。

2) 机械识记和意义识记

根据识记材料的性质和对材料理解的程度，识记可分为机械识记和意义识记。

机械识记(rote memorization)依靠机械重复而进行的识记。它的基本条件就是重复。例如：人名、地名、历史年代、电话号码，材料本身没有一定的联系，我们通过多次重复把它们记下来,就是机械识记。再如,材料本身有一定的内在联系,但学习者并不理解,像幼儿背古诗就是死记硬背,也是机械识记。

意义识记(meaningful memorization)也称理解识记,是在对识记内容理解的基础上,依据事物的内在联系所进行的识记。意义识记的基本条件是理解,与积极的思维活动密切相关。理解的材料,记得快、记得牢,也容易提取。我们甚至可以给本来无意义的材料人为地赋予意义,使机械识记转化为意义识记,以提高记忆效果。例如,珠穆朗玛峰的高度是8848.86米(爬、爬、死爬,八楼)。

在儿童记忆的发展过程中,机械识记出现较早,意义识记出现得较晚。婴幼儿由于知识经验贫乏、理解力差、分析综合的思维水平低,他们的识记主要依据事物的外部特征和联系,采用简单重复、逐字逐句的机械识记方法。小学低年级儿童的机械识记仍占优势,随着年级的升高机械记忆逐渐减弱。在童年期,由于各门学科的内容要求儿童必须在理解的基础上识记,必须学会分析事物之间的内在联系,进行思维加工,因而意义识记得到迅速发展。在小学高年级,随着儿童的知识经验日益丰富,言语思维能力进一步发展,意义识记逐渐占主导地位。遵循这些规律,教师在教学活动中可以根据学生的年龄、学习科目和记忆材料的不同,引导学生理解教学内容,尽量进行意义识记。

从记忆的总体效果上看,有意识记的效果优于无意识记,意义识记的效果优于机械识记,但它们并非相互排斥和绝对对立,而是相互依存和相互补充的,它们之间如果能够合理配合和运用,就可以更好地取长补短,增进识记效果。

3) 影响识记的因素

(1) 识记的目的性。有无明确的识记目的,直接影响识记的效果。明确的识记任务、长久的识记任务有利于延长材料在头脑中保持的时间。例如,在一项实验中,让学生背诵甲、乙两种难度相当、字数相近的短文。学生背出后宣布甲文第二天检查,乙文在一周后检查。但实际上是两周后同时检查甲、乙两篇文章。结果是对乙文的保持效果(80%)明显高于甲文(40%)。有长久识记任务的材料在头脑中保持时间长。

(2) 识记材料的性质。识记材料的性质对遗忘有显著影响。一般地说,熟练的动作技能遗忘得最慢;形象材料比抽象材料遗忘慢;有意义材料比无意义材料遗忘慢;理解的内容比不理解的内容遗忘慢。R.A.戴维斯和C.C.穆尔(1935)综合18个无意义和24个有意义材料的研究结果,发现随着时间的推移,有意义材料的保存量比无意义材料的保存量下降速度要慢,如图5-2所示。

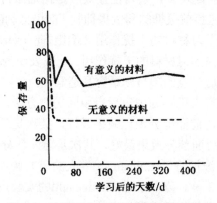

图 5-2 有意义和无意义材料的保持曲线

(3) 识记材料的数量。识记材料的数量对识记效果有很大影响。一般地说，识记需要的时间常常随着材料数量的增加而增加，但要达到同样识记水平，材料越多，平均用时或诵读次数越多。

索柯洛夫的实验表明，一次识记的材料数量与识记效率呈负相关，数量越大，效率越低。如表 5-1 所示：识记 12 个无意义音节，达到背诵平均一个音节需要 14 秒；识记 24 个无意义音节，达到背诵平均一个音节需要 29 秒；识记 36 个无意义音节，达到背诵平均一个音节需要 42 秒。识记有意义材料时，平均用时的增加不像无意义材料那样显著，但增加的趋势是一致的。

表 5-1　识记材料的数量与识记时间

无意义音节数	成诵每个音节所需时间（秒）
12	14
24	29
36	42

根据这一规律，教师在教学中应注意在一定时间内要求识记材料的数量不宜过多。如果过分加大数量，会降低识记效果，也会影响学生的积极性。

(4) 学习程度的影响。过度学习又称过度识记，是教育心理学上的术语，是指达到一次完全正确再现后仍继续识记的记忆。过度学习有利于识记材料的保持，但是也要明白"过犹不及"的道理。过度学习理论是由德国著名的心理学家赫尔曼·艾宾浩斯提出的，"过度学习"不是毫无限度的"超度学习"，认为在一定范围内，过度学习是必须的，但超过了一定限度，就是很不经济的，因为过度学习需要更多的时间和精力。一般说来，学习程度以 150% 为佳，其效应也最大。超过 150%，会因学习疲劳而发生"报酬递减"现象，学习的效果就会逐渐下降，出现注意分散、厌倦、疲劳等消极效应。

克鲁格在实验中让被试者识记 12 个名词(W.C.F.Krueger)，学习程度分别为 100%、150% 和 200%。在 1 天、2 天、4 天、7 天、14 天及 28 天后检查保持效果，其结果表明，学习程度超过 150% 并不明显地改善保持状态(见图 5-3)。一般地说，如果以一次完全正确再现的学习度为 100%，那么 150% 的过度学习是提高保持效果的最经济有效的选择。超过 150% 的过度学习，记忆效果不再有显著提高。

(5) 识记材料的系列位置效应。系列位置效应是指记忆材料在系列位置中所处的位置对记忆效果发生的影响，包括前摄抑制和倒摄抑制。前摄抑制(proactive inhibition)是指先前学习材料对识记和回忆后学习材料的干扰作用。倒摄抑制(retroactive inhibition)是指后来学习的材料对保持和回忆先前学习材料的干扰作用。一般表现为，材料开始部分最容易记住，其次是末尾部分，中间偏后一点的项目则最容易遗忘。

天津师范大学沈德立等人用序列识记后自由回忆的方法，研究小学生的系列位置效应发现，小学生识记单词时，前面部分识记效果最好，其次是后面部分，中间部分的识记效果最差；识记数字时，则后面部分效果最好，其次是前面部分，中间部分识记效果最差(见图 5-4)。加利福尼亚大学波斯特曼(L.Postman)等人的研究认为，一般情况下，中间项目遗忘次数相当于两端项目的 3 倍。范卡尔脱(M.Fancauh)的实验进一步显示，记忆效果最差的不是序列材料的正中段，而是接近中间偏后的地方。

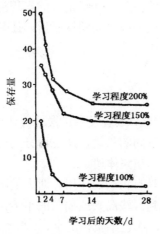
图 5-3 学习程度与保持量的关系

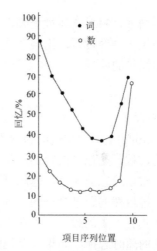
图 5-4 小学生系列位置回忆曲线

5.2.2 保持和遗忘

1. 保持

保持(retention)是识记过的知识经验在头脑中积累、储存和巩固的动态过程,是记忆过程的第二环节。从信息加工理论的观点看,保持是人脑对信息的储存过程。保持是一个动态过程,存储信息在内容性质和数量方面都会发生变化。

1) 内容性质方面的变化

记忆内容性质方面的变化主要是受主体已有的知识经验和对材料的认识加工能力的影响,其变化通常表现为:①内容更加简洁、概括,不重要的细节被省略;②内容变得更加完整、具体、合理和有意义;③某些内容变得更为夸张和突出。如图 5-5 所示,巴特莱特(F.G.Bartlett)做了如下实验:让第一个人看图,然后要他默画出来(图 1)给第二个人看,再让第二个人默画出来(图 2)给第三个人看……依此类推,到第 18 个人时,图形从一只鸟竟变成了猫的形状,记忆图形发生了质的变化。

图 5-5 保持中信息的变化

2) 在数量方面的变化

记忆内容的量变包括遗忘和记忆回涨,最大的变化就是遗忘。

记忆回涨也称记忆恢复,指识记某种材料经过一段时间后测得的保持量大于识记后立即测得的保持量的现象。这种现象儿童比成人明显,无意义材料比有意义材料明显,完全不熟悉的材料比不够熟悉的材料明显。

记忆回涨现象发生的原因比较复杂,一般分为以下几种情况:①学习者理解水平低。学习者识记时不能立即把新知识纳入已有的知识体系中,通过知识逐渐消化理解,新旧知识间才建立了内在联系。②材料的相互干扰。由于识记后的即时测验受前后材料干扰,各部分之间没有建立起有机联系,没有形成对材料的整体认识。一段时间过后,干扰消失以及材料间联系增多,材料整体性增强,引起回忆量的回升。③识记时的累积抑制。连续学习使学习者产生了神经疲劳,出现了累积抑制,经过一段时间的恢复后,疲劳解除,抑制消失,引起回忆量的回升。

2. 遗忘

1) 遗忘的含义

遗忘(forgetting)是对识记过的材料不能再认或回忆,或者发生错误地再认或回忆。它是与保持相反的过程,是记忆内容的消失。根据遗忘时间的长短,遗忘可分为暂时性遗忘和永久性遗忘。根据遗忘的内容,遗忘可分为部分遗忘和整体遗忘。

遗忘是一种自然的正常合理的心理现象。遗忘具有积极的作用,对人的学习、工作、生活和成长都具有重大的意义。人在生活中,会遇到一些高兴或痛苦的事情,该记住的保留,不必记住的随时忘掉,如果只有记忆没有遗忘,人岂不负担沉重?

2) 遗忘规律

德国心理学家赫尔曼·艾宾浩斯(H. Ebbinghaus)第一个对遗忘现象作了长期的、系统的研究。他采用了无意义音节作为记忆的材料,以自己作为被试者,用了七八年的时间,对记忆的保持规律做了研究,由此绘制出著名的"艾宾浩斯遗忘曲线"(见图 5-6)。实验发现:遗忘速度最快的区段是 20 分钟内,20 分钟~24 小时的遗忘率在 41.8%~66.3%;2~31 天的遗忘率在 72.2%~78.9%之间;遗忘的速度是"先快后慢"的进程(见表 5-2)。

艾宾浩斯的遗忘曲线反映出人类遗忘的规律是:遗忘的进程是不均衡的,呈现先快后慢的进程。

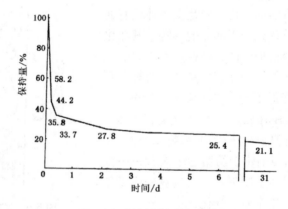

图 5-6　艾宾浩斯遗忘曲线

表 5-2　不同时间间隔后的记忆成绩

次　序	识记后回忆时间	保持量的百分比/%	遗忘量的百分比/%
1	20min	58.2	41.8
2	1h	44.2	55.8
3	8h	35.8	64.2
4	1d	33.7	66.3
5	2d	27.8	72.2
6	6d	25.4	74.6
7	31d	21.1	78.9

3) 遗忘的原因

产生遗忘的原因,既有生理方面,也有心理方面的。关于遗忘的原因,主要有以下四种学说。

(1) 痕迹消退说。痕迹消退说又称为消退说、衰退说,其认为遗忘是由于记忆痕迹(memory trace)得不到及时强化,随着时间的流逝而逐渐消退以至消失。例如,在感觉记忆或短时记忆中,未经注意或复述的信息就可能因为痕迹的被动消退而导致遗忘。该理论易为人们所接受,因为一些物理的、化学的痕迹有随时间而衰退甚至消失的现象,但消退说很难用实验证实。

(2) 干扰说。该理论认为遗忘是识记和回忆之间受到其他刺激干扰的结果。也就是说,识记过的东西之所以遗忘,不是记忆痕迹的消退,而是干扰所致,一旦排除干扰,记忆就能恢复。这种理论似乎不近常理,但却有实验佐证。关于干扰说最早的实验是詹金斯和达伦巴克进行的(J. G. Jenkings & Dallenbach):他们让两组被试者识记同样一些无意义音节表,然后让一组被试者去睡觉,另一组被试者照常进行一般活动。之后分别在1、2、4、8个小时之后,让两组被试者回忆所识记的内容,结果睡觉组比活动组的成绩好。这用衰退理论无法解释,因为两组在相同间隔时间内都没有对记忆痕迹进行强化,而干扰理论则认为,这是由于睡眠组比活动组在相同的时间间隔内所受的干扰刺激少所造成的回忆上的优势,如图5-7所示。

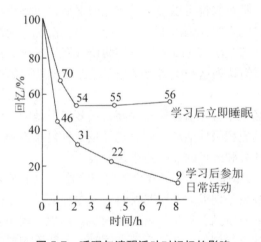

图5-7 睡眠与清醒活动对记忆的影响

(3) 压抑说。又称动机性遗忘说(motivated forgetting)。该理论认为,遗忘是情绪或动机的压抑作用导致的,如果这种压抑被解除,记忆也就能恢复。这种现象是由弗洛伊德在临床实践中发现的。他在给精神病人实行催眠术时发现,许多人能回忆起早年生活中的许多事情,而这些事情平时是回忆不起来的。他认为这些经验之所以不能回忆,是因为回忆它们时,会使人产生痛苦、不愉快和忧愁,于是便拒绝它们进入意识,将其储存在无意识之中。只有当情绪联想减弱时,这种被遗忘的材料才能回忆起来。在日常生活中,由于情绪紧张而引起遗忘的情况也是常有的。例如,考试时,由于情绪过分紧张,致使一些记住的内容也想不起来。

(4) 同化说。该理论认为遗忘是知识的组织和认知结构简化的过程。当人学到了更高级的概念与规律之后，就以此代替低级的观念，使低级观念遗忘，从而简化了认知结构并减轻记忆负担，是一种积极的遗忘。在真正的有意义学习中，前后相继的学习不是相互干扰而是相互促进的，因为有意义学习总是以原有的学习为基础，后面的学习则是对前面学习的加深和补充。

4) 良好的复习方法

复习是巩固知识、防止遗忘的最有效手段。但复习并不是对已学习内容的简单重复，而应根据记忆规律，采取有效措施。

(1) 及时复习与及时反馈相结合。根据艾宾浩斯的遗忘规律，遗忘呈先快后慢的特性，因此要在遗忘尚未大规模开始前进行及时复习，"趁热打铁""先密后疏"可以收到事半功倍之效。同时，要及时反馈，及时知道自己的学习状况，知道对错以便及时加强练习。

(2) 集中复习与分散复习相结合。正确分配复习时间，对复习效果有着重要的影响。复习时间的分配有两种方式：集中复习和分散复习。要根据学习材料的性质、数量、难度采取不同的记忆策略。如果学习材料数量少、难度小，集中复习的效果好；如果学习材料数量多、难度大，分散复习的效果好。属于思考式的材料，宜集中复习。在时间和条件大致相同的情况下，分散复习的效果优于集中复习，因为它可以有效地防止前摄抑制和倒摄抑制的干扰。

(3) 反复阅读与尝试回忆相结合。所谓反复阅读与尝试回忆相结合是指在记忆的过程中边记忆边回忆的方法。具体来说可以读一遍或几遍书后，应该积极地尝试回忆，即把书合上或者闭上眼睛将读过的内容在脑海中回忆一遍，遇到回忆不起来的部分再阅读，反复阅读与尝试回忆相结合。盖兹(A. I. Gates)经过实验研究发现，识记的次数最好与回忆的次数保持一定的比例关系。他认为这一比例最好是识记占20%、回忆占80%，这样可以获得最佳的记忆效果。

反复阅读和尝试回忆相结合之所以能够提高记忆效果，是因为尝试回忆是一种更积极的认知过程，其要求大脑更积极地活动。同时它又是一种自我检查的过程，可以使人集中精力学习尚不能回忆的部分和改正回忆中的错误。

(4) 动员多种感官参加识记，采用多样化的复习方法。识记时运用单一感觉通道和运用多种感觉通道，识记效果差别很大。研究表明，单凭听觉可记住材料的15%；单凭视觉可记住材料的25%；而视听觉结合可记住材料的65%。所以，动员多种感官参加识记，可以调动大脑，提高记忆效果。例如，儿童学习字词时，一般不应单纯地、大量地抄写或背诵，可以听说读写多种方式进行识记。再如，有图表的材料尽量用表象记忆的方法；与其他事物联系密切的材料充分运用联想记忆的方法；有争议的问题，运用与别人展开讨论的方法；内容复杂的材料，可运用总结归纳、列提纲、写概要、列表等方法加深记忆，避免相似材料的干扰，等等。

(5) 科学用脑，劳逸结合。学习时间长了，就会引起学生大脑神经疲劳，从而降低记忆的效率。这时如果让大脑积极休息一下，就会迅速提高大脑活动的机能，减少遗忘。研究证明，学生如果在课间有10分钟的积极休息，便可以使脑力活动的效率提高30%。

5.2.3 再认或回忆

再认或回忆是记忆过程的第三个环节，标志着整个记忆过程的数量和质量，是衡量记忆效果的重要指标。从信息加工理论的观点来看，是信息的提取或输出过程。

1. 再认

再认(recognition)是指经历过的事物再度出现时，能把它认出来。例如，考试中的选择题就是通过再认的方式来检查学生掌握知识的情况。

再认的速度和准确性取决于三个条件：①识记的牢固程度。识记牢固，再认就容易；识记不牢固，再认就困难。②眼前事物与头脑中过去事物的相似程度。如果变化不大，就容易再认；如果事物发生了很大的变化，就难以再认。③有关的线索。再认主要是依据线索进行的，线索可能是事物的个别部分或特点，也可能是当时事物的情景，利用这些线索与当前呈现的事物进行对照分析，可以唤起对事物整体或其他部分的回忆。

2. 回忆

回忆(recall)又称重现(reproduction)，是指在一定诱因的作用下，过去经历的事物在头脑中独立地重新回想出来的过程。例如，考试中的问答题就是通过回忆来完成的。回忆比再认更为困难和复杂，能回忆的一定能再认，而能再认的不一定能回忆。

1) 回忆的种类

根据有无明确目的和是否需要意志努力，回忆可分为有意回忆和无意回忆。有意回忆(voluntary recall)又称随意回忆，指有回忆的目的和任务，自觉地去追忆以往的某些经验。例如，考试时的"冥思苦想""搜肠刮肚"的回忆都属有意回忆。无意回忆(involuntary recall)又称不随意回忆，指没有预定的目的和任务，只是在某种情景中自然而然地想起某些旧经验。例如，一件往事偶然涌上心头，"触景生情"或"睹物思人"等，都属无意回忆。

根据回忆时是否需要中介物，回忆可分为直接回忆和间接回忆。直接回忆(directory recall)不需要以其他事物为中介即可提取有关信息。例如，对背熟的乘法表或十分熟悉的外语单词，通常可以直接回忆起来。间接回忆(indirectory recall)则需要以其他事物为中介，并经过一系列推理过程，提取有关信息。

2) 影响回忆的因素

影响回忆的因素主要有：①信息加工水平。在识记时对材料的信息加工水平会影响回忆的效果。一般说，加工水平越高，回忆效果越好。②联想线索。在识记时是否设下联想线索会影响回忆的效果。在识记材料时，建立它们之间以及它们和已有经验之间某种或多种联想线索，在回忆时，只要记住某一线索，就能联想出一连串材料。③回忆场合。回忆场合与当初识记时场合的相似度，也会影响回忆的效果。④回忆时的情绪状态。情绪状态对回忆的影响也十分明显，良好的情绪状态，如愉悦、轻松、平和的情绪有利于回忆；而负情绪，尤其是紧张情绪会对回忆产生明显的抑制作用。

5.3 记忆的品质

对于一个人记忆能力的评价不能笼统地说好或坏，强或弱，也不能仅从某一个方面的表现来看，必须全面地加以衡量，这就涉及记忆的品质问题。记忆的品质包括四个方面：记忆的敏捷性、记忆的持久性、记忆的准确性和记忆的准备性。

5.3.1　记忆的敏捷性

记忆的敏捷性是指识记速度的快慢。对于同一种材料，有的人能很快记住，有的人需要很长时间，记忆的这种品质表现非常明显。例如，我国著名桥梁专家茅以升，小时候旁观祖父抄写古文《东都赋》，他的祖父刚抄完，他就能背出来全文，其记忆的敏捷性是极其惊人的。记忆的敏捷性最容易被人们观察到，所以有人经常以此来衡量人的记忆力，实际上是不全面的。有的人记得快，忘得也快，所以要想全面地评价人的记忆力，就必须把记忆的敏捷性和其他记忆品质结合起来，这样才客观。

5.3.2　记忆的持久性

记忆的持久性是指识记的信息在头脑中保持时间的长短。人在这个品质上也表现出很大的差异。有的人能把识记过的事物长久地保持在头脑中，而有的人则很快就会把识记过的信息忘掉。著名的作家巴拉柯夫在一次音乐会上听了柴可夫斯基的一支交响乐作品，两年之后他还能把这支交响乐准确地再现出来。著名的物理学家和数学家欧拉对数字具有超凡的记忆力，他能记住 1~100 的全部数字的前 6 次方的值，这样的记忆确实是惊世骇俗的。

记忆的敏捷性和持久性之间没有必然的联系，有的人识记得快，保持得也很持久；有的人记得快，忘得也很快。有的人虽然记得很慢，但保持得很牢固。在学习过程中，要想将识记的材料牢固地保持下来，最有效的方法莫过于及时合理地安排复习。

5.3.3　记忆的准确性

记忆的准确性是指对识记的材料记忆是否正确，这是记忆的一个最重要的品质，也是记忆品质的核心。如果一个人的记忆不准确，那么其他的品质再好也是没有价值的。有的人对识记过的材料可以准确无误地加以重现，而有的人则常常是"张冠李戴"或"丢三落四"。例如，我国汉代著名学者蔡邕的 400 篇作品，是他被害后，他的女儿蔡文姬凭借惊人的记忆力默写下来才得以保存下来，流传至今。

5.3.4　记忆的准备性

记忆的准备性是指能否及时地从记忆库中提取出所需要的知识。这是使知识能及时地运用于实践的良好记忆品质。例如，在抢答赛中，有的人反应很快，有的人反应很慢，虽然有的参赛者知道问题的答案，但提取信息的速度慢，就难以抢到答题机会，这就是记忆准备性上的差异。记忆的目的主要是为了应用，如果一个人不能及时地把所需要的知识提取出来，即使他的知识非常丰富，也不能有效地为实践服务。因此，记忆准备性也是记忆非常重要的品质。

在实践需要中，能否快速地把所需要的知识提取出来，主要取决于两个条件：一是识记时是否系统地组织记忆内容。只有把大脑中所储存的知识有秩序地加以安置，才可能在需要时及时准确地从记忆库中提取所需要的信息。二是熟练掌握追忆的技能，即在回忆时会利用各种联想来帮助追忆。因此，要想提高记忆的准备性，应该在学习和教学中，使知识高度系统化，尽量找出事物之间的区别与联系，在理解的基础上进行学习。

总之，记忆的四个品质是彼此联系、互为补充的一个整体，只有四种品质协调发展，才能形成良好的记忆能力。因此，检验一个人的记忆水平，不能单看记忆某一个方面的品质，而应该全面衡量。同时也应看到，人的记忆能力是不断发展的，有很大的发展潜力。

复习思考题

1. 名词解释：记忆、识记、保持、再认、回忆、记忆表象、形象记忆、逻辑记忆、情绪记忆、运动记忆、瞬时记忆、短时记忆、长时记忆、无意识记、有意识记、机械识记、意义识记、记忆回涨、遗忘、前摄抑制、倒摄抑制、过度学习。
2. 记忆包括哪几个基本环节？
3. 试述记忆的三级加工模型，比较瞬时记忆、短时记忆、长时记忆的不同特征。
4. 识记有哪些种类？它们对长时记忆有什么不同的影响？
5. 影响识记的因素有哪些？
6. 试述艾宾浩斯发现的遗忘规律及如何防止遗忘？
7. 试述解释遗忘原因的学说主要有哪些？
8. 如何有效地组织复习？联系自己的学习实际，分析如何提高记忆效率。
9. 记忆的品质包括几个方面？
10. 案例分析：在我们的学习过程中，常常课堂上觉得学会了，但一到提问或考试时，就怎么也想不起来，请用所学的有关心理学的知识加以分析。

教师资格证考试真题再现

一、单选题(每题2分)

1. (2019.11)林菁擅长记忆物理定律、数学公式和化学方程式，这表明他的哪种记忆？(　　)。
A. 形象记忆　　B. 情绪记忆　　C. 逻辑记忆　　D. 动作记忆

2. (2019.11)小学生背诵课文时，为达到最佳的记忆效果，学习程度最好达到(　　)。
A. 200%　　B. 150%　　C. 100%　　D. 50%

3. (2020.11)小学生在背诵一篇较长课文时，往往中间部分较开头和末尾部分遗忘更多，这是因为其记忆受到了(　　)。
A. 前摄抑制　　　　　　　　B. 前摄抑制和倒摄抑制
C. 倒摄抑制　　　　　　　　D. 倒摄抑制和干扰抑制

4. (2021.03)教师向学生依次呈现一组单词，要求他们记住，随后进行自由回忆。结果发现，最后呈现的单词更容易被回忆起来。这种现象称为(　　)。

A. 首因效应　　　B. 近因效应　　　C. 前摄抑制　　　D. 倒摄抑制

5. (2023.03)苏菲想给王老师打电话，却没有电话号码，询问同学后随即拨通电话。通话结束后，她便忘了电话号码。苏菲对电话号码的记忆属于(　　)。

A. 内隐记忆　　　B. 瞬时记忆　　　C. 短时记忆　　　D. 长时记忆

二、辨析题(每题8分)

1. (2016.05)信息进入工作记忆就会持久保存。
2. (2017.11)短时记忆向长时记忆转化的条件是想象。

第6章 思　　维

本章学习目标

- 思维的概念、种类
- 思维和语言的关系
- 思维的过程和形式
- 问题解决的过程及影响因素
- 创造性思维及其培养

6.1　思　维　概　述

早晨起来，推开窗户，看见对面屋顶是湿淋淋的，于是便推想"昨夜下雨了"。这时，人并没有直接感知到下雨，也没有在脑海中重现昨夜下雨的情形，而是借助其他事物为媒介(屋顶潮湿)，用间接的方法推断出来的，这一推断过程就是思维。

6.1.1　思维的概念

1. 思维的定义

思维(thinking)是人脑对客观事物的本质属性和内部规律的间接的、概括的反映。

思维是一种高级的认知活动。感知觉是对客观事物的直接反映，它们所反映的只是客观事物的个别属性和外部现象，属于感性认识。思维是对客观事物间接的、概括的反映，它可以反映事物的本质属性及其规律性联系，属于理性认识。例如，通过感知觉，我们能感知形形色色的具体的笔(铅笔、钢笔、毛笔、蜡笔等)；通过思维，我们就能把所有的笔的本质属性(写字的工具)概括出来。再如，通过感知觉，我们能感知太阳每天从东方升起，又从西方落下；通过思维，我们揭示出这种现象的规律是由于地球自转产生的。因此，思维是一种更复杂、更高级的认知活动。

2. 思维的特征

思维具有间接性和概括性两个特征。

思维的间接性，是指思维在已有经验的基础上，以一定的事物作媒介来认识事物。思维的间接性体现在以下方面：一是我们可以通过一事物认识他事物，实现认识过程的"由此及彼"。例如，地质工作者在珠穆朗玛峰地区 4000 万年前的地层中，发现许多海洋生物化石，以此推断"世界屋脊"在远古是一片汪洋大海。二是我们可以通过事物的外部现象认识其内在的、规律性的、联系或变化，实现对事物认识的"由表及里"。例如，医生通过望、闻、问、切或化验、仪器检查等手段，对病人内部器官的病变做出诊断。三是我们可以通过语言这个符号系统，摆脱具体情景的束缚间接地认识事物。例如，我们可以通过别人的讲解来认识从未接触过的事物或现象。借助思维的间接性，我们才可以摆脱感官和时空的限制，延伸和超越感知的局限，了解过去，认识现在，预见未来。

思维的概括性，是指思维在大量感性材料的基础上，将同类事物共同具有的本质属性和规律性联系抽取出来，并加以概括。思维的概括性体现在两个方面：一是思维反映的是一类事物共同的、本质的属性；二是思维可以反映事物的内部联系和规律。思维的概括性反映着人对事物的本质以及内在联系与规律性的认识，一切科学的概念、原理、定律和法则等都是经过思维的结果，都是人类对客观事物概括的反映。

思维的间接性和概括性是相互联系、相互影响的。思维的间接性是以人对事物概括性的认识为前提的。同时，思维的间接性可以使人摆脱具体事物或现象的限制，概括地认识和把握事物之间的联系和规律，使人的认识得以深化和无限扩展，从而增强人对客观环境的适应、控制与改造能力。

6.1.2 思维的种类

根据不同的标准，可以把思维分为不同的思维种类。

1. 根据思维的发展阶段或思维活动的凭借物

根据思维的发展阶段或思维活动的凭借物不同，可把思维分为动作思维、形象思维和抽象思维。

(1) 动作思维(action thinking)，又称操作思维或具体动作思维，是以实际动作为支柱去解决问题的思维活动。从发展的角度看，3岁前的儿童的思维主要属于这种形式。它们往往是在实际操作中借助触摸、摆弄物体而进行认知活动的。例如，幼儿在学习计数和加减法时，常常借助手指进行。他们在感知或动作之外进行思考非常困难。成人也有动作思维。例如，体操运动员一边进行运动操作，一边进行思维。但成人与幼儿的动作思维是不同的，成人是以丰富的知识经验为中介，并在整个动作思维过程中由语词进行调节和控制。

(2) 形象思维(imaginal thinking)，又称具体形象思维，是以事物的具体形象(表象)为支柱来解决问题的思维活动。这种思维往往是通过对表象的联想与推理进行的，在幼儿期和小学低年级儿童身上表现得非常突出。例如，幼儿计算"4+5=9"的数学题，其运算过程往往是在头脑中呈现相同数量的手指、苹果等实物的表象，然后依次相加计算。无论是种系心理的发展还是人类个体心理的发展，都要经历具体形象思维发展的阶段。成人的思维虽然主要是抽象思维，但仍不能脱离形象思维，特别是在解决比较复杂的问题时，鲜明生动的形象的参与有助于思维的顺利进行。不过成人的形象思维与儿童的形象思维有很大的不同，它往往是一种概括化的形象思维。

> 阅读资料

爱因斯坦的思维

世界著名物理学家爱因斯坦(A. Einstein)在高度抽象的理论物理领域中有许多杰出的创

造性成果，其中广义相对论至今仍只有极少数人能够理解。然而，他自己承认，他大多是运用形象思维来进行研究的。他的思维活动的一个重要特点是：与大多数人用语词来思维(thinking in words)的情况不同，他经常是用图形来思维(thinking in pictures)："我思考问题时，不是用语言进行思考，而是用活动的、跳跃的形象进行思考，当这种思考完成之后，我要花很大力气把它们转换成语言。"对爱因斯坦大脑的解剖也发现，他的用以形象思维的右脑和左脑的比例比一般人要大得多。

(资料来源：卢家楣. 心理学[M]. 上海：上海人民出版社，2013.)

(3) 抽象思维(abstract thinking)，又称抽象逻辑思维或语言逻辑思维，是人类所特有的一种思维形式，是以概念、判断和推理的形式来进行的思维。这种思维往往借助于语词、符号来进行，以概念作为思维的支柱，揭示的是事物的本质特征及其规律性联系。抽象思维一般从小学高年级开始得到迅速发展，初中阶段这种思维已开始占主导地位。例如，学生运用数学符号进行数学运算或推导，各门学科中的公式、定理、法则的推导、证明与判断等，都离不开抽象思维的参与。

在思维发展过程中，人类思维一般都要经历动作思维、形象思维和抽象思维三个相互独立又相互联系的发展阶段。对于成人来说，上述三种思维往往是相互联系、相互渗透的，通常不只是纯粹地运用一种思维来解决问题，且某种思维占优势并不表明思维发展水平上的高低。例如：作家、诗人、艺术家、设计师主要运用的是形象思维，但他们的思维发展水平并不亚于主要运用抽象思维的哲学家和数学家。

2. 根据思维探索目标的方向

根据思维探索目标的方向，可以把思维分为聚合思维和发散思维。

(1) 聚合思维(convergent thinking)，又称求同思维、集中思维、辐合思维，是指把问题所提供的各种信息聚合起来，朝着同一个方向得出一个正确答案或最佳解决方案的思维。这种思维主要特点是求同，是利用已有的知识经验或传统方法来解决问题的一种有方向、有范围、有组织、有条理的思维形式。

(2) 发散思维(divergent thinking)，又称求异思维、分散思维、辐射思维，是指从一个目标出发，沿着各种不同的途径去思考，探求多种答案的思维。例如，探索找"刚刚出门又返回"的原因，就可以做出各种各样的回答："突然想起忘记带东西""突然想起家里的门没关好""接到电话说家里要来重要的客人""衣服穿得不合适"等。这种思维的主要特点是求异与发散。这种思维是一种无一定方向和范围，不墨守成规，不拘泥于传统方法，由已知探索未知的思维。发散思维是构成创造性思维的重要成分。

发散思维和聚合思维通常是紧密相连、共同参与解决问题的思维过程。当我们在解决某一问题时，往往要根据所涉及的诸多条件进行分析，产生许多联想，作出种种判断和假设，这是发散思维。通过调查、检验，并一一放弃一些假设，最后找到一个唯一正确的最佳解决方案，这是聚合思维。

3. 根据思维是否有明确清晰的思维过程

根据思维是否有明确清晰的思维过程，可以把思维分为直觉思维和分析思维。

(1) 直觉思维(intuition thinking)，又称直觉，是指不经过严密的逻辑推理过程，迅速对问题的答案做出合理的猜测、设想或突然领悟的思维。例如，一百多年前，达尔文观察植物幼苗的顶端向太阳照射的方向弯曲，就直觉地猜想幼苗的顶端含有某种在光照下转移至背光一侧的物质。但是在当时他的这种假设没有办法得到证明，后来经过许多科学家反复实践和研究，终于找到了这种物质——植物生长素。直觉思维并不神秘，它是脑功能处于最佳状态时，自由联想或思维在有关某个问题的意识边缘持续活动，旧的神经联系突然沟通形成新联系的表现。直觉思维具有敏捷性、直接性、简缩性、突然性等特点，它并非毫无根据、不合逻辑，它与掌握牢固的科学知识，丰富的知识经验及积极地从事实践活动有密切关系。

(2) 分析思维(analytical thinking)，也就是逻辑思维，它是严格遵循逻辑规律，通过一系列的分析、综合、比较、抽象、概括、具体化和系统化的思维过程，最后得出合乎逻辑的正确答案或合理的结论。例如：学生通过多步的推理和论证解决数学难题；教师为了帮助学生掌握概念引导学生进行分析、推导的思维都属于分析思维。

4. 根据思维的创新程度

根据思维的创新程度，可以把思维分为再造性思维和创造性思维。

(1) 再造性思维(reproductive thinking)，又称常规性思维，是指人们运用已获得的知识经验，按现成的方案和程序，用习惯的方法、固定的模式来解决问题的思维。例如，学生运用已学过的公式解决同一类型问题的思维。这种思维往往缺乏新颖性和独创性，对原有的知识不需要进行明显的改组，创造性水平低，因此难以创造出新的成果。

(2) 创造性思维(creative thinking)，是指运用新颖的、独创的方法来创造性地解决问题，产生新思想、新假设、新原理的思维。它要解决的问题是人类从来没有解决过的新问题，或采取的方法是人类以前从未用过的，其最大特点是独创性。创造性思维既包括科学发明，也包括艺术创造，还包括学生的创造性学习。

6.1.3 思维与语言

语言是一种以词汇为单位、以语法为构造规则、社会约定俗成的符号系统。个体掌握和使用语言的活动过程称为言语。语言是人类的基本交际工具，也是人类思维的重要武器和载体。思维和语言的关系是比较复杂的，也是学术界长期争论不休的焦点问题之一，准确把握两者之间的辩证关系，对于我们认识思维的本质是有帮助的。

1. 思维和语言的联系

二者的联系主要表现在以下几个方面。

(1) 从思维的特点来看，思维和语言有着密切的联系。思维是对客观事物间接的和概括的反映。思维之所以能对客观事物进行间接的和概括的反映，是因为语言具有间接性、概括性和社会性等特点。如果没有语言，人的思维，特别是抽象思维就难以进行。因此，语言是人类交流思想的手段、思维的工具。

(2) 从思维的内容和结果来看，人的高级思维和语言是不可分离的。语言是思维活动的载体。思维以语言为客观刺激物，特别是刺激物不在眼前时，语言就成为思维活动的有效刺激物，借助语言来实现思维活动。语言也离不开思维，语言要依靠思维的内容和结果予以充实、发展。只有当语言代表的物质形式被思维内容和结果丰富起来时，语言才能成为一定对象的符号和具有一定意义的标志。

(3) 从思维的种系发展历史来看，思维和语言是同步发生的。思维和语言是在劳动创造人的过程中同步产生的。即"已经形成的"人的思维和"已经形成的"人的语言是同步发生的，并且互为存在标志，否则，便不是人的社会性思维，也不是人的真正语言。

(4) 从思维的个体发展历史来看，思维和语言也是密切联系的。从个体思维发展来看，儿童掌握语言的过程，也是思维发展的过程。思维是借助语言实现的。例如，5个月的婴儿，能对事物进行较低级的概括，但属于动作思维。只有当婴儿掌握了语言之后，思维才会逐渐发展起来。

2. 思维和语言的区别

思维和语言的区别主要表现在以下几个方面。

(1) 语言与思维的本质属性不同。思维是一种心理现象，是人脑揭示客观事物的本质及其规律性的心理活动过程，它以意识的形式存在；语言是一种社会现象，是由一定的物质形式和一定的概括内容所构成的符号系统，是人们进行思维和思想交流的工具，以声、形的物质形式存在。

(2) 语言与思维的生理机制不同。思维器官主要是大脑，语言则是大脑皮层言语区与眼、耳、喉、口腔等感觉器官或效应器官联合活动的结果。语言器官任何一方面的损伤或先天发育不良都会使人丧失语言能力，但不一定会使人丧失思维能力，这表明思维与语言是不能等同的，甚至语言也不是思维的必要工具。

(3) 与客观事物的关系不同。思维与客观事物的关系是反映与被反映的关系，二者存在着必然的内在联系；语言与客观事物的关系是标志和被标志的关系，二者没有必然的内在联系，是人为规定、约定俗成的，不同地域的人对同一事物可以赋予不同的符号或标志。

(4) 语言与思维的构成因素不同。思维的基本因素是概念，语言的基本因素是词。思维中的概念与语言中的词不是一一对应的，同一个词可以表达不同的意思，而同一个思想又可以用不同的词来表达。

(5) 语言与思维的规律不同。语言具有民族性、区域性，语法规则有相当大的差异。而思维具有全人类性，只要是大脑发育正常的人，不论任何民族、任何职业或性别，都遵循着共同的思维规律，都是在分析综合的基础上，运用概念、判断、推理的形式，由感性认识到理性认识，从具体到抽象的过程来认识事物。

6.1.4　思维的过程

思维是一个非常复杂的心理活动过程，它是通过一系列相互区别又相互联系的心智操作来实现的。思维的基本过程主要包括：分析和综合、比较和分类、抽象和概括、系统化和具体化等心智操作环节。

1. 分析和综合

分析和综合是最基本的心智操作方式，也是其他心智操作的基础。分析是在头脑中把事物由整体分解为各个部分、各个方面或各个特征的心智操作。综合是在头脑中把事物的各个部分、各个特征、各个属性联合起来的心智操作。例如，把英语中的复合句分解为若干个简单句来理解，即是分析；而把各个简单句联合起来从整体上来把握复合句的含义，即是综合。

分析和综合是一对辩证统一的心智操作，是同一思维不可分割的两个方面。分析总是把部分作为总体的部分来分析，综合总是对分析出的各个属性、各个部分进行综合，通过各种属性、各个部分的分析来实现。只有综合而没有分析，对整体的认识只能是笼统、空洞的；只有分析而没有综合，只能见树不见林，无法把握事物的整体。正如恩格斯所说："思维既把相互联系的要素联合成为一个统一体，同样也把对象分解为它们的要素。没有分析就没有综合。"分析和综合有三种不同的水平：动作思维水平上的分析和综合，类似于把钟表的各个部件拆下来，或把各部件安装起来；形象思维水平上的分析和综合，类似于把头脑中树的形象分解为根、枝、叶，或把根、枝、叶的形象综合成一棵树；抽象思维水平上的分析和综合，类似于化学公式中的分解和合成。

2. 比较和分类

比较是在头脑中确定事物之间异同的心智操作，它是高级的分析和综合。比较以分析为前提，只有将事物区分为各个部分、各种属性，才有可能进行事物之间的比较。同时，比较也是一个综合的过程，因为它需要确定事物间的联系。比较必须要确定一个标准，没有标准，就无法比较。

分类是在头脑中根据事物的共同点和差异点，把它们区分为不同种类的心智操作。分类是在比较的基础上将有共同点的事物划为一类，再根据更小的差异将它们划分为同一类中的不同的属，以揭示事物的一定从属关系和等级系统的思维过程。

3. 抽象和概括

抽象是在头脑中抽出事物的本质属性的心智操作。例如，由各种材料制成的各式各样的灯，舍去一切非本质属性，抽出其本质属性只有两条：灯都是人工制造的，灯都是照明工具。这便是抽象。

概括是在头脑中把抽取出来的事物的本质属性联合起来，形成概念或理论系统的心智操作。例如，我们可以把上述两条关于灯的本质属性结合起来，形成"灯是人工制造的照明工具"的概念，这就是概括。

4. 系统化和具体化

系统化是指在头脑里把知识分门别类地按一定程序组成层次分明的整体系统的过程。例如，生物学家按门、纲、目、科、属、种的顺序，对林林总总的生物进行分类，同时揭示出各类生物之间的关系和联系，这就是在头脑中对生物种类系统化思考的结果。

具体化是把经过抽象、概括而获得的概念、原理和理论应用到某一具体事物上去的思维过程，即用理论去解决实际问题，并深化对该事物认识的心智操作。例如，用习得的一般原理解答习题，就是一种具体化表现。

6.1.5 思维的形式

人通过思维掌握各种概念，并运用各种概念组成判断，用各种判断进行推理。也就是说，人是通过概念、判断和推理来进行思维活动的，概念、判断和推理是思维的基本形式。

1. 概念

概念是人脑反映事物本质属性的思维形式。概念是在分析、综合、比较、分类、抽象、概括的基础上形成的。它反映一类事物本质的特征，而不包括那些非本质属性。譬如，"人"这个概念，反映着人所特有的本质属性(即会制造并能使用工具进行劳动、有语言、有思维的高等动物)而不包括其他表面的非本质特征(不同肤色、不同性别、不同年龄、不同民族、不同国籍、不同信仰等)。

概念有内涵和外延。所谓内涵，就是指概念的含义，即概念所反映事物本质属性的总和；所谓外延，就是指概念的范围。例如，"钟表"这个概念的内涵是"计时工具"，其外延则是闹钟、挂钟、台钟、手表、怀表、跑表等一切的钟表。概念内涵的多少与外延的大小成反比例关系。

概念是通过思维活动而形成，并且是用词来标志的。一切概念都是思维的结果，概念是思维的最基本形式，是构成人类知识的最基本成分。一切思维最终都以概念及与其相关的形式所表现，人可以利用概念去推演事物的那些不可见的特征。概念不是一成不变的，它是在人类社会历史的进程中不断形成和发展的。一个人掌握的概念越多，词汇就越丰富，对客观事物的认识也就越深刻、越全面。

2. 判断

判断是概念与概念之间的联系，是用概念去肯定或否定事物具有某种属性的思维形式。判断是以句子的形式来表达概念与概念之间的关系，肯定或否定事物之间的联系和关系。例如，当我们说"闪电后有雷鸣"时，便肯定了这两种自然现象之间在时间上的一定联系；当我们说"蝙蝠不是飞禽"这句话时，便否定了蝙蝠的本质特征与飞禽所具有的本质特征之间有所区别。由于事物存在着各种各样的复杂属性和关系，因而人也就有各种各样的判断。判断是否正确，要用实践来加以检验。

判断主要分为直接判断和间接判断两种形式。直接判断是感知形式的判断，是通过对具体事物的表面特征的直接感知，并不需要复杂的思维活动参与而做出的判断。例如，黄种人黄皮肤、黑眼睛、黑头发是直接判断。间接判断是抽象形式的判断，是通过复杂的思维过程，在厘清事物之间的关系和联系的基础上而做出的判断。例如，"水遇热会蒸发变成蒸汽，遇冷会结冰"这一判断，反映了水的三态变化与温度变化之间的关系，这不可能通过直接感知的方式获得，而是在多次感知的基础上，通过复杂的思维活动得到的。

3. 推理

推理是判断与判断的联系，是从已知判断推出未知判断的思维形式。例如，以"果实是植物中有种子的部分(判断)"与"杏中有种子(判断)"这两个判断为前提，推出"杏是果实(新判断)"的结论，这就是推理。推理可以使人达到对客观事物的间接认识。

推理主要分为归纳推理、演绎推理和类比推理三种形式。归纳推理是从特殊事例出发归纳出一般原理的思维形式。例如，从戏剧、小说、诗歌、散文等文学作品都具有以语言和文字来形象地反映现实的特点，推导出："文学都是以语言、文字为工具来形象地反映现实的艺术"的结论。演绎推理是从一般原理到特殊事例的思维形式。例如，当我们听说某人是优秀教师时，就能够根据优秀教师都是忠于教育事业的普遍原理，推理得知这个人也是热爱教育事业的。类比推理则是从某个特殊事例到另一个特殊事例的思维形式。当人们发现两个或两类事物具有某些共同属性后，推断出它们在其他属性上也可能有共同性。例如，人们发现甲乙两个人在性格的意志特征上很相似时，推断出他们在性格的情绪特征上也可能相似。

在教学过程中，教师应当对学生在运用概念进行判断、推理的内部思维活动加以观察，而不只看学生回答的结论。这样，可以有针对性地指导学生在进行判断、推理时的思维活动，培养学生思维的逻辑性与严密的推理习惯是大有裨益的。

6.1.6 思维的品质

1. 思维的深刻性和广阔性

思维的深刻性是指善于透过表面现象看到问题的本质，达到对事物的深刻理解。思维的广阔性是指思路广泛，善于把握事物各方面的联系，全面地思考和分析问题。思维的广阔性以丰富的知识经验为依据，根据事物各方面的联系看待问题。思维的深刻性和广阔性是密切联系着的，有广阔性才有深刻性，人才能深刻地认识事物。

2. 思维的独立性和批判性

思维的独立性是指善于独立思考，充分发挥个人的主观能动性，独立地提出问题、认识事物、得出自己的结论。思维的批判性是指善于冷静地考虑问题，不轻信、不迷信权威，能有主见地分析、评价事物，不易被偶然暗示所动摇。思维的独立性和批判性是密切联系着的，是一种品质的两个方面，是创造性思维的基本品质，是创造活动的重要前提。

3. 思维的灵活性和敏捷性

思维的灵活性是指根据环境的变化，机智灵活地考虑问题、应对变化。思维的敏捷性是指思路来得快，解决问题迅速，又能当机立断，不优柔寡断，也不轻率行事。思维的灵活性和敏捷性是建立在思维的深刻性、独立性和批判性基础上的优良思维品质，它是有原则的，是经过深思熟虑的，与那些没有原则、以个人为出发点的投机主义有本质区别，与那些不动脑筋的马虎行事也有本质区别。

4. 思维的逻辑性

思维的逻辑性是指考虑和解决问题时思路鲜明，条理清楚，严格遵循逻辑规律。即提问明确，推理严密，主次分明，论证充分，有的放矢，有说服力，结论证据确凿。思维的逻辑性是思维品质的中心环节，是所有思维品质的集中体现。

6.2 问题解决

问题解决(problem solving)是由一定的情景引起的，按照一定的目标，利用各种认知活动、技能等，经过一系列的思维操作，使问题得以解决的过程。问题解决是一个非常复杂的心理活动过程，会受到多种因素的影响。其中，思维活动是解决问题活动中的关键和核心成分。研究问题解决，可以从问题解决的思维过程及影响因素等方面加以讨论。

6.2.1 问题解决的思维过程

问题解决的思维过程一般分为四个阶段。

1. 发现问题、提出问题

问题就是矛盾，矛盾到处都有，时时都有，在人的生活中矛盾普遍存在。发现问题就是发现矛盾的过程，并由此产生解决矛盾的需要和动机。发现问题是解决问题的开端，只有发现问题，才能产生强大的动力，激励和推动人们投入解决问题的思维活动之中。爱因斯坦说:"提出一个问题比解决问题更重要，因为后者仅仅是方法和实验的过程，而提出问题则要找到问题的关键、要害。"能否发现和提出具有价值的问题，取决于多种因素，主要有：主体的活动积极性、主体的求知欲、主体的知识水平。

2. 分析问题，明确问题

分析问题就是要抓住问题的核心与关键，找出主要矛盾的过程。要从笼统、混乱、不确定的问题中，找出主要矛盾，就要对问题做具体分析，明确问题的性质、范围、核心，使思维有明确的方向。任何问题都包含最终要求和现在可供解决问题的条件。分析问题归根到底就是分析问题的最终要求与问题的解决条件，找出两者之间的联系，把思维引向问题的解决。

3. 提出假设

提出假设就是在明确问题的基础上，对问题解决的具体方案提出假定和设想。所谓假设，就是人们推测、假定和设想问题的结论、解决问题的途径和方法。例如：医生根据病症确定患者是某种疾病及治疗方案等。提出方案、形成假设，这是解决问题过程中最具有创造性的阶段。

假设的提出依赖于许多条件，已有的知识经验、智力水平、创造力、想象力等都对其有重要影响。它是建立在大量的事实和高度概括的知识的基础上，并通过对丰富的感性资料进行深入细致的研究而形成的。另外，科学假设的提出，常常需要经过多次尝试性的实际操作和创造性构想的积极参与才能完成。

4. 检验假设

检验假设是对假设进行验证的过程，是问题解决的最后步骤。实践是检验真理的唯一标准，任何假设的正确与否最终都要接受实践的检验。检验假设的结果有两种情况：一是假设与检验的结果符合，这样的假设是正确的；二是假设与检验的结果不符合，这样的假设就是错误的，这种情况就要寻找新的解决方案，重新提出假设。正确的新假设的提出取决于对以前失败的原因是否有充分的分析。

6.2.2 影响问题解决的因素

影响问题顺利解决的因素很多。既有社会因素和自然因素，也有物质因素和心理因素。我们着重从心理学的角度，分析探讨影响问题解决的因素。

1. 问题情境

问题情境是指问题解决者所要解决的问题的客观情境或刺激模式。一般来说，问题情境越接近个人的知识结构，就越容易选用恰当的知识与策略使问题得到解决。问题情境中各要素的排列特点不同，会促进或妨碍问题的解决。例如，已知一个圆的半径，求圆的外切正方形面积，图 6-1 用两种不同的方式标示圆半径的辅助线，而(a)图相较于(b)图来说，更难看出圆的半径与正方形边长的关系。

又如，9 点连线图问题[见图 6-2(a)]。要求将图中的 9 个点用不多于四条的直线连在一起。由于 9 个点在知觉上组成了一个方形的整体，人们总试图在这个方形的轮廓范围中连线，这样，问题情境阻碍了问题的解决。如果人的思维活动一旦突破问题情境的限制，转向 9 个点组成的方形之外，问题就会很快得到解决。

(a) 圆半径的呈现方式(1)

(b) 圆半径的呈现方式(2)

图 6-1 外接正方形面积图

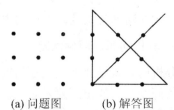
(a) 问题图 (b) 解答图

图 6-2 9 点问题图

2. 动机强度

在解决问题的过程中，动机强弱和解决问题的效率有着密切的关系。心理学家耶克斯(R. M. Yerkes)与多德森(J. D. Dodson)通过实验研究表明，动机强度和解决问题效率之间的关系不是一种线性关系，而是倒"U"形曲线关系(见图 6-3)在解决问题的过程中，动机太弱或太强，都不利于问题的解决。动机过弱，不能激发出解决问题的积极性，人的兴奋性低，注意涣散，易产生退缩行为。而动机过强，人易于情绪紧张、思维紊乱、注意范围缩小，容易忽视其他影响解决问题的因素，急于求成反而会妨碍冷静判断和合理决策。

耶克斯—多德森定律还发现，动机强度的最佳水平随任务难易程度的不同而不同。一般来说，从事比较容易的任务，动机强度的最佳水平点会高些；而从事比较困难的任务，动机强度的最佳水平点会低些；对于中等难度的任务，则动机强度的最佳水平为中等。也就是说，最佳的动机强度与课题的难度成反比关系(见图 6-4)，即课题的难度越大，所需的最佳动机强度越低；反之，则越高。

3. 定势的影响

定势(set)也称心向，是心理活动的一种准备状态。它表现为一个人按照某种比较固定的习惯方式去思考和解决问题的心理倾向。定势对解决情境类似或相同的课题，有一定的促进作用；但对变化了的情境或新的课题，则会产生消极的阻碍作用。

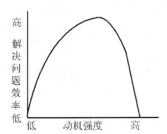
图 6-3 动机强度与解决问题效率的关系

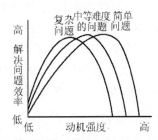
图 6-4 问题难度与最佳动机强度的关系

从心理学家卢钦斯(A. S. Luchins)做的著名的量水试验，清楚地说明了定势的作用。实验中他要求两组被试者用大小不同的容器量出一定量的水，解决两种不同类型的问题，如表 6-1 所示。第一种类型的问题可以用 B-A-2C 的公式解决。第二种类型的问题可以用 A-C 或 A+C 的公式解决。第一组被试者先解决第一种类型的五个问题，接着再解决第二种类型的五个问题。第二组被试者直接解决第二种类型的问题。实验结果发现，第一组被试者在解决第一种类型的问题时，形成了利用公式 B-A-2C 的定势。因此，在解决第二种类型的问题时，仍采用这一公式，就影响了解决问题的速度，并且不能解决第八题。而第二组被试者的绝大多数都运用简单公式 A-C 或 A+C 去解决，不但加快了解决问题的速度，而且解决了全部问题。可见，一个人在遇到新问题时，常常受过去解决问题经验的影响而套用老办法。这种定势，有时能使问题得到解决，有时则可使思维僵化，从而使问题得不到解决。

表 6-1 卢钦斯的量水实验

问题序列		已知量杯容量/毫升			所求容量/毫升	第一组被试者的习惯解决公式	第二组被试者的习惯解决公式
		A	B	C			
第一种类型	1	21	127	3	100	B-A-2C	
	2	14	163	25	99	B-A-2C	
	3	18	43	10	5	B-A-2C	
	4	9	42	6	21	B-A-2C	
	5	20	59	4	31	B-A-2C	
第二种类型	6	23	49	3	20	B-A-2C	A-C
	7	15	39	3	18	B-A-2C	A+C
	8	28	76	3	25	B-A-2C	A-C
	9	18	48	4	22	B-A-2C	A+C
	10	14	36	8	6	B-A-2C	A-C

4. 原型启发

原型启发是指在其他事物或现象中获得的信息对解决当前问题的启发。作为原型的事物或现象是多种多样的，它们普遍存在于自然界、人类社会和日常生活之中。例如，人们通过对鸟翅膀构造的研究，设计出飞机机翼；通过对蝙蝠超声波定位的仿效，制造出雷达；阿基米德(Archimedes)从身子浸入浴缸将水溢出的现象中获得启发，解决了皇冠含金量的鉴别问题；鲁班因茅草划破手，受茅草叶齿的启发而发明了锯；苏格兰医生邓禄普(J. B. Dunlop)在浇花时，由于受手中橡皮管弹性的启发而发明了充气轮胎等。这些都是从动物的形态、动作或某些机体结构中获得启发，解决了大量生活、生产和军事上的问题。原型之所以有启发作用，主要是因为原型与所要解决的问题有某些共同点，而且主体处于积极的思维状态，能积极主动地联想、想象和类比推理。

5. 功能固着

功能固着是指个体在解决问题时往往只看到某种事物的一般功能，而看不到它其他方面可能有的功能。这是人长期以来在日常生活中所形成的对某种事物功能或用途的固定看法。例如，人一般认为热水瓶是用来盛开水的，而不容易想到，在必要时可以把热水瓶当储油罐，甚至可以作为武器。功能固着会使人在解决问题的过程中，只熟悉物品的一般用途，而不能联想到它的其他功能，从而阻碍或干扰问题解决。

6. 个性

个性对问题解决也有重要影响。能否顺利地解决问题与个体的个性有着密切的关系。一个人的智力水平、气质类型、需要、动机、兴趣特点等都是影响问题解决的内在因素。研究证明，科学家、发明家、文学家、艺术家一般都具有强烈的解决问题的欲望，有好动脑筋的习惯，有积极的进取心、上进心和强烈的求知欲以及干什么事都坚持到底的毅力等个性特征。而一个意志薄弱、自负、自卑、畏缩、怯懦、优柔寡断的人，面对问题往往会踟蹰不前或半途而废。

6.3 创造性思维及其培养

人类文明史就是一部创造史。创造性思维是人类心理的高级过程，它充分体现了人类认识客观世界的能动性。正是由于有了创造性思维，人类才能在探索未知的道路上，一步步地产生出大量新颖的、前所未有的思维成果。虽然创造性思维看上去似乎有点不可捉摸，但实际上并不神秘，它有其自身的特点和规律。

6.3.1 创造性思维的概念

1. 创造性思维的定义

创造性思维(creative thinking)是指以新颖独创的方法解决问题，或者产生新颖独创的思维成果的思维过程。简单地讲，创造性思维就是指有创见的思维。科学概念和理论的建立、新机器的发明、文学艺术作品的创作等，都是创造性思维的结果。创造性思维是创造力的核心成分，是人类思维的高级形式，是人类思维能力的最高体现，是人类意识发展水平的标志。通过这种思维，人们可以在已有科学成果的基础上，揭示事物或现象的本质特征及其规律，形成新的认识结构，并使认识超出现有水平，从而达到探索未知、创造新知的境界。

2. 创造性思维的特征

创造性思维既具有一般思维活动的某些特点，又不同于一般的思维活动，主要有以下四个特征。

(1) 独特性。独特性是指不落俗套和不循常规的思维能力。创造性思维不仅要遵循思维发展的最普通、最一般的规律，而且要另辟蹊径，超越甚至否定传统的思维模式，冲破就理论的束缚，提出独特的、有价值的、前所未有的思维成果。例如，一个人能从不同角度想出许多石头的用途，但通常都是普通的用途，而在"曹冲称象"中，曹冲把石头用作称象的工具，就显得十分独特了。再如，哥白尼的"太阳中心说"、伽利略的"自由落体定律"、达尔文的"生物进化说"等划时代的理论，都体现了创造性思维的独特性。

(2) 善于发散思维。创造性思维中既有发散思维也有聚合思维，它是发散思维和聚合思维的有机结合。然而对创造性思维来说，发散思维更为重要。创造性思维要解决的是没有现成答案的问题，由于发散思维具有流畅性、变通性和独特性的特点，通过发散思维可打破原有模式，拓宽思路，产生新颖、独特的思维，因而发散思维是创造性思维的主要心理成分。当然，在创造性思维中，发散思维离不开聚合思维，必须和聚合思维结合起来发挥作用，依据一定的标准，从众多选择中寻找最佳方案以利于问题解决。一个创造性思维的全过程，往往要经过从发散思维到聚合思维，再从聚合思维到发散思维的多次循环才能完成。例如，科学家在解决创造性问题时，开始常运用发散思维提出各种各样的观点和方案，然后利用聚合思维，通过分析、比较、归纳，最终确定最佳方案。

(3) 常有直觉思维。直觉思维是指没有完整的逻辑分析过程，迅速地对问题的答案作出合理猜测、设想或突然领悟的思维。它是创造性思维活跃的一种表现，是创造发明的先导，也是创造活动的动力。直觉思维的结果常常是使用逻辑思维所得不到的预见、捷径，或是解决问题的最佳方案的雏形。它往往从整体出发，用猜测、跳跃、压缩思维过程的方式，直觉而迅速的领悟。许多科学家的发明创造都是从直觉思维开始的。例如，达尔文通过观察植物幼苗顶端向阳光弯曲，直觉提出"有某种物质移至背光一面"的设想，随着科学的发展被证明的确有"某种物质"，即"植物生长素"。

(4) 灵感状态。灵感状态是创造性思维的又一典型特征。所谓灵感，是指人在创造性思维中，某种新形象和新思想突然产生的心理状态。灵感是人集中全部精力解决问题时，由于偶然因素的触发而突然出现的顿悟现象，常给人一种豁然开朗、茅塞顿开的体验。许多科学家的发明创造过程中都出现过灵感。在灵感状态下，人的创造欲望非常强烈，思维活动极为活跃。灵感是人高度积极的精神力量的集中体现，在灵感状态下，人的创造性思维活动效率极高。

6.3.2 创造性思维的基本过程

创造性思维是一个极为复杂的心理活动过程，在它的运行中有独特的思维活动程序。英国心理学家华莱士(G. Wallas)研究了各种类型的创造经验，提出了创造性思维的四阶段论，揭示了创造性思维的基本活动过程，具体包括准备期、酝酿期、豁朗期和验证期。

1. 准备期

准备期是指创造活动前，积累有关知识经验，搜集有关资料和信息，为创造做准备。创造者在创造之前都需要对前人所积累的相关问题的研究有所了解，搜集对问题解决有用的信息和资料，了解过去这类问题是如何解决的，以求从前人的经验中得到启发。而且，创造者还要进行知识和技能的准备。所谓创造，绝非无中生有。例如，爱因斯坦的《狭义相对论》，写作仅用了五个星期的时间，但是准备工作却历时七年之久。

2．酝酿期

酝酿期是指在已积累的知识经验基础上，对问题和资料进行深入的探索和思考的时期。经过一段时间的准备，创造者掌握有关资料后，就在头脑中应对问题和资料进行周密细致的推敲和思考，以求找到解决问题的途径和方法。当深入的探索和思考难以产生有价值的想法时，研究者可能会把问题暂时搁至一边而从事其他活动，或散步、读书、或做其他的事。这时候表面上看没有明显的思维活动，创造者的观念仿佛处于"冬眠"状态，但事实上在潜意识中创造活动始终暗流涌动，处于创造的发酵期。似乎在一种休息的状态中、在潜意识活动中等待有价值的想法自然酿成。有研究认为，这种积极的休息状态比拼命去想问题的答案，有时效率要高得多。因为它可以使人摆脱长期的精神紧张，从而有利于经验的再加工，进而产生新的形象、观念和思想。

3．豁朗期

豁朗期是指新思想、新观念、新形象产生的时期，又叫灵感期。一个新形象新思想突然产生，百思不解的问题迎刃而解，也就是所谓的茅塞顿开。许多科学家、文学家都谈到过豁朗期的灵感体验在创造性思维中的作用。数学家高斯在谈到他数年求证一道数学题而未得其解时，是这样描述的："终于在两天以前我成功了……像闪电一样，谜一下揭开了。我自己也说不清楚是什么导线把我原先的知识和我成功的东西连接起来了。"再如，古希腊学者阿基米德在浴缸中洗澡时灵感突然闪现，一瞬间发现浮力定律，解决了"王冠之谜"。格纳在看地图时突然闪现出"大陆漂移"观念等，都是灵感突然闪现的典型例证。有人曾对美国的232位科学家做过调查，其中83%的人承认在解决重大问题时有过灵感体验。

4．验证期

验证期是指对新思想或新观念进行验证、补充和修正，使其趋于完善的时期。因为豁朗期所产生的新观念不一定是正确的。在验证期，一方面要从逻辑角度在理论上把提出来的新思想观念做进一步严密和完善，另一方面还要通过实验或调查加以证实，以求得正确的结果。还可以根据这些新思想观念，用音乐、绘画、小说、诗歌和发明创造等具体形式将其表现出来。

6.3.3 创造性思维的培养

一个社会如果没有革新精神就不能进步，一个民族如果没有创造意识就会走向衰败。我们的教育能否培养出大批有创造活力的人才，是一件关系到社会进步和民族振兴的大事。培养学生的创造性思维，应抓住以下几个环节。

1．激发求知欲、保护好奇心

激发求知欲、保护好奇心，调动学生学习的积极性和主动性是帮助学生形成与发展创造性思维能力的重要条件。学习的积极性和主动性，不会自然涌现，它取决于教师所创设的教学情境。教师创设的教学情景一般有注入式教学和启发式教学两种。注入式教学是学生主要依赖教师的讲解，被动地学，根本谈不到对创造性思维的启发。启发式教学则是创设问题的情境，调动学生思维活动的积极性和自觉性，使学生的学习过程成为一个积极主动的探索过程。通过启发式教学，学生不仅能获得现有的知识和技能，还能进一步探索未知的新情境，发现未掌握的新知识，甚至创造前所未有的新事物。

启发式教学可以采用"发现法""研究法""解决问题法"等不同的方式进行。例如，有的物理教师讲"阿基米德定律"时，上课一开始就问学生："木块放在水里为什么总是浮在水面上？铁块放在水里为什么总是下沉？"学生说："因为铁重。"教师接着问："那么一斤重的铁块和一斤重的木块都放在水里，为什么铁块沉下去了，木块却浮上来了呢？""铁的巨轮很重，为什么能浮在水面上？"这一问，学生对"因为铁重而下沉"产生了怀疑。教师在讲这个定律以前，先把疑点这么一摆，激起了学生的求知欲和好奇心，学生就开始动脑筋，积极思维去寻找答案。学生通过分析和综合，加上教师演示实验，很快便会发现，物体在液体里都会受到一个向上托的力，这种力称作浮力，它的大小等于物体排开的液体的重量。这样一来既有效地提高了课堂教学效果，也能激发求知欲、保护好奇心，很好地培养和发展学生的创造性思维能力。

2. 加强发散思维的训练

一个创造性活动的全过程，要经过从发散思维到聚合思维，再从聚合思维到发散思维的多次循环才能完成。

发散思维是创造性思维的主要成分，加强发散思维的训练对培养创造性思维有重要作用。科学实验证明，通过有目的、有意识的发散思维训练，可以发展学生思维的流畅性、变通性和独特性。例如，采用头脑风暴法(brainstorming)训练思维的流畅性。让学生像夏天的暴风雨一样，迅速地抛出一些观念来，不能迟疑，也不要考虑质量的好坏或数量的多少，质量的评价可放在结束后进行。联想越快表示越流畅，联想越多表示流畅性越高。这种自由联想训练，对于学生思维的质量和流畅性都有很大的帮助，可以促进创造性思维的发展。教师在组织教学时还应当拟出具有多种答案的题目，旨在获取各种各样不同的正确答案，而不是只要一个正确答案，学生可以在不同的解题过程中表现出思维的创造性成分。

3. 发展直觉思维和形象思维

直觉思维是创造性思维活跃的一种表现，它既是发明创造的先导，也是百思不解之后灵感突然诞生的硕果，在创造发明的过程中占有重要的地位。为了培养学生的创造性思维能力，教师可以有意识地帮助学生去发展直觉思维。在众多的直觉思维过程或状态中，形象和表象起着非常重要的作用，发展形象思维有利于为创造性思维提供丰富的形象和表象基础。应注意以下几点：①直觉思维必须以社会和个人的无数次实践为基础，直觉思维能力本身也是实践的产物。②直觉思维总是以掌握学科的有关知识及其结构为根据的。③鼓励学生对问题进行推测或猜想，培养他们良好的直觉"习惯"。④自信心、勇气和冲劲是学生有效直觉所不可缺少的心理品质，培养这些心理品质，是发展学生直觉思维的必要条件。

4. 培养创造个性

创造性思维的发展不仅与智力因素有关,而且与一系列非智力因素有密切关系。研究表明,富有独立性、冲动性、幻想性、自制性、有恒性等是创造性人才的共同个性特点。而且,凡是具有高度创造性的儿童与成人,在其早年的成长经验中,都有充分的独立和自由,有较多的解决问题的机会。那些屈服于父母威势的儿童,则很容易接受权威性的主张,行为循规蹈矩,避免尝试新的经验,不会有什么创新的表现。因此,对创造个性的培养必须在儿童生活早期就引起注意。

复习思考题

1. 名词解释:思维、动作思维、形象思维、抽象思维、聚合思维、发散思维、概念、判断、推理、定势、原型启发、创造性思维。
2. 思维和语言的关系是什么?
3. 思维的基本过程包括哪些环节?
4. 问题解决分哪几个阶段?影响问题解决的因素有哪些?
5. 谈谈你对创造性思维特征的理解。
6. 结合教育实践,设计一个培养学生创造性思维能力的方案。

教师资格证考试真题再现

一、单选题(每题 2 分)

1.(2020.11)在创造性思维训练中,教师要求学生在规定时间内尽可能多地列举出杯子的用途,这侧重培养的是(　　)。

　　A.思维的独创性　　B.思维的灵活性　　C.思维的流畅性　　D.思维的深刻性

2.(2021.03)伟华看见天上的浮云,脑中出现骏马、恐龙等动物形象,这种现象属于(　　)。

　　A.有意想象　　B.无意想象　　C.再造想象　　D.创造想象

3.(2021.10)心理活动的准备状态有时有助于问题的解决,有时又会妨碍问题的解决,这种影响问题解决的心理活动准备状态属于(　　)。

　　A.情绪　　B.定势　　C.动机　　D.酝酿效应

4.(2021.10)教师:面粉可以做什么?学生甲:可以做面包、蛋糕、馒头、花卷、油条、面条。学生乙:可以做馒头、调胶水、捏面人。上述对话说明乙比甲的思维更具有(　　)。

　　A.精细性　　B.流畅性　　C.变通性　　D.反思性

5.(2022.11)张老师让学生在规定的时间内写出带有"口"的字。李强不仅写出了与口的活动有关字,如吃、喊、吐、叫,还写出其他类别的字,如邑、困、照、赢等。这主要反映的是李强的(　　)能力。

　　A.发散思维　　B.聚合思维　　C.抽象思维　　D.动作思维

二、辨析题(每题8分)

1. (2013.11)心理定势对问题解决只有消极影响。
2. (2019.11)问题解决不受情绪影响。
3. (2020.11)思维定势对问题解决的影响可能是积极的,也可能是消极的。

第 7 章　情绪和情感

本章学习目标

- 情绪、情感的概念
- 情绪、情感的分类
- 情绪的理论
- 情绪、情感与身心健康
- 常见情绪问题与调控方法

7.1　情绪和情感概述

人生在世，有生老病死，有荣辱得失，有与之相应的喜、怒、哀、乐、爱、恨等内心体验和感受。一个人对自己情绪的体验、控制和表达，对他人情绪的理解和感受，对自己家庭和事业的热爱及追求，无不带有情绪、情感的印迹。情绪和情感像染色剂，可使人的生活染上各种各样的色彩，直接关系到人的身心健康、人际关系，甚至生活和事业成败。长期以来，情绪一直是心理学十分重要的研究领域。

7.1.1　情绪、情感的概念

1. 情绪和情感的定义

情绪(emotion)和情感(feeling)是人对客观事物是否符合自己的需要而产生的主观态度体验。在认识和适应客观事物的过程中，人往往根据个人的需要而对客观事物产生某种态度，同时在内心产生一定的主观感受或体验。例如，高考结束后，有的人轻松、愉快；有的人苦恼、失望。个人对现实的这些不同感受就是情绪、情感。

情绪和情感既是一种主观感受或体验，又是对客观现实的一种特殊反映。这种特殊反映体现了客观现实与人的需要之间的关系。与人的需要和愿望相符的客观事物，能使人产生满意、愉快、喜爱等积极的情绪、情感体验；而与人的需要和愿望不相符的客观事物，则会引起烦恼、不满、厌恶等消极的情绪、情感体验。人的这些喜、怒、哀、乐的体验是主观的，而产生的体验则取决于当事人的需要和认知因素。由于不同的人、不同的环境、不同的时间，人的体验很可能会千差万别，因此，不难理解为什么同样的事物可以引起人不同的内心体验。

2. 情绪和情感的两极性

情绪和情感的两极性(bipolarity)是指每一种情绪、情感体验都能找到与之对立的情绪、情感。在情绪的动力性、激动性、强度和紧张度等方面都存在两种对立的状态。这种两极性是情绪和情感的主要特征之一。

(1) 情绪的动力性有"增力—减力"两极。一般来讲，需要得到满足时产生的肯定情绪是积极的、增力的，可提高人的活动能力；需要得不到满足时产生的否定情绪是消极的、减力的，会降低人的活动能力。在情绪和情感由积极向消极变化的过程中会伴随着愉快和不愉快两种对立的情绪和情感反应，如快乐和悲哀、敬仰和轻蔑、热爱和憎恨等。

(2) 情绪的激动性有"激动—平静"两极。激动是一种强烈的、外显的情绪状态，如狂怒、狂喜、极度恐惧等，它是由一些重要的事件引起的，如突如其来的地震会引起人们极度的恐惧。平静的情绪是指一种平稳安静的情绪状态，它是人们正常生活、学习和工作时的基本情绪状态，也是基本的工作条件。

(3) 情绪的强度有"强—弱"两极。如从满意到狂喜，从微愠到狂怒。在情绪的强弱之间还有各种不同的强度，如从满意到狂喜之间依次分为：满意，愉快，欢乐，狂喜。在微愠到狂怒之间有愤怒、大怒、暴怒等不同程度的怒。情绪强度的大小取决于情绪事件对于个体意义的大小。

(4) 情绪的紧张度有"紧张—轻松"两极。人们情绪的紧张程度取决于所面对情境的紧迫性，个体心理的准备状态以及应变能力的强弱。如果情境比较复杂，个体心理准备不足而且应变能力比较差，人们往往容易紧张，甚至不知所措。如果情境不太紧急，个体心理准备比较充分，应变能力比较强，人就不会紧张，而会觉得比较轻松自如。

> **阅读资料 7-1**
>
> ### 咨询中的情感问题
>
> 任何情感的目的都在于使一个人获得需要的满足，避开伤害和需要的剥夺。所有基本情感对于生存都是必要的，因为情感对于人稳定地发挥功能起特殊的作用。例如，人们都需要爱，但也需要痛苦来告诉自己什么样的情境具有破坏性，需要惧怕来预料危险的来临，需要愤怒来扫除满足需要的障碍，还需要内疚来避免伤害自己和他人。
>
> 当情感发挥作用时，它们就能释放出能量并指明方向。例如，当某学生对高考感到紧张、焦虑时，他的紧张、焦虑就把他引向准备功课，以考出好成绩。
>
> 然而，一个人也可以压抑情感，使它既不释放出内心的能量，也不指明方向。例如，某男子对妻子感到愤怒，但他并不表达，而是设法掩盖。日积月累，这种郁积的愤怒就会通过别的方式表达出来——对妻子冷淡，或把对妻子的怒气转嫁到孩子或工作上。在心理咨询中，很多人都会出现上述情况中的一种。
>
> 由于情感会转化成动能并指明方向，所以正确地认定情感非常重要。……要知道，情感是把双刃剑，如果使用得当，就会产生建设性的作用；如果使用不当，就会产生冲突和破坏作用。
>
> (资料来源：汤宜朗，许又新. 心理咨询概论[M]. 贵阳：贵州教育出版社，1999.)

3. 情绪、情感的区别和联系

在日常生活中，人们对情绪和情感常常是不加区分的，而是将情绪和情感作为一个统一的心理过程来讨论，但在心理学中，情绪和情感二者既有区别又互相联系。

1) 情绪和情感的区别

(1) 在产生的条件上，情绪更多是与个体的生理需要相关，是人和动物所共有的一种心理过程，如喜、怒、哀、乐四种原始情绪，人与动物皆有；而情感则主要是与个体的社会性需要相联系的，是人类所独有的高级心理过程，具有一定的社会历史性，如道德感、理智感、美感、民族自豪感都是与社会需要有关的情感。

(2) 在稳定性上，情绪具有不稳定性、短暂性和情境性的特点，往往随着情境的改变和需要的满足很快减弱或消失，如触景生情；而情感则具有较大的稳定性和持久性，一经产生就比较稳定，一般不受情境左右，如友谊并不因朋友是否在眼前而改变。

(3) 在强度上，情绪经常具有外显性、冲动性，常常伴有明显的外部表现，如欣喜若狂、手舞足蹈、怒不可遏、暴跳如雷等；情感则具有内隐性，以内心体验的形式蕴藏在人格当中，常常以微妙的方式流露出来，并始终处于意识的调节和支配之下，其生理变化并不明显。

2) 情绪和情感的联系

情绪和情感的联系很紧密。一方面，情绪依赖于情感，即情绪的各种不同变化一般都受制于已形成的情感及其特点；另一方面，情感又依赖于情绪，即人的情感总是在各种不断变动着的情绪中得以表现。离开了具体的情绪过程，人的情感及其特点就不可能现实地存在。因此，从某种意义上说，情绪是情感的外在表现，情感是情绪的本质内容。例如，当人们看到小偷行窃时，愤恨的情绪使人产生正义感；看到自己的祖国遇到外敌入侵时，就会产生无比愤怒和激动的情绪，由此而表现出崇高的爱国主义情感。

4. 情绪、情感与认知的区别和联系

1) 情绪、情感与认知的区别

情绪、情感过程是不同于认知过程的一种心理过程。①情绪、情感反映的是客观事物与人的需要的关系，例如，同一件事情，对张三可能是雨后彩虹，对李四就可能是晴天霹雳；而认知过程则是尽量客观地反映外在事物本来的面目，反映的是各种对象和现象的属性、本质和发生发展的规律。②情绪、情感的发生和改变具有不随意性，例如，人在看电影或电视剧时，会随着剧情和主人公的遭遇而不知不觉地高兴或悲伤，即所谓"触景生情"；而认知活动的发生和改变在一定程度上具有随意性、目的性。

2) 情绪、情感与认知的联系

情绪、情感过程与认知过程是密切联系的。一方面，认知活动是产生情绪、情感的前提和基础。人对客观事物的认知、评估是产生情绪与情感的直接原因。例如，你在公园的长凳上休息时，把眼镜摘下来放在一边，一个人走过来坐在了你的眼镜上，在眼镜变形、碎裂的时候，你会愤怒地指责那个人。但如果你发现弄坏你眼镜的是一个盲人，你便不会发火。同样是眼镜碎了，为什么第一种情况你会愤怒，第二种情况则平静地接受呢？是因为你对这个事件的认知发生了改变。另一方面，情绪、情感也影响认知。一般来说，积极的情绪、情感对认知活动具有促进作用；消极的情绪、情感则对认知活动具有阻碍作用。心理学研究表明：积极的情绪、情感可使人产生超强的记忆力、活跃的创造思维及丰富的想象；而焦虑不安、忧郁苦闷、愤怒等不良情绪，则会降低智力活动，影响认知活动的效率。

7.1.2 情绪、情感的生理变化和外部表现

1. 情绪、情感的生理变化

随着情绪、情感的发生,有机体会产生一系列的生理变化,主要表现在呼吸系统、循环系统、消化系统和腺体活动的变化上。这些变化可作为情绪状态变化的客观指标。例如,人平静时平均每分钟呼吸 20 次,高兴时每分钟呼吸 17 次,悲伤时每分钟呼吸 9 次,愤怒时每分钟呼吸 40 次,恐惧时每分钟呼吸高达 64 次。人在愉快和满意时,心跳正常,血管舒张;惊恐时,心跳加速加强,血液流通量增加,收缩压升高。

阅读资料 7-2

测谎仪简介

测谎仪(lie detector)又叫多道心理生物记录仪,是用于记录人在情绪变化时的各种生理变化(血压、脉搏、呼吸频率和皮肤湿度等)的一种科学仪器。它是根据个体在特定情绪状态下不能控制自己身心变化的原理设计的。绝大多数人在说谎或受到有关情绪词的影响时,会产生一系列植物神经系统功能的变化,检测这些变化可反映受试者当时的情绪状态,以及对答是否真实。如果一个受测者编造谎言的话,他可能因担心谎言被揭穿而产生一定心理压力,从而出现紧张、恐惧、焦虑、内疚等复杂心理反应和与之相关的生理反应。

随着现代科学技术的发展,目前世界上已经有多种类型的测谎仪。不少国家将测谎仪与测谎技术应用于司法实践和政府核心部门雇员的忠诚度检验,一般认为可得到 80% 左右的正确性判断。但测谎仪所测量的生理参数可以被多种情绪所影响,有时可能导致判断失误。目前各国科学家及法律界人士对此有不同的认识,有的国家主张测谎结果只是为司法提供辅助参考,不能作为定案的标准证据使用。

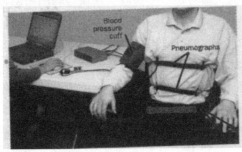 

(资料来源:根据百度百科资料整理)

2. 情绪、情感的外部表现

当情绪、情感发生时,不仅身体内部器官会产生一定变化,而且身体各部位的动作、姿态也会发生明显变化,这种变化称为表情(expression)。人的表情极其丰富,主要表现在以下三个方面。

1) 面部表情

面部表情是指由面部肌肉和五官的变化所显示的情绪状态。在面部表情中,眼睛所透露出的信息是最值得注意的。俗话说:"眼睛是心灵的窗户",所谓"眉目传情""暗送秋波"

"瞠目结舌""怒目而视"都是在描述以眼睛为代表的表情。眉毛也是表现面部表情的主要部位，如展眉表示欢欣，皱眉表示愁苦，扬眉表示得意，竖眉表示愤怒，低眉表示慈悲。嘴的表情动作也很丰富，如哭与笑都离不开嘴的动作。

下面请你用图 7-1 自测一下你的表情识别能力，用秒表记录你准确地匹配这五种表情的时间。中性( )，生气( )，高兴( )，悲伤( )，诡计多端( )。

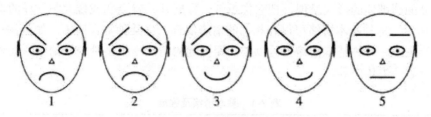

图 7-1　表情识别测试

2) 姿态表情

姿态表情是指借助全身姿态和四肢活动来表达情绪和情感。例如，扬头常常表示高傲，垂头表示丧气；点头表示赞同，摇头表示反对。从全身姿态来看，高兴时手舞足蹈；愤怒时暴跳如雷；恐惧时不寒而栗；悔恨时捶胸顿足；惊慌时手足失措等。

3) 言语表情

言语表情是指由言语的音调、音色、节奏、速度等方面的变化所表示的情绪状态。"言为心声"是说不同的言语表情反映出不同的心理状态。如悲哀时，语调低沉，语速缓慢，语音高低差别不大；喜悦时，语调高昂，语速较快，语音高低差别较大，音色悦耳；恐惧时，音调高尖、急促，声音刺耳颤抖。根据心理学家和语言学家的研究，在许多场合，"怎么说"，也就是说话时运用怎样的语气、语调，往往比"说什么"更为重要，因为言语表情所传达的信息比言语本身更为可靠。俗话说"听话听音"，同一句话，由于语调不同，所代表的意思很可能大相径庭。比如，说"这是怎么回事"这句话，既可以表示和颜悦色的疑问，也可以表示指责和鄙视。

7.1.3　情绪与情感的分类

1. 情绪的分类

从生物进化的角度可把情绪分为基本情绪和复合情绪。基本情绪是人和动物共有的不学而会的情绪。心理学家对基本情绪种类的看法存在争议：有些心理学家持"四情说"，认为基本情绪包括快乐、愤怒、悲哀与恐惧；有些心理学家持"五情说"，认为基本情绪包括快乐、愤怒、悲哀、恐惧和厌恶；也有心理学家持"六情说"，即快乐、愤怒、悲哀、恐惧、厌恶和惊奇；还有些心理学家持"七情说"，即快乐、愤怒、悲哀、恐惧、厌恶、惊奇与轻蔑。多数人都认可"四情说"，即认为快乐、愤怒、悲哀、恐惧是四种基本情绪，这四种基本情绪都属于所谓的原始情绪。

美国心理学家罗伯特·普鲁奇克(Robert Plutchik)开创了情绪的进化理论，将情绪分为基本情绪和复合情绪。他认为人类的基本情绪是物种进化的产物，是物种生存斗争的适应手段。基本情绪有八种：期待(anticipation)、快乐(joy)、信任(trust)、恐惧(fear)、惊讶(surprise)、悲伤(sadness)、厌恶(disgust)、愤怒(anger)。其他情绪都是在八种基本情绪的基础上混合派生出来的。每种基本情绪都有与之相反的基本情绪。每种基本情绪都可以根据强度的变化进行细分，如强度高的快乐是狂喜，强度低的快乐是宁静；强度高的恐惧是恐怖，强度低的恐惧是忧虑；强度高的愤怒是狂怒，强度低的愤怒是生气等，如表 7-1 所示。基于以上情绪理论，普鲁奇克在 1980 年绘制了情绪轮盘模型，分为平面和立体两种形式。立体模型以一个倒立的圆锥体的形式呈现，把它像折纸一样展开，就会变成像太阳一样的平面图，如图 7-2 所示。每种基本情绪可以和相邻的情绪混合产生某种复合情绪，如信任和快乐混合在一起产生爱。每种基本情绪也可以与相距更远的情绪产生某种复合情绪，如恐惧和期待混合在一起产生焦虑等。

表 7-1　基本情绪及强度

强 度 低	基本情绪	强 度 高
兴趣 interest	期待 anticipation	警觉 vigilance
宁静 serenity	快乐 joy	狂喜 ecstasy
接受 acceptance	信任 trust	赞赏 admiration
忧虑 apprehension	恐惧 fear	恐怖 terror
分心 distraction	惊讶 surprise	惊愕 amazement
忧伤 pensiveness	悲伤 sadness	悲痛 grief
厌烦 boredom	厌恶 disgust	憎恶 loathing
生气 annoyance	愤怒 anger	狂怒 rage

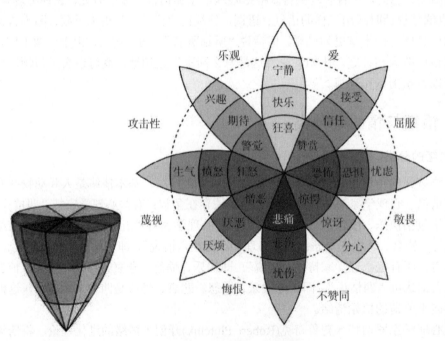

图 7-2　普拉齐克的情绪模型

2. 情绪状态分类

情绪状态是指在特定时间内，情绪活动在强度、紧张水平和持续时间上的综合表现。情绪状态可分为三种。

1) 心境

心境(mood)是一种比较微弱、持久、弥散的情绪状态。心境构成了人的心理活动的一个背景、一个基调，俗话说："忧者见之则忧，喜者见之则喜"，这句话体现的情绪状态就是心境。心境一般具有三个特点：①缓和而又微弱，如微波荡漾，有时当事人也察觉不到；②持续时间较长，几小时、几天，甚至长达几年；③具有弥散性，是一种非定向的弥散性情绪体验，似乎是在人的心理上形成了一种淡薄的背景，或者说似乎是戴上了有色眼镜，所有的事情都被染上了一层独特的色彩。

心境有积极与消极之分，这也是心理健康的一个重要评判标准。良好的心境有助于积极性的发挥，从而提高工作和学习效率；不良的心境则会使人沉闷，妨碍工作和学习，影响身心健康。

2) 激情

激情(intense emotion)是一种强烈的、爆发性的、短暂的情绪状态。如暴怒、绝望、狂喜、恐惧等都属于这种情绪体验。激情通常由强烈的欲望和具有重大意义的事件所引起，比如，信仰破灭、亲人亡故、强烈愿望的意外满足等。另外，对立的意向愿望的冲突，以及过度的抑制和兴奋都容易导致激情的发生。激情具有爆发性和冲动性，同时伴随着强烈的情绪体验、生理变化和行为表现。处在激情状态下，当事人一般能够意识到自己的状态和导致这种情绪产生的原因，但往往不能很好地控制。这是因为他的感知、注意和思维等认知功能变得狭窄，能力受到很大限制，所以在激情状态下，人常常会头脑发热，做出一些失去理性的事情，事后平静下来才觉得可笑或者后悔。

激情对人的影响有积极和消极两个方面：①积极方面，激情可以激发人内在的心理能力，使之成为行为的巨大动力。人本主义心理学强调的高峰经验，就是一种非常广阔和极度兴奋的情绪体验，它能使人消除恐惧心理，更加积极进取。②消极方面，激情也有很大的破坏性和危害性，激情中的人往往任性而为，不计后果，对人对己都容易造成损害。

3) 应激

应激(stress)是指在出乎意料的紧迫情况下产生的急速而高度紧张的情绪状态。与激情不同的是，应激一般是在生命安全受到严重威胁的紧急情况下产生的，是人对意外的环境刺激做出的适应性反应。应激状态最重要的特点是产生广泛而强烈的生理反应。人在遇到紧张危险的情境而需要迅速做出重大决策时，大脑中枢紧急传送指令至下丘脑，使其分泌促肾上腺皮质激素释放因子(corticotropinreleasing factor，CRF)，CRF 又激发脑垂体分泌促肾上腺皮质激素(adrenocorticotropic hormone，ACTH)，ACTH 刺激肾上腺皮质分泌糖皮质激素(如氢化可的松)，糖皮质激素使身体处于充分动员的状态，心率加快，血压与体温升高，肌肉紧张度、代谢水平等都发生显著变化，从而增加肌体活动力量，使生理潜能被紧急挖掘出来，不惜一切代价应对险情。例如，突发地震、两车即将相撞、遭歹徒抢劫等情况下，人所产生的紧张情绪体验即为应激。强烈和持续的应激反应过后，往往会有生理机能甚至器质上的损害产生。

3. 情感的分类

情感是与人的社会性需要相联系的体验，是人类所特有的。社会情感按其内容可分为道德感、理智感与美感。这三类情感与人的思想观念、理想、信念、世界观及个性密切相关，比一般的情绪有更高的稳定性、概括性、复杂性和倾向性。

1) 道德感

道德感(moral feeling)是指根据一定的道德标准评价人的思想、意图和行为时所产生的情感体验。道德属于社会历史范畴，不同时代、不同民族、不同阶级有着不同的道德标准。如果一个人的行为符合社会道德标准，就会产生满意、肯定的体验；如果不符合社会道德标准，就会产生消极、否定的体验。

道德感是品德结构的一个重要成分，它对人的行为有巨大的推动、控制和调节作用，是一种自我监督的力量，可使人保持良好的行为，防止行为与社会需要发生偏离。

2) 理智感

理智感(rational feeling)是指在智力活动过程中认识和评价事物时所产生的情感体验。例如，人在探索未知的事件时所表现的兴趣、好奇心和求知欲望，在科学研究中面临新问题时的惊讶、怀疑、困惑和对真理的确信，问题得以解决并有新的发现时的喜悦感和幸福感，这些都是人在探索活动和求知过程中产生的理智感。个体越积极地参与智力活动，就越能体验到强烈的理智感。

理智感是推动人获得知识、追求真理的强大动力。当一个人认识到知识的价值和意义，感受到获得知识的乐趣及追求真理过程中的幸福感时，就会不计名利得失，以一种忘我的奉献精神投入到学习和工作之中。同样，学生解决问题、成就需要得到满足，是进一步增强求知欲和理智感的条件，一再的失败与困惑，会使人丧失探索未知问题的信心和勇气。

3) 美感

美感(aesthetic feeling)是指根据一定的审美标准评价事物时所产生的情感体验。人的审美标准既反映事物的客观属性，又受个人的思想观点和价值观念的影响。因此，在不同的文化背景下，不同民族、不同阶级的人对美的评价多有不同。一般说来，美感具有这样四个特征：①美的形式、和谐的比例、多样的色彩、鲜明的节奏等是美感产生的必要条件；②非功利性，即没有直接的、狭隘的、排他的功利目的；③创造性，美感是个体调动以往的全部经验、全身心进行创造活动的情感；④个性特征，不同的艺术家有不同的美学原则，不同的欣赏者也有不同的审美情趣。

7.2 情绪的理论

7.2.1 詹姆斯—兰格情绪理论

美国心理学家威廉·詹姆斯(William James)和丹麦生理学家卡尔·兰格(Carl Lange)在19世纪80年代分别提出了内容相同的一种情绪理论，主张先有机体的生理变化，而后才有情绪。他们强调情绪的产生是自主神经活动的产物，后人称它为"情绪的外周理论。"詹姆斯有句名言："因为我们哭，所以愁；因为动手打，所以生气；因为发抖，所以害怕；并不是愁了才哭；生气了才打；怕了才抖。"兰格更鲜明地认为，情绪是一种内脏的反应。例如，你突然遇到一只老虎，接下来会发生什么呢？你会本能地迅速逃跑，跑到安全的地方后感觉到自己的心在怦怦跳动，呼吸急促，四肢紧张，并且出了一身冷汗……太悬了！按照詹姆斯—兰格情绪理论的解释是：心跳加速是发生在恐惧情绪之前，先心跳加速，然后出现了恐惧情绪。即看见老虎后，先逃跑、心跳加速，然后才感到恐惧害怕。

詹姆斯—兰格情绪理论看到了情绪与机体变化的直接关系，强调了自主神经系统在情绪产生中的作用。但他们片面强调自主神经系统的作用，忽视了中枢神经系统的调节、控制作用，因而引起了很多的争议。

7.2.2　坎农—巴德情绪理论

坎农—巴德情绪理论，是由美国生理学家坎农(Cannon)和巴德(P. Bard)在批评詹姆斯—兰格情绪理论的基础上提出的一种情绪理论，也称"丘脑情绪学说"。1927年，坎农首先对詹姆斯—兰格理论情绪提出了质疑：①机体上的生理变化在各种情绪状态下并无多大的差异，因此，根据生理变化很难分辨各种不同的情绪。②机体的生理变化受自主性神经系统的支配，这种变化非常缓慢，不足以解释情绪瞬息万变的事实。③机体的某些生理变化可由药物引起，但药物(如肾上腺素)只能使生理状态激活，而不能产生特定情绪。

坎农和巴德认为，情绪的中心不在外周神经系统，而在中枢神经系统的丘脑。外界刺激引起感官产生神经冲动，这些神经冲动由丘脑进行信息加工后，再由丘脑分别向上、向下发出神经冲动，向上传至大脑皮层，产生情绪的主观体验；向下传至下丘脑，进而激活交感神经，引起相应的生理反应，如血压升高、心跳加快、瞳孔放大、内分泌增多和肌肉紧张等。

按照坎农—巴德情绪理论，当人们看见老虎时，丘脑被激活，然后丘脑分别激活大脑皮层和下丘脑，大脑皮层负责情绪体验；下丘脑及交感神经负责肌体唤醒，产生生理反应，情绪体验和生理反应几乎同时发生。即当人们看见老虎后，害怕和逃跑几乎会同时发生。

坎农—巴德情绪理论重视情绪中枢生理机制的研究，相对于詹姆斯—兰格情绪理论前进了一大步，但它忽视了大脑认知评价对情绪的作用以及外周神经系统对情绪的意义，因而有较大的局限性。

7.2.3　情绪认知理论

情绪认知理论认为，情绪产生于对刺激情境或事物的评价，受到环境事件、生理状态和认知过程三种因素的影响，其中，认知过程是决定情绪性质的关键因素。情绪认知理论有多种，本书主要介绍两种：阿诺德的评定—兴奋学说，沙赫特和辛格的情绪认知理论。

1. 阿诺德的"评定—兴奋"学说

美国心理学家阿诺德(M. R. Arnold)在20世纪50年代提出了情绪的"评定—兴奋学说"。她认为，刺激情境并不直接决定情绪的性质，从刺激出现到情绪的产生，要经过对刺激的估量和评价。

阿诺德认为，情绪产生的基本过程是"刺激—评定—情绪"。评定是一个对知觉进行补充的过程,使得个体产生一种做某种反应的倾向。同一刺激情境,由于对它的评定不同,就会产生不同的情绪反应。评定的结果可能认为对个体"有利""有害"或"无关"。如果是"有利",就会引起肯定的情绪体验,并企图接近刺激物;如果是"有害",就会引起否定的情绪体验,并企图躲避刺激物;如果是"无关",人们就予以忽视。例如,在森林里看到熊会产生恐惧,而在动物园里看到关在笼子里的熊却不产生恐惧。因为情绪产生取决于人对情境的认知评定,通过评定来确定刺激情境对人的意义。

阿诺德认为,情绪的产生是大脑皮层和皮下组织协同活动的结果,大脑皮层的兴奋是情绪产生的最重要的条件。她提出情绪产生的理论模式是:情绪刺激作用于感受器,感受器产生的神经冲动,上传至丘脑,在丘脑更换神经元后,再传到大脑皮层,在大脑皮层上产生对情境的评定(如恐惧及逃避、愤怒及攻击等评定)。这种评定通过外导神经将大脑皮层的兴奋下行激活丘脑系统,并影响自主神经系统而将兴奋传送到血管或内脏及骨骼肌,所产生相应的变化使其获得感觉。这种从外周来的反馈信息又通过丘脑传到大脑皮层,并与皮层最初的评定相结合,纯粹的认识经验即转化为情绪体验。阿诺德认为,情绪反应包括内脏和骨骼肌的自主变化,从外周而来的反馈感觉是以大脑皮层的评定为前提的。阿诺德对情绪的发生所强调的是对情境的评定。认知和评价是大脑皮层的过程,因此,皮质兴奋是情绪行为的基础。

阿诺德总结20世纪50年代以前的情绪生理学各学派的成就。在情绪的发生上兼顾了体内和外界、大脑皮层和皮层下以及情绪与认识过程的联系。在她的学说推动下,人们认识到情绪产生的三个来源:外部环境刺激、身体生理刺激和认知评价刺激,在心理学的发展史上有重大影响。

2. 沙赫特和辛格的情绪归因理论

20世纪70年代,美国心理学家沙赫特(S. Schachter)和辛格(J. E. Singer)提出了情绪归因理论。一方面,他认为情绪产生取决于两个主要因素:生理唤醒和认知因素,故有人称之为"情绪的二因素理论";另一方面,他认为认知解释起两次作用:对生理唤醒的认知解释和对环境刺激的认知解释。这样一来,影响情绪产生的因素主要有三方面的因素:生理唤醒、对生理唤醒的归因、对环境刺激的认知评价,故又有"情绪的三因素理论"之说。

沙赫特和辛格设计了一项实验,用来证明以上三个因素在情绪中的作用。实验过程是:实验前告诉被试者,要考察一种新维生素化合物对视敏度的影响效果。在被试者同意的前提下,为被试者注射药物。但实际上,实验组被试者注射的是肾上腺素,控制组被试者注射的是生理盐水。肾上腺素是一种对情绪具有广泛影响的激素,会使被试者出现心悸、颤抖、灼热、血压升高、呼吸加快等反应,处于一种典型的生理激活状态。

药物注射后,实验者将实验组被试者分为三组,并向三组被试者做了不同的注射后产生反应的解释:告诉第一组被试者(正确告知组),注射后将会出现心悸、颤抖、面部发热等反应;告诉第二组被试者(错误告知组),注射后身体会发抖、手脚发麻等反应;对第三组被试者(无告知组),则不做任何说明。

然后,实验者人为地安排两个实验情境:"愉快"情境与"发怒"情境。实验组的三组被试者各有一半进入"愉快"情境,另一半进入"发怒"情境。当被试者进入"愉快"情境时，看见一个人(实验助手)在室内唱歌、跳舞、玩耍，表现得十分快乐，并邀请被试者一同玩耍。而进入"发怒"情境的被试者则看见一个人(实验助手)正对着一张调查表发怒、咒骂、跺脚，并最后撕毁调查表。被试者也被要求填写同样的调查表，表上的题目带有人身攻击和侮辱性，并会引起人极大的愤怒。

实验假设：如果生理唤醒单独决定情绪，那么三组被试者应该产生同样的情绪；如果环境因素单独决定情绪，那么所有进入"愉快"情境的被试者应该产生愉快之感，所有进入"发怒"情景的被试者应该产生愤怒之感。

实验结果：控制组和正确告知组的被试者在室内安静地等待并镇静地进行他们的工作，毫不理会同伴的古怪行为；无告知组和错误告知组的被试者则倾向于追随室内同伴的行为，变得愉快或发怒。

结果分析：控制组的被试者未经受生理唤醒，正确告知组的被试者能正确解释自身的生理唤醒，他们都不被环境中同伴的情绪所影响，因此，没有愉快或愤怒的表现；错误告知组和无告知组的被试者对自身的生理唤醒没有现成的解释，从而受到环境中同伴行为的暗示，把生理唤醒与"愉快"或"发怒"情境联系起来并表现出相应的情绪行为。

结果表明：生理唤醒是情绪激活的必要条件，但是真正的情绪体验是由对唤醒状态赋予的"标记"决定的。这种"标记"的赋予是一种认知过程，个体利用过去经验和当前环境的信息对自身唤醒状态做出合理的解释，正是这种解释决定着产生怎样的情绪。所以，无论生理唤醒还是环境因素都不能单独地决定情绪，情绪发生的关键取决于认知因素。情绪是认知过程、生理状态和环境因素在大脑皮层中整合的结果。来自这三个方面的信息经过大脑皮层的整合作用才产生了某种情绪体验。

按照沙赫特和辛格的情绪归因理论，当人们看见老虎后，身体会被唤起，如果认为老虎对自己的安全有威胁，这种唤起就会引起恐惧；如果认为这只老虎是驯养动物，不会伤害自己，这种唤起就会引起兴奋或惊讶。

沙赫特和辛格的实验及理论在心理学界引起相当大的反响，为情绪的认知理论提供了最早的实验依据，对认知理论的发展起到了一定的推动作用。但是也受到了一些批评，因为他的实验缺乏实验的效度分析，实验设计复杂，难以重复得出相同的结果。

7.2.4 艾利斯的情绪 ABC 理论

美国著名心理学家阿尔伯特·艾利斯(Albert Ellis)于 20 世纪 50 年代创立了情绪 ABC 理论，该理论认为引起人情绪困扰的并不是外界发生的事件，而是人对事件的态度、看法、评价等认知内容，因此，要改变情绪困扰不应致力于改变外界事件，而是应该改变认知，通过改变认知，进而改变情绪。

在 ABC 理论模式中，A 是指诱发性事件(activating event)；B 是指个体在遇到诱发事件之后相应而生的信念(belief)，即他对这一事件的看法、解释和评价；C 是指特定情景下，个体的情绪及行为结果(consequence)。通常人们认为，人的情绪的行为反应是直接由诱发性事件 A 引起的，即 A 引起了 C。ABC 理论指出，诱发性事件(A)只是引起情绪及行为反应的间接原因，而人对诱发性事件所持的信念、看法、理解(B)才是引起人的情绪及行为反应的更直接的原因。人的情绪及行为反应与人对事物的想法、看法有关。合理的信念会引起人对事物的适当的、适度的情绪和行为反应；而不合理的信念则相反，会导致不适当的情绪和行为反应。当人坚持某些不合理的信念，长期处于不良的情绪状态之中时，最终将会导致情绪障碍的产生。

情绪 ABC 理论如图 7-3 所示，A 指事情的前因，C 指事情的后果，同样的前因 A，产生了不一样的后果 C_1 和 C_2。这是因为从前因 A 到后果 C 之间，通过 B 作为桥梁，这座桥梁就是信念和人对情境的评价与解释。同一情境 A 之下，不同的人对 A 的理念及评价与解释不同(B_1 或 B_2)，所以会得到不同的结果(C_1 或 C_2)。因此，事情的后果根源于人的信念(人们对事件的想法、解释和评价等)。艾利斯认为，正是由于人常有的一些不合理的信念才使自己产生情绪困扰。

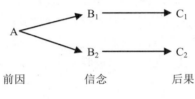

图 7-3 情绪 ABC 理论

阅读资料 7-3

情 绪 智 力

情绪智力(emotional intelligence，EI)是指个体监控自己及他人的情绪和情感，并识别、利用这些信息指导自己的思想和行为的能力。1990 年，美国耶鲁大学的彼得·萨洛维(Peter Salovey)和新罕布什尔大学的约翰·玛伊尔(John Mayer)提出情绪智力这一概念。

1995 年，美国哈佛大学行为与脑科学教授、《纽约时报》科学专栏作家丹尼尔·戈尔曼(Daniel Goleman)出版了《情绪智力》一书，该书把情绪智力这一学术研究新成果以非常通俗的方式介绍给大众，并迅速成为世界性的畅销书。他提出了"情绪智商"(emotional quotient)概念，简称情商(EQ)，认为情商包括五个方面的能力：认识自身情绪的能力；妥善管理自己情绪的能力；自我激励的能力；认识他人情绪的能力；管理人际关系的能力。这五种能力与自知、自控、热情、坚持、社交技巧等非智力因素有关。戈尔曼进一步指出，情商高的人，能够清醒地了解并把握自己的情绪，且敏锐地感受并有效地反馈他人情绪的变化，在生活的各个层面，无论在爱情、亲情，或者在领悟组织机构中那些不成文的规则方面，都占尽优势。情绪智力充分发展的人，其生活更有效率，更容易获得满足，更能运用自己的智力获取丰硕的成果。而那些不能驾驭自己情绪的人，内心的激烈冲突削弱了他们本应集中于工作的理性思考能力。

从情商与智商的关系来看，情商高的人，也是能使自己的智商发挥到最大限度的人，因为他们善于控制自己的冲动，有着顽强的毅力，并能很好地协调与他人的关系；而情商低的人则常常被自己的情绪所左右，其结果必然导致智力活动的效率降低。因此，心理学家普遍认为，情商(EQ)与智商(IQ)同等重要，学校要像培养智力一样培养学生的情绪智力，以增强学生的自我控制能力，增加学生的利他行为，使其富有共情能力。情绪智力是一个社会繁荣发展的必备能力。

(资料来源：Dennis Coon. 心理学导论：思想与行为的认识之路[M]. 13版. 郑刚，译. 北京：中国轻工业出版社，2014.)

7.3 情绪、情感与身心健康

7.3.1 情绪、情感对身心健康的影响

情绪、情感与人的身心健康有着密切的关系，积极乐观的情绪能促使各种内脏功能正常运转，增强对疾病的抵抗能力，有利于保持身心健康；而消极不良的情绪则会损害人的身心健康，甚至使人得病或病情加重。

1. 积极情绪对健康的作用

情绪和情感发生时，总会引起一系列人体生理机能的变化，乐观开朗、心情舒畅能促使各种内脏功能正常运转，以增强对疾病的抵抗能力，还能让人在逆境中不心灰意冷、不放弃、不绝望，有利于保持身心健康。

积极的情绪会给人战胜疾病的力量，当一个人充满积极情绪的时候，他就更能经受住疾病和痛苦的考验。研究人员曾经对122名男性心脏病患者的乐观和悲观情绪进行了评估，然后对他们进行了长期的跟踪观察。结果发现，8年以后，在情绪最悲观的25名心脏病患者中，有21人已经去世；而情绪最乐观的25名心脏病患者中，只有6人死亡。专家认为，心脏病患者的精神状态能更准确地预示他们的存活时间。

在一次心理学实验中，研究人员将两只大白鼠放入一个装了水的容器中，它们会拼命地挣扎求生，一般维持的时间是8分钟左右。如果在同样的容器中放入另外两只大白鼠，在它们挣扎了5分钟的时候，放入一块可以让它们爬出来的跳板，由于有了跳板，两只大白鼠得救了。若干天后，将这对大难不死的大白鼠再次放入水中，令人惊讶的是，它们竟然在水中坚持了24分钟。对此，研究人员认为，前面两只大白鼠没有逃生的经验，它们只能凭自己的体力来挣扎求生，而有过逃生经验的大白鼠却多了一种精神的力量，它们相信，在某一时刻会有一块跳板救它们出去，这就使得它们能够坚持更长的时间。这种精神力量，就是积极的心态，或者说是内心对一个好的结果存在希望。

2. 消极情绪是健康的大敌

中国古代就有"怒伤肝，喜伤心，思伤脾，忧伤肺，恐伤肾"之说，现代科学进一步证明了情绪对人体的免疫系统、消化系统、心血管系统等方面的巨大影响。大量临床研究表明，情绪过度消极、长期情绪低落或过于紧张的人，往往容易患各种疾病。由负性情绪因素造成的生理疾病常见的有：①高血压。长期紧张、激动、焦虑或处于矛盾状态的人，易患高血压。②胃和十二指肠溃疡。长期处于焦虑、忧郁、恐惧、愤恨等消极情绪之中，对胃肠功能的危害最为明显，可导致胃酸持续增高，继而引起胃黏膜和十二指肠糜烂，甚至导致溃疡。③心脏病。处于长期、反复的消极情绪中，情绪波动大、容易激动、争强好胜的人，易患心脏病。④糖尿病。长期或过度的情绪紧张，可以使内分泌失调，胰脏分泌

机能受到影响，从而导致血糖和尿糖水平增高，易患糖尿病。⑤肿瘤。相当数量的癌症患者在得病前都遭受了较长时期的不良情绪刺激或者突然的重大情绪打击。

当然，并不是说情绪不佳者就一定会患上某一种疾病，但已有越来越多的证据显示，愤怒、焦虑和抑郁等情绪对人的健康的确是有害的，极度紧张和过分激动等负面情绪会影响人的身心健康，甚至危及人的生命。

阅读资料 7-4

"吓死人"的科学道理

俗话说，"人吓人，吓死人"。生活中常听到受惊吓的人说："哎呀，真是吓死我了！"人是否真的会被吓死呢？答案是：人确实有被吓死的！某地一男青年平素喜欢开玩笑，一日与朋友们出去郊游，他从地上拾起一条又冷又湿的破绳子，突然扔到一怕蛇的女伴身上，并大叫一声："蛇！"该女伴惊叫一声，倒地气绝，最终酿成了一场悲剧。

人为什么会被吓死呢？当一个人突然遭受惊吓时，大脑会发出指令，使得肾上腺分泌大量的儿茶酚胺，从而使心跳突然加快，血压升高，心肌代谢的耗氧量急剧增加。过快的血流如洪水般冲击心脏，使心肌纤维撕裂，心脏出血，导致心脏骤停，致人死亡。

国外医学研究人员在对吓死者的尸体解剖后发现，死者的心肌细胞均受到了不同程度的破坏，心肌中央夹杂着许多玫瑰色的出血点，说明出血过多，损害了心脏功能。而对120名从心室纤维颤动的死亡线上救治过来的病人进行追踪，发现其中 1/5 的人在心脏病发作前遭受过极度惊恐等剧烈的情绪波动，从而在生理上揭开了"吓死人"的奥秘。因此，在生活中，开玩笑不要过分，尤其对有心血管疾病的人的恶作剧式的恐怖玩笑更不宜开，以免发生意外。

(资料来源：李小平. 新编基础心理学[M]. 南京：南京师范大学出版社，2007.)

7.3.2 青少年的情绪特点

1. 情绪不稳定、易波动、具有明显的两极性

青少年虽然已经有了驾驭自己情绪的能力，但受到认知经验、意志行为的影响，他们的情绪非常不稳定，经常波动，容易走极端。他们对自己的优缺点非常敏感，有时会对自己的优点过分高估，表现出极强的优越感，有时又会过分担忧自己的缺点或不足，把自己贬得一无是处，从一个极端走向另一个极端。他们会因为一个表扬、一句赞美、一次成功、一点成绩而高兴得手舞足蹈，又会因为一个批评、一句贬低、一次失败、一点挫折而郁闷得垂头丧气。

2. 情绪表达强烈，具有冲动性和爆发性

随着认知的发展，青少年对各种事物更加敏感，同时他们自我意识发展较快，但对行为的自控能力又较弱。某种情绪一旦被激起，就会像火山一样猛烈地喷发，表现出冲动性和爆发性等激情特征。青少年情绪的冲动性、爆发性可能与他们青春期的身体发育有关，性激素会使下丘脑神经活动过度兴奋，从而导致大脑皮层神经活动暂时失衡，兴奋过程增

强，抑制过程减弱，继而导致情绪容易唤起，再加上个体的自我控制能力较弱，很容易爆发冲动和失控的行为。

3. 情绪的外显性与内隐性矛盾

随着年龄的增长，认知范围的扩大，以及个人经验的积累，青少年逐渐学会控制自己的情绪表达和行为反应。情绪外显性是指表现出强烈的情绪情感反应，对外界事物的喜、怒、哀、乐均形于色，淋漓尽致地抒发自己的内心感受。情绪内隐性也称掩饰性，是指青少年逐渐学会用理智控制自己的情绪表现和行为反应，表现为逐渐掩饰、压抑自己的情绪。于是，很多青少年在内心极度崩溃或者极度开心到要飞起时，表面上却都可以表现出若无其事的样子。

7.3.3 青少年常见的情绪问题与调控方法

1. 焦虑

1) 表现

焦虑(anxiety)是指个体对即将来临的可能会造成危险或威胁的情境所产生的紧张、不安、忧虑、烦恼等不愉快的复杂情绪状态，它是一种复合的负性情绪。心理学家通过实验研究认为，适度焦虑对学习或工作有一定的益处，但过度焦虑无论是对人的生理，还是对人的心理都将产生不利影响。

焦虑症(病态焦虑)常表现出三个特点：①焦虑是一种烦躁、急切、提心吊胆、紧张不安的情绪；②焦虑者往往伴有植物神经功能紊乱的症状；③焦虑往往没有相对固定的对象和明确的内容。焦虑症有不同的类型，包括广泛性焦虑和急性焦虑发作。广泛性焦虑表现为没有特定的威胁但又长期感到紧张和不安；急性焦虑发作又叫惊恐发作，表现为不可预测地、突然地发作，病人常体会到濒临灾难性结局的害怕和恐惧，反应迅速而强烈，终止亦非常迅速，每次发作一般不超过半小时。

2) 产生原因

焦虑产生的原因是多方面的。一种是与外界的压力有关，个体所做工作的要求或目标较高，或者学习的负担过重，都可能使个体感到无力应对将要出现的局面，这种对未来情境的担忧很可能引发焦虑；另一种是个体本身的心理素质不够好，即心理的承受力比较弱，对一些本来并不构成威胁的情境也感到害怕，也容易引发焦虑。

3) 预防策略

对于一般性的焦虑，个体可以通过自我调节的方式加以改善。常用的方法有以下三种。

(1) 放松训练。通过适当的放松练习，可以使焦虑者的思绪专注在放松的感觉上，从而减轻焦虑。放松训练的直接目的是使肌肉放松，最终目的是使整个机体活动水平降低，达到心理上的松弛。常用的放松训练有呼吸放松法、渐进式肌肉放松法、冥想放松法。

(2) 改变认知方式。认知对焦虑有着重要作用，当你处于焦虑状态时，必须尽早自觉察觉焦虑的发生，从中寻求原因，以理智的方式去质疑焦虑："焦虑什么""为什么焦虑""有没有必要焦虑""焦虑能不能解决问题"等，通过反思，如果能更客观一些，对一些令人担心的事情更释然一些，就会减少那种自寻烦恼式的焦虑。

(3) 向他人倾诉及寻求帮助。通过向朋友倾诉自己的不快，道出自己的紧张焦虑，朋友会针对你的情况进行开导，使你的焦虑源自主消失。与此同时，你自己把心中的忧虑说出来，这本身也会使你更加轻松，有时会醒悟到焦虑是完全不必要的，由此，在陈述的过程中，焦虑就会逐渐自主消失。

对于病态焦虑或者严重的焦虑，则应该寻求心理医生的帮助。

2. 抑郁

1) 表现

抑郁(depression)是一种感到无力应对内外压力而产生的持久低落的情绪状态，常伴有厌恶、痛苦、羞愧、后悔、自卑等消极情绪体验，表现为各种躯体不适以及睡眠障碍。抑郁在青少年中很常见，大多数情况下，如果持续时间较短(少于半月)，能及时摆脱，对个人的学习、生活没有太大影响，属于一种正常的情绪反应。但如果长期沉浸其中，不能自拔，出现典型的三低症状(思维迟缓、情绪低落、意志活动减少)，就要警惕抑郁症的可能，需要去精神专科就诊。

抑郁情绪可破坏人体身心的平衡，使人处于一种压抑状态，出现情绪混乱、丧失理智、注意力无法集中、记忆力衰退等现象，长期的抑郁会导致人思想混乱、与社会脱节，严重者甚至做出自杀的行为。

2) 产生原因

抑郁产生的原因是多方面的。一种是由心理因素所导致，如不良的归因倾向，对问题的消极思考，对自己缺乏信心、过于悲观等；另一种是由外部因素所引起，比如考试失利、成绩落后、人际关系破裂、失恋、失业、丧偶、意外的灾难、长期努力得不到回报等生活中的消极事件。

另外，马丁·塞利格曼(Martin E. P. Seligman)提出了一个关于解释抑郁理论的专门术语——习得性无助。他认为抑郁是由习得性无助引起的。习得性无助是指人在被动地接受某种刺激后感到无能力去应对，或不能学会去应对的一种状态。在抑郁症患者之中，他们认为自己不能对外部事物产生任何影响，起不了任何作用，出现压抑、消沉、嗜睡等症状。

3) 预防策略

对抑郁情绪的控制可以采取的方法较多，但真正行之有效的方法较少。在临床上对抑郁症的治疗是一件复杂的工作，它需要医患双方长时间的配合。

(1) 释放压抑的情绪。当你处于抑郁状态时，不妨大哭一场。因为哭能释放积聚已久的压力，并调整机体的平衡。在亲人面前痛哭，可以爆发纯真的感情，如同夏天的暴风雨，越是倾盆而下，天就晴得越快。许多人在痛哭一场后，抑郁症状就减轻了许多。有人通过实验研究发现，抑郁症状与眼泪的内存有关。

(2) 转移注意力。刻意安排较愉快的事情来转移注意力也是一种好方法。转移注意力之所以能治疗抑郁，是因为抑郁往往是自发性的，它不请自来入侵人的心智，即使你努力压抑消沉的思绪，往往也徒劳无功。通过刻意安排较愉快的事件，可以唤醒抑郁者，使其对生活产生乐趣，以此来忘记悲伤，忘记忧愁，进而缓解内心积压的抑郁情绪。

(3) 积极运动。大量的科学研究表明，运动可以有效缓解抑郁情绪。运动时人体会释放一种叫内啡肽的物质，内啡肽与大脑受体结合，可以有效减轻痛苦。运动可以帮助人减少压力，增强心肺功能，增强新陈代谢，放松心情，减轻抑郁情绪，缓解压力、焦虑，使人精力充沛，增强自信心及自尊心。

(4) 积极与他人和外界保持接触。心理学家认为，良好的人际沟通和社会支持系统，是个人压力的有效缓冲器，当人处于抑郁状态时，那种以封闭自己、独处反思来化解抑郁的方法是不可取的，它会加重抑郁症状，使人在抑郁中更加消沉。

阅读资料 7-5

为什么运动能改善抑郁

运动作为一种简便易行的身心健康促进行为，其对抑郁症的预防和治疗效果得到了广泛关注。在抑郁症运动干预中，有氧运动是最常用的运动类型。与单一的低强度运动相比，高频率、高剂量的中、高强度有氧运动，配合力量训练和各种协调锻炼，通常会产生更好的抗抑郁效果。

运动抗抑郁的神经生物学机制主要有以下几个方面。

(1) 运动可增强神经元可塑性：运动可有效抑制海马体神经元凋亡，促进神经元再生，增加海马体体积及前额叶(PFC)和前扣带回(ACC)的灰质体积，改善中枢神经系统组织的形态结构，并能提高神经营养因子的水平，从而增强神经元可塑性，提高患者的学习、记忆能力与情绪调控能力。运动使得中枢神经协调且活跃，促使身体新细胞的更迭，有利于抑郁症的改善。

(2) 运动可改善神经分泌系统功能：运动可调节大脑中促肾上腺皮质激素(ACTH)等几种激素的水平，改善神经分泌系统功能。这些化学物质有助于调节情绪，使人在运动后产生兴奋感和愉悦感。

(3) 运动可降低神经炎性反应：运动通过调控促炎细胞因子的表达和犬尿氨酸的代谢过程，可降低神经炎性反应，减少神经毒害和认知功能损伤，进而缓解抑郁症。多项研究表明，对于抑郁或自杀的人，他们大脑中的炎症标记物含量很高。体育运动可以减轻体内的炎症，所以一些人推测运动的抗炎作用是改善情绪的原因。

(4) 运动可降低氧化性应激，提高抗氧化水平：运动能平衡机体氧化性应激水平和抗氧化能力，减少氧化性应激对脑组织造成的损伤。

(资料来源：王少堃. 运动对抑郁症的影响及其神经生物学机制研究进展[J]. 中国全科医学，2022.)

3. 愤怒

1) 表现

愤怒(anger)是指由于他人或事物妨碍自己达到目的，从而使不愉快和紧张积累而产生的一种情绪体验。愤怒情绪是人的需求表达受阻时出现的一种正常反应。它本身并没有错，但需要学会合理地表达愤怒情绪。人在愤怒的时候，常见的不良表现有：①生闷气，把怒气压抑在心里，极力克制自己。经常生闷气，会对身体造成很大的伤害。②伤害自己，愤怒发泄的对象指向自身，表现为攻击自己。比如，责骂自己、自伤、自残甚至自杀。③伤害他人，愤怒发泄的对象指向外界或别人，表现为攻击别人。比如，发脾气、摔东西，打伤甚至杀害别人。

愤怒一般都是由外在的强烈刺激引起的，这往往成为理由或借口，成为一种自我暗示。人在生气的时候，会不由自主地想那些使自己生气的理由，或者找一些自圆其说的借口，而越想就越觉得自己的发火是"理所当然的"，就越是为自己的生气辩解，这些理由、借口对愤怒起到了推波助澜的作用，其结果就是不停地给自己火上浇油。而当一个人处于一种极度愤怒状态的时候，整个人就会被愤怒的情绪所控制，这时认知几乎不起作用，也就是说理智会完全被情绪所淹没，这时候的人既不宽容，又不讲理，满脑子都是以牙还牙的报复念头，对其行为的后果全然不顾。在大脑高度兴奋状态下，人会产生一种力量和不可战胜的错觉，这又助长了人的进攻性，在盛怒之下，人就会出现最原始的也是最野蛮的反应，而一旦灾难性的结果产生，就可能要为自己的鲁莽举动付出沉重的代价，这往往又会使人陷入深深的懊悔和自责之中。

2) 愤怒产生原因

愤怒的原因多与满足需要的过程受阻有关。一是自己在满足需要的过程中遇到了障碍。二是他人妨碍了自己需要的满足。愤怒的程度与需要的强烈程度相关。三是暴怒者往往不同程度地存在着心理缺陷。例如，心胸狭窄的人喜欢斤斤计较，别人无意触犯了他，他也不肯原谅，往往要往别人身上发泄怒气，甚至大骂一通。这种人不能理智地处理问题，遇到不顺心的事情很难做到通情达理，因而处处碰钉子，经常处在烦恼之中。再如，虚荣心过强的人往往也具有火爆脾气，任何伤害他们自尊心的事，他们都是难以忍受的，不少人由此产生愤怒的反应。

3) 预防策略

愤怒本身不能解决任何问题。长期持续的愤怒情绪会给人的身体带来伤害，导致出现心身疾病。愤怒是可以控制的，火爆脾气也是可以改变的，关键在于掌握方法。

(1) 情境转移法。这是最积极的处理方法。火气上来的时候，对那些看不惯的人和事往往越看越气，越看越火，此时不妨来个"三十六计，走为上计"，迅速离开让自己发怒的场合，最好能和谈得来的朋友一起听听音乐、散散步，就会渐渐地平静下来。

(2) 理智控制法。动怒时，最好让理智先行一步，可以自我暗示，口中默念："发火是愚蠢的，解决不了任何问题。"也可以在即将发火的一刻对自己下命令：不要发火！坚持一分钟！一分钟坚持住了，好样的，再坚持一分钟！两分钟坚持住了，我开始能控制自己了，不妨再坚持一分钟。三分钟都过去了，为什么不再坚持下去呢？所以，要用理智战胜情感。

(3) 评价推迟法。愤怒情绪得以发生发展的基础是我们认可的那些"理由"或"借口"，关键是那些不良的自我暗示，如别人的一个眼神、一句讥讽、一个误解。这事在当时使你"怒不可遏"，可是如果过一个小时、一个星期甚至一个月之后再评论，你或许会认为根本不值得发怒。

(4) 目标升华法。怒气是一种强大的心理能量，用之不当，会伤人害己。如果能使之升华，它就会变为成就事业的强大动力。因此要培养远大的生活目标，改变以眼前区区小事计较得失的习惯，更多地从大局、从长远角度去考虑一切，一个人只有确立了远大的人生理想，才能宽以待人。有大度量的人，不会让自己的精力被微不足道的小事绊住，从而妨碍自己对理想、事业的追求。

> 阅读资料 7-6

咨询中的愤怒问题

一般人都认为愤怒是一种消极的情感，所以，不少人希望把愤怒从自己的情绪中排除出去。可惜，这是不现实的。有的人虽然自己有愤怒的体验，可他们却并不承认。因此，对待愤怒要有正确的态度，要敢于承认并将它描述出来，只有这样，才能采取积极的行动。

愤怒的原因多与满足需要的过程受阻有关，愤怒的程度与需要的强烈程度相关。在生活中，愤怒常常表现为以下两种。

(1) 自我愤怒：如果在努力的过程中因为自己的原因而影响需要的满足，人们把愤怒指向自身，这就是所谓的自我愤怒。自我愤怒的目标是促使自己去改变那些妨碍满足需要的行为。

(2) 对他人的愤怒：如果在满足需要的过程中有外人为自己设置障碍，那受害者的愤怒就会指向为自己设置障碍的人，这就是对他人的愤怒。对他人的愤怒可以引发某种行为，或是排除满足需要的障碍，或是使他摆脱某种不利的环境。

在咨询中，正确区分愤怒的对象至关重要，不能将两种愤怒混为一谈。愤怒的情绪如果没有得到正确的处理，就会产生很多问题，常见的有以下三方面问题。

(1) 不少因为自己的原因而未能满足需要的人，把原因归咎于他人。此时，自我愤怒被对他人的愤怒所代替，使得愤怒的目标发生错位，不少人会因此对他人进行直接或间接的报复。

(2) 有些人是因为别人的妨碍而未能满足需要，却将怒气转向自己，这同样是愤怒目标的错位。由于他们的愤怒目标是错误的，使得他们在今后的努力中将继续受挫。对自己的愤怒越强烈，就越不喜欢自己，而这又使自己的需要更不容易获得满足。

(3) 对他人的愤怒可能会通过具有破坏性的方式发泄出来。不少人不是因怒气而去改变自己的行为或改换环境，而只是因怒气来惩罚自己。

(资料来源：汤宜朗，许又新. 心理咨询概论[M]. 贵阳：贵州教育出版社，1999.)

4. 恐惧

1) 表现

恐惧(fear)是指人面对有威胁的事物或遇到危险的情况时产生的紧张、害怕、胆怯等情绪体验状态。如人在野外遇到一只老虎时就会感到恐惧。恐惧是人面对危险时的一种正常情绪反应。但如果对没有威胁的事物、一般常人不怕的事物也感到恐惧，或者恐惧的强度和持续时间远远超出正常的反应范围，就不是一种正常的情绪反应了。在临床上，将恐惧症(一种神经症)分为三类：场所恐惧症(拥挤人群、封闭场所)、社交恐惧症(被别人注视)、单纯恐惧症(动物、锐器、出血、登高、疾病)。

2) 产生原因

恐惧心理的形成一般与既往的痛苦经历有关，而且往往出现泛化。泛化是指与初始事件类似、相关事件也会引起相同的恐惧体验。比如，曾经被某只狗咬伤过，以后见到这只狗或其他狗时就会紧张、害怕，这是心理健康者的反应；但如果见到其他与狗类似的有皮毛的动物时也出现恐惧，远远地躲开或者不敢靠近，这是心理不健康者的反应，属于泛化现象。

产生恐惧心理的另一个原因是个体对于伤害性事件发生可能性的评价与预期。当面临某种事件时，人会利用搜集到的各种信息做出评估，如果认为该事件发生后将会对自己构成伤害，就会产生恐惧心理；恐惧程度与事件发生的概率大小及伤害程度正相关，即该事件发生的可能性越大，伤害程度越高，恐惧就越严重。

3) 预防策略

(1) 勇敢面对，不再逃避。面对恐惧对象时，我们习惯化的第一反应是逃避，但我们必须明白：逃避只是暂时让我们放松下来，保护自己，并没有从根本上解决问题，下次遇到时，你不得不选择继续逃避。因此，勇敢地面对恐惧对象，才是新的开始。暴露疗法或洪水疗法认为，面对恐惧对象时，我们的恐惧情绪迅速达到顶峰，此时不要选择逃避，而是勇敢面对，当你和恐惧对象僵持一段时间后，恐惧情绪就会迅速消退。但使用此法时要进行躯体健康状况检查和评估，严格选择适应症。

(2) 系统脱敏。许多人难以承受暴露疗法的巨大痛苦，但他们又想克服自己的恐惧，因此可以使用系统脱敏的方法。系统脱敏需在专业人士的指导和帮助下，制订严格的脱敏计划，采用循序渐进式的方法，让人一步步地消除恐惧情绪，这样容易被大多数人所接受。

(3) 放松训练。具体见焦虑的预防策略(7.3.3)。

阅读资料 7-7

应该之暴虐

神经症病人的主诉可以概括为这样一种最一般的形式：感到控制不住自认为应该加以控制的心理活动(尤其是情绪)。实际上，"控制不住"应该是神经症病人和心理治疗者谈话时使用最普遍的词语。

先从情绪谈起。情绪包含以下三个方面：①内心的感受或主观体验。②不随意的身体客观表现，如内脏的生理变化，不由自主的肌肉紧张或肌肉收缩跳动。③随意的肌肉活动，如言语、行动、表情等。

情绪只要达到了一定的强度，那么，很显然，任何人都不能凭意志的努力直接而立刻地消除①和②，这是意志的局限性。完全明白这个道理，真心实意地承认个人意志的这种局限性，意味着自我接受。另一方面，意志的能动性体现在③，也就是说我们的意志能有效地直接控制行为。

对于不愉快的情绪来说，③越有效，即越是采取言语行动去有效地满足自己的需要和发挥自己的聪明才智，则①和②的减退和消失便越快且彻底。

神经症病人误以为人能"控制"情欲本身。其实，我们所能控制的只是情欲在行动上的表现。充其量，通过满足需要的有效行为，可以改变和调节情欲之①和②这两方面的现象。

事情往往跟神经症病人所设想的恰好相反：对①和②越是力图控制，①和②反而越加强烈持久。不仅如此，一个人的注意和精力越是集中于企图控制①和②，满足需要的有效行动越是被耽搁了，甚至从根本上被扼杀了。

可见，我们不能不承认"控制不住"这个心理事实。

那么，"应该"又是从何而来？"应该"意味着别人和社会对"我"的要求。神经症病人是"应该感"强烈的人。追根溯源，强烈的"应该感"来自父母、长辈的教训、惩罚、强求甚至苛求，来自父母、长辈对儿童的不理解、不宽容和不尊重。惩罚之内在化，便是"我应该"，因为一旦出现"不应该的"念头，便感到有受惩罚的危险。

霍妮(K.Horney)称为"应该之暴虐"(tyranny of shoulds)者，就是说的此种情况的人。这种人的整个心灵处于"应该"之暴虐统治之下，看事情、想问题、考虑行动，总是从"我应该"或"我不应该"出发，而很少从"我喜欢""我愿意""我要"出发。

每个社会都有禁忌，只是不同的社会禁忌的内容不尽相同罢了。如果父母、长辈对儿童限制过多，惩罚过严，要求过苛，那么，儿童从小就会满脑袋的禁忌意识。每个社会都允许它的成员享有一定的权利。从心理卫生上说，我们必须明确的权利是：只要不违法和不妨害别人，每个人都有追求愉快的权利。显然，禁忌意识极度膨胀的人，权利意识便相应地萎缩了。

其实，情欲本身一般并无所谓好坏，只是满足情欲的方法和行为有好坏之分。教养，在于启发、引导和帮助儿童以日益符合社会规范和越来越有效的行为模式去满足他们的情欲，而非批评或企图扼杀他们的情欲本身。切忌对儿童这个"人"采取否定态度，也就是说，不要说某孩子是"坏孩子"，而只能说某种行为是不好的或坏的，而行为是可以改变的。

"控制不住"是控制太多、太过分的结果，是"应该之暴虐"的产物，是禁忌意识过分强烈的表现。走出心理冲突的道路是发展个人的权利意识。当然，这首先要求我们每个人弄清楚自己究竟喜欢什么，需要什么，否则，就谈不上有效的行动。

(资料来源：许又新. 心理治疗基础[M]. 贵阳：贵州教育出版社，1999.)

复习思考题

1. 名词解释：情绪和情感、心境、激情、应激、道德感、理智感、美感。
2. 情绪、情感的区别和联系是什么？
3. 情绪、情感与认知之间的关系是什么？
4. 情绪、情感的生理变化及外部表现是什么？
5. 简述詹姆斯—兰格的情绪理论。
6. 简述沙赫特和辛格的情绪认知理论。
7. 举例说明艾利斯的情绪 ABC 理论。
8. 情绪、情感对身心健康有什么影响？
9. 青少年情绪的特点是什么？
10. 结合实际情况，谈谈青少年常见的情绪问题有哪些，应如何调控？
11. 焦虑情绪的表现是什么？产生的原因及预防策略是什么？
12. 抑郁情绪的表现是什么？产生的原因及预防策略是什么？

教师资格证考试真题再现

一、单选题(每题2分)

1.(2020.11)高三学生志强认为做事应达到尽善尽美,因此他对自己要求很高,常常因偶尔的考试成绩不理想而情绪低落,心理辅导教师通过纠正其不合理信念来调整他的情绪。该教师采用的心理辅导方法是(　　)。

　　A.理性情绪疗法　　B.系统脱敏法　　C.阳性强化法　　D.来访者中心疗法

2.(2021.10)民辉在解答难题时产生的疑惑、惊讶、焦躁等情感体验属于(　　)。

　　A.道德感　　B.理智感　　C.美感　　D.荣誉感

3.(2021.10)当志君看到他喜欢的中国乒乓球队在东京奥运会上夺冠时欣喜若狂,这种情感状态属于(　　)。

　　A.心境　　B.激情　　C.应激　　D.热情

4.(2022.03)进入初中后,赵东难以控制自己的情绪,时常无故地兴奋不已,转而又哀伤忧愁,这反应了青少年情绪发展具有(　　)。

　　A.弥散性　　B.闭锁性　　C.波动性　　D.感染性

5.(2022.03)陈亮一想到明天要在课堂上回答问题就坐立不安,感到心跳加快,脸红,出冷汗。这种表现属于(　　)。

　　A.抑郁　　B.妄想　　C.强迫　　D.焦虑

二、辨析题(每题8分)

(2022.03)情绪与认知是互不影响的心理过程。

第 8 章 意 志

本章学习目标

- 意志的概念
- 意志与认识、情感的关系
- 意志行动的基本过程
- 挫折与挫折承受力
- 意志品质及其培养

8.1 意志概述

8.1.1 意志的概念

1. 意志的定义

意志(will)是人自觉地确定目的,并根据目的调节支配自己的行动,克服各种困难,以实现预定目的的心理过程。无意识的本能活动、盲目的冲动或一些习惯动作都没有或很少有意志的成分。

意志是人类所特有的心理现象,是意识能动性和积极性的集中表现。在进行有意识、有目的的各类实践活动时,人们通常会基于对客观规律的理解,事先在头脑里设定行动目标,然后根据该目标选择方法,组织行动,并对外在客观现实施加影响,最终达到目标。意志与行动是密不可分的,意志调节并支配行动。同时,意志的强度和方向也必须通过行动表现出来。

2. 意志行动的特征

意志行动(volitional movement)是意志过程中所表现出来的行动。离开了行动,意志就无从表现。只有人类才能预先自觉地确定行动目的,有意识地调节自己的行为。例如,学生某门课程的学习成绩不佳,为了改变这种情况,便需要制定出努力目标,并克服学习中的各种困难,最后达到成绩提高的目的。意志行动的特征有三个。

1) 意志行动有预定目的

意志是在有目的的行为中表现出来的,而这个目的是自觉的、有意识的。人之所以不同于动物,就是因为人具有根据自觉的目的去行动的能力。目的在意志行动中起着极其重要的作用,它既能发动与目的相符的某些行动,同时又能制止与目的不符的另一些行动。

意志行动的目的越高尚，其社会意义越大，产生的意志力也越大。离开了自觉的目的，就没有意志可言，冲动、盲目的行动是缺乏意志的表现。

2) 意志行动以随意动作为基础

人的行动是由简单的动作所组成的。动作可分为不随意动作和随意动作。不随意动作是指那些不由自主的动作，如无条件反射动作、睡眠状态的动作等。随意动作是指由意识控制的、后天学会的、有目的的动作，如学生上课认真听讲、积极思考等。有了随意动作，人就可以根据目的去组织、支配、调节一系列的动作，组成复杂的行动，从而实现预定目的。由于随意动作是克服困难、实现目的的基础，因此，一系列随意动作的统一就组成了人的意志行动。

3) 意志行动与克服困难相联系

困难包括外部困难和内部困难，外部困难是指政治上、气候上、工作上等方面的条件障碍以及受到他人的讽刺、打击等外在条件的障碍；内部困难是指消极的情绪、犹豫不决的态度、懒惰的性格、没有独立克服困难的习惯、知识经验不足、能力有限、身体不佳等主体障碍。简单的意志行动，如画圆圈、十字、三角形、正方形等，健康的人不需要克服困难，但复杂的意志行动是与克服困难相联系的。例如，在寒冷冬天的早晨按时起床，身体不佳时坚持上学或完成一项艰巨的任务。意志的水平往往以困难的性质和克服困难的难易程度为衡量标准。

意志在人的学习生活中具有非常重要的意义，人在认识世界和改造世界方面所取得的成就常常与人的意志努力分不开。人的成就的取得并非全部取决于他们的聪明才智，而是与他们的意志品质有紧密的联系。因此，意志是成才的关键，无论从事什么活动，没有良好的意志品质，都是难以成功的。

8.1.2 意志与认识、情感的关系

意志与认识、情感是同一心理过程的不同方面，它们之间有密切的联系。

1. 意志与认识的关系

意志的产生是以认识过程为基础的。首先，意志行动的目的本身就是人的认识活动的结果，人只有认识了客观世界规律，才能提出切合实际的目的。其次，提出实现目的所需要的方法计划，也是认识活动的结果。再次，意志是与克服困难相联系的，而任何困难的克服都离不开一定的知识、经验的指导作用。人在确定目的、选择方法和步骤时，要审度客观形势，分析主观条件，总结过去的经验，设想将来结果，拟订方案，编制计划，并对这一切进行反复地权衡和斟酌，所有这些都必须通过认识过程才能实现。可见，意志行动离不开认识过程，意志是在认识活动的基础上产生的。

意志又可以影响人的认识活动，是认识活动顺利进行的保证。人在认识过程中，目的的确定、困难的克服，都要依赖于意志的努力。没有意志行动，不可能进行有效的社会实践活动。因此，积极的意志品质能促进人的认识能力的发展，而消极的意志品质则会阻碍认识能力的发展。

2. 意志与情感的关系

情感因素可以影响人的意志活动。情感既可以成为意志行动的动力，也可以成为意志行动的阻力。积极的情感可以鼓舞人的斗志，对人的行动起推动作用；消极的情感则能削弱人的斗志，阻碍人去实现预定目的，使意志行动半途而废。

意志对情感起着控制作用。坚强的意志可以强化人的积极情感，鼓舞人的热情，推动人去积极地、愉快地行动，取得更大的成功。而且，意志坚强的人，能抑制消极的情感，消除各种消极情感的干扰，使情感服从于理智；意志薄弱的人则会屈服于消极的情感，被这些消极情绪所压倒，使行动半途而废。

总之，认识、情绪和意志之间有着密切的联系。意志过程中包含了认识和情绪的成分，同样，认识和情绪过程中也融入了意志的成分。只是基于研究的需要，我们才将这一统一的心理活动从不同的角度进行分析。

8.2 意志行动的心理分析

意志总是通过一系列具体行动表现出来的。意志行动是一个非常复杂的过程，通常意志行动可被分为采取决定和执行决定两个阶段。

8.2.1 采取决定阶段

采取决定阶段是意志行动的初始阶段，也是内部决策阶段，它决定着意志行动的方向和可能实现的程度。在这个阶段，首先要解决动机冲突问题，然后是确定行动目的、选择行动方法和制订行动计划。

1. 解决动机冲突

意志行动是有目的性和方向性的活动过程。在决定行动的目的和方向上，往往会在同一时间内出现彼此不同或相互抵触的动机，个体因这些动机不能同时获得满足而产生矛盾心理，存在动机冲突。只有解决动机冲突，才能确定行动目的，意志表现在动机冲突解决之中。动机冲突一般有以下四种表现。

1) 双趋冲突

双趋冲突(approach-approach conflict)指当个体以同等程度的两个动机去追求两个有价值的目标时，因不能同时获得而产生的动机冲突。"鱼与熊掌不可兼得"就是这种动机冲突的体现。在实际生活中，两种目标的吸引力不可能完全相同。鱼和熊掌虽然都好吃，但熊掌属于奇珍佳肴，因而更有吸引力，这种情况下，解决冲突就比较容易了。当两种目标的吸引力比较接近时，解决冲突就比较困难了。

2) 双避冲突

双避冲突(avoidance-avoidance conflict)指个体以同等程度的两个动机去躲避两个具有威胁性的事件或情境时，因不能同时避开而产生的动机冲突。所谓"前有断崖，后有追兵"就属于这种情况。双避冲突常常由于接受了其中一种目标而得到解决。例如，学生犯了错误后，如果不去坦白自己错误，老师早晚都会知道的，这样的惩罚会更严重，况且人非圣贤,孰能无过,关键是要知错能改,照样还是好学生。明白了这个道理,就会向老师主动承认错误。在这里,具有较高层次的目标将对解决双避冲突能够起到调解和支配作用。

3) 趋避冲突

趋避冲突(approach-avoidance conflict)指个体对一个事物同时产生两种相反的态度取向时内部的动机冲突。比如,许多学生业余时间既想玩游戏,又怕完不成作业;既想身体健康,又不愿体育锻炼……这些就属于趋避冲突。面对这种情况,只能权衡利弊,做出接受或放弃的决定。

4) 多重趋避冲突

多重趋避冲突(double approach-avoidance conflict)指当一个人面对两个或两个以上的目标,而每一个目标都分别具有吸引和排斥两方面的作用时,不能简单地选择一个目标,而回避或拒绝另一目标,必须进行多重选择,由此而引起的动机冲突。例如,两份工作,一种社会地位高但待遇低,另一种待遇高但社会地位低,这种冲突面临两个或两个以上的目标,属于多重趋避冲突。

在现实生活中,一个人常常遇到各种动机冲突。如果对动机冲突不能很好地处理,就会产生强烈的消极情绪,使人陷入困惑和苦闷之中,甚至颓废和绝望,无力自拔。个体要学会处理矛盾和冲突,可以注意以下几点:首先,要在充分认识和理解各种动机特点的基础上,根据目标任务要求,权衡利弊,选择出主导性动机。一般说来,要"两利相权取其重,两害相权取其轻"。对于一般的动机冲突,譬如周六晚上看电影还是看球赛等,因其不涉及原则问题,就不必过多考虑。但在面临着对个体或社会具有重要意义的抉择时,则需谨慎选择,要遵循个人利益服从国家利益的原则。其次,在进行动机冲突的决策过程中,应尽量做到当机立断,切忌思前想后、优柔寡断,贻误了动机决策的最佳时机。最后,动机决策做出后,要严格按照动机主次矛盾来决定行为方向,学会取舍,完成任务。动机冲突的过程就是目标确立的过程,是目标的权衡取舍过程,冲突结束意味着动机决策完成。

2. 确定行动目的

在动机冲突获得解决或明确了行动的主导动机之后,行动的方向和目的就容易确定了。行动目的是指意志行动所要达到的目标和结果,这是意志行动产生的重要环节。目的越明确,人的行动便越自觉;目标越远大,它对行动的动力作用也越大,但是过于遥远的目标容易使人懈怠。所以,在远大的目的之下,最好再设立一些近期的、具体的目标,把两者结合起来。

目的确定和动机冲突是两个既有区别又有联系的过程。在确定目的前,往往要经历动机冲突,克服内在的矛盾。在目的逐步确定的过程中也会进一步引起动机的冲突,随后逐步趋于统一。要正确地确定目的,就必须排除对目的确定的种种干扰。为此要做到:以正确的动机为基础,不要患得患失;面对现实,权衡利弊,分析、估价目标的远近主次;增加信心与力量,果断作出决定。

3. 选择行动方法

目的确定之后,必须考虑如何实现这个目的,这就要选择有效的方法。实现目标的方法可能有多种,必须经过精细、紧张的思维操作,选择最有效的、最经济的、最优化的方法。切实可行的方法,可行动事半功倍;不好的方法,则会导致事倍功半,甚至导致行动的失败。

方法的选择，要根据客观规律、实际条件，从全局出发，全面衡量，最后再做决定。

4. 制订行动计划

在确定目的，选择好方法后，就要制订行动的具体计划，以使行动按计划进行，顺利实现行动目标。制订计划要符合实际，切实可行；同时也要全面细致，考虑到多种可能性，准备好各种应急措施。一个切实、合理的计划能够为执行决定打下良好的基础。

8.2.2 执行决定阶段

执行决定是意志行动的关键和中心环节，因为采取决定是主观的活动，而执行决定才是主观见之客观的物质活动，即使目的再明确，动机再高尚，行动方法再正确，计划再完善，如果不付诸行动，所有这一切也就都失去了意义。所以，通过执行决定才能发挥意志在改造客观世界中的作用，"决而不行"恰恰是意志薄弱的表现。这一阶段要经历两个环节。

1. 克服内外困难

人在执行决定的过程中，不可能一帆风顺，常常会遇到各种各样的困难，这就需要个体能够长期不懈地保持意志努力。如果克服了困难，就可能实现目的；如果被困难吓倒，就会半途而废，或遭到失败。所以，执行决定也是与困难作斗争的过程。

困难有内部困难和外部困难。困难来自内部，即内部困难。例如，已经放弃的目的和动机重新出现，新产生的诱因，知识经验的不足，消极心境的影响，身体欠佳，原有的懒惰、保守、懦弱、坏习惯等消极个性的干扰等。困难来自外部，即外部困难。如物质条件的不足，时间和空间的不利，人为的干扰等。面对困难，必须充分发挥自己的主观能动性，从实际出发，以实事求是的态度，力求坚持到底，克服这些困难，达到目的。千方百计地去克服困难，坚持用行动去实现目的的过程，也是意志努力的过程。

2. 经受成功与失败的考验

在执行决定的过程中，有时可能成功，有时也可能失败，无论是成功还是失败，都会产生相应的心理效应，这就需要运用意志来调节成功或失败的心理反应。

在行动过程中，成功会使人精神振奋、意气风发、信心百倍，有利于继续行动，但也容易自满、骄傲，致使行动半途而废，所以也要经受成功的考验。当然，成功是相对的，它与一个人的抱负水平有关。对抱负水平高的人来说，只能是初步成功；对抱负水平低的人来说，可能是很大成功。因此，成功也是对人的一种考验。

在行动的过程中，也会受到阻碍，遭受挫折与失败，这是不可避免的。面对挫折与失败，应保持冷静，审时度势，采取积极进取的态度对待，并做出理智的积极反应。如：百折不挠，顽强坚持到底；调整目标，继续努力；分析失败原因，总结经验，以利再战。因此，只有当人按照既定的计划一步一步地克服困难，做到"胜不骄，败不馁"，才能实现预定目的。

> 阅读资料 8-1

勇敢地面对困难

有人问一位已退休的老船长："如果你的船行驶在海面上，气象报告预知前方的海面上有一个巨大的暴风圈,正迎着你的船而来。请问,以你的经验,你将会如何处置呢?"老船长微笑地望着发问的人,反问道:"如果是你,你又会如何处置呢?"这个人想了想,回答道:"返航,将船头掉转一百八十度,远离暴风圈。这样应该是最安全的方法吧?"老船长摇了摇头道:"不行,当你掉头回航,暴风圈还是迎向你的船;你这么做,反而将你的船跟暴风圈接触的时间延长了许多,这是非常危险的。"另外一人说:"那,如果将船头向左或向右转九十度,试着脱离暴风圈的威胁呢?"老船长仍是摇摇头,微笑道:"还是不行,如果这样做,将会使船身整个侧面暴露在暴风雨的肆虐之下,增加与暴风圈接触的面积,结果是更加危险。"

众人不解,问道:"如果这些方法都不行,那究竟应该怎么做呢?"老船长肯定地说:"只有一个方法,那就是抓稳你的船舵或舵轮,让你的船头不偏不倚地迎向暴风圈前去。唯有这样做,既可以将与暴风圈接触的面积化为最小;同时,因为你的船与暴风圈彼此前进的方向相反,故而还可以减少与暴风圈接触的时间。很快地,你将会发现,你已经安然冲过暴风圈,迎接另一片充满阳光的蔚蓝晴天。"众人听到这里,一阵沉寂之后,不禁为老船长应变的丰富智慧深深折服,响起喝彩欢呼声。

感悟:人的一生,不可能是平坦的大道,总会遭遇困境。有些人面对困境,望而却步;有些人则敢于披荆斩棘,勇往直前,抵达成功的彼岸。困难对于天才是一块垫脚石,对于能干的人是一笔财富,对于弱者是一个万丈深渊。在困难面前垂头丧气、一蹶不振、放弃前进、改变目标都不是智者的选择,也永远品尝不到"柳暗花明又一村"的喜悦。俗话说,山高遮不住太阳,困难吓不倒英雄。英雄敢于搏击风浪,英雄敢于与凛冽寒霜抗争,英雄善于用智慧创造奇迹。古今中外,无数杰出人物都经历过失败的洗礼。孔子周游列国,四处碰壁、但他不卑不亢,最终成为千古圣人;红军战士跋山涉水,历经艰难险阻,最终取得了二万五千里长征的胜利,为中国革命的最终胜利保存了实力。遭遇困境时,最有效的解决态度就是如同老船长所说的"迎向前去",这样不仅可以减少与问题纠缠的时间,更能够将力量集中于一个焦点,一举突破逆境的困惑。勇敢面对,是解决问题的真正捷径!

(资料来源:王瑶. 中小学生命教育经典案例与评析[M]. 济南:山东教育出版社,2007.)

8.2.3 意志行动中的挫折

1. 挫折

挫折(frustration)是指个体的意志行为受到无法克服的干扰或阻碍,导致预定目标不能实现时所产生的一种紧张状态和情绪反应。挫折包含三层含义:①挫折情境,即干扰或阻碍意志行为的情境,如学生由于考试过于紧张没有正常发挥而高考落榜。②挫折认知,即个体对挫折情境的认知、态度、体验,这是产生挫折和如何对待挫折的关键。挫折情境能否构成挫折,很大程度上取决于个体对挫折情境的态度和评价,同一挫折情境由于个体的志向水平不同,感受挫折的程度也是有区别的。如有的学生满足60分的成绩,而有的学生对同样的成绩则会很沮丧。③挫折反应,即伴随着挫折认知而产生的情绪和行为反应,如愤怒、焦虑、攻击等。当挫折情境、挫折认知和挫折反应同时存在时,便可构成心理挫折。但是,有时只有挫折认知和挫折反应这两个因素,也可以构成心理挫折。如有的学生总怀疑周围的同学议论自己,看不起自己而产生紧张、烦恼等情绪反应。

挫折是客观存在的,任何人在生活和学习中都不可能一帆风顺,他们总要受到一些无法排除的干扰和阻碍，致使某些动机或预定的目标不能实现。挫折并不完全是消极的，它有利有弊。在某些情况下，它可以激发更大的意志努力，促使人更加坚定地向预定的目标奋进。

2. 挫折情境的形成

挫折情境是产生挫折的原因，是使目标不能实现的各种阻碍和干扰因素。人所遭受的任何挫折都与所处的情境有关。挫折情境就是使目标不能实现的各种阻碍和干扰因素。导致挫折情境形成的因素是多方面的，概括起来可以分为主观因素和客观因素两类。

主观因素就是和主体有关的内部因素，包括个体的生理因素和心理因素。生理因素主要是指个体生理上的某些缺陷或疾病带来的限制，使个体不能胜任某些工作或进行某些活动，因而无法实现预定的目标等。心理因素引起的挫折是相当复杂的，主要原因是个体过高的志向水平或不适当的自我估计。动机冲突、个人对挫折的承受能力以及某些人格特征都会影响挫折的产生。

客观因素主要包括自然环境因素和社会环境因素。自然环境因素指无法克服的自然条件的限制，这些限制可导致挫折的产生；社会环境因素也会导致挫折的产生，如因人际关系因素限制而受挫。

3. 挫折反应

人在遭受挫折后，或多或少都会作出一定的反应，主要表现在情绪性反应、理智性反应和个性的变化三个方面。

1) 情绪性反应

人在受到挫折后，情感反应是非常复杂的，包括自尊心的损伤、自信心的丧失、失败感和愧疚的增加等，最终形成一种紧张、不安、忧虑、恐惧等感受所交织成的复杂心情。情绪反应的方式有很多，一般表现为：攻击、冷漠、退化、幻想、逃避、固着等方式。

(1) 攻击行为是情绪性反应中最常见的，是个体遭受挫折后发泄愤怒情绪的过激行为。攻击性行为按其表现方式又可分为两种：直接攻击和转向攻击。直接攻击是采用打斗或辱骂、讽刺、漫画等形式，侮辱对方人格，发泄自己内心的不满。校园里发生的打架事件，就是一种极端的直接攻击行为。转向攻击是指不能直接攻击引起挫折的对象或碍于身份不便攻击时，便把愤怒发泄到其他的人或物上。例如，有的同学受了老师的批评，不敢反抗，回家拿自己的玩具出气。此外，长期诸多细小挫折使一个人的情绪处于低谷状态时，便会引起无名之火，由于这种无名之火缺乏具体攻击目标，于是出现了谁碰上谁倒霉的情况。在许多情况下，成为转向攻击的目标都是无辜的。

(2) 冷漠是指个体遭受挫折后无动于衷、漠不关心。冷漠并非不包含愤怒的情绪成分，只是个体把愤怒暂时压抑，以间接方式表现出来而已。这种现象表面冷漠退让，内心深处则往往隐藏着很深的痛苦，是一种极其受压抑的反应。冷漠是一种极为消极的行为反应，人一旦堕落就会变得麻木不仁，所谓"哀莫大于心死"就是这种行为反应的生动写照。

(3) 退化又叫倒退或回归，指个体遇到挫折时表现出与自己的年龄、身份极不相称的幼稚行为。人在从儿童到成人的成长过程中，逐渐学会了如何控制自己，在适当的时候、适当的场合做出合乎常理的情绪和行为反应，这是日益成熟的表现。但是，当人遇到挫折时，体验到极强烈的情感，就可能会失去这种控制，而以简单幼稚的方式应对挫折，以求得别人的同情和照顾。退化便是一种由成熟向幼稚倒退的反常现象，有时会表现出粗鲁的行为，可能是咒骂和大声嚎叫，也有可能挥拳相向，其本人并不能清晰地意识到。例如，有时会看到老人钱被偷后，在大街上捶胸顿足，号啕大哭。歇斯底里发作的患者也有退化行为，例如，满地打滚，甚至故意尿湿衣服等。退化这种受挫后的表现其根本目的在于发泄心中的不满和博取别人的同情和关注。

(4) 幻想是指个体以自己想象的虚幻情境来应对挫折，借以摆脱现实的痛苦，并在此虚幻情境中寻求满足。例如，一个学生学习困难，考试失败，他可能在幻想中想象自己完成了学业，事业发达受人赞誉，面对鲜花、笑脸、地位、待遇等愉快的情境。现实中的挫折越是使他感到痛苦，幻想中的成功越能使他得到畅快和满足，他就越有可能逃避现实而沉溺于幻想之中。幻想偶尔为之，并非失常，而且任何人都有幻想，青少年的幻想尤其多。但是，一旦形成了以幻想来对付现实中的挫折，希望从幻想中得到现实中得不到的满足的习惯，将是十分危险的，并可能形成病态的行为反应。

(5) 逃避是指个体遭受挫折后，不敢面对现实，而放弃原来的目标。

(6) 固着是指个体在受挫后，依旧用先前的方法，刻板、盲目地重复某种无效行为。这种情形比较多见于惊慌失措的状态之中，如丢失了重要东西，明知这东西是在外面遗失的，仍然不停地在室内翻箱倒柜，不止一次地重复这种无效寻找的行为。再如，有些失恋者，明知对方已经无意，却仍然故地重游，徘徊于往日的情绪之中。

2) 理智性反应

个体在遭受挫折时，能够审时度势，采取积极进取的态度，敢于克服困难，排除障碍，向预定目标靠近。在遇到挫折时，理智应对的人，不仅能够坚持目标，还能够分析挫折原因，或调整目标，或改变实现目标的途径，从而获得成功。

3) 个性的变化

持续的或重大的挫折会使个体产生某些紧张状态和反应，这种反应方式逐渐固定下来后，就会影响个性的发展。如许多长期遭受挫折的人会变得冷漠无情，有些人则会变得凶残，攻击性极强。

4. 增强挫折承受力

挫折在人的生活中是不可避免的，增强挫折承受力是培养良好意志行为的重要方面。增强挫折承受力涉及下面的一些重要因素。

1) 正确对待挫折

首先要认识到挫折是普遍存在的，从某种意义上讲，挫折是生活中的一部分。自然界、社会中的万事万物都是在曲折地螺旋式上升，直线顺利发展的事物几乎没有。挫折是客观存在的，关键在于人怎样认识和看待它。对挫折有了充分的心理准备，能面对挫折不灰心、不后退，敢于向挫折挑战，能把挫折作为前进的阶梯和成功的起点。人应该认识到挫折具有两重性，挫折和磨难并不都是坏事，它可以促使人为了改变境况而奋斗，磨炼人们性格和意志，使人对生活、对人生认识得更加深刻、更加成熟。

2) 改善挫折情境

如果使挫折情境得以消失或改善，那么个体的挫折感也就会消失。首先应预防挫折的发生，对一件事情的成功或失败做出正确的评价；当挫折发生后，认真分析挫折的原因，设法改变、消除或降低其影响；可暂时离开遭受挫折的环境，到一个新的环境中去，或改变环境气氛，给受挫者以同情、支持和温暖。

3) 总结经验教训

善于吸取失败和挫折中的教训是增强挫折承受力的重要方面。一方面，从失败中吸取教训，以积极冷静的态度分析遭受挫折的主、客观原因，可及时找出失败的症结所在，发现自己的弱点，力争改进。另一方面，要发现自己的优点和长处，从而振作精神，鼓起战胜挫折的勇气，树立信心，提高对挫折的承受能力。

4) 调节抱负水平

抱负水平是指个体在从事活动前，对自己所要实现的目标或成就所设立的标准。它是人进行成就活动的动力，能否成功则取决于抱负水平的高低是否适合个体的能力或条件。抱负水平过低或过高都不利于增强个体的自信心和自尊心。在过低抱负水平下，即使成功了，人们也不能产生成就感；抱负水平过高，在达不到预定目标时，就容易产生挫败感。所以，要使我们在活动中产生成就感而又不至于受到挫折，就要提出适合自己能力水平的、具有挑战性的目标。

5) 建立和谐的人际关系

建立和谐的人际关系对于增强挫折的承受力是有积极作用的。当一个人遭遇到挫折后，如果有几个在观念上、学习上、生活上志同道合的朋友，能向他们倾诉自己的心里话，内心的紧张便会逐渐减弱。还可以从朋友那里得到鼓励、信任、支持和安慰，重新振作精神，战胜困难和挫折，使自己从挫折中解脱出来。

阅读资料 8-2

李时珍、司马迁为什么能成功

"有志之人立长志，无志之人常立志"。我国明代杰出的医药学家李时珍写的《本草纲目》是一部闻名世界的巨著。字数有192万，共52卷，60类。全书记载药物11 096种，附药物形态图1160幅。可是，你知道他是怎样完成这部巨著的吗？

据史料记载，李时珍在三次府试失败后，决定钻研医学。他对父亲说："身如逆流船，心比铁石坚，望父全儿志，至死不怕难。"他不畏挫折，历尽艰险，用了27年的时间，在他61岁时，终于写完初稿。他为了写这部巨著，参看了近千部著作，前后3次修稿，为这部书而作的札记有1000万字，走的路有上万里，访问的人有上千个。

汉代司马迁，20岁就立志写《史记》。他走遍大江南北，亲访韩信的出生地，耳闻过刘邦的故事，凭吊过爱国诗人屈原，考察过许许多多、大大小小的古战场，积累了丰富的资料。当他着手撰写这部著作时，因替李陵降匈奴一事说了几句公道话，触怒了汉武帝，被处"腐刑"。在肉体被摧残、精神受折磨的极度痛苦之中，他凭着志高如山而挺立在人世间的勇气，强忍屈辱，毅然拿起笔，不分寒冬酷暑，克服重重困难，发奋著书。耗费了整整18年的心血，终于写成《史记》这部伟大的著作。

可见，凡是有志之人，都是立长志者。在生活中，又有多少人成天在"立志"，却"朝三暮四""半途而废"，最终一无所成，这就是无志之人常立志。

(资料来源：孙煜明. 心理学学习指导[M]. 北京：人民教育出版社，1991.)

8.3 意志品质及其培养

8.3.1 意志品质

意志的个别差异主要体现在意志的品质方面。意志品质是一个人在意志行动中形成的比较稳定的特质，主要包括意志的自觉性、果断性、坚持性和自制性。

1. 自觉性

自觉性是指一个人对行动目的和意义有充分的、自觉的认识，并随时监控自己的行动，使之合乎于目标的心理品质。这种品质反映了坚定的立场和信念，是人意志行动的力量源泉，贯穿于意志行动的始终。自觉性强的人，能按照客观规律提出自己的行动目的，积极主动地去完成具有社会价值的目标和任务。

与自觉性相反的品质是易受暗示性和独断性。易受暗示性是指个体容易受外界影响，盲目地听信别人的意见，轻易地改变行动目的，表现出缺乏原则性和独立见解，没有自己独立的见解和勇气，为人处事易受他人影响，表现出过度的屈从和盲从。而独断性则表现为个体容易从主观出发，不听别人的忠告，一意孤行，听不进中肯的意见和合理的建议，盲目地做决定。历史上的马谡失街亭，曹操走华容道，楚霸王四面楚歌，都是因为独断专行而导致的后果。

2. 果断性

果断性是指一个人根据实际情况，迅速地明辨是非，及时采取和执行决定的心理品质。果断性是以自觉性为前提的，决非草率行事。果断性强的人，在紧急情况下能够审时度势，以大胆勇敢和深思熟虑为前提，不失时机地做出决定并加以执行。

与果断性相反的品质是优柔寡断和武断。优柔寡断者的显著特点是无休止的动机冲突。在采取决定时，迟疑不决，三心二意；到了紧急关头，只好仓促决定，做出决定后又后悔，甚至开始行动之后，还怀疑自己的决定是否正确。武断的表现是指处事冲动鲁莽，不等到时机成熟就草率从事。处事武断的人或是性格暴躁，懒于思考，或是目光短浅，不计后果，贸然行动。这两个方面都是意志品质缺乏果断性的表现。

3. 自制性

自制性是指一个人善于控制自己的冲动，并有意识地调节和支配自己的情感和行动的心理品质。自制性表现了意志的抑制职能。自制性强的人，在采取决定时，能够冷静分析，全面考虑，做出合理决策；在执行决定时，则善于克服内外干扰，坚决执行决定，而且胜利时不骄傲自满，失败时不自暴自弃。

与意志的自制性相反的品质是任性和怯懦。任性的人表现为放纵自己，易受情感左右，缺乏理智，肆无忌惮，不能约束自己的言行。任性者在顺利的情况下往往为所欲为，在不顺利的情况下易受激情所支配，常常因冲动而说错话、办错事。怯懦表现为在需要采取行动、迎接挑战的时候却临阵退缩，不敢有所行动。这两种品质都是意志不坚定、缺乏自制力的表现。

4. 坚持性

坚持性也叫坚韧性是指一个人在行动中能够长期地保持旺盛的精力,百折不挠地克服困难,坚持到底实现预定目的的心理品质。坚持性强的人,表现为有顽强的毅力,充满必胜的信念,不怕任何困难和失败,始终坚持不懈,不达目的决不罢休的顽强精神。所谓"富贵不能淫,贫贱不能移,威武不能屈"就是意志坚定的表现。

与坚持性相反的品质是动摇性和顽固性。易动摇者遇到困难便怀疑预定目的,不加分析便放弃对预定目的的追求。这种人不善于迫使自己去达到预定目的,遇到挫折便望而却步,做事见异思迁,虎头蛇尾,不时地改变自己行动的方向。顽固者就是对自己的行动不做理智的评价,总是我行我素,固执到底。平时我们说某人总是"一条道走到黑",或是"不见黄河不死心",就是指行为过于顽固,总是一意孤行。这种人不能客观地认识形势,尽管事实证明他的行为是错的,但仍一成不变,自以为是。动摇性和顽固性尽管表面上不同,但都是意志缺乏坚持性的表现。

阅读资料 8-3

推开一扇门本不难

有一位国王打算出一道题考一考他的大臣,以便从中选拔出智慧勇敢的人担任国中要职。他把臣子们领到一扇奇大无比的门前说:"这是我们王国中最大的门,也是最重的门。请问,你们当中谁能把它打开?"

大臣们都知道,这扇门过去从没打开过,所以,他们认为这门肯定是打不开的。一些大臣望着门不住地摇头,一些人则装腔作势地走上前去看一阵,但并不动手,因为他们不想当众出丑,还有一些人甚至猜想,国王或许另有用意,所以,静观其变才是最稳妥的态度。

这时,有一位年轻的大臣向大门走了过去,只见他双手猛力向大门推去,门被豁然打开了。原来,这扇门本来就是虚掩着的,没有锁也没有插栓,谁都能轻易地推开它。这位年轻的大臣得到了国王的奖赏,并被授予了重要的职位。

歌德曾说过:"你若失去了财产,你只失去了一点儿;你若失去了荣誉,你就失去了许多;你若失去了勇敢,你就失去了全部。"看看我们周围,那些成功的人并不比我们更有知识、更加聪明,他们和我们最大的不同是:比我们更有冒险的勇气!做一个勇敢的人、一个勇于挑战自我的人,勇敢地面对生命中的每一个问题,是人生能否取得成功的关键。而敢于迈出第一步,你的人生就成功了一半。

(资料来源:王瑶. 中小学生命教育经典案例与评析[M]. 济南:山东教育出版社,2007.)

8.3.2 良好意志品质的培养

良好的意志品质不是天生的,而是在后天的教育和实践中逐步形成和发展起来的,是有意识培养的结果。培养意志品质的主要途径和方法有以下几个方面。

1. 加强目的性教育

自觉的目的是意志行动的指南和行为的最高调节器,加强目的性教育是培养良好意志品质的基本条件。目的性教育包括形成目标观念和以目标来调节行动两个方面。形成目标观念，指在学生心理上形成牢固的目标意识，每次行动都必须有一个明晰而正确的目标，避免盲目行动的发生。目标包括近期目标和长期目标。长期目标作为人的理想是人的精神支柱，对行为具有持久的推动作用。近期目标是行为的直接推动力量。仅有长期目标是不够的，它不能转化为具体行动，所以，还必须培养学生确立近期目标，把近期目标的直接动力与长期目标的持久动力结合起来，才能培养学生良好的意志品质。另一方面，必须引导学生以目标来调节自己的行动，发挥目标对行为的定向、调节、控制作用。因此，教师不仅要在教育、教学活动中，具有明确的目的性，而且还要善于培养学生自觉确立明确的目的并把目的迅速转化为行动的能力，帮助学生形成自觉、坚定的意志品质。

2. 组织实践活动

坚强的意志是在实践中，特别是在克服各种困难的实践活动中，通过有意识的锻炼逐渐形成的。所以，教师要结合教育、教学工作需要，经常组织相应的实践活动，如主题班会、演讲比赛、体育竞赛、劳动竞赛等，培养学生的目的性和行动的坚韧性品质。组织实践活动要有明确的目的，活动要有一定的难度，要由易到难有计划地进行，使学生在活动中自觉地对待困难，不断地克服困难。最后，行动的结果还要反馈给学生，以树立其信心，达到增强其意志力的目的。

3. 充分发挥班集体和榜样的教育作用

班集体是一种巨大的教育力量。苏联教育家马卡连柯特别重视班集体对学生的教育作用，认为"集体是个人的教师"，班集体对学生心理的影响能起到社会助长作用和规范作用，这两方面作用都是通过班集体的舆论、规范、集体目标和心理气氛等因素来实现的。因此，教师要特别重视班集体在学生意志品质形成过程中的重要作用，建立一个良好的班集体。

榜样是一种无形的教育力量，在培养学生意志品质过程中具有特殊作用。它为学生形成坚强的意志品质提供了学习模仿的对象，具有引导和激励作用。由于青少年有着强烈的求知欲和争胜心理，他们崇拜的榜样，对他们有着巨大的吸引力，能推动他们以顽强的意志去努力提高自己。所以，教师要努力为他们提供典型的榜样，不仅要用科学家、发明家、革命先烈、领袖人物、劳动模范以及文艺作品中的优秀人物去激励学生，而且还要善于从学生身边确立学习的榜样，如班级中在学习上具有顽强刻苦精神的同学。此外，教师还要以身作则，善于用自己良好的意志行动激发和影响学生形成良好的意志品质。

4. 启发学生加强自我锻炼

人的意志品质的形成不仅受周围人的影响，同时也是自我教育和自我锻炼的结果。为此，教师要启发和帮助学生掌握自我锻炼的方法，形成自我锻炼的习惯，引导他们拟定自我锻炼计划，使他们在日常学习和生活实践中，不断地严格要求自己，积极锻炼他们的意志。还应该要求他们养成自我检查、自我监督、自我暗示和自我鼓励的习惯，促使他们自觉锻炼意志品质。总之，应将学生的内部积极性和良好的外部条件结合起来，以达到培养学生坚强意志的目的。

5. 根据个别差异，采取有针对性的措施

人的意志类型存在着个别差异。要根据意志的不同特点，采取不同的措施培养意志品

质。对于容易盲从、轻率行事的学生，应该多启发他们意志的自觉性；对于胆小、犹豫不决的学生，应培养他们大胆、勇敢果断的意志品质；对于任性、缺乏自制力的学生，要培养他们控制行为的能力；对于缺乏毅力、做事虎头蛇尾的学生，应激发他们的坚韧精神和克服困难的信心。

复习思考题

1. 什么是意志？意志行动有哪些特征？
2. 意志与认识、情感的关系怎样？
3. 举例分析意志的行动过程。
4. 什么是挫折？挫折反应有哪些？
5. 结合例子谈谈如何增强自身的挫折承受力。
6. 良好的意志品质有哪些？
7. 分析自己的意志特点，并说明自己是如何培养与锻炼的。

教师资格证考试真题再现

一、单选题(每题2分)

1.(2022.03)李玲遇事常拿不定主意，错失良机。这主要反映了她意志品质的哪一特点(　　)。

　　A. 果断性　　　　B. 独立性　　　　C. 坚韧性　　　　D. 自制性

2.(2022.11)吴北即将高中毕业，他既想读国外大学，又想读国内高校，迟迟做不出选择。他的这种动机冲突属于(　　)。

　　A. 双避型　　　　B. 趋避型　　　　C. 双趋型　　　　D. 多重趋避型

3.(2023.03)杨亮常制订学习计划，但执行计划时总是半途而废。这主要反映了他意志品质的哪一特性？(　　)。

　　A. 果断性　　　　B. 坚韧性　　　　C. 理智性　　　　D. 独立性

二、材料分析题

(2016.05)中学生晓雯是一个品学兼优的学生，老师与同学都很喜欢她。但她需要进行选择与决策时，总是拿不定主意，处于矛盾中。例如，有同学建议晓雯竞选班长，她也有此想法，但又担心班级事务繁多影响自己的学习；学校举行数学竞赛，她渴望参加，但又担心无法完成老师交给她的创建班级环境规划的任务。日常生活中，晓雯也常常为是参加集体活动还是温习功课拿不定主意；在专业选择问题上，她既想成为一名音乐家，又想成为一名心理学家。

分析以上材料并回答下列问题。

1. 请运用动机冲突相关知识分析晓雯的问题。(10分)
2. 假如你是晓雯的班主任，你会如何帮助她？(8分)

第 9 章 个性与个性倾向性

本章学习目标

- 个性的概念、特征
- 需要的概念、种类
- 马斯洛的需要层次理论
- 动机的概念、种类
- 动机与行为效率的关系
- 学习动机的培养和激发
- 动机理论及其应用

9.1 个性概述

9.1.1 个性的概念

1. 个性的定义

个性(personality)是指一个人的整个心理面貌,即具有一定倾向性的各种心理特征的总和。

从词源上讲,个性的英文 personality 一词源于拉丁文 persona,原指演员在舞台上所戴的面具,表示所扮演角色的标志,代表着这一角色的某些典型特征,类似于京剧中的脸谱。在舞台上,演员的言行要与其扮演的角色相符,而一个角色也就意味着一套行为方式。观众可以从演员的面具上了解他的角色,根据其角色了解他的行为。在心理学中,个性一词沿袭了它的含义,并将个性引申为个人在人生舞台上所扮演的角色及内心的特征,即一个人的整个心理面貌。

2. 个性的心理结构

个性的心理结构是指个性所包含的成分或单位。个性是复杂的、多侧面的、多层次的统一体。个性的心理结构包括个性倾向性和个性心理特征两大部分,这两大部分的有机结合使个性成为一个整体结构。

1) 个性倾向性

个性倾向性是人进行活动的基本动力,是个性结构中最活跃的因素,主要包括需要、动机、兴趣、理想、信念和世界观。它们较少受生理因素的影响,主要是在后天的社会化过程中形成的。个性倾向性的各个成分并不是彼此孤立的,而是相互联系、相互影响和相互制约的。其中,需要是个性倾向性乃至整个个性积极性的源泉。动机、兴趣和信念都是需要的表现形式。世界观居于最高层次,它制约着一个人的思想倾向和整个心理面貌,是人的言论和行动的总动力和总动机。个性倾向性被认为是以人的需要为基础的动机系统，它影响着人对认识活动对象的趋向和选择。

2) 个性心理特征

个性心理特征是指一个人身上经常地、稳定地表现出来的心理特点，主要包括气质、性格和能力。在个性心理发展过程中，这些心理特征较早地形成，并且在不同程度上受生理因素的影响，当个体心理活动的特点以某种机能系统或结构的形式在个体身上巩固下来时，就使各种特点带有稳定的性质。当然，在人与环境相互作用的过程中，个性心理特征也会缓慢地发生变化。

个性倾向性与个性心理特征之间相互渗透、相互影响，错综复杂地交织在一起。一方面，个性心理特征受个性倾向性的调节；另一方面，个性心理特征的变化也会在一定程度上影响个性倾向性。可以说，个性是一个多种因素有机联系的统一整体。

阅读资料 9-1

个性与人格的关系

个性与人格两个概念关系密切且容易混淆，为了进一步理解个性的概念，这里有必要对人格与个性的关系进行简要的阐释。

人格是一个有着颇多歧义、颇多界说的概念。不同的研究者对人格的理解不同，对人格所下的定义也存在差异。目前在人格研究领域中仍然存在着各种研究类型或研究取向，一时难以统一。根据国内外的各种定义，人格和个性的三种关系。

1. 人格比个性外延大

广义的人格包括：心理方面的特质和身体方面的特质。个性只包括心理方面的特质，不包括身体方面的特质。例如，奥尔波特把人格定义为身心系统的动力组织。中国心理学家荆其诚等人指出："人格……是人在社会化过程中形成的给人以特色的心身组织。"（1991）

2. 人格与个性同义

人格与个性同义时，只包括个人在心理方面的特质，不包括身体方面的特质。《中国大百科全书》心理学卷和教育卷都指出，人格也称个性。教育卷还指出：从广义上说，人格与个性同义，均指个人的心理面貌。

3. 人格比个性外延小

狭义的人格包括气质、性格。个性则包括能力、气质和性格等个性特征。例如，当代西方的心理学教材中通常把"智力"和"人格"分列为两章。人格量表主要测量性格和气质等方面的特质。美国已出版的《心理测验(第三版)》(TIP—Ⅲ)和《心理测验年鉴》中按内容把测验分成17类，其中人格测量是第11类，智力、学习、语言均另列一类。

人格是一个多义词，可以用大小不同的三个同心圆来加以描述，如图9-1所示。

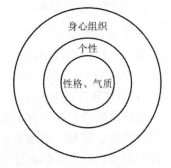

图9-1 人格和个性的三种关系

(资料参考：叶奕乾. 现代人格心理学[M]. 上海：上海教育出版社，2011.)

9.1.2 个性的基本特征

1. 个性的独特性

个性的独特性是指人与人之间的心理和行为是各不相同的。构成个性的各种因素在每个人身上的侧重点和组合方式是不同的,因此每个人的个性都有自己独特的特点。所谓"人心不同,各如其面",正说明了人与人之间没有完全相同的个性,即使是同卵双生子,他们的个性也不完全相同。如同世界上很难找到两片完全相同的叶子一样,也很难找到两个完全相同的人。从这种意义上说,世界上每个人的个性都是独一无二、绝无仅有的。

个性的独特性并不排除人与人之间个性的共同之处。处于相同环境的人,如同一群体、同一阶级、同一民族的人们,在个性上都不可避免地存在着某些共同性。有研究认为,中国人由于长期受儒家思想的影响,性格中普遍具有重传统、谦和、服从、内省等共同特征。

2. 个性的稳定性

个性的稳定性是指个体的个性具有跨越时间和空间的一致性。个性是相对稳定的心理品质,甚至可以从一个人儿童时期的个性特征推测其成人时期的个性特征。个性的稳定性包含两方面的含义:从个性形成来看,个性是在遗传的基础上,通过环境的影响,在社会实践活动中逐渐形成的。一个人的个性一经形成,就具有稳定性;从个性表现来看,个性是指那些经常出现的、比较稳定的心理特征,而不是一时的、偶然表现出来的心理现象。

尽管如此,个性绝不是一成不变的。因为现实生活非常复杂,随着社会现实、生活条件和教育条件的变化,年龄的增长、主观的努力等,个性也会发生某种程度的改变。特别是在生活中经过重大事件或挫折,往往会在个性上留下深刻的烙印,从而影响个性的变化。

3. 个性的整体性

个性的整体性是指个性是一个统一的整体结构,是由各个密切联系的心理成分所构成的多层次的统一体。这个整体的各个成分相互作用、相互影响、相互依存,使一个人的各种行为都体现出统一的特征。美国心理学家奥尔波特(G. W. Allport)指出,个性是一个有组织的整合体,其中一部分发生变化,其他部分也将发生变化。在个性研究中,引进了结构的概念和系统的观点,把个性看成是完整的构成物,具有整体性。

个性的整体性不仅表现为个性诸多因素的内在统一性,也表现为个性在发挥整体功能时所具有的多层次性。作为整体的个性,是由密切联系的多种成分所构成的多层次、多侧面、多维度、有主要与次要特征之分的复杂系统。

4. 个性的社会性

个性就其本质来说是社会的。每个人作为社会成员处在各种复杂的社会关系及一定的政治关系之中,时时受到物质生产和消费所构成的各种关系的影响,还受到社会上各种意识形态宣传和教育的影响,从而成为复杂的社会关系的体现者。可以说,每个人的个性都打上了他所处的社会的烙印,即个体社会化的结果。正如马克思所说:"'特殊的人格'的本质不是人的胡子、血液、抽象的肉体本性,而是人的社会特质。""人的本质并不是单个人所固有的抽象物,实际上,它是一切社会关系的总和。"从这个意义来看,个性是一个社会历史产物,只有在实践活动中,在人与人之间的交往活动中,考察社会因素对个性发展的决定作用才能科学地理解个性。

个性的社会性并不否认个性的自然性。我们在强调个性的社会性时，不否认个性发展的生物制约性，因为个体的遗传基因和生物特征共同构成了个性形成和发展的生物学基础，影响着个性的形成和发展。但是，遗传基因和生物特性并不能决定个性的发展方向。

9.2 需　　要

马克思说，人们的需要就是他们的本性。心理学家已经初步探明，人类行为的一切动力都起源于需要，需要是动力的源泉。需要既是个体心理活动和行为最基本的动力源，又可以通过需要折射出其个性特点。所以，要了解人类行为的动力必须从了解需要入手。

9.2.1 需要的概念

1. 需要的定义

需要是有机体感到某种缺乏而力求获得满足的心理倾向。它是有机体自身和外部生活条件的要求在头脑中的反映，是有机体缺乏某种东西时产生的一种主观体验，是对客观需要的主观反映，是有机体内部的一种不平衡状态，包括生理的不平衡和心理的不平衡。例如：当人饥饿时，就会产生进食的需要；当人孤独时，就会产生交往的需要；当生命财产得不到保障时，就会产生安全需要；等等。

需要是人的心理和行为动力系统的基本组成部分，是个体活动积极性的源泉，它常常以动机、兴趣、愿望、价值观等形式表现。有人说："一个人需要什么，他就是一个什么样的人。"它能促使人朝着一定的方向，追求一定的目标，以行动求得满足。需要越强烈、越迫切，由它所引起的活动就越有力。同时，人的需要又是在人的活动中不断产生和发展的。

2. 需要的特征

人的需要是复杂多样的，但无论多么复杂的需要一般都具有以下特征。

1) 对象性

需要总是指向一定的对象的。有机体的某种"缺乏"总是特定对象的缺乏，这种特定对象或是物质的，或是精神的，因此，也只有某种对象才能使其获得满足。例如，人在口渴时会把水作为需要的对象，孤独时总希望有朋友在身边等。

2) 动力性

需要是人从事各种活动的基本原动力，是人的一切积极性的源泉。人的各种活动从饮食、学习、工作，到创造发明，都是由于需要的推动作用。因为，人要生存和发展就必须与环境保持平衡，一旦环境发生变化，机体就可能产生缺乏感，这种缺乏感就会促使人调动机体的力量去达到新的平衡，因而产生动力。这种缺乏感越大，需要越强烈，人的行为动力就越强。

3) 社会性

社会性是人的需要的本质性特点。人和动物都有需要，但人不仅有先天的生理需要，而且在社会实践中，在接受人类文化教育过程中，个人会发展出许多社会性需要。人类满足需要的范围和内容比动物大得多，特别是那些高层次的需要，如求知需要、审美需要、自我实现需要是人类独有的。这些社会需要受经济、时代、历史的影响。在经济落后、生活水平低下时期，人们需要的是温饱；在经济发展、生活水平提高的时期，人们需要的不仅是丰裕的物质生活，同时也开始需要高雅的精神生活。

4) 无限性

需要的无限性包含两层含义：①需要的种类无限多样，满足需要的方式也无限多样。既有低层次需要，也有高层次需要；既有自然需要，也有社会需要。②人一生中的需要是无限的，需要的出现不是人生阶段中某一时期的特殊产物，而是伴随人生自始至终变化的，需要是发展的、无止境的。

9.2.2 需要的种类

人的需要一个多维度、多层次、多样化的结构系统，可以从不同的角度依据不同的标准加以分类。

1. 生理需要和社会需要

按照需的发展的过程来分，需要可以划分为：生理需要和社会需要。

生理需要是一个人与生俱来的，它反映了人对延续和发展自己生命所必需的客观条件的需要，如饮食、运动、睡眠、排泄、性等需要。生理需要带有明显的周期性特征，如果个体在相当长的时间里，正常的生理需要得不到满足，个体将无法生存，甚至不能延续后代。生理需要是人和动物所共有的，但人的生理需要和动物的生理需要有着本质的区别。动物只能依靠自然环境中现成的天然物质来满足需要；而人在社会生产劳动中，可以通过创造性的劳动生产出满足需要的对象。

社会需要是指与人的社会生活相联系的需要。它是在人类社会历史发展过程中，在生理需要基础上所形成和发展的人类特有的需要，是社会存在和发展的必要条件。例如：对知识的需要、交往的需要、创造的需要和实现理想的需要等，这些需要是在维持人的社会生活，进行社会生产和社会交际过程中形成的。社会需要本身来自社会要求，因而受到社会生活条件制约，具有社会历史性。不同历史时期、不同阶级、不同民族和不同文化的人，其社会性需要会有很大的不同。对人类来说，社会需要也是必不可少的，也是个人生活所必需的。如果这类需要没能得到很好的满足，也同样会影响个体的身心健康。

2. 物质需要和精神需要

依据需要所指向的对象不同，需要可以划分为：物质需要和精神需要。

物质需要是指维持个体和社会生存与发展所需的物质产品的需要。物质的需要既包括对自然界产物的需要，也包括对社会文化产品的需要。例如，对空气、阳光的需要是较单纯的自然性需要；对服饰、家具的物质需要中，既有自然性需要的内容，也有社会性需要的内容。

精神需要是指个体参与社会精神文化生活的需要，是人类特有的需要。例如，对求知、交往、道德、审美和创造等方面的需要，是一种对观念对象的需要。人类在历史发展中最早形成的精神需要，主要是对劳动和交往的需要，学习的需要和参加社会活动的需要在人的精神需要中也占据重要位置。随着社会的发展和进步，精神需要的内容和方式也更加广泛和丰富。

9.2.3 马斯洛的需要层次理论

1. 背景介绍

马斯洛(A. H. Maslow)是美国著名社会心理学家、人格理论家、比较心理学家，人本主义心理学的创始人，心理学第三势力的领导人。他通过对各种人物的观察和对一些人物传记的考察，对人类行为的动力进行了系统的研究，提出了需要层次理论。

2. 需要层次理论的主要内容

马斯洛的需要层次理论(Hierarchy theory of Needs)是心理学中的激励理论。1943 年，马斯洛提出人类需要的五层次模型：生理需要、安全需要、归属和爱的需要、尊重需要和自我实现需要。1954 年，他又在自我实现需要下面增加了两个层次：审美需要和认知需要。这样，马斯洛认为，人的需要共分为七个层次，这些需要从低级到高级排成一个金字塔结构，如图 9-2 所示。

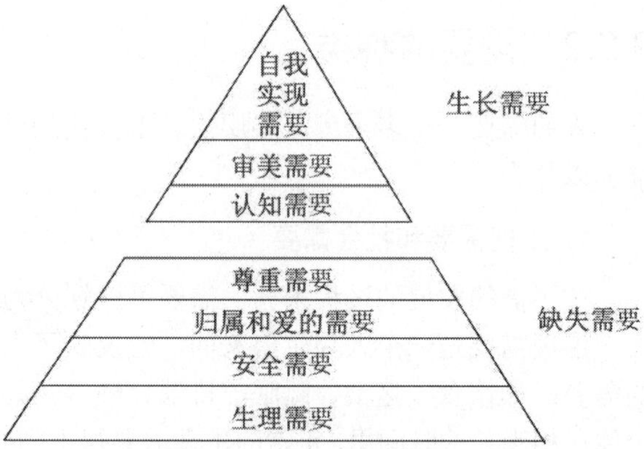

七个层次的需要的基本含义如下。

1) 生理需要(physiological need)

图 9-2 马斯洛的需要层次理论示意图

生理需要是指维持个体生存及种族延续的需要，是人类最原始、最基本的需要，是其他需要产生的基础，包括饥、渴、性和其他生理需要，由体内的化学变化或神经中枢所控制。这类需要如果不能得到满足，人类的生存就会成为问题，会影响个体的正常生活。

2) 安全需要(safety need)

安全需要指人期望接受保护与免遭威胁，免除恐惧和焦虑，从而获得安全感的需要。马斯洛把安全需要解释为对组织、秩序、安全感和预见性的追求。典型的安全感有生命安全、财产安全、职业安全和婚姻安全等。这种需要如果得到满足，人就会产生安全感，否则便会引起威胁感和恐惧感等。

3) 归属和爱的需要(belongingness and love need)

归属和爱的需要通常表现为两种需要：一是归属需要，归属于一定的组织或群体的情感需要，被他人或群体接纳、爱护、关注、鼓励及支持的需要；二是爱的需要，包括接受他人的爱和给予他人的爱。人都希望伙伴、同事之间关系融洽、相互关爱。马斯洛认为，在生理和安全需要得到基本满足的基础上，人就开始追求与他人建立友情，渴望家庭的温暖，希望得到所在团体和组织的认同。这种需要如果得不到满足，就会产生强烈的孤独感和被抛弃的感觉。归属和爱的需要是人的社会性的反映，也称社交需要。

4) 尊重需要(esteem need)

尊重需要是对自己尊严和价值的追求，包括两个方面：自尊的需要和他尊的需要。自尊是指个人相信自己的力量和价值，能够获得成就，富有自信等；他尊是指希望得到他人尊重，希望得到别人的承认、赞许、支持、赏识、重视等，希望获得威信和地位。这种需要如果得不到满足,就会产生自卑感、软弱感和无能感。

5) 认知需要(cognitive need)

认知需要又叫求知需要,是指个人对自身和周围世界的分析、探索、理解及解释的需要。它是一种建立在好奇心基础之上的,对于神秘的、未知的、杂乱无序或没有答案的事物进行探索的欲望。认知需要对指导人活动的方向、设计人的合理行为,都具有重要意义。

6) 审美需要(aesthetic need)

审美需要是指对对称、秩序、完整、结构,以及行为完美的需要。马斯洛认为,审美需要是属于高层次的对成长具有重要意义的社会需要。在每个文化背景中,都有一部分人受此需要的驱使,而有强烈审美需要的人,都希望有一个令人愉悦、舒适、美观的环境。艺术家往往是在此需要的作用下产生创造性思维,继而创造出艺术作品。美有助于人更健康地发展。

7) 自我实现需要(self-actualization need)

个人希望自己的潜能能够得到充分的发挥,个人价值得到完满实现。马斯洛认为,自我实现是个性发展理论中最高的理想目标,是最高层次的需要。他认为自我实现者都是中年人或年长者,或心理发展比较成熟的人。自我实现的人只是少数,绝大多数人只能在归属和爱的需要、尊重需要之间的某一个层次上度过一生。

3. 马斯洛需要层次之间的关系

(1) 七种需要是由低级到高级按顺序逐级实现。马斯洛认为,人的需要有高级和低级之分,七种需要按优势出现的先后或力量的强弱,由低级到高级逐级实现。在高级需要满足之前,必须先满足低级需要。只有当较低级的需要得到满足或部分满足后,高级的需要才会产生。也就是说,只有当生理需要得到满足或部分满足后,才会产生安全需要;只有安全需要得到满足或部分满足后,才会产生归属和爱的需要,依此类推。

个人需要的发展过程从最低层次的生理需要开始,由低级到高级按顺序逐级递升,呈现出波浪式演进的发展态势,最后才能实现最高层次的自我实现的需要(见图9-3)。

(2) 在个人成长中,低级需要出现较早,高级需要出现较晚。马斯洛指出,各层次需要的产生和个体发育密切相关。婴儿期主要是生理需要占优势,而后产生安全需要、归属和爱的需要;到了少年、青年初期,尊重需要日益强烈;青年中、晚

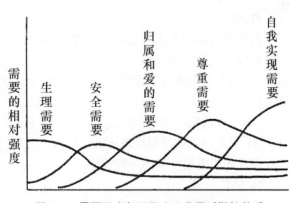

图9-3 需要层次与不同心理发展时期的关系

期以后,自我实现的需要开始占优势,但较低层次的需要并未消失,只是不再占据优势而已。

(3) 各层次需要在全人口中所占比例由大到小呈"金字塔"形。马斯洛认为,在需要层次的金字塔中,越低的层次在全人口中所占比例越大,越高的层次在全人口中所占比例越小。马斯洛认为,真正达到自我实现的人在全人口中只占很少的一部分,而绝大多数人都停留在中下层的某一层次。

(4) 人的七个层次需要可以概括为两种水平:缺失需要和生长需要。缺失需要

(deficiency needs)也叫基本需要，包括生理需要、安全需要、归属和爱的需要和尊重需要。它是我们生存所必需的，对生理和心理的发展极为重要。缺失需要关系到个体的生存，危及个体生命，因缺乏而产生，通过外部条件使人得到满足。成长需要(growth needs)也叫心理需要，包括认知需要、审美需要和自我实现需要。它属于高层次需要，不是维持个体生存所必需的，但能促进人的健康成长，不但不随其满足而减弱，反而因获得满足而增强。这类需要的满足，会使人产生最大程度的快乐。

4. 需要层次理论的应用

马斯洛的需要层次理论，对教育工作具有重要的意义。其具体表现如下。

(1) 要从研究学生的需要来分析学生的行为。在学校中，学生缺乏学习动机在某种程度上与那些缺失需要(特别是爱和自尊的需要)未得到充分满足有很大的关系。如果学生感到没有被人爱，或认为自己无能，他们就不可能有强烈的动机去实现较高的目标。那些无法确定自己是否讨人喜欢(特别是讨教师的喜欢)或不知道自己能力高低的学生，往往会做出较为"安全"的选择，即随大流，为测验而学习，而不是对学习本身感兴趣。因此，要从学生的需要出发来分析学生的行为。

(2) 教育中要重视培养、激发学生的高级需要，并逐步使之得到满足，以提高学生的精神境界。保护学生的好奇心和求知欲，培养他们追求一种更富理性的生活、尝试自我实现的理想，这是促进学生发展的强大动力。个体需要的递进过程也是个体的发展过程，如果教师不理解学生的需要，不注意学生需要的发展变化，或者不遵循需要发展的顺序，就会违背个体心理发展规律，结果就会让学生内心感到冲突和痛苦，甚至有可能出现对教师的抵触甚至反抗情绪。

5. 评价

1) 意义

马斯洛的需要层次理论是迄今为止心理学界最具影响力的需要理论，其积极意义主要表现在以下几个方面。

(1) 马斯洛的需要层次理论注重社会正常人的需要，具有普遍适用性，在各行各业的实际工作中得到了应用。

(2) 马斯洛的需要层次理论是一个有严格组织的层次系统。

(3) 马斯洛的需要层次理论比较客观、准确地揭示了人类需要产生及发展的客观规律，比较符合人类需要发展的一般规律。

2) 缺陷

马斯洛的需要层次理论也是有缺陷的，主要表现在以下几个方面。

(1) 马斯洛的需要层次理论没有摆脱本能论的影响，把人的需要统统说成是先天的、与生俱来的，这就模糊了人的生理需要和社会需要的差别，降低或否定了后天社会环境和教育对人的需要发生发展所起的重要作用。

(2) 马斯洛的需要层次理论带有一定的机械主义色彩，认为低级需要不得到满足，高一级需要就不会产生。在某种程度上把需要的层次看成是固定不变的，是一种机械的上升运动，忽视了人的主观能动性以及高级需要对低级需要的调节作用。

阅读资料 9-2

其他有关需要的理论

需要理论	基本观点
默瑞(H.A.Murray)的需要理论	把需要作为个性的核心概念,认为需要是个体行为的动力源泉;指出每个人都有自己的需要层次,各种需要在重要性上都不一样;提出多种需要分类法,如分为基本(身体能量)需要与次要(心理能量)需要。该理论列举了20种需要
奥德费(C.P.Alderfer)的ERG理论	在大量调查研究的基础上将需要划分为三个层次,即生存需要(existence)、关系需要(relatedness)与成长需要(growth),简称ERG理论
赫茨伯格(F.Herzberg)的双因素理论	把需要满足与激励联系起来,提出两类需要:一是保健因素(政策和管理、薪水、工作条件以及人际关系等),这些因素涉及工作的消极因素,也与工作的氛围和环境有关。如果满足这类因素,就能消除不满情绪,维持原有的工作效率,但不能激励人们做出更积极的行为;二是激励因素(工作本身、认可、成就、责任、个人成长和晋升的机会等),这些因素涉及对工作的积极感情,又和工作本身的内容有关。这类需要如果得到满足,可以使人产生很大的激励,即使得不到满足,也不会像保健因素那样产生不满情绪
勒温(K.LewIn)的需要理论	认为个体与环境之间的平衡遭到破坏时,就会唤起人的需要,即引起个人身心不同程度的紧张,这种张力会引起人的行为,使人恢复到平衡状态。需要满足后,紧张便得以解除。环境中的事物对人所具有的价值叫作效价,能满足需要或有吸引力的对象具有正效价。勒温还用数字上的矢量来表示对象吸引力的方向和强度
麦克兰德(D.C.McClelland)的需要理论	利用默瑞的主题统觉测验(TAT)及其他工具研究发现,在人的生理需要满足后就会出现三种心理需要:成就需要、权力需要、交往需要。在不同的人身上,三种需要的排列层次及重要性是不同的
弗洛姆(E.Fromm)的需要理论	从人与自然、他人的关系中探讨人的需要,认为人的基本需要除生理需要外,还有五种:①关联的需要,即希望与世界、他人建立联系;②超越的需要,即不甘心被动地活着,希望去生产和创造;③寻根的需要,即希望生活在母亲、自然、大地、家庭、民族、国家的怀抱中获得安全感的需要;④认同的需要,即寻找在社会中的独特个性或角色,以回答"我是谁"这一问题的需要;⑤定向的需要,即为自己确定一个目标,从而赋予生命一种意义的需要

9.3 动 机

人一直在试图解释自己和他人行为的原因。心理学家们都倾向于用动机这一术语来描述行为激起的原因。那么,在心理学中动机是什么?动机与需要是什么关系?动机是如何激发行为并影响行为效率的?当成功或失败的行为出现时,人通常从哪些角度进行解释?如何对行为进行归因?这些都是本节所要解决的问题。

9.3.1 动机的概念

1. 动机的定义

动机(motivation)是指促使个体从事某种活动的内在原因。具体而言,动机是指一种驱使人进行活动,从而满足需要、实现目标的内部动力。动机是用来说明个体为什么(why)要从事某种活动,而不是用来说明某种活动本身是什么(what)或怎样进行的(how)。换句话说,动机是一种内部心理过程,而不是心理活动的结果。对于这种内部过程,我们不能进行直接的观察，但是，可以通过外部行为反映出来。例如，通过任务选择，可以判断个体行为动机的方向；通过努力程度和坚持性，可以判断个体行为动机的强度等。

2. 动机产生的条件

动机产生需要两个条件：一是内在的需要；二是外在的诱因。需要和诱因是动机产生的两个基本组成部分。需要起着推力的作用，诱因起着拉力的作用。动机是在需要的推力和诱因的拉力的共同作用下才得以实现的。

动机是在需要的基础上产生的。当有机体感到有某种缺乏时，就会产生相应的需要，需要一旦产生，有机体就会想方设法去满足它。但是，需要产生后，并不一定立即成为推动人们进行某种活动的动机。那么，需要怎样才能转化为动机呢？心理学家的研究表明：需要本身是主体意识到的缺乏状态，但这种缺乏状态在没有诱因出现时，只是一种静止的、潜在的动机，表现为一种愿望、意向。只有当诱因出现时，需要才能被激活，驱使个体趋向或接近目标，这时需要才能转化为动机。

诱因(incentive)是指所有能引起个体动机的刺激或情境，是引起动机的外在条件。例如，教师对学生的表扬或批评，是一种激发学生学习的诱因。诱因按其性质可分为正诱因和负诱因。个体因趋向或获得它而满足需要的刺激物，称为正诱因。它可以是简单的，如食物、水等；也可以是复杂的，如名誉、地位等。个体因逃离或回避它而满足需要的刺激物，称为负诱因。如躲避危险、逃离灾难等是负诱因。但人类动机的复杂性在于，在有些情况下，诱因或目标并未实际出现，因为过去经验所产生的诱因期待或目标期待，也能使人的需要转化为动机。所谓期待就是个体对所要实现目标的主观估计。当个体主观估计自己的某种行为可能会导致某种诱因或目标出现时，也会产生行为动机。

总之，一切动机，无论是简单的动机，还是复杂的动机，都是在需要的基础上产生的。需要是内在的、隐蔽的，是支配个体行为的内部因素；诱因是与需要相联系的外界刺激物，它可以吸引个体的活动，并使需要有可能得到满足。只有将个体的内部需要和诱因联系起来，并推动个体去行动时，才能形成动机。

3. 动机的功能

从动机与行为的关系上分析，动机具有以下几种功能。

1) 激活功能

动机能够激发个体产生某种行为，促使个体由静止状态转向活动状态。带有某种动机的个体对某些刺激，特别是与该动机有关的刺激，会表现出特别的敏感性，从而可激发个体去进行某种反应或行为。例如，饥饿者对食物特别敏感，干渴者对水特别敏感，孤独者对朋友特别敏感，这些感觉也更容易激发相应的行为。动机是驱动行为的原动力，对行为具有启动作用。

2) 指向功能

动机引发行为，将行为指向一定的对象或目标。动机与需要的根本不同在于：需要是个体因缺乏而产生的主观状态，这种主观状态的呈现有时可能无明确的具体目标；而动机是针对一定目标(或诱因)而产生的，受目标的直接引导。动机像指南针一样指引着行为的方向，使行为始终朝着预定的目标前进。

3) 维持功能

当个体的某种行为产生以后，动机可以将这种行为维持一定时间，使行为朝向一定的目标。动机是保持行为的续动力，对行为起着续动作用。

4) 调节功能

动机能够调节个体行为的强度、持续时间和方向。如果行为活动实现了目标，动机将促使个体终止这种活动；如果尚未实现目标，动机将驱使个体维持或加强行为活动，或转换行为活动方向以实现既定目标。动机是调节行为的控制器，对行为起着调节作用。

9.3.2 动机与行为效率的关系

人们通常认为，动机强度越高，人的活动热情就越高涨，活动效率也就越高；动机强度越低，人的活动热情就越低落，活动效率也就越低，但事实并非如此。在人从事一项工作时，动机强度过低，即对工作成功与否漠不关心，工作效率必然不高。然而，当动机过强时，由于有机体处于高度紧张状态，其注意和知觉范围变得狭窄，限制了他的正常活动，反而也会使工作效率降低。例如，在高考复习时，有的学生做了充分的准备，一心想考出好成绩，但由于过度紧张，致使在考试中不能正常发挥实力，造成高考失利。究其原因，是因为动机过强，产生焦虑和紧张，干扰记忆和思维活动的顺利进行，从而降低了效率。又如，中国古代就有"易子而教"的说法，指的是父母在教育自己的孩子时，由于动机太强反而不易收到太好的教育效果，而将孩子交给他人教育，效果可能更好。

耶克斯和多德森(R.M.Yerkes & J.D.Dodson)研究表明，动机强度与工作效率之间的关系不是一种线性关系，而是呈倒"U"形曲线关系。也就是说，过低和过高的动机水平均不利于活动的效果。耶克斯和多德森研究还发现，动机的最佳水平不是固定不变的，而是根据任务性质不同而不同，各种活动都存在一个最佳的动机水平。在容易完成的任务中(如搬砖或挖土)，工作效率随动机提高而上升；在难度适中的任务中，中等动机水平的效率最高；在难度较大的任务中(如写作或解决复杂问题)，偏低动机水平下的工作效率最佳，这就是耶克斯—多德森定律(Yerkes-Dodson Law)。也就是说，最佳的动机强度与任务的难度成反比关系，即任务的难度越大，所需的最佳动机强度越低；反之，则越高(见图9-4)。动机强度的最佳点还会因人而异，进行同样难度的学习活动，对有的学生来说，动机强度的最佳水平点高些更为有利，但对于另一些学生来说，可能最佳水平点低些更为有利。

耶克斯—多德森定律对于指导人的行为和学生的学习具有非常重要的意义。比如，当人面对一项复杂而艰巨的工作或学习任务时，应适当使自己降低要求，或者为自己寻找放松的机会，避免因为动机过强而使效率降低；如果遇到较容易完成的任务时，反而要给自己提高要求，以便使动机增强，从而更快、更好地完成工作；等等。

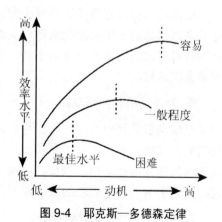

图9-4 耶克斯—多德森定律

9.3.3 动机的种类

人类动机十分复杂，可以从各个不同角度、根据不同标准把动机分成不同种类。

1. 生理性动机和社会性动机

根据动机的起源，可以把动机分为生理性动机和社会性动机。生理性动机又称原发性动机、原始性动机、生物性动机，是以生物性需要为基础的动机，包括饥、渴、睡眠、性的动机等。社会性动机又叫继发性动机、习得性动机和心理性动机，是以社会需要为基础的动机，包括成就动机、交往动机、威信动机等。由于社会性动机是后天习得的，所以在人与人之间有着很大的差异。

2. 长远动机和短暂动机

根据动机的影响范围和持续作用的时间，可以把动机分为长远动机和短暂动机。长远动机一般来自对活动意义的深刻认识，它持续作用的时间长，影响范围广，不受外界偶然情境变化的影响，比较稳定。例如，战国时期越王勾践的卧薪尝胆，以图复国，就是长远动机在起作用。短暂动机常常由对活动本身的直接兴趣所引起，只对个别具体的活动起一时的作用，容易受情绪的支配和影响，持续时间短。例如，儿童为了得到成人的夸奖而扫地，就是短暂动机在起作用。

3. 高尚动机和低级动机

根据动机的社会价值，动机可分为高尚动机和低级动机。高尚动机符合社会要求或道德准则，能为他人或社会做出贡献。低级动机违背社会要求和道德准则，不利于社会发展。

4. 主导动机和辅助动机

根据动机在活动中的地位与作用大小不同，动机可分为主导动机和辅助动机。主导动机是在活动中处于支配地位，发挥主导作用的动机。辅助动机是在活动中处于从属地位，只起辅助作用的动机。

5. 意识动机和潜意识动机

根据对动机内容的意识程度不同，动机可分为意识动机和潜意识动机。意识动机是指行为者对自己的所作所为能清晰地觉察到，行为目标和内容明确的动机。潜意识动机是指行为者对自己的所作所为意识不到，但能自主决定其活动倾向的动机。思维定势就属于一种潜意识动机。

6. 外在动机和内在动机

根据动机的起因不同，动机可分为：外在动机和内在动机。由外在刺激所诱发的动机称为外在动机。例如，为了获得父母的奖励而努力学习，就属于外在动机。由内在条件诱发的动机称为内在动机。例如，对美术感兴趣而坚持不懈地学习绘画，就属于内在动机，它往往是影响一个人成功的重要因素。

7. 物质性动机和精神性动机

根据动机对象的性质，动机可分为：物质性动机和精神性动机。物质性动机是以物质性需要为基础的动机。精神性动机是以精神需要为基础的动机，强调对精神产品的获取。例如，成就动机和交往动机等。

9.3.4 学习动机

1. 学习动机的概念

学习动机是引发和维持个体学习活动，并将学习活动指向一定学习目标的动力机制，是推动个体学习的内部动力。心理学家和教育学家认为学习动机不仅能促进学生学习，而且还能增强学生的自尊心。学习动机是掌握知识、形成高尚品格的重要组成因素。有人甚至认为动机是"学习过程的核心"。高动机的孩子热情，对外界充满兴趣，做事专注，有好奇心，他们学习努力，并能持之以恒，对挑战和困难勇于积极面对，自我感觉良好。

学习动机的动力机制表现为推力、拉力和压力三种动力因素之间的相互作用。推力因素与学生对学业成就本身的追求有关，是发自学生内心的学习愿望和要求，对学习起推动作用，如对学习的强烈兴趣和探究心向等；拉力因素与学习的外在后果有关，对学习起引诱作用，如学位、待遇及社会地位等；压力因素与客观现实环境对学生的要求有关，对学习起强制作用，如考试、竞赛和升学等。学习往往是在这三种动力因素的共同作用下被驱动的，在有意义的学习中，拉力因素和压力因素通过推力因素而起作用。

2. 学习动机的培养和激发

学习动机的培养和激发既有区别又有联系。学习动机培养是使学生把社会和教育的要求变为自己内在的学习需要的过程。研究者发现，从小学到高中，孩子的内在学习动机在逐渐减弱，并且越来越害怕学习。为什么学生的学习动机难以培养和激发？几十年来，心理学家和教育学家一直在寻找可以提高学习动机的方法，他们认为培养学生学习动机的常用方法有以下几种。

1) 学习动机的培养

(1) 合理设置学习目标。学习目标反映了学生对学习结果的期待，因此帮助学生建立明确的学习目标至关重要。学习目标可以根据时间跨度划分为长期目标和短期目标。在教学过程中，教师应向学生提出明确而具体的学习目标，并注意将短期目标与长期目标相结合。例如，有些同学只是泛泛地要求自己在大学期间提高外语水平，但往往无从入手，学习进度时断时续，缺乏持续的动力。与其如此，不如制定一个明确的目标，如争取在两年内达到国家四级外语水平。然后再明确每学期的阶段目标，在词汇、听力、阅读和写作四个方面合理分配学习精力，分段达标，就会激发出较强的学习动力。

合理设置学习目标还要注意帮助学生建立适当的学习目标。目标过高，与学生自身的能力差距太大，可望而不可及，对学生不仅没有激励作用，还易使学生产生无力感；目标过低，缺乏挑战性，即使成功，强化作用也不大。只有在学生能力范围之内，具有适当难度的目标才具有激发动机的作用。

(2) 培养学习兴趣，增强求知欲。有学习兴趣的学生，会把学习看成内心的满足，而不是把学习当成一种负担。因此，培养学生的学习兴趣和强烈的求知欲是教育工作中的主要任务之一。教师可以通过图画、幻灯片、录像、报告会、实验演示、野外考察等多种教学方式来培养学生对学习材料的浓厚兴趣。

(3) 利用原有动机的迁移,使学生产生新的学习需要。在学生没有明确的学习目的、缺乏学习动力的时候,教师可利用学习动机的迁移,因势利导地把学生已有的对其他活动的兴趣转移到学习上来。利用动机迁移原理时,教师要让学生明白只有在充分理解原有知识的基础上,才能学好即将要学习的知识,从而激发学生学习新知识的动机。

(4) 通过归因训练,提高学生的自信心和自我效能感。要提高学生对能力的自信心和自我效能感,就要改变不正确的归因方式。心理学家在归因研究的基础上,设计了一些针对成绩不良且自甘失败的儿童的训练,其基本做法是:教师进行内部归因示范,对学生在内部归因方面的认识予以纠正和系统强化,使学生逐步认识到,成绩不良是由于自己缺乏努力和方法不当的结果,进而增强学习信心。一个训练程序的周期约为1个月,先在某一学科上取得进步,然后促进训练效果迁移到其他学科。教师的一言一行都会影响学生的归因模式的发展和变化。

(5) 培养学生的成就需要和成就感。培养学生的成就需要和成就感主要是针对那些学习成绩不好、被人看不起、有些自暴自弃的学生。激励成就感较差、自暴自弃学生的学习动机的前提是教师(包括家人和同伴)应改变对他们的不良态度,给予他们更多的关爱和尊重。在成绩最差的学生身上也可以找到闪光点。如文化知识学习不好的学生可能有很强的动手能力,或者在体育上有超乎常人的表现等。教师可以先找出这些闪光点并加以发扬,从而培养他们的成就需要和成就感。

2) 学习动机的激发

学习动机的激发是指在一定的教学情境下,利用一定的诱因,使已形成的学习需要由潜在状态转变为活动状态。激发学习动机常用的方法有以下几种。

(1) 创设问题情境,激发学生的求知欲。创设问题情境是指在讲授内容和学生求知心理之间制造一种"不协调",将学生引入与问题有关的情境中。在创设问题情境时,应注意问题要小而具体、新颖有趣,具有适当的难度和启发性,并且要善于将要解决的课题融入学生已掌握的基础知识之中,以此营造心理上的悬念。根据成就动机理论,当问题的难度系数为0.5时,挑战性与胜任力达到最佳平衡,最容易激发学生的学习动机。教师应提出难度适中的问题,鼓励学生积极参与,同时适当地掌握评分标准,让学生感到取得好成绩是可能的,但也不是轻而易举就能得到的。

(2) 及时反馈学生的学习结果。让学生及时了解学习结果,可以增强他们的学习动机。学生在了解学习结果后,可以看到自己的进步,提高学习热情,增加努力程度;同时又能看到自己的不足,克服缺点,争取取得更好的成绩。教师要注意及时地批改和返还学生的作业、测验或试卷。由于班级学生数较多,教师可采用学生之间相互批改的方式,使学生及时地知道学习结果。

运用反馈时应注意:①应提供基于掌握而不是社会比较的反馈;②对学生的反馈应以正面反馈为主;③应随时让学生了解距离自己定的学习目标还有多远;④对学习成绩不理想的学生,应从各个方面发现其可取之处并给予表扬与鼓励,以增强其自信心和上进心;⑤对学生的学习结果应给予全面反馈。

(3) 科学使用表扬和批评。实验证明,表扬和批评运用得当都可以对学生的学习起推动作用,但一般来讲,与批评、指责相比,表扬、鼓励能更有效地激发学习动机。表扬起加强行为的作用，能给学生以"好""对""应该这样做"等信息，给学生指明方向，使其巩固自己的行为；而批评起削弱行为的作用，给学生以"不好""不对""不能这样做"等信息，会使学生不知道应该怎样去做才好。批评过于严厉，会使学生产生恐惧与不安全感，反而对学习产生阻碍作用。因此，对学生要多表扬，少批评，表扬应与严格要求相结合，批评中又应带有鼓励。

赫洛克(E. B. Hunlock)曾把100名四、五年级的学生分成四个等组，在四种不同诱因的情况下进行加法练习，每天15分钟，共进行5天。第一组为受表扬组，每次练习后给予表扬和鼓励；第二组为受训斥组，每次练习后，严加训斥；第三组为观察组，每次练习后，既不给予表扬，也不给予批评，完全不注意他们，只让其静听其他两组受表扬和受批评；第四组为控制组，让他们与另外三组隔离，单独练习，不给予任何评价。最后测量他们的成绩，结果如图9-5所示。就学习的平均成绩来看，三个实验组的成绩均优于控制组，受表扬组和受训斥组的成绩又明显优于观察组，而受表扬组的成绩不断上升。这表明对学习结果进行评价，能强化学习动机，对学习起促进作用。适当表扬的效果明显优于批评，而批评的效果比没有批评好。

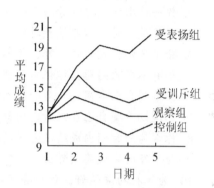

图9-5　表扬与训斥对学习结果的影响

表扬要有广泛性。所有学生的进步都应当受到肯定、表扬和鼓励，使之体验成功，产生能力有效感。只表扬少数学生的课堂不能激发大多数学生的学习积极性，尤其对低成就学生来说，教师对表扬或奖励的"吝啬"和"偏向"只会产生副作用。如果一个学生从来未受到老师的肯定、关注、表扬，尤其对未成年人来说，失去学习的动力就不奇怪了。

(4) 外部奖励的使用要适当。学生不可能在任何时候对任何学习内容都有兴趣，在这种时候适当使用外部奖励可以激发其学习动机。但是外部学习动机的作用通常不会使学习活动指向学习本身，学生不会在学习中采取积极的学习策略，难以产生成就感。而且外部奖励使用不当比表扬的滥用危害更大，它不仅会使学生产生消极归因，更有可能损害原来已经具有的宝贵的内源性动机。莱珀(M. R. Lepper)称之为外部奖励的隐蔽性代价，即对原来有内在兴趣的活动因不适当外在奖励而损害对活动本身的兴趣。所以，奖励并非越多越好，尤其是外部的物质性奖励应当慎用。教师应首先了解学生原有的学习兴趣，然后再考虑外部奖励是否必要。

(5) 适当开展竞赛。竞赛是激发学生学习积极性的一种有效手段。在竞争过程中，学生力求超过他人的好胜心理得到激发，克服困难和抗挫折能力增强，学习效果因此而得到提高。需要注意的是，竞争也具有消极作用。过多的竞赛会造成紧张气氛，加重学生的学习负担，伤害学生的身心健康，学习成绩差的学生常因竞赛成绩差而产生失败感。为了使竞赛能对大多数学生起到激励作用，竞赛应注意：竞赛活动应适量；竞赛应多样化，以培养学生广泛的兴趣；尽量使每一个学生在竞赛中都有所得；等等。

阅读资料 9-3

学习动力测试

这个测试主要可帮助你了解自己在学习动机、学习兴趣、学习目标上是否存在困扰。共 20 个题目，请你实事求是地在与自己情况相符的题目后打"√"，不相符的题目后打"×"。

1. 如果别人不督促你，你极少主动地学习。（　　）
2. 你一读书就觉得疲劳与厌烦，只想睡觉。（　　）
3. 当你读书时，需要很长时间才能提起精神。（　　）
4. 除了老师指定的作业外，你不想再多看书。（　　）
5. 如有不懂的问题，你根本不想设法弄懂它。（　　）
6. 你常想自己不用花太多的时间学习成绩也会超过别人。（　　）
7. 你迫切希望自己在短时间内就能大幅度地提高自己的学习成绩。（　　）
8. 你常为短时间内成绩没能提高而烦恼不已。（　　）
9. 为了及时完成某项作业，你宁愿废寝忘食、通宵达旦。（　　）
10. 为了把功课学好，你放弃了许多自己感兴趣的活动，如体育锻炼、看电影与郊游等。（　　）
11. 你觉得读书没意思，想去找个工作做。（　　）
12. 你常认为课本上的基础知识没什么好学的，只有看高深的理论，读大部头作品才带劲。（　　）
13. 只在你喜欢的科目上狠下功夫，而对不喜欢的科目放任自流。（　　）
14. 你花在课外读物上的时间比花在教科书上的时间要多得多。（　　）
15. 你把自己的时间平均分配在各科上。（　　）
16. 你给自己定下的学习目标，多数因做不到而不得不放弃。（　　）
17. 你几乎毫不费力地就实现了自己的学习目标。（　　）
18. 你总是同时为实现几个学习目标忙得焦头烂额。（　　）
19. 为了对付每天的学习任务，你已经感到力不从心。（　　）
20. 为了实现一个大目标，你不再给自己制定循序渐进的小目标。（　　）

上述 20 个题目可分成 4 组，它们能分别测试出你在 4 个方面的困扰程度：1~5 题测试你的学习动机是不是太弱；6~10 题测试你的学习动机是不是太强；11~15 题测试你的学习兴趣是否存在困扰；16~20 题测试你在学习目标上是否存在困扰。假如你对某组(每组 5 题)中的大多数题目持认同态度，则可能表明你在相应的学习欲望上存在一些不完全正确的认识，或存在一定程度的困扰。

9.4　动机理论

20 世纪以来,心理学家对个体动机的产生与发展机制做了大量的理论探讨和实验研究,出现了理论观点纷呈的局面。下面主要介绍三种动机理论：成就动机理论、归因理论和自我效能感理论。

9.4.1 成就动机理论

成就动机理论是一种对人追求成就行为的认知解释，这种理论用认知观点对人的成就动机进行了剖析，它在当今认知动机理论中占据重要位置。

1. 成就动机的概念

成就动机(achievement motivation)是指个体在完成任务时力图取得成功的内在动力。即个体对自己认为重要的、有价值的事情乐意去做，并努力达到目标的一种内部推动力量。成就动机像是一架强大的"发动机"，激励人努力向上，在前进道路上取得一个又一个的成就，对个人发展和社会进步都具有十分重要的作用。

20世纪30年代默瑞(H. A. Murray)提出了"成就需要"的概念，认为成就需要表现为追求较高的目标、完成困难的任务、竞争并超过别人。20世纪40至50年代，麦克利兰(D. C. McClelland)和阿特金森(J. W. Atkinson)接受默瑞的思想，对成就动机进行了系统的实验研究，并将其发展成为成就动机理论。1950—1965年是成就动机研究的黄金时期，研究在以下两个层次上展开：一个层次是宏观的研究，着重探察在特定社会中的成员如何在所处的社会文化影响下，通过社会化过程塑造成就动机，分析社会集体成员的成就动机水平与社会的经济、科技发展之间的关系，麦克利兰是这一层次研究的代表人物；另一层次是微观的研究，注重成就动机的实质、认知和归因，希望成功与害怕失败的动机问题，阿特金森是这一层次研究的代表人物。

2. 成就动机理论的分类

1) 麦克利兰的成就动机理论

美国哈佛大学教授麦克利兰通过对人的需要和动机进行研究，于20世纪50年代在一系列文章中提出成就动机理论。麦克利兰的成就动机理论被称为"情绪激发理论"。他认为成就动机是一个人人格中非常稳定的特质。个体记忆中存在着与成就相联系的愉快经验，当情境能引起这些愉快体验时，就能激发人的成就动机。成就动机强的人对工作和学习都非常积极，能够控制自己不受外界环境影响，善于充分利用时间学习和工作，成绩优异。麦克利兰把成就动机看作决定个体行为的根本原因，并且将一个民族的成就动机看作社会经济的决定理论。

麦克利兰通过投射法对个体成就激励的强度进行了测量。该测量运用无结构性的图片以唤起被试者的多种反应，包括墨迹图形和可以衍生出各种故事的图片，答案无对错之分，主要是为了准确地获得被试者对于外部世界的主观认知。麦克利兰研究认为高成就动机者有以下三个特征。

(1) 高成就需要者喜欢设立具有适度挑战性的目标。他们不喜欢接受那些在他们看来特别容易或特别困难的工作任务，不满足于漫无目的地随波逐流和随遇而安，而总是想有所作为。他们总是精心选择自己的目标，很少自动地接受别人为其选定目标。高成就需要者喜欢研究、解决问题，而不愿意依靠机会或他人取得成果。

(2) 高成就需要者在选择目标时会回避过分的难度。他们喜欢中等难度的目标,既不会唾手可得没有一点成就感,也不会难得只凭运气。他们会通过认真分析揣度可能办到的程度,然后再选定一个力所能及而不是高不可攀的难度。他们敢于冒风险,但绝不会以迷信和侥幸心理对待未来。对他们而言,当成败可能性均等时,才是一种能从自身的奋斗中体验成功的喜悦与满足的最佳机会。

(3) 高成就需要者喜欢能立即给予反馈的任务。目标对于他们非常重要,所以他们希望得到有关工作绩效的及时明确的反馈信息,从而了解自己是否有所进步。

麦克利兰认为,成就动机与工作绩效之间存在着显著的正相关关系。一个企业乃至一个国家的繁荣发展,取决于具有成就动机的人数的多少。如果一个国家的国民如果普遍具有较高的成就动机,那么其经济发展水平往往也会较高。1961年,他发表了《取得成就的社会》一书,引起了众多社会科学家的关注和重视。

麦克利兰等人对成就动机做了长期的实验研究,确立了成就动机在人类动机研究中的地位,对动机研究做出了重要贡献。但是,他们过分强调成就动机是决定个体复杂行为的根本原因的观点有失偏颇,忽视了其他因素对个体行为的重要影响。同时,他们把民族的成就动机看作是经济发展的唯一决定因素的观点也是片面的,因为社会经济发展受许多因素的综合影响。

阅读资料 9-4

父母养育行为和成就需要的关系

麦克利兰和弗兰兹(D. C. McClelland & Carol Franz)进行了长期跟踪对比研究:在孩子们5岁时(1951)收集父母的养育行为资料,如:请父母就喂养、照看和训练孩子的行为做的简要说明。当孩子们41岁时(1987—1988)再收集他们的成就需要和收入资料,做了跟踪对比研究。研究认为,当孩子的父母用严格的规则来喂养、照看和训练他们时,孩子就会感到高度的成就压力。早期的父母成就压力与孩子长大后的成就需要之间有一种正相关,经历成就压力大的孩子比经历成就压力小的同龄人每年要多挣1万美元。

(资料来源:理查德·格里格,菲利普·津巴多. 心理学与生活[M]. 19版. 北京:人民邮电出版社,2016.)

2) 阿特金森的成就动机理论

美国心理学家阿特金森于1963年将麦克利兰的成就动机理论进一步深化,提出了具有广泛影响的成就动机理论。该理论被认为是一种"期望价值理论",因为这一理论认为动机水平依赖于一个人对目的的评价以及达到目的可能性的评估。阿特金森重视冲突的作用,尤其是期望成功与害怕失败之间的冲突。期望成功,推动我们去寻求成就;害怕失败,推动我们去避开失败情境。前者使人产生想要成功的倾向,后者使人产生回避失败的倾向。

在阿特金森理论体系中,成就动机强度(T_s)是一个多重变量的函数,可以用下列公式表示:

$$T_s = M_s \times P_s \times I_s$$

公式中的三个因素是:①成就需要(M_s),即主体追求成功的动机强度;②期望(P_s),即成功完成任务的可能性大小；③成功诱因值(*Is*)，即对实现目标的价值判断。成就动机强度是由三者乘积来决定的。

阿特金森进一步将个体的成就动机分为两类：一类是力求成功的动机，即人追求成功和由成功带来的积极情感的倾向性；另一类是避免失败的动机，即人避免失败和由失败带来的消极情感的倾向性。根据这两类动机在个体的动机系统中所占的强度，可以将个体分为力求成功者和避免失败者。在力求成功者的动机成分中力求成功的成分多于避免失败的成分。力求成功者将目标定位于获取成就，既然要获取成就，就不能不对任务的成功概率有所选择。研究表明，成功概率在50%的任务是最能调动力求成功者的积极性的，因为这种任务对他们的能力最富挑战性，而那些根本不可能成功或稳操胜券的任务反而会降低他们的动机水平。对于力求避免失败者则相反，他们将心态定位在如何避免失败，所以他们往往倾向于选择大量非常容易或非常困难的任务。选择容易完成的任务可以确保成功，避免失败；而选择非常困难的任务，即使失败了也可以归因于任务的难度，得到他人的理解和原谅，从而减少失败感。

9.4.2 归因理论

归因(attribution)就是指从外部行为及其结果推测行为原因的过程。归因理论就是对自己和他人行为的原因加以解释和推测的认知动机理论。美国的社会心理学家海德(F. Heider)于1958年首次提出归因理论，罗特(T. B. Rotter)、凯利(H. Kelley)、韦纳(B. Weiner)、塞利格曼(M. Seligman)和德韦克(C. Dweck)等人又分别提出不同行为原因的解释模式，尽管这些模式的侧重点不同，但都是对人的行为原因做出的解释，并进而对人的行为做出预测和判断，特别是通过了解人的归因方式，做出优与劣的判断，进而通过归因训练来改变人的行为模式。

1. 海德的归因理论

海德(F.Heider)认为，当人在工作和学习中体验到成功或失败时，会寻找成功或失败的原因。一般来说，人对行为的归因有两种：一种是环境归因(situational attribution)，即将行为原因归为环境，如他人的影响、奖励、运气、工作难易等都是环境归因。如果把行为原因归为环境，则个人对其行为结果可以不负什么责任。另一种是个人归因(personal attribution)，即将行为的影响归于个人，如人格、动机、情绪、态度、能力、努力等都是个人归因。海德认为，如果把行为原因归于个人，则个人对其行为结果应当负责。

2. 罗特的归因理论

在海德之后，美国社会心理学家罗特(T.B.Rotter)根据"控制点"(locus of control)把人划分为两种：内控型和外控型。内控型的人认为自己可以控制周围的环境，不论成功还是失败，都是由于个人能力和努力等内部因素造成的；外控型的人感到自己无法控制周围的环境，不论成败都归因于他人的压力以及运气等外部因素。

3. 凯利的归因理论

凯利(H.Kelley)对海德的思路进行了整理，他具体描述了人用来进行归因的几种变量。他认为，人可以使用三种不同的解释说明行为的原因：归因于客观刺激物(刺激)；归因于行动者(人)；归因于所处的情境或条件(时间或形态)。但人行为的原因是十分复杂的，要推断他人行为的原因，必须在类似的情境中做多次观察，根据多条线索做出归因。

凯利认为，人在寻找原因时所利用的线索(信息资料)主要有三类：一致性、一贯性和区别性资料。一致性资料是指某人的行为表现是否与其他人一致；一贯性资料是指某人的行为是一贯的还是偶然的；区别性资料是指某人的这次行为是否特别，这次行为与他本人类似的其他行为是否有所区别。观察者通过对一致性资料、一贯性资料和区别性资料三个方面信息的组合，可以对观察到的行为做出刺激、个人或情境的归因。

应用举例：小明期末数学考试不及格的原因分析。

参照凯利的模式，可以从以下几个方面的信息进行分析：①在这次期末考试中，其他同学的数学成绩如何(一致性)；②小明在过去的数学考试中是否经常不及格(一贯性)；③小明的其他课程考得如何(区别性)。假如班级中数学不及格的同学较多(高一致性)，而小明过去的数学成绩一直很好(低一贯性)，小明的其他课程考得都很好(高区别性)，说明这次数学试卷难度较大是导致小明数学不及格的主要原因，这是归因于刺激因素。通常，低一致性、高一贯性、低区别性的行为被归因于能力；低一致性、低一贯性、高区别性的行为被归因于情境。

4. 韦纳的归因理论

美国心理学家韦纳(B.Weiner)在剖析传统动机理论的基础上提出了认知动机理论，对行为结果的归因进行了系统的因素分析。

(1) 他把归因分为六因素三维度。他把人们对成败的归因归纳为六个因素：能力高低、努力程度、任务难易、运气(机遇)好坏、身心状态、外界环境。他将这些原因纳入三维度：因素源(内归因和外归因)；稳定性(稳定性归因和非稳定性归因)；可控性(可控归因和不可控归因)。韦纳六因素与三维度归因模式如表 9-1 所示。

表 9-1　韦纳六因素三维度归因模式

维度 因素	内外在性		稳定性		可控性	
	内在	外在	稳定	不稳定	可控	不可控
能力高低	+		+			+
努力程度	+			+	+	
任务难度		+	+			+
运气好坏		+		+		+
身心状态	+			+		+
外界环境		+		+		+

(2) 原因归因会使人出现情绪情感反应。一个人解释成功和失败的方式能影响他的情

绪，其至影响他完成任务的能力。例如，把成功归结为内部原因(能力、努力)，会使人感到满意或自豪；把成功归结为外部原因(任务容易或运气好)，会使人产生惊奇或感激。把失败归于内因，会使人感到羞耻和沮丧；把失败归于外因，会使人感到气愤和产生敌意。对于追求成功的人来讲，他们具有一种只要努力就定能成功的自信心。

(3) 原因稳定性归因会影响其成功期望和后续行为。把某一行为的结果归因于稳定原因的个体比归因于不稳定原因的个体更期望该行为再次发生。一般来说，追求成功的人把成功归因于自己的能力强，而把失败归因于自己的不努力。例如，如果把成功归于稳定因素(能力强)，会提高以后工作的积极性，会更期望该行为再次发生；如果把成功归因于不稳定因素(运气)，以后的工作积极性可能降低，该行为很可能不会再次发生。

归因理论在实际应用中的价值主要体现在以下三个方面：①了解心理与行为的因果关系。归因理论告诉我们人类的任何行为都有一定的原因，人会将自己在某种活动中的成功或失败自觉或不自觉地归于某种原因，对这种因果关系的研究有助于对人的心理与行为进行更有效的把握。②根据行为者当前的归因倾向预测他以后的动机。归因理论的一个重要价值就是人可以根据某个行为者当前的归因倾向预测他未来在此方面的动机。③归因训练有助于提高自我认识。让学生学会正确而有积极意义的归因是对学生进行心理教育的一项重要内容。学生学会归因的过程也是提高自我认识的过程。

韦纳的归因理论将动机和归因两大心理学领域有机地结合起来，取得了突破性的进展。该理论全面系统地阐述了一种基于归因的认知动机理论，并且理论的各个组成部分都经过了逻辑分析和实验验证，从而增强了理论说服力，是所有动机理论中较为深入、系统和严密的理论，对动机研究和教育心理研究有极大的贡献，在教育和管理等实际工作中有广泛的应用前景。

5. 塞利格曼的归因理论

塞利格曼(Martin E.P. Seligman)是归因研究领域的新秀。他专注于研究人解释事件时的情绪反应，即他们是乐观的还是悲观的。他发现，人在做归因时的情绪反应会影响人的主动性和被动性。赛利格曼的归因理论包括三个维度：稳定—不稳定，内部—外部，特定—普遍。

悲观的归因方式的焦点是认为失败的原因由内部产生，造成这种失败的不良环境和个人因素是稳定的、普遍的、整体的，会影响所有的事件。乐观的归因方式把失败看作是外部因素的结果，是不稳定的、可变化的或特定事件的结果。例如，"考试不公平"：如果我下次更加努力的话，我就会做得更好，并且这个挫折不会对我完成任何其他重要任务产生影响。

当触及成功的问题时，这些解释就会反过来。乐观主义者对成功抱以个人内部完全稳定的整体性的信心。悲观主义者把成功归因于外部不稳定的整体性因素，由于他们相信命中注定要失败，所以悲观者会比别人想象中做得还要差。例如，有一个研究记录了一家英国龙头保险公司中130名男性销售人员的解释方式，具有乐观归因方式的销售人员有着更高的销售额。在日常生活中，对事件的解释方式会影响人对未来成就的动机水平。所以，我们应该努力发展一种对成功和失败的乐观解释方式。

6. 德韦克的内隐信念理论

美国心理学家德韦克(C.Dweck)研究发现，每个人都有关于自己和他人所处世界的内隐的基本信念，这些信念可引导人采取不同的目标取向。具有不同的信念和目标定向的个体，对成功或失败结果的认知判断、情感和行为反应就大相径庭。比如，同样面对失败，有的学生表现出一种无助的取向，体验到负面的自我认知和情感，"我不行""我太笨了"，由此引发厌烦、焦虑和厌学情绪；有的学生则表现出一种求精进取的取向，他们会对自己说，"再想想办法，肯定能行"，他们体验到的是兴奋、激动，并热切地投入到新一轮拼搏之中。德韦克发现，这两种认知方式的个体有着不同的智力内隐基本信念，追求着不同的目标。无助者对智力和能力持一种"存在信念"，认为智力是固定的、无法控制的，如果聪明，无须努力也能成功，而失败和困难则表明自己缺乏能力，他们在学习活动中追求的是成绩目标。而求精进取者对智力和能力持一种"增长信念"，认为智力是可以训练的，成绩反映了自己的努力和策略的效用，困难和失败则代表着挑战和战胜它的机会，因此，他们努力提高自己的能力，所追求的是一种学习目标，而不是成绩目标。

> **阅读资料 9-5**

习得性无助与归因训练

习得性无助(Learned helplessness)是指个体经历某种学习后，在面临不可控情境时形成无论怎样努力也无法改变事情结果的不可控认知，继而导致放弃努力的一种心理状态。这一概念是由马丁·塞利格曼(Martin E. P. Seligman)1967年提出的，他的研究不仅推动了积极心理学的开创与蓬勃发展，而且也为抑郁症的研究与治疗提供了理论支撑和实验依据。

习得性无助广泛存在于人类社会中，当面临困难和挑战时，人们经多次尝试都以失败告终或者无功而返时，人们就会放弃努力，表现为"躺平""摆烂"。对青少年学生而言，学习倦怠现象常常与习得性无助归因有关。习得性无助的学生通常会认为不管自己做什么，都注定要失败或毫无意义。不断经历失败的学生可能会形成一种"防御性悲观主义"，以保护自己，避免否定的反馈(Marsh & Debus)。一般来说，在学生取得学业成功时，越是将成功归因为自身的努力和能力，在学习过程中就越不容易发生倦怠，从而形成良性循环。如果将成功归因为情境和运气等外在的完全不可控的原因，会减小对成功的期待，放弃努力，产生倦怠。当学生遭遇学业失败时，如果将其归因为能力、情境和运气，就容易发生倦怠；如果归因为努力等可控性强的内部因素时，则更能激励学生继续努力，减少倦怠的发生。

习得性无助与儿童幼年时期不恰当的教养方式有一定关系(Hokoda & Fincham)，也可能是由于给予的不一致、不可预测的奖惩有关，使得学生形成这种观点：对于成功自己无能为力。教师可以通过训练来减轻学生的习得性无助：①将学习任务分成小步子，给学生提供更多成功的机会；②提供及时反馈；③最为重要的是，对学生要有积极的、一贯的期待，也可以减少习得性无助,因为所有的学生都可以在某种程度上实现学习目标。

(资料来源:罗伯特·斯莱文. 教育心理学:理论与实践[M]. 8版. 姚梅林,陈勇杰,译. 北京:人民邮电出版社,2011.)

9.4.3 自我效能感理论

1. 背景介绍

自我效能感理论是美国心理学家班杜拉(Albest Bandura)于1977年提出的。所谓自我效能感(self-efficacy),是指个体对自己是否有能力完成某一行为所进行的推测与判断。班杜拉希望运用自我效能感来解释人类行为的启动和改变。

2. 主要观点

班杜拉认为,人的行为受两个因素影响:一是行为的结果因素,即强化;二是行为的先行因素,即期待。与传统行为主义不同的是,班杜拉没有将强化看成决定行为的唯一因素。他承认强化能够激发和维持行为动机以控制和调节人的行为,同时,如果没有强化也能够形成新的行为模式。这就是人在认知了行为与强化之间的关系后,对下一步强化产生的期待,通过期待也可以形成新的行为模式。

班杜拉通过研究发现,期待有两种形式:一是结果期待,是人对自己的某一行为会导致某一结果的推测。如果个体预测某一特定行为会导致某一特定的结果,那么这一行为就可能被激活和被选择。例如,学生认识到只要刻苦学习,就能考上研究生,那他就会非常刻苦地学习。二是效能期待,是个体对自己能否实施某种成就行为的能力判断,即人对自己能力的推测。当确信自己有能力进行某一活动时,就会产生高度的自我效能感,并积极进行这一活动。例如,学生认为自己有能力考上研究生,只要刻苦用功即可,那他就会十分刻苦地去复习。班杜拉认为,人不仅仅会对行为可能带来良好的后果进行推测,而且会对自己是否具有这种能力进行判断。

影响自我效能感的因素有以下几种:①个体成败经验。个体成败经验有两类:一类是个体成败的亲身体验,即直接体验,是影响自我效能感的最重要因素。学习者具有丰富的成功经验会提高自我效能感;相反,屡次失败的教训会降低自我效能感。另一类是个体成败的替代性经验,即学习者看到与自己实力相当的示范者成功时,会增强自我效能感,"他行我也行";相反,会降低自我效能感,"他那么用功都失败了,我肯定不行"。②个体的归因特点。个体的归因方式也直接影响自我效能感的形成。把成功归因于内因、失败归因于外因的人自我效能感会加强;相反,把成功归因于外因、把失败归因于内因的人自我效能感比较低。③保持良好的情绪和生理状态。积极的情绪和生理状态会提高自我效能感,消极的情绪和不良的生理状态会降低自我效能感。教师应积极培养和激发学生的自我效能感,特别是对一些缺乏自信的学生,通过对他们的期待和鼓励,能够促进其自我效能感的增强,从而提高自信心。

复习思考题

1. 名词解释：个性、需要、动机、诱因、学习动机、成就动机、归因。
2. 试述个性的心理结构和基本特征。
3. 试述马斯洛的需要层次理论，它对教育工作有哪些实际意义？
4. 试述动机产生的条件是什么，需要和动机之间的关系是怎样的？
5. 简述动机与行为效率之间的关系。
6. 怎样才能有效地培养和激发学生的学习动机？
7. 成就动机理论的主要代表人物有哪些？其各自的主要观点是什么？在教学中如何应用？
8. 高成就需要者与低成就需要者在面临中等难度的工作时行为上有何差异？
9. 归因理论的代表人物有哪些？其各自主要观点是什么？
10. 韦纳的归因理论的基本观点是什么？应如何引导学生做出积极而正确的归因？
11. 简述德韦克的内隐信念理论。
12. 自我效能感理论的主要观点是什么？在教学中应如何提高学生的自我效能感？

教师资格证考试真题再现

一、单选题(每题 2 分)

1. (2021.03)李伟同学在上课前会对本节课的内容进行判断，如果认为自己能听懂老师讲述的知识，他就会认真听课，根据班杜拉的理论，这种现象是(　　)。
   A. 结果期待　　　　B. 过程期待　　　　C. 社会期待　　　　D. 效能期待

2. (2021.03)小明认为自己学习成绩不好是因为自己不够聪明，根据维纳的归因理论，这属于(　　)。
   A. 内部稳定归因　　　　　　　　B. 外部稳定归因
   C. 内部、不稳定归因　　　　　　D. 外部、不稳定归因

3. (2021.03)晓东期中考试成绩不理想，其父母承诺如果期末考试成绩优异，就奖励一部华为手机。于是他学习更加努力。晓东的这种学习动机属于(　　)。
   A. 近景、外部动机　　　　　　　B. 近景、内部动机
   C. 远景、外部动机　　　　　　　D. 远景、内部动机

4. (2022.11)王老师对自己的教学能力非常自信，认为自己能够取得突出的教学效果，这主要反映了王老师的哪种职业心理素质？(　　)
   A. 角色自主感　　B. 角色期待感　　C. 教学效能感　　D. 教学责任感

5. (2023.03)曹虹确信自己能出色地完成老师布置的各科作业。这反映了她的哪一心理品质？(　　)。
   A. 自我效能　　B. 自我促　　C. 自我监控　　D. 自我强化

二、简答题(每题 10 分)

1. (2013.05)简述人格的特征。
2. (2014.05)简述激发学生学习动机的基本方法。
3. (2016.05)简述马斯洛的需要层次理论。
4. (2016.11)简述自我效能感及其功能。
5. (2018.05)学习动机的定义与功能是什么？
6. (2021.03)教师如何培养学生的自我效能感？
7. (2022.11)简述个性的基本特征。

第 10 章 气 质

本章学习目标

- 气质的概念
- 气质的学说
- 高级神经活动类型与气质的生理基础
- 气质类型的心理特征与气质类型
- 典型气质类型的行为表现
- 气质的测量
- 气质在实践活动中的作用

10.1 气 质 概 述

10.1.1 气质的概念

1. 气质的定义

气质(temperament)是个人生来就具有的典型而稳定的心理活动动力特征。所谓心理活动动力特征，是指心理活动的强度(如情绪体验的强弱、意志努力的程度)、心理活动的速度(如知觉的速度、思维的灵活程度)、心理活动的稳定性(如注意的稳定性、情绪的稳定性)和心理活动的指向性(指向于外部世界还是指向于个人的内心世界)等方面的特点。

"气质"这一概念与我们平时常说的"脾气""秉性"或"性情"相近似。美国心理学家卡特尔(R. B. Cattell)指出，气质是描绘一个人获取他的目标时如何行动的特质，它决定了一个人的"风格与节奏"，决定一个人行动是温和的还是暴躁的。

气质本身没有好坏之分。气质主要反映的是一个人与生俱来的某些自然特性，它与人的心理活动的内容、动机无关，只是使个性带有一定的动力色彩；气质也不决定个体社会成就的大小或生存价值的高低，任何一种气质类型的人都有可能在事业上取得成功，所以气质本身没有好坏之分。

2. 气质的特点

1) 气质的动力性

气质不是推动个体进行活动的心理原因，而是心理活动的的动力特征，它影响着个体活动的一切方面。具有某种气质的人，在内容完全不同的活动中也会显示出同样性质的动力特征，仿佛使一个人的全部心理活动都染上了个人独特的色彩。例如，一个心理活动速度快的学生，他会表现出思维灵活，反应快、说话快，与人辩论伶牙俐齿；而一个心理活动速度慢的学生，则表现出反应较慢，思维不够敏捷但常常很有条理，说起话来慢慢悠悠，与人辩论不慌不忙等。

2) 气质的天赋性

气质受先天生物学因素影响较大。气质主要决定于个体的生物学因素，较多地受神经系统类型的影响，这也是气质具有强稳定性的原因。研究表明，新生婴儿已具有气质差异。在医院婴儿室可以看到，有的新生儿很爱哭、好动，而有的则安静一些。格赛尔(Gesell)、斯卡尔(Scull)及我国心理学家林崇德等对同卵、异卵双生子的研究，同卵双生子的气质特征比异卵双生子更为接近，显示出气质与遗传有密切关系，均证实了气质的天赋性及个体间的差异性。

3) 气质的稳定性

气质具有较强的稳定性，不容易改变的，正如人们常说"秉性难移"。托马斯(A. Thomas)等人对儿童的气质进行了长达20多年的研究，发现1～3个月的幼儿具有明显的、持久的气质特征，这种气质特征不容易改变，一直持续到成年。研究还发现，在许多儿童中生命最初显现的气质原始特征，往往在以后的20多年发展阶段中会继续保持着。当然，气质具有先天性并不意味着气质就是一成不变的，在生活环境和教育影响下，以及性格的掩盖下，气质可以得到相当程度的改造，使之符合社会实践的要求，但其稳定性还是主要的。

10.1.2 气质的学说

从古至今，人们为了揭示气质的发生基础，探明气质的生理机制，进行了大量的研究，创立了许多不同的气质学说。在这些学说中，多数是片面的，缺乏科学的依据。其中，最为久远的是体液说，比较科学的是高级神经活动类型说。

1. 气质概念的萌芽

1) 四根说

在心理学史上，"气质"是一个很古老的概念。根据我国心理学家唐钺的研究，早在古希腊医学家恩培多克勒(Empedocles)的"四根说"中就已经具有了气质和神经类型学说的萌芽。恩培多克勒认为，人的身体是由四根(土、水、火、空气)构成：固体的部分是土根，液体的部分是水根，血液主要是火根，维持生命的呼吸是空气根。他认为，思维是血液的作用(即火根的作用)。火根部分离开了身体，血液变冷些，人就会入眠。火根全部离开身体，血液就全变冷，人就死亡。他还认为，人的心理特性依赖身体的特殊构造；人心理上的不同是由身体上四根配合比例的不同造成的。他认为，演说家是舌头的四根配合最好的人，艺术家是手的四根配合最好的人。恩培多克勒的"四根说"虽没有得到科学的证明，但已经具有了气质和神经类型学说的萌芽。

2) 阴阳五行说

在我国战国秦汉间的以医书为主的科学百科全书《黄帝内经》中，虽然没有直接提出"气质"一词，但在医学理论中融合着丰富的有关气质的论述。

(1) 阴阳二十五型分类。《灵枢·阴阳二十五人》把人的某些心理上的个别差异与生理解剖特点联系起来，根据人的体形、肤色、认识能力、情感反应、意志强弱、性格静躁，以及对季节气候的适应能力等方面的差异,运用五行学说,将体质分为:木、火、土、金、水五大类型。然后又根据五音的太少,以及左右手足三阳经,气血多少反映在头面四肢的生理特征,将每一类型再分为五类,共为"阴阳二十五型",本法强调对季节的适应能力为体质的分类依据,具有实际意义。

(2) 阴阳太少分类。《灵枢·通天》根据人体阴阳之气的比例将人分为五类:太阴之人少阴之人、太阳之人、少阳之人、阴阳和平之人,这是根据人体先天禀赋的阴阳之气的多少,并分别叙述了每一类型的人的性情、体质和形态等,来说明人的心理和行为特征,即气质方面差别的萌芽分类方法。

用阴阳五行学说划分人的类型,不仅是观察的结果,而且也是我国古代医学和哲学原理的发挥。阴阳五行学说表明人的气质是由其内部阴阳矛盾的倾向性所决定,这与近代生理学研究的兴奋和抑制的关系有某种类似之处。从其内容的丰富和细致来说,完全可以与西方的气质理论相媲美。

2. 气质的体液说

希波克拉底(Hippocrates)把"四根说"进一步发展为"体液说"。认为构成人体内的体液有四种:血液、黏液、黄胆汁、黑胆汁。血液产生于心脏,黏液产生于脑,黄胆汁产生于肝脏,黑胆汁产生于胃。同时,希波克拉底根据哪一种体液在人体内占优势,把人分为四种类型:多血质、黏液质、胆汁质和抑郁质。在体液的混合比例中血液占优势的人属多血质,黏液占优势的人属黏液质,黄胆汁占优势的人属胆汁质,黑胆汁占优势的人属抑郁质。希波克拉底认为,每一种体液都是由寒、热、湿、干四种性能中的两种性能混合而成:血液具有热—湿的性能,多血质的人温而润,好似春天一般;黏液具有寒—湿的性能,黏液质的人冷酷无情,似冬天一样;黄胆汁具有热—干的性能,黄胆汁的人热而躁,如夏季一般;黑胆汁具有寒—干的性能,抑郁质的人冷而躁,有如秋天一样。这四种体液配合恰当时,身体便健康;配合异常时,身体便生病。按照希波克拉底的原意,他所谓的四种气质类型,其含义是很广泛的——即决定人的整个体质(也包括气质),而不是单指现在心理学上的所谓气质。

希波克拉底的体液说,在 500 年后被罗马医生盖仑(C. Galen)发展,将四种体液进行相互配合而产生出 13 种气质类型,并用拉丁语"temperameteum"一词来表示气质这个概念,这便是近代"气质"(temperament)概念的来源。但后来,还是希波克拉底提出的四种气质类型(多血质、胆汁质、黏液质和抑郁质)比较切合实际,所以至今仍沿用着他所提出的名称。限于当时的条件,用体液来解释气质类型无可厚非,但用现在的眼光看是缺乏科学依据的。

3. 气质的体型说

德国精神病学家克瑞奇米尔(E. Kretschmer)根据他对精神病患者的临床观察,提出按体型划分人的气质类型的理论。他认为人的身体结构与气质特点以及可能患的精神病种类有一定的关系。而精神病患者与正常人只有量的差别,没有质的区别。他把人分为三类:肥胖型、瘦长型和斗士型。

1) 肥胖型

肥胖型的人身材短胖,圆肩阔腰,具有躁郁性气质(cyclotymes temperament),易患躁狂抑郁症。其特点是：好社交、通融、健谈、活泼、好动、表情丰富、情绪不稳定。

2) 瘦长型

瘦长型的人高瘦纤弱、细长、窄小，具有分裂性气质(schizothymes temperament)，易患精神分裂症。其特点是：不善社交、内向、退缩、世事通融、害羞沉静、寡言多思。

3) 斗士型

斗士型，又称筋骨型，这种类型的人骨肉均匀，体态与身高成比例，具有粘着性气质(viskōses temperament)，易患癫痫症。其特点是：正义感强、注意礼仪、节俭、遵守纪律和秩序。

美国心理学家谢尔登(W. H. Sheldon)于1942年也主张体型与气质相关，他把人分为三类：内胚叶型、中胚叶型和外胚叶型(见表10-1)。内胚叶型的人肥胖、贪食、体态松弛、反应缓慢、乐观、睡眠很深；中胚叶型的人肌肉骨骼发达、强而有力、体态线条鲜明呈矩形、好动、富有竞争性；外胚叶型的人瘦长、虚弱、神经敏感、反应迅速、睡眠很差、易疲劳。

表10-1 谢尔登关于体型与气质的关系

体型		气质	
类 型	特 征	类 型	特 征
内胚叶型	柔软而丰满、消化器官过度发达	内脏优势型	性喜悠闲、贪食、好交际
中胚叶型	肌肉发达、呈矩形、强有力	身体优势型	精力充沛、很自信、有胆识
外胚叶型	瘦长、虚弱、脑大、神经过敏	脑优势型	拘谨、胆量小、内倾、爱好艺术

(资料来源：阴国恩. 普通心理学[M]. 天津：南开大学出版社，1998.)

谢尔登收集了几百个气质特征，并将这些特征整理为50个特征，经因素分析后发现上述三种体型与三种气质类型的正相关系数(约为0.8)都很高，即体型与气质之间有密切的关系。他认为，内胚叶型的人属于内脏气质型(或内脏优势型)，特点是贪图舒服、闲适、乐群、好交际；中胚叶型的人属于肌肉气质型(或身体优势型)，特点是精力充沛、好活动、自信、独立性强、爱冒险、不太谨慎；外胚叶型的人属于脑髓气质型(或脑优势型)，特点是爱思考、拘谨、胆量小、内倾、压抑、约束、好孤独等。

克瑞奇米尔和谢尔登指出了身体特征与气质相关，这对后人有一定的启发作用。但是，体型理论的缺点也是明显的，主要表现为以下三点：①体型与气质之间存在一定的相关，但是这种相关并不是因果，用相关关系来替代因果关系是不正确的。②过分夸大了生物因素的作用，忽视社会生活对气质的作用。③克瑞奇米尔把一切人都归入精神病患者的类型之中，这显然是片面的。

4. 气质的血型说

气质的血型说是由日本学者古川竹二于1927年最先提出的，后经西冈一义等人加以发展。该学说认为血型和气质之间有着密切的关系，血型有A型、B型、AB型和O型，气质也有相应类型(见表10-2)，可以根据人的血型判断其气质，甚至预测爱情和事业。

表 10-2　血型与气质的关系

血　型	气　质	心理特征
A	消极保守	理智，内向，不善交际，沉思好静，情绪稳定，忍耐力强，易于守规，做事细心谨慎，责任心强
B	积极进取	外向，善交际，兴趣广泛多变，行动奔放，不习惯束缚，缺乏细心和毅力，不怕劳累，热心工作
AB	复合气质类	兼有 A 型和 B 型的特征
O	积极进取	志向坚强，好胜霸道，不听指挥，爱支配别人，有胆识，不愿吃亏

（资料来源：王有智，欧阳仑. 心理学基础：原理与应用[M]. 北京：首都经济贸易大学出版社，2006.）

1) A 型气质

A 型气质，其特点是理智，内向，不善交际；沉思好静，情绪稳定，忍耐力强；具有独立性，易于守规；做事细心谨慎，责任心强，固执；感情含蓄，注重仪表，但不新奇。

2) B 型气质

B 型气质，其特点是外向，善交际；兴趣广泛多变，行动奔放，不习惯束缚，缺乏细心和毅力；不怕劳累，热心工作；动作语调富于感情，易引起他人注意。

3) AB 型气质

AB 型气质，属于复合气质类，兼有 A 型和 B 型的特征。其特点是机智大方，办事干净利落，冷静、不浮夸；行动有计划，喜分担责任，兴趣广泛。常常内里是 A 型，外表是 B 型。

4) O 型气质

O 型气质，其特点是外向直爽，热情好动，精力充沛，爱憎分明，见义勇为；有主见，有胆识，主观自信；志向坚强，好胜，霸道，不听从指挥，爱支配别人。

古川竹二的研究引起了许多人的兴趣，涉及人类学的许多未知领域。日本血型人类学家能见正比古认为："血型的真正含义指的是人体的体质和气质类型。"但是，许多学者认为，这种理论没有多少科学根据。因此，气质与血型的关系说是一个有争议和需要进一步研究的问题。

5. 气质的激素说

生理学家柏曼(L. Berman)等人提出，人的气质是由某种内分泌腺的活动所决定的。他以某种腺体特别发达或不发达为标准，将人分为五类：甲状腺型、脑垂体型、肾上腺型、副甲状腺型以及性腺过分活动型。五种类型人的气质特点如下所述。

1) 甲状腺型

甲状腺型，最显著的特性是易兴奋而神经系统极端敏感，精神饱满、处事和观察迅速，容易动感情甚至感情迸发，头发茂密、双眼明亮。其气质特征是知觉灵敏、意志坚强、不易疲劳。

2) 脑垂体型

脑垂体型，其脑力发达，喜欢思考，颅骨高耸，体格纤细，其气质特征是智慧聪颖，自制力强等。

3) 肾上腺型

肾上腺型,其精力旺盛,体力好像用之不竭,毛发浓密。其气质特征是情绪易激动,好斗。

4) 副甲状腺型

副甲状腺型,其缺乏生活兴趣,安定,肌肉无力。其气质特征是昏昏欲睡,无精打采。

5) 性腺过分活动型

性腺过分活动型,常感不安、好色、具有攻击性。其气质特征是性别角色突出。

现代生理学的研究表明,激素对人的气质确有影响。内分泌腺的活动、激素的合成是受神经系统支配的,同时内分泌腺的活动也影响着神经系统的活动。虽然气质的某些特点与某些内分泌腺的活动有关,但是孤立地强调内分泌腺活动对人的气质的决定作用,则是片面的。人体内有两种调节机制:神经调节和体液调节。在中枢神经的主导作用下,通过这两种机制影响气质的活动。气质的直接生理基础主要是神经系统的特征,但是从皮质与皮质下部位的相互关系以及从神经体液调节来看,内分泌腺的机能对气质的影响也是不可忽视的。

6. 气质的活动特性说

1975年美国心理学家巴斯(A. H. Buss)与普朗明(R. Plomin)经过多年研究,认为气质是人格的一部分,是指那些在生命第一年就出现、持续终生并得益于遗传的人格特点。他用反应活动的特性,即情绪性(emotionality)、活动性(activity)、社交性(sociability)和冲动性(impulsivity)作为划分气质的指标,区分出四种气质类型,形成了气质的活动特性说(又称EASI理论)。

1) 活动型

活动型的人爱活动,总是抢先接受新任务,不知疲倦。在婴儿期表现为手脚不停地动;在儿童期表现为在教室里闲坐不住;在成年后表现为有强烈的事业心。

2) 社交型

社交型的人渴望与别人建立亲密的联系,爱好社交。在婴儿期要求其保护人在身边,孤单时常大哭大闹;在儿童期容易受环境的影响,易接受教育;成年后与他人的关系也很融洽。

3) 情绪型

情绪型的人觉醒程度和反应强度大。婴儿期经常哭闹;在儿童期容易激动;成年后喜怒无常,难以与他人合作相处。

4) 冲动型

冲动型的人缺乏控制能力。在婴儿期等不及成人喂饭、换尿布等;在儿童期注意力容易分散,常常坐立不安;成年后行动带有冲动性。

1984年,巴斯和普朗明发现冲动性并不是一个独立的气质特点,于是将其更名为EAS理论。EAS理论是当代气质理论中的典型代表,它所提出的几种气质特质及其测量方法为绝大多数气质研究者所接受和支持,所论及的气质的性别差异,气质与学习、环境的关系以及问题行为,都是气质研究中值得重视的问题。不过活动特性的生理基础是什么,巴斯却没有揭示出来。

7. 气质的维度理论

美国纽约大学医学中心教授托马斯(A. Thomas)和切斯(S. Chess)通过对新生儿大量的调查研究发现,在1~3个月新生儿中,存在着明显的、持久的气质特征,这些特征不容易被改变,并一直持续到成年。他们提出鉴别气质的九个维度：①活动水平；②生理机能(饥饿、睡眠、排泄等)的规律性；③对新异刺激(环境、人等)接受的准备性；④适应变化的能力；⑤对声、光及其他感觉刺激的敏感性；⑥心境特点；⑦对刺激的反应强度；⑧分心程度；⑨从事活动的持久性。根据儿童的这九个维度的表现，托马斯等人将婴儿的气质划分为以下四种类型。

1) 容易型

"容易型"儿童，他们吃、睡等生理机能具有一定的规律性、节奏性强，在婴儿期就能很快地建立起有规律的生活方式，对所有人都很友好。这类气质的婴儿约占40%。

2) 困难型

"困难型"儿童，其生活缺乏规律性，睡眠和进食都较少，常大声地哭或笑，会突然发脾气，细微的环境变化也能引起他较强的反应，在接触陌生人或面临新事物时常表现出退缩。这类气质的婴儿约占10%～15%。

3) 逐渐热情型

"逐渐热情型"或"迟缓型"儿童，他们安静、不爱活动，对环境刺激做出温和低调的反应。他们不很喜欢新的情境，但能以自己的速度产生兴趣并进入新的情境，面临新事物时，也有退缩行为，但其退缩反应并不强烈。这类气质的婴儿约占15%。

4) 中间型或平均型

"中间型"或"平均型"儿童，他们的各项反应都属于中等水平，这类气质的婴儿约占30%～35%。

气质的维度理论可操作性强，在临床上得到广泛的应用，并在日常观察、了解和照看婴儿等方面受到人们的广泛重视。托马斯从问题儿童入手，认为气质的作用是使一个人如何发生行为，而非意味着发生了什么行为。气质的早期差异与遗传有密切关系，但后天的生活环境仍可以对气质进行不断的塑造，先天的气质会随着经验的增加而改变，但这种改变是非根本性的。托马斯等人采用纵切面研究方法对气质进行长达20年的追踪研究，其研究结果是根据大规模的观察得来的，其严谨性是比较高的。

10.1.3 高级神经活动类型说与气质的生理基础

气质的生理基础是十分复杂的。现代生理学研究表明：气质不仅与大脑皮层的活动有关，而且与皮层下活动有关；气质不仅与神经系统的活动有关，而且与内分泌腺的活动有关。一般认为，高级神经活动类型与气质的关系较为直接和密切，高级神经活动类型是气质主要的生理基础。巴甫洛夫用高级神经活动类型学说解释了气质的生理基础。

1. 高级神经活动的基本特性

关于高级神经活动类型的概念是巴甫洛夫在1909—1910年期间第一次提出的。1935年，巴甫洛夫在其《人和动物的高级神经活动的一般类型》一文中提出了"高级神经活动类型说"，详细论述了高级神经活动的各种特性和判定方法。他认为，高级神经活动(higher nervous activity)有两个基本过程：兴奋过程和抑制过程。这两个神经过程有三个基本特性：神经过程的强度、神经过程的平衡性和神经过程的灵活性。

1) 神经过程的强度

神经过程的强度是指个体的大脑皮层细胞经受强烈刺激或持久工作的能力，它有强弱之分。在一定限度内,强刺激引起强兴奋,弱刺激引起弱兴奋。但是,刺激很强时,并不是所有的有机体都能以相应的兴奋对它产生反应。兴奋过程强的人对于强的刺激能形成条件反射,已经形成的条件反射也能继续保持;兴奋过程弱的人对于强的刺激就难以形成条件反射,已经形成的条件反射当刺激强度增加到一定限度时,就会出现超限抑制,甚至会导致神经活动的"分裂"。抑制过程强的人对于要求持续较久的抑制过程能够忍受;而抑制过程较弱的人在这种情况下就可能导致抑制过程的破坏,甚至引起中枢神经系统的病理性变化。抑制过程强的动物可以忍受不间断的内抑制达 5~10 分钟,而抑制过程弱的动物则不能忍受持续的内抑制 15~30 秒。

2) 神经过程的平衡性

神经过程的平衡性是指个体的兴奋过程和抑制过程之间的强度是否相当。神经过程平衡的人这两种神经过程之间的强度是平衡的;而神经过程不平衡的人,其神经活动的兴奋和抑制的强度相差较大。在不平衡中又有哪一种神经过程占优势的问题,有的兴奋过程相对占优势,抑制过程较弱;有的抑制过程相对占优势,兴奋过程较弱。

3) 神经过程的灵活性

神经过程的灵活性是指个体对刺激的反应速度以及兴奋过程与抑制过程相互转换的速度。它保证有机体能否适应外界环境的迅速变化,表现在对各种刺激的更替是迅速还是缓慢、是容易还是困难等方面。人与人之间在兴奋和抑制的灵活性上存在差异,有的人灵活性强,有的人灵活性弱。

2. 高级神经活动的类型

高级神经过程的三个基本特性(神经过程的强度、平衡性和灵活性)的独特组合就形成了高级神经活动类型。巴甫洛夫认为人类存在四种基本的高级神经活动类型,具体如下。

1) 强而不平衡的类型(兴奋型)

这种类型的个体兴奋过程强于抑制过程,阳性条件反射比阴性条件反射容易形成,具有容易激动、奔放不羁的特点,所以也称为不可遏制型。

2) 强而平衡、灵活的类型(活泼型)

这种类型的个体兴奋过程和抑制过程都较强,并且两者容易转化。具有反应灵敏、活泼、能很快适应变化着的外界环境的特点。

3) 强而平衡、不灵活的类型(安静型)

这种类型的个体兴奋过程和抑制过程都较强,但两者不易转化。具有坚韧、迟缓的行动特征。

4) 弱型(抑制型)

这种类型的个体兴奋过程和抑制过程都很弱,阳性条件反射和阴性条件反射的形成都很慢,而且弱的抑制过程比弱的兴奋过程占优势。具有胆小、经不起打击、消极防御的特征,持续的或过强的刺激能引起其精力的迅速消耗,甚至正常的高级神经活动也容易受破坏而患神经症。

3. 高级神经活动类型与气质的关系

巴甫洛夫认为,兴奋型相当于胆汁质,活泼型相当于多血质,安静型相当于黏液质,抑制型相当于抑郁质。高级神经活动类型、气质类型及其神经活动过程的基本特性的关系如表 10-3 所示。这四种高级神经活动类型只是基本类型，还有许多过渡型或混合型。

表 10-3　高级神经活动类型与气质类型的对应关系

高级神经活动类型	气质类型	神经活动的基本特性		
		强　度	平 衡 性	灵 活 性
兴奋型(不可遏制型)	胆汁质	强	不平衡(兴奋大于抑制)	灵活
活泼型	多血质	强	平衡	灵活
安静型	黏液质	强	平衡	不灵活
抑制型	抑郁质	弱	不平衡(抑制大于兴奋)	不灵活

巴甫洛夫曾把高级神经活动类型与气质类型看成是同一个东西。他说："我们有充分的权利把在狗身上已经确立的神经系统类型……用于人类。显然，这些类型在人身上就是我们称之为气质的东西。气质是每个个别的人的最一般的特征，是他的神经系统最基本的特征，而这种最基本的特征就给每个个体的所有活动都打上这样或那样的烙印。"在他的著作中有时把高级神经活动类型和气质两个名词交替使用。但现在一般认为，气质和高级神经活动类型并不是同一个东西。气质是心理现象，高级神经活动类型是生理现象。气质是个人心理活动的动力特征，高级神经活动类型是气质主要的生理基础。

10.2　气质类型及测量

10.2.1　气质类型

1. 气质类型的心理特征

气质的心理结构十分复杂，它由许多心理活动的特征交织而成。根据现有的研究，气质类型主要有以下几种特征。

(1) 感受性。感受性是指人对外界刺激的最小强度产生心理反应的能力。它是神经过程强度特性的表现，用感觉阈限的大小来测量。

(2) 耐受性。耐受性是人在时间上和强度上经受外界刺激的能力。它也是神经过程强度特性的反映。

(3) 反应的敏捷性。反应的敏捷性包括两类特性：一类是不随意的反应性，即各种刺激引起心理的指向性，如不随意注意的指向性、不随意运动反应的指向性等；另一类指心理反应和心理过程进行的速度，如说话的速度、记忆的速度、思维的敏捷度、动作的灵活性等。反应的敏捷性主要是神经过程灵活性的表现。

(4) 可塑性。可塑性是指人根据外界的变化而改变自己的行为以适应环境的难易程度。它是神经过程灵活性的表现。

(5) 情绪兴奋性。情绪兴奋性是指以不同的速度对微弱刺激产生情绪反应的特性。它不仅表现神经过程的强度特性，而且还表现平衡性。例如，有人情绪兴奋性很强，而情绪抑制力弱，这就不仅表现了神经过程的强度，而且还明显地表现出神经过程不平衡的特点。情绪兴奋性还包括情绪向外表现的程度。同样兴奋的人，有些人有强烈的外部表现，有些人则无强烈的外部表现。

(6) 倾向性。倾向性是指人的心理活动、言语和动作反应是表现于外还是表现于内的特性。表现于外叫外倾性，表现于内叫内倾性。倾向性与神经过程强度有关，外倾性是兴奋过程强的表现；内倾性是抑制过程强的表现。

2. 气质类型

气质类型是指在一类人身上共有的或相似的心理活动特征的有规律的结合。上述气质心理特征的不同结合构成了各种不同的气质类型，如表 10-4 所示。

表 10-4　气质类型的心理指标

气质类型	感受性	耐受性	敏捷性	可塑性	情绪兴奋性	倾向性
胆汁质	低	较高	快、不灵活	小	高	外向
多血质	低	较高	快、灵活	大	高	外向
黏液质	低	高	慢、不灵活	稳定	低	内向
抑郁质	高	低	慢、不灵活	刻板	体验深刻	内向

(1) 胆汁质(choleric temperament)。胆汁质的人感受性低而耐受性高；不随意反应性强，反应的不随意性占优势；外向性明显，情绪兴奋性高，抑制能力差；反应速度快而不灵活。

(2) 多血质(sanguine temperament)。多血质的人感受性低而耐受性高；不随意反应性强，具有外向性和可塑性；情绪兴奋性高而且外部表现明显，反应速度快而灵活。

(3) 黏液质(phlegmatic temperament)。黏液质的人感受性低而耐受性高；不随意的反应性和情绪兴奋性均低；内向性明显，外部表现少；反应速度慢而具有稳定性。

(4) 抑郁质(melancholic temperament)。抑郁质的人感受性高而耐受性低；不随意的反应性低；严重内向；情绪兴奋性高并且体验深，反应速度慢；具有刻板性和不灵活性。

3. 艾森克的气质类型

在西方心理学中以传统的四种气质类型进行分类的代表人物是英国心理学家艾森克(H.J.Eysenck)。他提出了人格结构的层次性质理论，在该理论中，艾森克主要分析了人格结构的两个维度：内倾与外倾；情绪的稳定与不稳定。依据这两个维度可以把人分为以下四种类型。

(1) 稳定内倾型，相当于黏液质气质，表现为温和、镇定、安宁、善于克制自己。

(2) 稳定外倾型，相当于多血质气质，表现为活泼、悠闲、开朗、富于反应。

(3) 不稳定内倾型，相当于抑郁质气质，表现为严峻、慈爱、文静、易焦虑。

(4) 不稳定外倾型，相当于胆汁质气质，表现为好冲动、好斗、易激动等。具体如图 10-1 所示。图中小圆表示了四种传统的气质类型，大圆表示了按两个维度区分出的四种气质类型的特征。

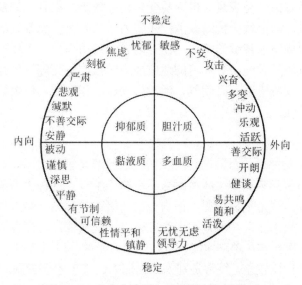

图 10-1　艾森克人格二维模型与气质类型

实际上一个人的人格结构比此要复杂得多，后来，艾森克及同事经研究又提出过四五种或更多的维度。艾森克人格问卷就是测定人格维度的自陈量表。该量表包括四个分量表：E(内外倾量表)，N(情绪稳定性量表)，P(精神质量表)，L(效度量表)。前三者为人格的三个维度，它们是彼此独立的。

10.2.2　气质类型的行为表现

人有四种典型的气质类型：胆汁质、多血质、黏液质和抑郁质，但多数人是混合型的气质类型。下面主要介绍四种典型气质类型的行为表现。

1. 胆汁质

胆汁质的代表人物有：三国演义里的张飞、水浒传里的李逵。具有这种气质的人像"夏天里的一团火"，有股火爆的脾气，情绪爆发快，"一点就着"，但难持久，如同"一阵狂风、一场雷阵雨"，来去匆匆。

这种人在情绪方面，体验强烈，发生快，消退也快；在智力活动方面，对问题的理解具有粗枝大叶、不求甚解的倾向；在行动方面，生机勃勃、表里如一，在工作中表现出顽强有力的特点，行为具有突发性。概括地说，胆汁质的人以精力旺盛、易于冲动、反应迅猛、易感情用事为特征。整个心理活动笼罩着迅速而突发的色彩，具有外倾性。

2. 多血质

多血质的代表人物有：红楼梦里的王熙凤、西游记里的猪八戒。具有这种气质的人总是像春风一样"得意扬扬"，富有朝气。这种人乖巧伶俐，惹人喜爱。他们的情绪丰富而且外露，喜怒哀乐皆形于色，他们那副表情多变的脸折射出他们的内心世界。活泼、好动、乐观、灵活是他们的优点。他们喜欢与人交往，有种"自来熟"的本事，但交情粗浅。他们的语言表达力强而且富有感染力，一件平淡无奇的小事都能被他们描绘得精彩无比。

这种人在情绪方面，易表露，也容易变化，很敏感，遇到不如意的事情就情绪低落，但是只要稍加安慰，马上就会情绪高涨；在智力活动方面，思维灵活，反应迅速，但是常表现出对事和对问题不求甚解的特点；在行动方面，动作快，工作有热情，喜欢参加一切活动，但不能坚持较长时间，对环境的适应能力较强，好交际，但往往交往不深。概括地说，多血质的人以反应迅速、有朝气、活泼好动、动作敏捷，但灵活多变、情感体验不深为特征，具有外倾性。

3. 黏液质

黏液质的代表人物有：西游记里的沙僧、三国演义里的关羽。具有这种气质的人就像冬天一样无艳丽的色彩装点而"冰冷耐寒"，缺乏生气。这种人安静稳重，沉默寡言，喜欢沉思，表情平淡，情绪不易外露，但内心的情绪体验深刻，给人以貌似"冷"的感觉，很像外凉内热的"热水瓶"。他们与人交往适度，交情深厚，朋友少但却知心。虽行动或反应慢了些，但却很扎实，踏踏实实，总是四平八稳的，所以有时"火烧眉毛也不着急"。这种人的行为主动性比较差，经常是别人让他们去做某事才会去做，但并不是他们不想做。

这种人在情绪方面，兴奋性较弱，心情较平稳，变化缓慢；在智力活动方面，思维的灵活性差，但比较细致，喜欢沉思，头脑冷静；在行动方面，善于从事已经习惯了的工作且热情较高，对新工作较难适应，行动缓慢，但能坚决执行已经做出的决定，工作较踏实。概括地说，黏液质的人安静稳重、踏实、沉着，但缺乏生气、灵活不足、有些死板，具有内倾性。

4. 抑郁质

抑郁质的典型代表人物有：红楼梦里的林黛玉。这种气质给人以"秋风落叶"般的无奈、忧愁的感觉。这种人情绪体验深刻、细腻而又持久，主导心境消极抑郁，多愁善感，给人以温柔怯懦的感觉。他们聪明而富于想象力，自制力强，注重内心世界，不善交际，孤僻离群，软弱胆小，萎靡不振。他们的行为举止缓慢而单调，虽然踏实稳重，但却优柔寡断。

这种人在情绪方面，情绪敏感，很少表露，但对情感的体验比较深刻和强烈，如果工作中有失误，会在较长时间内感到痛苦；在智力活动方面，观察力敏锐，能够观察到多数人所忽略的细节，对事物的反应有较高的敏感性，思维深刻；在行动方面，动作缓慢、单调，不爱与人交往，有孤独感，不愿意在大庭广众下展示自己，不喜欢表现自己，怯懦。概括地说，抑郁质的人以敏锐、稳重、体验深刻、怯懦、孤独、行动缓慢为特征，具有内倾性。

事实上，单纯地属于这四种典型气质之一的人并不多，在生活中绝大多数人是四种气质相互混合、渗透、兼而有之。具有上述四种气质类型典型特征者称为"典型型"，近似其中某一类型者称为"一般型"，具有两种或两种以上类型者称为"混合型"或"中间型"。在整个人口分布中，大多数人是气质的一般型和混合型，典型型的人只占少数。

> 阅读资料 10-1

四种典型气质类型的不同行为表现

苏联心理学家达维多夫曾用一个故事形象地描述了四种基本气质类型的人在同一情景中的不同行为表现。四个不同气质类型的人上剧院看戏,但是都迟到了。胆汁质的人和检票员争吵,企图闯入剧院。他辩解说,剧院里的钟表快了,他进去看戏不会影响别人,并且企图推开检票员进入剧院。多血质的人立刻明白,检票员是不会放他进入剧场的,但是通过楼厅进场容易,就跑到楼上去了。黏液质的人看到检票员不让他进入剧场,就想"第一场不太精彩,我在小卖部等一会儿,幕间休息时再进去"。抑郁质的人会说:"我运气不好,偶尔看一次戏,就那样倒霉。"接着就回家去了。

丹麦的皮特斯特鲁普的一幅漫画《一顶帽子》也生动地描述了具有四种典型气质类型的人对同一事件的不同反应,如下图所示。

(资料来源:卢家楣. 心理学[M]. 上海:上海人民出版社,2013.)

10.2.3 气质的测量

气质表现在个体的心理活动和行为方式中,可以通过对人的行为特征的观察和了解来评定一个人的气质,但不能单凭对个体一时一事的行为特征的观察来确定个体的气质类型。由于气质的复杂性,有时个体的行为表现又会"掩盖"真实的气质特征。因此,对气质的测量应该综合运用多种方法,多方面搜集资料,然后从中综合概括出一个人的气质特征和气质类型。气质测量常用的方法有:观察法、测验法、实验法、行为评定法。

1. 观察法

具有典型气质类型的人,其气质特点在日常生活中比较容易观察出来。不典型或混合型气质类型的人用观察法确定比较困难,只有用更多的时间去了解个体在不同情况下的行为表现，才能将一个人的偶然表现和稳定的气质特征区别开来。

为了便于观察，有的研究人员提出了四种气质类型的观察指标。例如，对胆汁质类型的人的观察指标是：日常活动带有强烈的情绪色彩。情绪高时，学习、工作热情高涨，肯出大力；是各项课外活动的积极参加者，喜欢每一项新的活动，甚至喜欢倡导一些别出心裁的活动，尤其喜欢运动量大和场面热烈的活动；完成作业匆匆忙忙，比谁都快，考试交卷争第一；工作效率高，想干的事未完成，饭可不吃，觉可不睡；学习的理解能力和接受能力很快，但不求甚解，答题总是未想好就先举手；说话快，喜欢与同学争辩，总想抢先发表自己的意见；容易激动，经常出口伤人而不自觉；喜欢在公开场合表现自己，坚信自己的见解；姿态举动强而有力，眼光锐利而富有生气，表情丰富而敏捷；喜欢看情节起伏、激动人心的小说和电影，不爱看表现日常生活题材的作品。这些观察指标可供人们观察时参考。

2. 测验法

测验法要求被试者对一系列经过标准化的问题进行作答，然后分析被试者的气质特征、神经过程特性和气质类型。常见的气质量表有下列几种。

1) 瑟斯顿气质量表

瑟斯顿气质量表是由美国心理学家瑟斯顿(L. L. Thurstone)等人于1953年用因素分析的方法首先提出了七种气质因素，然后根据这七种气质因素编制而成的。该量表共由140道题目组成，每个气质因素有20道题目。要求被试者从每道题目的三个答案("是""否"和"不能肯定")中做出一个选择。测量的结果用百分等级来表示，完成测验的时间约为30分钟。瑟斯顿气质量表的七种因素分别是：活动性、健壮性、支配性、稳定性、社会性、沉思性、冲动性。

2) 斯特里劳气质调查表

斯特里劳气质调查表是由波兰心理学家斯特里劳(J. Strelau)根据巴甫洛夫关于高级神经活动基本特性的理论编制的，主要评定高级神经活动的兴奋性、抑制性和灵活性三个方面。斯特里劳最早编制了150道测验题目，每个方面有50道题目。经过大规模的施测后，他从150道题目中筛选出134道，其中测量神经活动兴奋性的有44道，测量抑制性的有44道，测量灵活性的有46道。高级神经活动的平衡性没有专门的题目，是通过被试者回答以上三个方面的结果间接推算出来。在施测过程中，要求被试者对每道题目从三个答案("是""否"和"不能肯定")中做出一个选择。

3) 陈会昌的气质调查表

陈会昌的气质调查表是由陈会昌等人根据四种气质类型编制的气质调查表(见附录B.2)，每种气质类型有15道题目，共60道题目。测验方式是自陈式，计分采用数字等级制。该调查表简便易行，信度和效度均较高。

3. 实验法

在实验室内通过专门仪器测量人的气质特征，主要依据以下四个项目进行：①感受性测量，测量外界刺激达到哪种强度能对被试者产生心理影响；②耐受性测量，测定在不同的刺激情境中，被试者的思维、情绪等是否保持稳定；③灵敏性测量，测定被试者神经活动、特别是高级神经活动的灵活性；④兴奋性测量，测量在兴奋状态下被试者是否能控制住自己而不轻易外露。

实验法要求严格控制各种因素，但由于不能完全避免被试者思想、情绪等各种因素的干扰，因而也还存在着一定的不足。

4. 行为评定法

行为评定法是通过在自然条件下，观察和了解一个人气质特征的行为表现，进而对其气质类型作出评定的一种方法。

1) 安菲莫夫检查表法

安菲莫夫检查表法由苏联心理学者安菲莫夫所编制。该检查表由一张印有随机排列的一行行俄文字母组成。在测试过程中，要求被试者从最上面一行开始，从左到右将所看到的规定字母如 Н 划掉，通常先让被试者做 5 分钟，然后休息 1 分钟，再做 5 分钟。在进行第二个 5 分钟测试时，同样划掉字母 Н，但是，如果遇到 Н 和 И 在一起，即"ИН"时，字母 Н 则不能被划掉。

根据被试者所划字母的结果评定其高级神经活动的特性和类型：根据被试者划去的字母总数，评定其神经活动的强度；根据被试者在 5 分钟内所划字母数的曲线形式评定其神经活动类型；根据被试者错划字母的多少评定其分化抑制的能力等。

2) "80·8" 神经类型测试表

苏州大学的王文英和张卿华改进了安菲莫夫的方法，他们考虑到被试者知识经验可能会对测试结果产生影响，于是把安菲莫夫测试表中随机排列的俄文字母改为随机排列的无意义图形符号，要求被试者在 30 分钟内从左到右将事先规定的某个符号划掉。在具体的施测过程中，让被试者先作业 5 分钟，休息 5 分钟，再作业 5 分钟，依次交替进行，共计 30 分钟。然后根据被试者划掉规定符号的总数和漏、错划的占比，评定被试者的神经类型，从而达到评定被试者气质类型的目的。

10.3 气质在实践活动中的作用

10.3.1 气质对能力的影响

气质不能决定一个人能力发展的水平。能力水平高的人可能具有不同的气质；相同气质的人可能表现出不同的智力水平。例如，著名的作家中四种气质的人分别有：李白和普希金具有明显的胆汁质特征；郭沫若和赫尔岑具有多血质的特征；茅盾和克雷洛夫属于黏液质；杜甫和果戈理属于抑郁质。他们在气质类型上的不同，并不影响他们各自在文学上取得的杰出成就。

气质虽不能决定一个人能力发展的水平，但影响能力活动的特点和方式。林崇德教授指出："气质作为一种非智力因素，对能力发展有着不可忽视的影响。"他还认为，影响智力活动的气质因素主要包括以下两个方面：①心理活动的速度和灵活性。这影响到个人智力活动的快慢和灵活性的高低。研究发现，多血质和胆汁质类型的中小学生，解题速度和解题灵活性都明显超过黏液质和抑郁质类型的中小学生。②心理活动的强度。多血质和胆汁质的人，情绪感受和情绪表现都较强烈，而他们的抑制力又较差，故难从事需要细致和持久的智力活动；而黏液质和抑郁质的人，其情绪感受和表现较弱，但体验深刻，能经常地分析自己，因此他们较适合从事需要细致和持久特点的智力活动。

气质与能力彼此相互影响。有些气质特点有利于某些能力的发展，而有些气质特点则会阻碍某些能力的发展。对国家优秀运动员的研究表明，乒乓球运动员中进攻型选手以多血质、胆汁质者居多，防守型选手则以黏液质居多；短跑、跳高、击剑、摔跤等运动项目胆汁质者居多；体操则以多血质者居多；长跑、登山活动以黏液质者居多。

10.3.2 气质与学校教育

了解和掌握气质类型的特点，有助于教育工作者根据学生的气质类型，有针对性地进行教学和教育工作，做到有的放矢，因材施教。

1. 正确对待不同气质类型，防止气质偏见

教师应当认识到每一个学生的气质都有各自的特点，对学生的气质不应有任何偏见，不能笼统地认为某种气质类型好，某种气质类型不好，更不能偏爱某种气质类型的学生，讨厌另一种气质类型的学生。应该认识到每一种气质类型既有积极的方面，又有消极的方面。

苏联心理学家克鲁捷茨基指出，在教育过程中不应提出改变学生的气质，这是因为神经系统类型特性的改造过程非常缓慢，而且气质类型没有好坏之分，任何一种气质类型都能表现为积极的心理特征，也能表现为消极的心理特征。例如，多血质的人反应灵敏，容易适应新的环境，但缺乏适当的教育就可能导致肤浅，注意力不稳定和缺乏沉思的倾向。胆汁质的人热情开朗、精力旺盛、刚强，但如果缺乏适当的教育就可能导致缺乏自制力、生硬急躁、经常发脾气的倾向。黏液质的人冷静、沉着、自制、踏实，但如缺乏适当的教育可能导致对生活漠然处之的倾向。抑郁质的人情绪敏感、情感深刻，但如缺乏适当的教育可能完全沉浸于个人的体验，过分的腼腆，等等。

2. 对不同气质类型采取不同的教育方式和方法

在对学生的气质类型保持正确态度的前提下，教师应深入了解学生的气质特征，采用不同的教育方式和方法对待不同气质的学生，利用和发扬其气质特征中积极的方面，塑造和发展其优良的个性品质，防止个性品质向消极方面发展。

对胆汁质类型的学生，要着重培养其豪放、爽朗、勇于进取的个性品质，防止粗暴、任性、高傲等不良品质发生。在教育方法上，要采取有说服力的教育方法，既要触动他们的思想，也要避免激怒他们，以防过激反应，同时要让他们学会坚韧、自制、习惯于平稳而镇定地工作。

对多血质类型的学生，要着重培养其朝气蓬勃、满腔热忱、足智多谋等个性品质，防止朝三暮四、虎头蛇尾、粗心大意等不良品质。在教育方法上，不能放松对他们的要求，不能使他们感到无事可做，要在激起他们多方面兴趣的同时，注意培养他们的中心兴趣，要使他们在多种有意义的活动中培养踏实、专一和克服困难的精神。

对黏液质类型的学生，要着重培养其热诚待人、工作踏实、顽强等优良品质，防止墨守成规、谨小慎微、执拗等不良品质。在教育方法上，对黏液质的学生要热情，不能操之过急，要允许他们有充分的时间考虑问题和做出反应，要让他们担任稳定而持久的

工作，同时还要引导他们积极探索新问题，鼓励他们参加集体活动，发展他们的灵活性和积极性。

对抑郁质类型的学生，要着重培养敏感、机智、认真、细致等个性品质，防止怯懦、多疑、孤独等消极品质。在教育方法上，教师特别要关怀抑郁质的学生，要特别帮助他们，避免在公开场合指责他们，要指导他们多参加集体活动，在交往中消除疑虑，在集体中获得友谊和生活乐趣，要安排他们从事有一定困难的工作，鼓舞他们前进的勇气。

3. 要重视气质的年龄特征，以采取有效的教育策略

苏联心理学家彼得罗夫斯基等人研究发现，神经过程的兴奋型，多见于5岁的儿童，随着年龄的增长，兴奋型的比例逐渐下降，平衡型的比例逐渐增加，但到青春期，兴奋型又重新增多，青春期结束，兴奋型再次减少。一般地说，少年由于兴奋过程强，抑制过程弱，在活动中表现出好动、敏捷、积极、急躁、热情等特点；中年人由于兴奋过程和抑制过程趋向平衡，在活动中表现出坚毅、深刻、活泼、机智等特点；老年人由于兴奋过程弱，抑制过程强，在活动中表现出沉着、安静、迟缓等特点。

刘明等人对气质发展变化的年龄趋势做了研究。研究表明：随着年龄的增长，儿童、青少年的气质类型也会发生变化，但各种气质类型所发生的变化是不同的。胆汁质、胆汁—多血质、胆汁—黏液质、胆汁—抑郁质明显地受年龄因素的影响；其他大多数气质类型不会因年龄增长而发生显著变化。

10.3.3 气质与职业选择

气质作为人的行为方式的影响因素，虽不能对活动效果起决定作用，但对职业活动，尤其是对一些特殊职业活动来说却具有重要作用。了解气质，有利于科学地认识气质的职业适应性，有助于大学生选择合适的职业，为人才选拔和职业选择提供一定的理论依据。

1. 不同职业对从业者有不同气质要求

气质具有一定的职业适应性。实践研究表明，胆汁质、多血质的人环境适应能力较强，较易适应迅速灵活的工作；黏液质、抑郁质的人沉稳认真，则较易适应持久而细致的工作。因此，在选择职业时，应适当考虑气质特征的影响，以扬长避短，找到更适合个人气质特征的职业或工作。

不同气质的人对职业的适合度不同。研究发现，在律师、图书管理员这两种具有不同刺激负荷的职业中，被试者的高、低反应性分布不同：在19名喜爱律师职业的被试者中，有14人为低反应性个体；在23名喜欢图书管理员职业的被试者中，有15人为高反应性个体。这说明人可以通过选择活动、职业和环境来满足由自己气质特点决定的心理需要。英国学者艾森克(H. J. Eysenck)指出，雷达管理员应该由内向的人来担任，因为外向的人不能很好地担任"警戒"任务。

2. 气质与特殊职业

气质对职业活动的影响在一般职业人员中表现得并不明显，而在一些特殊职业人员中，对其气质特质的要求则较为严格。如宇航员、参加国际比赛的运动员等职业的人必须经过气质特质的测定，进行严格的选择和培训，才能胜任这类活动。例如，情绪稳定性是成为宇航员的重要条件，苏联宇航员加加林在起飞前7分钟还能睡得很好。

行为方式的适宜和有效没有统一的标准。职业的特殊要求需要选择，个体在日常工作生活中也需要主动进行选择调整。一方面要注意自己的自然倾向性，另一方面也要不断地自我发现和自我调节，形成有效的个人风格。

复习思考题

1. 名词解释：气质、神经过程的强度、神经过程的平衡性、神经过程的灵活性、耐受性、反应的敏捷性、可塑性、情绪兴奋性、气质类型。
2. 生活概念的"气质"和科学概念的"气质"有何区别？
3. 简述近现代心理学中主要的气质学说。
4. 试用巴甫洛夫的高级神经活动类型学说解释气质的生理基础。
5. 气质类型的心理特征是什么？
6. 试述艾森克的人格结构的层次性质理论是如何区分气质类型的。
7. 典型气质类型有哪几种？其各自的行为表现是什么？
8. 气质测量的主要方法有哪些？
9. 举例说明了解学生的气质类型对教育工作的意义。
10. 请结合自身实际，谈谈如何在学习和生活中充分发挥自身的气质优势。

教师资格证考试真题再现

材料分析题

(2013.11)肖平、王东、高力与赵翔喜欢踢足球，也爱观看足球比赛，但他们在观看比赛时的情绪表现却非常不一样。当看到自己喜欢的球星踢了一个好球时，肖平立刻大喊："好球！好球！"同时兴奋地手舞足蹈。王东也挺激动，叫好并鼓掌，但却没有喊，有时还劝肖平别喊叫。高力只是平静地说了一句这球踢得不错。赵翔始终沉默不语，会心一笑。

分析以上材料并回答以下问题。

1. 请分别指出这四个人的气质类型。(6分)
2. 请说明四种气质类型的特征。(6分)
3. 请说明教师了解学生气质类型在教育教学中的意义。(6分)

第 11 章　性　　格

本章学习目标

- 性格的概念
- 性格的结构特征
- 性格与气质的关系
- 性格的类型理论
- 性格的特质理论
- 性格的测量
- 性格形成与发展的影响因素

11.1　性格的概述

11.1.1　性格的概念

性格(character)是个体在对现实的稳定态度和习惯化了的行为方式中所表现出来的个性心理特征。在西方心理学中，人格与性格常常互相代用。

1. 性格与个体的态度和行为方式关系密切

性格是在社会实践活动中，在与客观环境相互作用的过程中形成。当客观事物作用于个体时，人往往会对它抱有一定的态度，并做出与这种态度相应的行为活动。个体对客体的态度和行为方式通过不断地重复得以保存和巩固下来，就构成了个人所特有的、稳定的态度和习惯化的行为方式。例如，有的人宽以待人、对人真诚；有的人尖刻、虚伪；有的人严于律己、谦虚谨慎；有的人则骄傲自大、盛气凌人；有的人遇到危险和困难时勇敢无畏；有的人则怯懦退缩；等等，这些都是人的性格特征。

2. 性格是个体稳定的心理特征

偶然表现的、情境性的、一时性的态度和行为方式不能称为性格，只有当它们巩固下来，成为对现实的稳定态度和习惯化的行为方式后，才能称之为性格。例如，某位学生在众人面前通常是健谈热情、乐观大方的，偶然一次显得沉默寡言、拘谨不安，这种偶然的表现不能看作是他的个性特征。

3. 性格是具有核心意义的个性心理特征

人的性格是后天获得的一定思想意识及行为习惯，是与他的意识倾向和世界观紧密相连的，体现了人的本质属性。人的性格是现实社会关系在人脑中的反映，具有明显的社会道德评价意义，有好坏之分。一个人做什么和怎么做，总和人与人之间的关系相关联，并受制于一定的社会道德规范。一个人的行为及其后果可能有益于社会，也可能有害于社会。如公而忘私、与人为善、诚实守信是好的或受肯定的性格特征；自私自利、冷酷无情、虚伪懒惰则是坏的或受否定的性格特征。另外，人的性格具有社会历史制约性，在阶级社会中则具有一定的阶级色彩，包含有许多社会道德含义。在各种个性特征中，性格最能表征一个人的个性差异，是个性中最具核心意义的部分，它直接影响着气质、能力的表现特点与发展方向。例如，性格与社会进步相一致的人，无论其能力大小，气质类型如何，都可以对社会进步作出贡献；但性格与社会进步相违背的人，就会对社会产生危害，而且能力越强危害越大。正因为如此，性格是个性的集中表现和核心特征，是一种与社会关系最密切的个性特征，是个性中最具有核心意义的个性心理特征。

11.1.2 性格的结构

性格是由多侧面、多成分的心理特征构成的复杂的心理结构。通常，心理学将性格结构区分为以下四个方面的基本特征。

1. 性格的态度特征

性格的态度特征(attitudinal characteristics of character)是指个体在对现实生活各个方面的态度中表现出来的性格特征。个体对现实的态度体系是性格最重要的组成部分，在人的性格结构中处于核心地位。

(1) 对社会、集体和他人的态度特征。例如，公而忘私、忠心耿耿、善交际、热爱集体、礼貌待人、正直、富有同情心；与此对立的态度特征有假公济私、三心二意、行为孤僻、自私自利、粗暴、虚伪、冷酷无情等。

(2) 对工作、劳动和学习的态度特征。例如，有责任心、勤劳、敢于创新、认真、细致、有进取心等；与此相对立的态度特征有不负责任、懒惰、墨守成规、马虎、粗心、安于现状等。

(3) 对自己的态度特征。例如，严于律己、谦虚谨慎、自强自尊、勇于自我批评、严于律己等；与此相对立的态度特征有放任自己、骄傲自大、自负、自以为是、放任自流等。

2. 性格的意志特征

性格的意志特征(volitional characteristics of character)是指人在对自己行为的自觉调节方式和水平方面的性格特征。

(1) 对行为目的明确程度的特征。属于这方面的特征主要有：目的性或盲目性；独立性或易受暗示性；纪律性或散漫性；等等。例如，在行动前有明确的目的，事先确定了行动的步骤、方法，并且在行动的过程中能克服困难，始终如一地执行。与之相反的是盲目性或盲从。

(2) 对行为的自觉控制水平的特征。属于这方面的特征主要有主动性或被动性、自制力或冲动性等。

(3) 在长期工作中表现出来的特征。属于这方面的特征主要有：恒心、坚韧性或见异思迁、虎头蛇尾，等等。

(4) 在紧急或困难情况下表现出来的特征。属于这方面的特征主要有：勇敢或怯懦；沉着镇定或惊慌失措；果断或优柔寡断；等等。

3. 性格的情绪特征

性格的情绪特征(emotional characteristics of character)是指个体在情绪活动中经常表现出来的强度、稳定性、持久性以及主导心境等方面的性格特征。

(1) 情绪的强度特征，主要表现为个人受情绪影响程度和情绪受意志控制的程度。如有的人情绪体验比较微弱，容易用意志控制；有的人情绪体验比较强烈，难以用意志控制。

(2) 情绪的稳定性特征，主要表现为情绪起伏波动的程度。如有的人情绪波动性大，情绪变化大；有的人则情绪稳定，心平气和。

(3) 情绪的持久性特征，主要表现为个人受情绪影响时间久暂的程度。例如，有的人情绪产生后很难平息，有的人情绪虽来势凶猛但转瞬即逝。

(4) 主导心境方面的性格特征，主要表现为个体不同主导心境。例如，有的人终日精神饱满、乐观开朗，有的人却整日愁眉苦脸、烦闷悲观等。

4. 性格的理智特征

性格的理智特征(rational characteristics of character)是指个体在认知过程中表现出来的认知活动特点与认知风格的性格特征。

(1) 感知方面的性格特征，有的人不易受环境的影响，而能按照一定的目的任务主动地观察，属于主动观察型，有的则明显地受环境刺激的影响，属于被动观察型；有的倾向于观察对象的细节，属于分析型，有的倾向于观察对象的整体和轮廓，属于综合型；有的倾向于快速感知，属于快速感知型，有的倾向于精确地感知，属于精确感知型。

(2) 记忆方面的性格特征，有主动记忆型和被动记忆型之分；有善于形象记忆和与善于抽象记忆之分等。

(3) 思维方面的性格特征，有的人善于独立思考，有的人喜欢人云亦云；有的人善于分析、抽象，有的人善于综合、概括。

(4) 想象方面的性格特征，有主动想象型和被动想象型之分；有广泛想象与狭隘想象之分等。

性格的各个方面的特征相互联系着，在个体身上结合为独特的统一体，形成不同于他人的独特性格。要了解一个人，就应对其性格的各个方面做全面分析，性格的态度特征和性格的意志特征是最主要的两个方面，其中性格的态度特征又更为重要，因为它直接体现了一个人对事物所特有的、稳定的倾向，也是一个人的本质属性和世界观的反映。

11.1.3 性格与气质的关系

在日常生活中，性格和气质这两个概念常常被人们混用。其实，性格与气质是既有区别又有联系的两个概念。

1. **性格与气质的区别**

(1) 从起源上看，气质是先天的，产生在个体发生的早期阶段，主要体现为神经类型的自然表现。性格是后天的，在个体的生命开始时期并没有性格，它是人在活动中与社会环境相互作用的产物，反映了人的社会性。

(2) 从表现个性特征的角度上看，性格是从个体对待现实的态度和行为方式方面来表现其个性特征的；而气质则是从心理活动的强度、稳定性与灵活性、平衡性及趋向性来表现个性差异的。两者表现个性特征的角度不同。

(3) 从可塑性上看，气质的生理基础是高级神经活动类型特点，而个体的高级神经活动类型具有先天性，不容易改变，所以气质的可塑性较小；而性格的生理基础是高级神经活动类型特点与暂时神经联系系统的"合金"，其中起主要作用的是个体在后天形成的各种暂时神经联系，这些暂时神经联系会受到环境的影响，因此相对于气质而言，性格的可塑性较大。

(4) 从社会意义上看，两者的社会意义不同。气质是个体心理活动和行为中的动力特征，它与心理活动和行为的内容没有太大的关系，所以没有好坏之分；性格中包含许多社会道德含义，且有善恶之别，符合某种社会规范的性格特征就被认为是善的，反之则被认为是恶的。

2. **性格与气质的联系**

性格与气质的联系是密切而又复杂的。同一种气质类型的人，可能有不同的性格；有共同性格特征的人，可能属于不同的气质类型。二者的联系常常表现为以下三种情况。

(1) 气质以动力方式渲染性格。气质可以按照自己的动力方式，使性格特征具有独特的色彩。例如，同样是乐于助人的性格特征，多血质者在帮助别人时，往往动作敏捷，情感明显表露于外；而黏液质者则可能动作沉着，情感不表露于外。

(2) 气质影响性格形成与改变的速度。例如，要形成自制力，胆汁质的人往往需要做极大的努力和克制；而抑郁质的人则比较容易形成，用不着特别抑制自己就能办到。

(3) 性格对气质也有调节作用。性格可以在一定程度上掩盖和改造气质，使气质服从于生活实践的需要。例如，侦察兵必须具备冷静沉着、机智勇敢等性格特征。在严格的军事训练的实践活动中，这些性格特征的形成有可能掩盖或改造着胆汁质者易冲动、急躁的和不可遏制的气质特征。

总之，性格和气质是密切联系的。在日常生活中，甚至在心理学文献中，都很难把性格和气质这两类心理特征严格区分开来，因为人具有生物社会性，人的发展是生物因素和社会因素相互作用的结果。我们不能排除生物因素来看待性格的形成和发展，也不能排除社会因素来看待人的气质。

11.2 性格理论

由于性格的复杂性，心理学家们以各自的标准和原则从不同角度描述了性格结构，对性格类型进行了分类研究，形成了多种性格理论。这些理论可以分为两大类：性格类型理论和性格特质理论。性格类型论是一种性格分类的理论，是用一种或少数几种主要的特质来说明性格；性格特质论是一种性格分析的理论，同时用多种特质来说明性格。

11.2.1 性格类型理论

性格的类型(type of character)指一类人身上所共有的或相似的性格特征的独特结合。性格类型理论是根据某种原则把人划分为几大类型,以此来解释性格的一种理论,是一种性格分类的理论。由于性格现象的复杂性,性格的类型理论也有多种。

1. 机能类型说

该理论是英国心理学家培因(A. Bain)和法国心理学家李波特(T. Ribot)等人在 19 世纪提出的。该理论按理智、情绪、意志三种心理机能哪一种在性格结构中占优势,将人的性格分为理智型、情绪型和意志型。

理智型的人,以理智来衡量一切,并支配自己的行动,依靠理论思考来行事;情绪型的人,不善于思考,情绪体验深刻,行动受情绪左右;意志型的人具有明确的目的,行动主动。除了上述三种典型类型以外,还有中间类型,如理智—意志型、情绪—意志型等。

按心理机能来划分性格类型具有简单易行的特点,而且比较符合人们在日常生活中的认识。但这种类型划分是以机能心理学理论为基础的,它脱离人的心理生活内容和倾向性,把性格只看作心理过程或能力的简单组合。

2. A-B 型性格

20 世纪 50 年代,福利曼和罗斯曼(M. Friedman & R. H. Rosenman)根据人们在时间匆忙感、紧迫感及好胜心等特点上的差异,把人区分 A 型性格和 B 型性格。

A 型性格(或称 A 型行为模式)的主要特点是:时间紧迫感特别强,总想一心二用或多用;总是把工作日程排得越满越好,工作投入,行动匆忙;不放心他人,总想亲自动手,看到别人做得慢或做得不好,恨不得抢过来自己做,习惯于指手画脚,给人以咄咄逼人的感觉,说话坦率,言词易得罪人;外向,争强好胜,急躁易怒,缺乏耐心,说话快,动作敏捷等。B 型性格的典型特征为:安于现状,不好与人竞争;主动性、进取心不强;悠闲自在,对工作和生活的满足感强,无时间紧迫感,做事不慌不忙,喜欢慢步调的生活节奏;遇事从容不迫,耐心沉着,有耐性,能容忍,性情不温不火等。在需要审慎思考和耐心的工作中,B 型人往往比 A 型人适应得更好。近年来,人们在研究性格和工作压力的关系时,常使用该理论(A 型行为问卷见附录 B. 2)。

心理学研究认为,A 型性格的人常处于紧张、急躁、忙乱状态,情绪反应强烈,"经常想到有许多事情要做,却没有时间去做",这种左右为难的复杂心态,会使我们紧张、忧虑得心力交瘁,易患失眠、头痛、心脑血管疾病、消化系统疾病等。研究发现,A 型性格的原发性高血压患者血中儿茶酚胺平均值高于 B 型性格的原发性高血压患者。A 型性格是引起原发性高血压的危险因素之一,A 型性格者其交感神经活性增加明显大于 B 型者。国内外的许多调查已经证明冠心病发病率,A 型者明显高于 B 型者。所以,要注意性格方面的调整,把节奏放慢一些,要求放低一些,身体就会放松很多。

3. 内外向型性格

在心理学的类型论中,以瑞士心理学家荣格(C. G. Jung)所提出的内倾型和外倾型性格最为著名。1913 年,荣格在慕尼黑国际精神分析会议上就已提出了内倾型和外倾型的性格。

又在1921年发表的《心理类型学》一书中充分阐明了这两种性格类型。

荣格根据力比多(libido)的倾向划分性格类型。个体的力比多的活动倾向于外部环境，就是外倾性的人；力比多的活动倾向于自己，就是内倾性的人。外倾型(外向型)的人，重视外在世界、爱社交、活跃、开朗、自信、勇于进取，对周围一切事物都很感兴趣，容易适应环境的变化。内倾型(内向型)的人，重视主观世界、好沉思、善内省，常常沉浸在自我欣赏和陶醉之中，孤僻、缺乏自信、易害羞、冷漠、寡言，较难适应环境的变化。外倾型和内倾型是性格的两大态度类型，也就是性格反应特有情境的两种态度或方式。在荣格看来，任何人都具有外向和内向这两种特征，但其中一种可能占优势，据此确定一个人是内向还是外向。在实际生活中，绝大多数人是兼有内向型和外向型的中间型。

荣格认为，人的心理活动有感觉、思维、情感和直觉四种基本机能。感觉(感官知觉)告诉我们存在着某种东西；思维告诉你它是什么；情感告诉你它是否令人满意；而直觉则告诉你它来自何方和去向何处。按照两种态度类型与四种机能的组合，荣格描述了性格的八种机能类型：①外向思维型。该类型的人尊重客观规律和伦理法则，不感情用事。②外向感情型。该类型的人对事物的评价往往感情用事，容易凭借主观判断来衡量外界事物的价值。③外向感觉型。该类型的人以具体事物为出发点，容易凭借感觉来估量生活的价值，遇事不假思索、随波逐流，但善于应付现实。④外向直觉型。该类型的人以主观态度探求各种现象，不接受过去的经验，只憧憬未来，容易悲观失望。⑤内向思维型。该类型的人不关心外部价值，以主观观念决定自己的思想，感情冷淡，好独断，偏执，易被人误解。⑥内向感情型。该类型的人情绪稳定，不露声色。⑦内向感觉型。该类型的人不能深入到事物的内部，在自己与事物之间常加入自己的感觉。⑧内向直觉型。该类型的人不关心外界事物，脱离实际，好幻想。

由于荣格的性格类型的划分是根据他的力比多学说，而力比多是本能的力量，所以这一理论忽视了性格的社会性，并且带有神秘色彩。另外，荣格提出的八种机能类型，并不是从实际中归纳出来的，而是用数学的综合方法凭主观演绎出来的，各种类型之间界限不清，几种类型的特征也说不清楚。不过，他对内倾型和外倾型论述部分内容是符合实际的，这种理论已广泛地应用到教育、管理、医学和职业选择等领域，因为这种简单划分带来了使用上的方便。现在已有许多研究证实了内外倾是性格的主要特质(维度)，心理学家编制了测量内外倾的量表，在EPQ和MMPI等量表中也都包含有内外倾分量表。近年来，心理学家通过因素分析发现内倾性与外倾性具有复杂的结构，它们由许多特质构成。

4. 场性理论

该理论是按照个体独立性的程度来确定性格类型的一种学说，也是西方比较流行的性格分类方法。美国心理学家威特金(H.A.Witkin)根据认知方式的场依存性(主要是视觉线索)和场独立性(主要是身体线索)特点，将人的性格分成场依存型和场独立型两种类型。这两种不同性格的人按照两种对立的认知方式进行工作。场依存型性格的人倾向于以外界参照物作为认识事物的依据，他们容易受外界事物的影响，遇事缺乏主见，容易受他人暗示和其他因素的干扰，常常不加分析地接受别人的意见或屈从于权势，并且按照别人的意见办事，在紧急情况下表现出惊慌失措；场独立型性格的人善于独立思考，习惯于更多地利用内在参照，不容易受他人的暗示和周围环境因素的干扰，能够独立地发现问题和解决问题，自信心比较强，在紧急和困难的情况下也不易出现动摇或慌张，但是有时则过于主观武断，喜欢把自己的意志强加于人。

该理论强调认识活动在个体性格中的作用，并以大量的实验结果为依据，有一定的科学性，对于从事教育或管理工作具有重要意义。但是，场独立性和场依存性只是个体性格的一个方面，不能包括性格的一切类型，而且仅从认知方式来说明性格类型，难免过于简单。

5. 斯普兰格的类型论

德国哲学家、教育家斯普兰格(E. Spranger)等人用价值观来划分性格类型。他认为，社会生活有六个基本领域：理论、经济、审美、社会、权力和宗教，人会对这六个基本领域中的某一个领域产生特殊的兴趣。根据人的社会生活方式、价值观在个人生活目标和行为方式上所占的优势，斯普兰格把人的性格划分为六种类型：理论型、经济型、审美型、社会型、权力型和宗教型。这六种类型是理论的模型，具体的个人通常是主要倾向于一种类型并兼有其他类型的特点。

(1) 理论型的人。该类型的人以追求真理为目的，认识成为精神生活的主要活动，情感退到次要地位；总是冷静而客观地观察事物，关心理论，力图把握事物的本质；对实用和功利缺乏兴趣，碰到实际问题时往往束手无策，缺乏生存竞争能力。理论家和哲学家属于这种类型。

(2) 经济型的人。该类型的人以经济观点看待一切事物，把经济价值提高到一切价值之上，以实际功利来评价事物的价值，重视人的能力和资力；从纯经济观点看待人类，把人类看成生产者、消费者或购买者，以获取财产和利益为其生活目的。实业家属于这种类型。

(3) 审美型的人。该类型的人以美为最高人生的意义，对实际生活不大关心，总是从美的角度来评价事物的价值。自我完善和自我欣赏是他们的目的。艺术家属于这种类型。

(4) 社会型的人。该类型的人重视爱，以爱他人为人生的最高价值；有献身精神，立志于增进社会福利。社会型的最高和最普遍的形式是母爱。慈善、卫生和教育工作者都属于这种类型。

(5) 权力型的人。该类型的人对权力有极大的兴趣，获取权力是他们行为的基本动机；凡是他所做的事情均由自己决定，有强烈地支配和命令他人的欲望。政治家属于这种类型。

(6) 宗教型的人。该类型的人坚信宗教，生活在信仰中，把宗教信仰作为生活的最高价值。他们富有同情心，以慈善、爱人爱物为目的。宗教家属于这种类型。

斯普兰格从社会生活对人的影响和社会文化价值的观点来划分人的性格，相对于一味强调人的生物学因素对人的影响是一个进步。但该理论是根据西方社会生活的现象进行分类的，因此具有一定局限性。

6. 霍兰德的类型论

美国职业指导专家霍兰德(J. L. Holland)提出性格—职业匹配理论。他认为，个体的性格类型、兴趣与职业密切相关，兴趣是人们活动的巨大动力，凡是感兴趣的职业，人们就可以积极地、愉快地从事该职业。他把性格划分为六种类型：社会型、理智型、现实型、文艺型、贸易型和传统型。

(1) 社会型。该性格类型的人具有爱好社交、活跃、友好、慷慨、乐于助人、易合作和合群等性格特征，适合从事社会工作、教师、护士等职业。

(2) 理智型。该性格类型的人具有好奇、善于分析、精确、思维内向、富有理解力和聪明等性格特征，适合从事自然科学工作、电子学工作和计算机程序编制等职业。

(3) 现实型。该性格类型的人具有直率、随和、重实践、节俭、稳定、坚定和不爱社交等性格特征，适合从事农业、制图、采矿、机械操作等职业。

(4) 文艺型。该性格类型的人具有感情丰富、想象力强、富有创造性等性格特征，适合从事文学创作、艺术、雕刻、音乐、文艺评论等职业。

(5) 贸易型。该性格类型的人具有外向、乐观、爱社交、健谈、好冒风险、支配和喜欢领导他人等性格特征，适合从事董事长、经理、营业部主任、营业员和推销员等工作。

(6) 传统型。该性格类型的人具有务实、有条理、随和、友好、拘谨和保守等性格特征，适合从事办公室工作、秘书、会计和打字员等职业。

霍兰德认为，大多数人可以主要划为某一性格类型，每一种性格类型又都有两种相近的性格类型、两种中性关系的性格类型和一种相斥的性格类型(见表 11-1)。霍兰德把 6 种性格类型与 456 种职业进行匹配，经过长期研究认为，如果职业类型与性格类型相重合，个人会感兴趣，会感受到内在的满足，并最能发挥自己的聪明才智；如果职业类型与性格类型相近，个人经过努力，也能适应并做好工作；如果职业类型与性格类型相斥，则个人对职业毫无兴趣，不能胜任工作。

霍兰德是一位职业指导专家，他的性格—职业匹配理论，对职业指导具有重大意义。他十分重视兴趣与职业的关系，认为兴趣是工作的巨大动力，凡是符合自己兴趣的工作，就能提高人的积极性，使人积极愉快地从事这种工作。

表 11-1 性格关系类型

关系性格类型	相　近	中　性	相　斥
社会型	文艺型、贸易型	传统型、理智型	现实型
理智型	文艺型、现实型	传统型、社会型	贸易型
现实型	理智型、传统型	文艺型、贸易型	社会型
文艺型	理智型、社会型	贸易型、现实型	传统型
贸易型	社会型、传统型	现实型、文艺型	理智型
传统型	现实型、贸易型	社会型、理智型	文艺型

综上所述，性格类型理论是按照某一标准把人的性格归类为某种类型，在直观地了解人的性格时较为便利，具有一定的理论意义和应用价值，现在已经广泛地运用在教育、医学、文艺、管理和职业选拔中。但同时也应该看到，性格类型论把人极端复杂的性格概括为几种类型，就容易忽视中间型；将一个人划入某种性格类型，就容易只注意这种类型中的有关特征，而忽视其他特征，就可能导致将人的性格简单化、固定化、静止化，容易忽视性格的变化和发展，特别是容易忽视影响性格形成和发展的环境因素。

11.2.2 性格特质理论

性格特质理论起源于20世纪40年代的美国,主要代表人物是美国心理学家奥尔波特和卡特尔。特质理论认为,特质(trait)是指个人的遗传与环境相互作用而形成的对刺激发生反应的一种内在倾向。特质决定个体行为的基本特征,是构成性格的基本单位。性格特质是所有人共有的,在时间上具有稳定性,在空间上具有普遍性,但每一种特质在量上都是因人而异的,这就构成了人与人之间在性格上的差异。类型理论是一种性格的分类理论,而特质理论是一种性格分析的理论,是同时用人的多种特质来说明人的性格。例如,类型论说某人是一个内向的人;特质论说某人是沉静、较孤僻和处事谨慎的人。

1. 奥尔波特的特质理论

美国心理学家奥尔波特(C. W. Allport)于1937年首次提出了特质理论。他把性格特质分为两类:共同特质和个人特质。

1) 共同特质

共同特质(common trait)是指在同一文化形态下的群体都具有的特质,它是在共同的生活方式下所形成的,并普遍地存在于每一个人身上。共同特质被认为是一种概括化的性格倾向。

2) 个人特质

个人特质(individual trait)为个人所独有,代表个人的性格倾向。奥尔波特认为,世界上没有两个具有相同个人特质的人,只有个人特质才能表现个人的真正特质。他进一步把个人特质按照其对个体性格影响的大小和意义不同,划分为三个重叠和交叉的层次。

(1) 首要特质(cardinal trait),是一个人最典型、最有概括性的特质,代表一个人的性格最独特之处,往往只有一个,在性格结构中处于支配的地位,影响一个人的全部行为。例如,吝啬是葛朗台的首要特质,多愁善感是林黛玉的首要特质。

(2) 中心特质(central trait),又称"重要特质",是构成个体独特性的特质,每个人身上大约有5~10个。例如,林黛玉的清高、率直、聪慧、孤僻、内向、抑郁、敏感等都属于她的中心特质。中心特质虽不像首要特质那样对人的行为起支配作用,但也是行为的决定因素。

(3) 次要特质(secondary trait),是个体的一些不太重要的特质,往往只在特定场合下表现出来。这些次要特质除了亲近他的人外,其他人很少知道。例如,一个人在外面很粗鲁,而在自己的母亲面前很顺从,"顺从"则是他的次要特质。

2. 卡特尔的特质理论

英国出生的美籍心理学家卡特尔(R. B. Cattell)受化学元素周期表的启发,用因素分析的方法对性格特质进行了分析,提出了一个理论模型。他把所有的性格特质划分为表面特质和根源特质。表面特质(surface trait)是直接与环境接触,常常随环境的变化而变化,是从外部可以观察到的行为。根源特质(source trait)隐藏在表面特质的背后,深藏于性格结构的内层,它是制约表面特质的潜在基础和性格的基本因素。根源特质是以表面特质为中介表现出来的,通过因素分析才能发现。例如,"自作主张""自以为是""高傲""指责别人"等表面特质,都是"支配性"这个根源特质的表现。卡特尔经过多年研究,通过因素分析,确定了16种根源特质(见表11-2),这16种根源特质各自独立,并且普遍地存在于各种不同年龄和不同社会生活环境的人身上。但是，各种根源特质在每个人身上的强度都是不同的，这就造成了人与人之间在性格上的差异。

表 11-2 卡特尔的 16 种根源特质

因　素	根源特质	低分者特征	高分者特征
A	乐群性	缄默、孤独	热情、外向
B	聪慧性	智力较低	智力较高
C	稳定性	情绪激动	情绪稳定
E	恃强性	谦逊、顺从	好强、固执
F	兴奋性	严肃、稳重	轻松、兴奋
G	有恒性	权宜敷衍	有恒、负责
H	敢为性	畏缩、退缩	冒险、敢为
I	敏感性	理智、着重现实	敏感、感情用事
L	怀疑性	信赖、随和	怀疑、刚愎
M	幻想性	合乎实际	富于幻想
N	世故性	坦白直率、天真	精明能干、世故
O	忧虑性	安详、沉着	忧虑、抑郁
Q_1	实验性	保守	勇于尝试
Q_2	独立性	依赖、附和	自立、当机立断
Q_3	自律性	矛盾冲突	自律严谨
Q_4	紧张性	心平气和	紧张困扰

卡特尔的特质理论为性格研究做出了巨大的贡献：①方法的独特性和科学性。卡特尔所运用的因素分析法，第一次对难以把握的性格心理问题进行量化分析，提高了性格心理研究的科学性和实证性。②根源特质说为人们研究外显行为的深层原因提供了新的途径。③16PF 人格因素调查表广泛运用在人格测验、职业预测、学业预测等许多领域，被认为是国际最有权威的人格量表之一，显示出较强的实践意义和现实意义。但卡特尔认为个体的行为是可以被精确预测的，虽树立了一种对行为预测的信念，但并没有真正找到把握人类行为动态的钥匙。

3. 现代特质理论

继卡特尔的主要工作之后，心理学家们继续用卡特尔的方法对人格特质进行了进一步的分析，使人格结构的研究取得了突破性的进展。至 20 世纪 90 年代，一些心理学家在主要的人格特质上提出了具有代表性的五因素模型和七因素模型。

1) 五因素模型

五因素模型(five-factor model，FFM)是美国心理学家麦克雷和考斯塔(McCrae & Costa)在对多个人格特质理论分析研究的基础上，通过因素分析发现，在人格特质中有五种相对稳定的因素可以涵盖人格描述的所有方面，形成了著名的"五因素模型"。

这五个因素是：①经验开放性(openness to experience)，是衡量智慧水平的指标，包括经验的丰富性、高智商、富于想象力以及求知欲的特点。②责任心(conscientiousness)，这是五因素人格理论中最重要的因素，代表着责任感，对工作的敬业以及认真程度，包括两方面的含义，即成就感(achievement)与可靠性(dependability)。成就感反映出一种渴望把工作做好的态度以及积极向上努力工作的行为。可靠性衡量了诚信、自律以及遵守规章制度的品质。③外向性(extraversion)，是衡量内外向性格的指标，包括广泛社交、健谈、果断、雄心勃勃、充满热情的性格特征。④宜人性(agreeableness)，也叫随和性，是衡量能否与他人和睦相处、相互协作的指标，包括和善友好、协作性、值得依赖的性格特征。⑤情绪稳定性(emotional stability)，也叫神经质，是衡量情绪化程度的指标，包括冷静、性格温和、低焦虑、遇事沉着的性格特征。

当前，大五人格模型及其"大五人格因素测验量表"(NEO-PI-R)已得到了广泛运用。研究表明，心理健康是与一个人的外向性、神经质、随和性特质密切相关；职业心理与外向性、开放性特质紧密联系；责任心特质是人事选拔工作中的重要参考依据。研究也发现，高开放性、高责任心的学生，一般都具有优良的学习成绩；而低责任心、低宜人性的学生，一般就会出现较多的违法行为或成为问题少年。研究还发现，那些具有高外向性、低宜人性、低责任心特质的青少年，经常会与他人发生尖锐冲突；而那些高神经质、低责任心的青少年，则容易出现由内心冲突引起的心理困惑或精神疾患。通过大五人格因素可以大致反映出一个人未来的职场表现，因此，该模式被广泛应用在人才测评及职场招聘中。

2) 七因素模型

1987年，特莱根(Tellegen)和沃勒(Waller)采用不同的选词原则，通过对400个人物描述词的研究结果，经过因素分析后将评价维度引入人格结构，获得了七个因素，构成了七因素模型(seven-factor-personality model)，又称"大七人格模型"。

这七个因素是：正情绪性(positive emotionality)，负情绪性(negative emotionality)，正效价(positive valence)，负效价(negative valence)，可靠性(dependability)，宜人性(agreeableness)，习俗性(conventionality)。与"五因素模型"相比较，"七因素模型"中新增了正效价(positive valence)和负效价(negative valence)两个人格维度。正效价的词语，如优秀的、机智的、勤劳多产的等；负价的词语，如邪恶的、自负的、心胸狭窄的等。其余五个维度与上述大五人格模式中的各维度有大致一一对应的关系。大七人格模型也有相应的人格评定量表，由161个项目组成。

特质理论为我们了解性格提供了知识和方法。在临床心理、健康心理、发展心理、职业心理和管理心理等方面都有广泛的应用。但这类理论本身所关注的是现存的、静止的东西，只揭示内容而不探讨过程，只分析结果而不去寻找原因，是静态的研究而不是动态的研究。心理学家们(包括特质论者)往往要从特质的范畴之外去探索性格的形成与改变的问题。

11.3 性格的测量

11.3.1 自陈量表法

自陈量表(self-report inventory)法也称问卷法,是让被试者按一定标准化程序和要求回答问卷中大量问题,再根据测验分数和常模来推知被试者属于哪种性格类型。常见的性格问卷有四种。

1. 明尼苏达多相人格问卷

该问卷是 20 世纪 40 年代由美国明尼苏达大学教授哈瑟韦(S. R. Hathaway)和心理治疗学家麦金利(J.C.Mckinley)共同编制的。由于它可以测量人格的多种特质,因此称为"多相"人格问卷。

明尼苏达多相人格问卷(Minnesota multiphasic personality inventory,MMPI)可以鉴别癔症、强迫症、偏执症、精神分裂症、精神病症、抑郁症等。该量表经过多年的不断修订,1966 年修订版(MMPI-R)确定共有 566 道题目,包括 14 个分量表。其中,10 个临床量表为:疑病(Hs)、抑郁(D)、癔病(Hy)、精神病(Pd)、男子气—女子气(Mf)、妄想狂(Pa)、精神衰弱(Pt)、精神分裂症(Sc)、轻躁狂(Ma)、社会内向(Si)。4 个效度量表为:说谎量表(L)、诈病分数(F)、校正分数(K)、疑问分数(Q)。量表中的内容涉及身体各方面情况和主观体验以及对多种社会问题的态度。这个量表最初只是一种测量人格病理倾向的工具,目前已成为适用于年满 16 岁、具有小学以上文化水平的国际上广泛应用的个性问卷。

美国 MMPI 标准化委员会对 MMPI 进行了重大的修订,于 1989 年明尼苏达大学出版了《MMPI-2 施测与计分手册》,包括 567 个项目,其中没有重复项目。1992 年,中国科学院心理研究所宋维真教授等基本完成了对 MMPI-2 的中国版修订和常模制定,还编制了简短式的 MMPI,称心理健康测查表,包括 168 个题目,更适合我国现状,具有较高的信度和效度。

2. 加州心理问卷

美国加州大学心理学教授高夫(H. G. Cough)设计了加州心理量表(Galifornia psychology inventory,CPI)。该问卷 1948 年编制,并在 1951 年正式出版,1956 年再版时扩充至 18 个量表,由 480 个"是否型"的题目组成,分为 4 大量表群:人际关系适应能力;社会化、成熟度、责任心和价值观;成就能力和智力;个人的生活态度和倾向。该问卷有一半题目来自 MMPI,另一半题目反映正常青少年和成人的个性,与 MMPI 不同的是它更强调正常,适用于 13 岁以上的正常人,有男性常模和女性常模,可以个人施测,也可以团体施测。除测量被试者现在的性格特征外,还可以预测被试者今后的学业成绩、犯罪倾向和职业成功的可能性。

1983 年,中国科学院心理研究所宋维真教授将该问卷译成中文,并做了初步修订。1993 年杨坚和龚耀先教授完成了 CPI 的修订(CPI-RC),包含 440 道题,具有较高的信度和效度。

3. 卡特尔16种人格因素问卷

美国伊利诺州立大学的卡特尔教授于20世纪50年代编制了16种人格因素问卷(sixteen personality factor questionnaire，16PF)，共有187道题目。16PF适用于具有阅读能力的16岁以上的青年、中年和老年人。可以个别测验，也可团体测验。

16PF不仅可以描绘被试者的16种人格特质，还可以推算出4种双重因素(适应—焦虑；内向—外向；感情用事—安详机警；怯懦—果断)，以及4项社会成就因素(心理健康因素、专业成就因素、创造力因素和环境适应因素)。16PF是进行大范围人格调查分析和研究的较理想的问卷，在我国已有多种修订本。

4. 艾森克人格问卷

艾森克人格问卷(Eysenck personality questionnaire，EPQ)是由英国伦敦大学教授艾森克(H. J. Eysenck)等人于1975年编制的。有成人问卷和青少年问卷两种，分别适合测量16岁以上和7~15岁两个年龄阶段的人群。问卷都包括四个分量表：精神质量表(P)、内外倾量表(E)、情绪稳定性量表(N)和效度量表(L)。英国版EPQ成人问卷有90题，青少年问卷有81题。E、N、P分别代表艾森克人格结构的三个维度：内外向、情绪性和心理变态倾向，L是后来加进的一个效度量表。E分数高表示外向，分数低表示内向；N分高表示情绪不稳定，N分低表示情绪稳定(神经过敏)；P也称精神质，并非指精神病，它在所有人身上都存在，只是程度不同。P分高表示倔强固执、粗暴强横和铁石心肠，P分低表示具有温柔心肠，但如果在此维度上的分数明显较高，则易发展成行为异常；L分高表示回答中有虚假或掩饰。L与其他量表的功能有联系，它本身也代表一种稳定的人格功能。

EPQ问卷涉及的人格维度较少，实测方便，因此得到了广泛应用，在我国也有多种修订本。北方地区有陈仲庚教授等人的修订本，南方地区有龚耀先教授等人的修订本，都有较高的信度和效度。

11.3.2 投射测验

投射测验(projective test)是主试者向被试者提供无确定含义的刺激，让被试者在不知不觉中把自己的思想感情投射出来，以确定其性格特征。投射测验有利于主试者对被试者做整体性的解释、探讨潜意识。但是，投射测验计分困难，目前还缺乏方便、有效的信度和效度标准。以下介绍两种影响最大的投射测验：罗夏墨渍测验和主题统觉测验。

1. 罗夏墨渍测验

罗夏墨渍测验(Rorschach inkblot test)是由瑞士精神病学家罗夏(H. Rorschach)于1921年设计的。罗夏墨渍测验共有10张墨渍图片(5张是黑白的、3张是彩色的、2张是黑白红三色的)，每张卡片上都印有一个双侧对称的墨渍图。当初制作这些图片时，是将墨汁滴于纸片中央，然后把纸对折使墨汁蔓延开去，形成对称的但形状不定的图形，如图11-1所示。

施测时按一定的顺序，每次向被试者呈现一张图片，并问被试者："你看到什么？""这像什么东西？""这使你想到什么？"允许图片转动，从各个角度观看。10张图片的问题都回答完后，主试者从以下四个方面记分：①反应的部位。被试者对墨渍图着重反应的是什么部位？

是全体、部分、小部分、细节或空白。②反应的关键点。影响被试者反应的决定因素是什么？是墨渍的形状，还是颜色，或是明暗、质地等。③反应的内容。被试者把墨渍看成什么？是人，是动物，还是物体。④反应的普遍性。被试者的反应与一般人的反应相同，还是不相同？

2. 主题统觉测验

主题统觉测验(thematic apperception test，TAT)是由美国心理学家默里(H. A. Murray)和摩根(C. D. Morgan)于 1935 年编制。统觉，在这里是指根据先前的经验以一定的方式去观察和理解事物。主题统觉测验就是要求被试者根据自己的统觉来解释含义不明的图画。全套测验共 31 张(黑白图片 30 张和 1 张空白卡片)，有些图片比较明显，有些图片比较模糊，如图 11-2 所示。

图 11-1 罗夏墨渍图例

图 11-2 主题统觉测验图例

测验时，根据被试者的年龄和性别把图片分成四组，每组选用 20 张图片(其中一张是白卡)。分两次实施，每次使用 10 张图片。每次呈现一张图片时，要求被试者根据图画内容的主题，通过想象活动，自由地编一个故事。故事内容要求包括：①图画所描述的是什么？发生了什么事情？②什么原因导致此情境的发生？③可能会有什么结果？④当事人的思想感受如何？被试者在看图编故事时，通过描述和解释不确定的社会情境，就会不知不觉地将内在的性格特点表露出来。

投射测验有详尽的评分手册，并且由专业人员来施测和解释，但评分仍然带有相当的主观性或直觉性，其信度和效度的研究结果不太令人满意。但投射测验还是有一定作用的，有经验的专业人员往往使用它对被试者的性格做出尝试性的解释，然后根据其他资料来决定接受还是抛弃这种解释。

11.4 性格的形成与发展

人的性格不是天生的，是在先天素质的基础上，通过后天的家庭、学校、社会环境的影响，经过个体的社会生活实践逐渐形成的，是遗传因素和环境因素相互作用的结果。主要影响因素有五个方面：生物遗传因素、家庭环境因素、学校教育因素、社会环境因素和个体主观因素。

11.4.1 生物遗传因素

人的性格虽然不是天生且不是直接来自机体因素,但其形成与发展却受生物遗传因素的影响。生物遗传因素是性格形成的自然基础,它为性格的形成与发展提供了可能性。

1. 神经系统的特性对性格形成与发展的影响

某些神经系统的遗传特性影响特定性格的形成与发展,这种影响或起加速作用,或起延缓作用。巴甫洛夫指出,"类型是动物神经活动的一种生来就具有的体质形态。性格是类型特征和外在环境所引起的各种变化的合金"。

心理学家通常用双生子研究法来研究遗传对性格的影响。双生子有同卵双生和异卵双生,前者来自同一受精卵,一定是同性别,遗传基因相同;后者来自两个受精卵,可能同性别也可能不同性别,遗传基因不同(与普通兄弟姐妹一样)。艾森克(Eysenck)研究得出:在相同环境中成长,同卵双生子神经质方面的相关系数为0.53,而异卵双生子的相关系数为0.11;在外向性方面,同卵双生子的相关系数为0.61,异卵双生子的相关系数为-0.17。说明遗传因素对性格有重要影响作用。

2. 外表特征对性格形成与发展的影响

身高、体重、体型和外貌等生理上的特征对个体性格的形成与发展也有影响。外表特征之所以对性格形成有影响,主要是社会文化评价的作用。符合社会赞同的标准的人会得到比不符合标准的人更多的社会认同,社会顺应性好,个人问题少。例如,一个长相可爱的孩子,常常得到周围人的喜爱和亲近,容易形成自信、乐观、活泼开朗的性格。相反,有生理缺陷的孩子,容易被人讥笑或怜悯,就会以消极的方式去应对外部世界,容易形成内向、自卑的性格特征。

3. 性别差异对性格形成与发展的影响

性别差异对个体性格有明显的影响,这与男女性激素有关,也受到社会环境的影响。一般来说,男性比女性更具攻击性、独立性、支配性、逻辑性和冒险精神等性格特征;而女性比男性更具依赖性、顺从性、易受暗示性、忍耐性强等性格特征。

4. 生理成熟对性格形成与发展的影响

一般来说,生理成熟早的孩子常表现出社会化程度高的性格特征,如责任感强、较遵守社会准则、容易理解别人和处理人际关系等。而生理成熟晚的孩子则常表现出社会化程度低的性格特征,如感情用事、责任感较差、不太遵守社会准则等。

以上概括介绍了影响性格形成的生物遗传因素,这些因素为性格的发展提供了可能性和遗传潜势。

阅读资料 11-1

脑损伤或脑病变对性格的影响

一位额叶受伤的病人盖奇,病后在性格上发生了明显的变化。盖奇曾是一个能干的工头,一日被铁棍扎穿了脑部额叶,从此以后盖奇的个性发生了变化:喜怒无常,说话无礼,有时爱说粗俗的下流话(他以往没有这种习惯)，对伙伴很少尊重，不能容忍约束或劝告；时而极端顽固、犹豫不决，又反复无常；他为将来的工作设计许多方案，但很快又都放弃了……他的性情完全变了，因此他的朋友和熟人说他不再是盖奇(Rowe & Fulton)了。盖奇的例子显示了脑损伤对性格的影响，也表明大脑皮层的额叶与人的性格密切关联。

我国心理学家陈仲庚认为，脑组织的破坏容易使已经存在着的一些人格倾向更加明显。比如：一向有点多疑的人可以在脑损伤后变为类偏执狂者。一向有条理和敏感的人，病后却变得极端死板和易怒。

(资料来源：陈仲庚，张雨新. 人格心理学[M]. 沈阳：辽宁人民出版社，2019.)

11.4.2 家庭环境因素

家庭是社会的基本单位和社会生活中各种道德观念的集合点，也是儿童出生后最先接触并长期生活的场所，家庭中的亲子关系、教育方式、家庭气氛、出生次序等因素都对性格形成和发展有着重要及深远的影响。从这个意义上讲，家庭是"制造人类性格的工厂"。

1. 亲子关系

亲子关系即父母与子女之间的关系，是儿童最早建立的人际关系。这种关系的好坏不仅直接影响儿童的身心发展，而且也影响到儿童以后形成的各层次的人际关系。霍妮(K. Horney)把亲子关系看作性格发展的主要动力。儿童是不具备行为能力的，要满足需要完全依赖于父母。如果父母对子女是慈爱和温暖的，子女的安全需要就会得到满足，子女的心理就会得到健康发展；如果父母对子女的态度是冷淡的，或是憎恨的，甚至是敌意的，子女的安全需要就得不到满足，子女的心理就得不到健康发展。

母爱在儿童的性格形成和发展中起着重要作用，是儿童性格健康发展的重要条件。日本心理学家松原达哉指出："婴儿生长的环境是由母亲准备的……对婴儿的未来而言，母亲的存在、家庭生活方式是无法估量的重要。"

父亲对儿童性格的形成和发展也起着重要作用。有研究认为，幼年没有与父亲接触过的儿童，在性别的社会化方面往往是不完整的。在性别角色发展上，父亲为男孩提供模仿同化的榜样，为女孩提供与异性交往的范例。

2. 教养态度和教育方式

父母用什么教养态度和教育方式教育儿童，是影响儿童性格形成的重要因素。心理学家常把父母的教养态度和教育方式分成三种：民主型(或宽容型)、权威型(或独断型)以及放纵型(或溺爱型)，并提出不同的教养态度和教育方式可能导致不同性格特点的形成。例如，民主型父母以民主的态度教育子女，他们既满足孩子的正当要求，又在某种程度上给以限制或禁止；既保护孩子的活动，又给以社会和文化的训练，父母与子女间的关系非常和谐。在这种态度和方式影响下，儿童大多表现得谦虚、有礼貌、待人亲切而诚恳。权威型父母在教育子女时表现得过于支配，对孩子的一举一动横加干涉、限制、斥责，甚至经常进行打、骂，他们对孩子缺乏耐心，希望子女对自己唯命是从。在这种环境下长大的孩子容易产生恐惧心理，形成消极、被动、依赖、服从、懦弱，缺乏自信心，往往以说谎自卫。严重者或丧失自尊心、自暴自弃，一旦摆脱父母的权威，就可能走上行为越轨或犯罪的道路，或以父母为榜样，在家挨打受骂，出门打人骂人，性格变得很暴躁。放纵型父母对孩子过于溺爱，百依百顺，没有约束，没有要求，父母对孩子的教育有时达到失控状态。在这种环境下长大的孩子容易变得好吃懒做、自私自利、蛮不讲理、任性、执拗、没有礼貌、独立性差、唯我独尊等。由此可见，家庭确实是"制造人类性格的工厂"，它塑造了人们不同的性格特质。

另外，父母对孩子的教养态度和方式要统一。若父母的态度不一致，方式不统一，则会大大降低父母在孩子心目中的权威性，孩子易形成不尊敬父母、言行不一，甚至性情暴躁等不好的性格特征。

3. 家庭气氛

家庭中夫妻关系以及其他成员之间的关系会造成家庭特有的气氛，其中夫妻关系对孩子性格的形成和发展影响最大。夫妻和睦，成员之间友爱的家庭，孩子往往会感到安全踏实、充满信心，同时也对人友善。如果家庭成员之间经常争执，存在隔阂，这种家庭一般比较压抑，孩子常会感觉紧张、缺乏安全感，情绪不稳定，容易紧张和焦虑等。许多研究表明，破裂家庭的孩子由于得不到家庭的温暖和健康的教育，容易形成悲观、孤僻等不良性格特征。

4. 出生次序

自 19 世纪 80 年代以来，许多心理学家就儿童的出生次序对性格发展的影响进行了研究。阿德勒特别强调出生次序对儿童性格的影响，认为儿童在家庭中的出生次序和所处的地位影响着儿童的生活风格，对他们性格的形成和发展起重大作用。高尔顿研究了英国杰出科学家的出生次序，发现长子和独生子女所占比例相当高。艾森伯格(P. Eisenberg)研究认为，长子或独生子女比中间的孩子具有更多的优越感。孩子在家庭中越是受重视，对家庭的作用越是重要，其性格发展越自信、独立，优越感越强。出生次序对孩子性格的影响并不是由于孩子出生的先后所决定，而是由于父母对孩子的态度和孩子在家庭中的地位及其变化所决定的。

> 阅读资料 11-2

出生次序与性格类型

儿童在家庭中出生的次序和所处的地位，对他的性格形成有重大影响。一个家庭只要有兄弟姐妹，那么他们就不可避免地会为争取家里的资源产生竞争，而在竞争过程当中逐渐形成孩子的性格特点。通过大量的研究和调查证明，在一个多孩子的家庭当中，每一个孩子的性格和他所处的生存环境以及养成的生活习惯有着莫大的关系。美国心理学家莱蒙(K. Leman)在《排行学》一书中，对各种排行人的性格特点进行了系统分析，认为老大、居中者、老小和独生子女的性格特点，往往有着明显的差异。

1. 完美主义的老大

老大的典型性格特征如下：①富有完美主义色彩，值得信赖，真心诚意，计划性强，有主见，苛求，严谨，富有学者风度。②以目标为中心，事业上卓有成就，富有自我献身精神，善于取悦他人，思想保守，严守法令，崇拜权威，注意形式，忠心耿耿，自信心强。

③严肃认真，对待生活一丝不苟，不爱想入非非，善于了解事物的真相，善于把握自己，有很强的组织性和时间观念。

老大有两种基本类型：伏贴讨好型和敢作敢为型。伏贴讨好型老大一般都诚心诚意，关心他人，愿意为他人服务；他们凡事都要征得他人的批准，需要父母给予允诺，需要老板给予批准，需要爱人给予认可；他们是模范孩子，能讨大人或上司的欢心，受人信赖，别人让他做事时，他总是说"是"，而不说"不"。敢作敢为型老大意志坚强，坚韧不拔，武断专横；有集权思想，追逐权力；在事业上能取得巨大成就；他们往往是难以驾驭的人，他们的梦想是有朝一日能出人头地，不流芳百世就遗臭万年。

2. "生不逢时"的居中者

居中者是指排行介于老大与老小之间的人。他们往往"生不逢时"，因出生太晚而无法享受老大所得到的特殊照顾，因出生太早而享受不到老小所拥有的自由，使他们常常具有以下的性格特点：①居中者常常是不爱惹是生非的折中主义者和调和主义者。②居中者的性格往往与老大相反。如果老大是一个彻头彻尾的唯命是从者，那么，老二很可能是一个十足的刺儿头。③居中者在家中似乎是一个多余的人，不受重视。因此，他便走出家庭，花费大量时间与自己的伙伴相处。通常老大的朋友屈指可数，而居中者却是社交明星，朋友遍地。④居中者为使自己的失落感保持平衡，常以自己具有"心灵自由"为骄傲。他常常接受自己参与的团体(如文艺队、体育队或俱乐部)的价值观，而抵制家庭中的清规戒律。

3. 后来居上的幺子

幺子有以下性格特点：①无忧无虑，活泼愉快；感情丰富，思想单纯，有时还会心不在焉；他们对生活的热情会给人们带来欢笑。②不甘寂寞，爱出洋相，爱出风头，喜欢在人多的场合抛头露面、大显身手，有时还会哗众取宠、操纵别人。③与大多数人合得来，是社交明星。④喜欢得到别人的赞扬和鼓励。⑤反叛性强，对人严厉，娇生惯养，容易冲动，情绪急躁、多变。

4. 超级老大：独生子女

自我国实行计划生育政策以来，独生子女不断增多，独生子女问题日益受到重视。有些研究者强调独生子女的积极方面，认为他们在生长发育快、早熟、性格和行为特征等许多方面优越于非独生子女。有些研究者认为，独生子女身上必然存在许多消极性格特征，如任性、自我中心、依赖、顺应不良、胆怯、孤僻、爱发脾气、不讨人喜欢等，被称为"小皇帝"。

个人在家庭的出生次序不是决定个人性格的唯一因素，其他的一些诸如性别、体质、社会地位等变量，都会改变出生顺序对性格形成的影响。

(资料来源：莱蒙·凯文. 排行学[M]. 西安：华岳文艺出版社，1998.)

11.4.3 学校教育因素

学校教育对学龄儿童性格的形成起主导作用。人生有相当长的时期是在学校度过的，而这个时期也是一个人性格形成以至定型的重要时期。学校教育影响学生性格形成的主要因素有：教师、班集体和课堂教学活动。

1. 教师

教师在学生心目中往往比父母更具有权威性，容易成为学生模仿的对象。教师的性格特质本身就是影响学生性格形成的重要因素。教师的言传身教对学生性格特征的发展起着潜移默化的作用。好的师生关系和差的师生关系都可能对学生造成持续终生的影响。有研究发现，喜欢教师的学生说谎少，容易形成诚实的特征；不喜欢教师的学生则经常说谎，容易形成不诚实的特征。一般地说，学生年龄越小，受教师的影响越大。

2. 班集体

学校的基本组织形式是班集体。班集体是有共同目的、共同活动、有组织、有纪律的群体，也是学生集体生活的大课堂。班集体的特点、要求、舆论、评价对学生都是一种无形的、巨大的教育力量。优秀的班集体，在教师的指导下，能充分发挥和调动所有成员的主动性、自觉性，它以自身强大的吸引力感染着每一个成员，有利于学生良好性格的形成；不良的班风可能使学生养成懒散、无组织、无纪律等不良性格。

每一个学生在班级里都处于不同的地位，扮演着不同的角色，这种角色地位和班集体的舆论、评价对学生都是一种无形的、巨大的教育力量，对学生的性格形成具有巨大作用。学生往往希望自己被同伴团体认同以产生归属感，如果自己被排斥在同伴团体之外，就会产生孤立感。真诚的交往环境能促进个体具有安全感、自信心、合作性、关心人、同情人等性格特征；缺乏朋友、不善社交甚至被朋友遗弃的学生，常有消极情感体验，不被他人理解、不为社会承认，往往会对其性格发展产生不良影响。

3. 课堂教学

学习是极其艰苦的，学生通过课堂教学接受系统的科学知识，通过学习可以发展学生的坚持性、自制力、主动性和独立性等良好的性格特征。学生在接受系统的科学知识过程中，形成科学的世界观，科学世界观的形成对发展学生良好的性格特征具有重要的意义。

总之，学校教育对学生性格的影响是方方面面的，除了上述因素外，学校的传统与校风、师生关系、同伴关系、班集体气氛和学校里的各种教育活动等都对学生的性格形成产生影响。

11.4.4 社会环境因素

社会环境因素包括社会文化、经济地位、社会实践等，都会对儿童的性格形成与发展产生重要的影响。

1. 社会环境在儿童性格的形成和发展中的作用

儿童都是在某种文化、某种社会和某种特定的经济地位中被教养起来的。社会制度、社会风尚、文化背景、大众传媒等都会对儿童性格的形成和发展产生深刻的影响。就一般的文化背景而言，不同的民族、不同的文化、不同的社会生活条件和不同的自然环境，都会在个体的性格上打下烙印，从而形成不同时代、不同民族的典型性格。

社会环境的影响是复杂的，对儿童性格形成的影响主要是通过文化媒介传播进行的，如文学作品、报纸杂志、电影、电视、网络等。文化媒介中的英雄榜样、典型人物常常是儿童学习和模仿的对象，能够激起他们强烈的情感和丰富的想象，成为他们前进的动力。而格调低下、恶劣的文化媒介则会污染儿童的心灵，诱发不健康的联想和体验，甚至使他们走上错误和犯罪道路。随着信息时代的到来，通过网络传播的各种信息，也会对儿童性格的形成和发展产生种种影响，如果成人对儿童的引导与教育不当或者不及时就会产生一定的消极影响。

2. 社会实践活动在儿童性格的形成和发展中的作用

劳动是人最基本的实践活动。学生走上工作岗位后，职业的要求对性格发展有重要作用。人长期地从事某种特定的职业，社会要求他扮演某种职业角色，进行和职业相应的活动，从而相应地形成不同的职业性格特征。例如，科技工作者实事求是、善于独立思考，一丝不苟；文艺工作者活泼开朗、富于想象、感情丰富；飞行员冷静、沉着，有高度责任感；各种运动项目对运动员的性格特征有不同的要求，也培养着不同的性格特征；等等。

11.4.5 个体主观因素

个体主观因素是性格形成和发展的内因。家庭、学校教育、社会环境因素等多属于性格形成的外部条件与物质方面的因素，虽然它们对于性格的形成和发展起着巨大的作用，但却不能直接形成人的性格。个体接受这些因素的影响不是消极被动的，而是通过内因起作用的。即：性格形成的外部条件必须通过个体内部的主观因素才能起作用。性格的形成过程是个体把其接受的外部社会要求，逐渐内化为自己内部要求的过程。在这个内化过程中，个人的理解和领悟、个人的需要、动机和态度等主观因素起着调节和控制作用。如果外部要求与个人的需要和动机相吻合，就可以转化为内部要求，并付诸行动，形成个人的性格特征。相反，如果外部要求不符合个人的需要和动机，那么外部的要求就很难转化为内部主观需要，当然，也就不能形成个人的性格特征。

在儿童的成长过程中，自我意识明显地影响着性格的形成。儿童把自己从客观环境中区分出来是性格形成的开始。从此以后，儿童便开始了自我教育、自我塑造的努力。随着儿童自我意识的发展，这种自我教育、自我塑造的力量也会越来越强，逐渐从被控者变为自我控制者。在同样的环境下，不同的个体会形成不同的性格。可以说，人是一个高度的自我调节系统，一切外来的影响都要通过自我调节而起作用。布特曼(Bultmann)说："每一个人都是他自己性格的工程师。"从这个意义上说，每个人都在自己塑造着自己的性格。

综上所述，人的性格形成和发展受到多方面因素的影响，性格是遗传因素和环境因素相互作用的结果。性格是先天和后天的结合，是人在实践活动中、在人与环境相互作用的过程中形成和发展起来的，是一个人生活经历的反映。

复习思考题

1. 名词解释：性格、共同特质、个人特质、首要特质、中心特质、次要特质、表面特质、根源特质、自陈量表法、投射测验。
2. 为什么说性格是具有核心意义的心理特征？

3. 性格结构有哪些特征？试分析自己的性格特征。
4. 试述性格与气质的关系。
5. 性格的类型理论主要包括哪几种学说？其各自的主要观点是什么？
6. 性格的特质理论主要包括哪几种学说？其各自的主要观点是什么？
7. 性格测量的方法主要有哪些？
8. 性格在人的实践活动中有什么重要作用？如何培养一个人良好的性格？

教师资格证考试真题再现

一、单选题(每题2分)

1. (2019.11)韩老师常常说方琼勤奋努力，孙彤细致严谨，李冰诚实可信。韩老师描述的这些心理特征属于( )。
   A. 能力　　　　B. 性格　　　　C. 气质　　　　D. 情绪

2. (2020.11)晓军上中学后，自尊心越来越强，自我评价越来越客观全面，自我控制能力明显提高，这反应的是晓军自我意识哪一方面的发展？( )。
   A. 生理自我　　B. 心理自我　　C. 社会自我　　D. 物质自我

3. (2021.03)阳慧在解决问题的过程中，常以老师、同学的建议作为参照做出决策。她的这种认知风格属于( )。
   A. 场依存型　　B. 场独立型　　C. 继时型　　　D. 同时型

4. (2021.10)晓颖是个诚实勤奋好学的好学生，这些特征属于( )。
   A. 性格　　　　B. 能力　　　　C. 气质　　　　D. 认知

5. (2022.11)根据奥尔波特人格理论，中国人所具有的勤劳、善良、朴实等特征属于( )。
   A. 共同特质　　B. 首要特质　　C. 中心特质　　D. 次要特质

二、简答题(每题10分)

1. (2019.05)简述性格形成与发展的影响因素。
2. (2023.03)简述良好性格的培养途径。

第 12 章 能 力

本章学习目标

- 能力的概念、种类
- 能力与知识、技能的关系
- 能力的理论
- 能力发展与个体差异
- 能力形成与发展的影响因素
- 能力测量

12.1 能力概述

12.1.1 能力的概念

能力(ability)是直接影响活动效率,并使活动顺利完成的个性心理特征。

首先,能力与活动是密切相连的。一方面,一定的能力总是在一定的活动中形成和发展的。例如,一个有绘画能力的人,只有在绘画活动中才能施展自己的能力;一个教师的组织能力,只有在教育教学活动中才能显示出来。另一方面,某种活动又总是需要相应的能力作为条件和保证。能力的水平如何,直接关系到活动的水平,并在活动中得到表现。我们只有通过活动才能了解一个人能力的大小。

其次,能力是顺利完成某种活动的直接有效的心理特征,而不是顺利完成某种活动的全部心理条件。例如,在学生的学习活动中,不仅注意力、观察力、记忆力、思维力和想象力等在起作用,动机、兴趣、情绪、意志、性格等也在起作用。前者直接决定着学习的进行和效率,是学习活动必须具备的心理条件;后者则是影响学习的间接的、辅助性的心理条件。再如,在绘画活动中人们可能表现出性格开朗、脾气急躁,也可能表现出性格内向、情绪稳定,这些心理特征也会间接地对绘画活动的完成产生一定的影响,但是不能直接决定绘画的完成,而色彩鉴别力、形象记忆力、空间知觉能力等是完成绘画必备的心理特征,也是直接影响绘画是否完成的心理条件。

12.1.2 能力的种类

依照能力的特征和功能,可以从不同的角度对能力进行分类。

1. 根据能力的范围分类

根据能力的范围，可将能力划分为一般能力和特殊能力。

(1) 一般能力(general ability)，也称为智力(intelligence)，是指在个体从事的各种活动中共同需要的能力，如观察力、记忆力、思维力、想象力和创造力等。思维力中的抽象概括能力是一般能力的核心。

(2) 特殊能力(special ability)，又称专门能力，是指在某种专业活动中表现出来的能力，是顺利完成某种专业或特殊活动所必需的心理条件。例如，音乐能力、运动能力和绘画能力等均属特殊能力。

2. 根据能力的创造性程度分类

根据能力的创造性程度，可将能力划分为模仿能力和创造能力。

(1) 模仿能力，又称再造能力，是指人们通过观察别人的行为和活动来学习各种知识技能，然后以相同的方式做出反应的能力。模仿能力是个体早期获得知识经验的重要手段。例如，婴儿学习说话、儿童学习一些生活技能等，都是通过观察成人的行为而模仿出来的。

(2) 创造能力，是利用已知信息创造出某种新颖、独特、有社会或个人价值产品的能力。例如，作家在头脑中构思新的人物形象，创造新的作品，是创造能力的表现。在创造能力中，创造性思维和创造性想象起着重要作用。

3. 根据能力的特殊功能分类

根据能力的特殊功能，可将能力划分为认知能力、操作能力和社交能力。

(1) 认知能力，是指人脑接收、加工、储存与应用信息的能力，它反映在人的认识活动中，是获得各种知识最重要的心理条件。人们认识客观世界，获得各种各样的知识，主要依赖于人的认识能力。

(2) 操作能力，是指操作自己的肢体以完成各项活动的能力。如劳动能力、实验操作能力、艺术表演能力、体育运动能力等。操作能力是在操作技能的基础上发展起来的，又成为顺利掌握操作技能的重要条件。

(3) 社交能力，是在社会交往活动中表现出来的能力。如言语表达能力、组织管理能力、判断决策能力、解决纠纷能力等。这种能力对组织团队、促进人际交往和信息沟通有重要作用。

4. 根据认知活动的对象分类

根据认知活动的对象，可将能力划分为认知能力与元认知能力。

(1) 认知能力，是指个体接收信息、加工信息和运用信息的能力，它表现在人对客观世界的认识活动中。如人在探索宇宙奥秘时就需要具备认知能力。

(2) 元认知能力，是指个体对自己认知过程进行认识的能力，它表现为人对内心正在发生的认知活动的认识、体验和监控。认知能力的活动对象是认知信息(即客观事物)，而元认知能力的活动对象是认知活动本身。元认知能力包括个体怎样评价自己的认知活动，怎样从已知的可能性中选择解决问题的确切方法，怎样集中注意力，怎样决定及时停止做一件困难的工作，怎样判断目标是否与自己的能力一致等。

12.1.3 能力与知识、技能的关系

能力与知识、技能的关系密切，它们既有区别又有联系。

1. 能力、知识、技能的区别

(1) 能力、知识、技能属于不同的范畴。知识是对人类实践经验的概括和总结，属于经验系统。技能是指通过练习而获得的自动化的动作方式和动作系统。知识、技能代表着人已经达到的成就水平。而能力是指顺利实现活动的心理条件，它预示着一个人在活动中可能达到的成就水平。

(2) 知识与技能的掌握与能力的发展不是同步的。人的能力发展要比知识、技能的掌握慢得多。人们通过掌握知识技能到发展能力是一个量变到质变的过程，只有掌握的知识技能达到一定的熟练程度才会引起能力(如观察力、概括能力等)的量变和质变。

2. 能力与知识、技能的联系

(1) 能力是掌握知识、技能的前提。一个能力强的人较容易获得某方面的知识和技能；而一个能力弱的人，可能要付出加倍的努力才能获得同样的知识和技能。

(2) 能力在掌握知识、技能的过程中表现。从一个人掌握知识、技能的速度与质量上可以看出一个人的能力大小，离开了掌握知识、技能的活动，能力也就无从表现，更无法得到客观的鉴定。

(3) 能力是在知识、技能的基础上发展而来的。人们在掌握知识、技能的过程中，同时也发展了自己的能力。例如，人在观察自然与社会的过程中发展了观察能力，在牢固掌握知识的过程中，提高了记忆力等。

知识、技能不等同于能力，但熟练的知识、技能是人们顺利完成活动必不可少的条件。一个有经验的人比一个没有经验的人处理同一件事情要快得多，成功的把握大得多。从这个意义上讲知识、技能是能力形成的基本要素，即由于知识、技能的概括化和广泛迁移而逐渐形成的能力。总之，能力是掌握知识、技能的前提，又是掌握知识、技能的结果，它们是相互转化、相互促进的。

12.2 能力的理论

能力是具有复杂结构的各种心理品质的总和。分析能力的结构，对于深入了解能力的本质，合理设计能力的测量手段，科学地设定能力培养原则，都有重要的意义。心理学家对人类能力的结构提出了许多主张，下面简略地介绍三类最具代表性的理论：能力的因素理论、能力的结构理论和能力的信息加工理论。

12.2.1 能力的因素理论

20世纪，心理学家陆续提出了几个著名的能力因素理论，尽管这些理论在具体内容上有所差异，但它们都是以因素分析为基础来确定能力的成分，探讨能力的测量和个体差异问题的。

1. 二因素论

二因素论是由英国心理学家、统计学家斯皮尔曼(C. E. Spearman)于1904年提出的。他认为人的能力由两种因素构成：一般因素(general factor，简称G因素)和特殊因素(special factor，简称S因素)。一般因素是人完成各项活动所需的主要因素，是人的基本能力，是决定一个人能力高低的主要因素。特殊因素是完成特定活动所必需的能力因素。成功完成某种作业任务都必须同时具备G因素和S因素。例如，一个人完成算术推理测验作业需要$G+S_1$，完成言语测验作业需要$G+S_2$，完成机械操作作业则需要$G+S_3$……由于每种作业都包含各不相同的S因素，而G因素则始终不变，因此G因素是能力结构的基础和关键，是决定个体智力高低的主要因素，是智力测验的主体，各种智力测验就是通过广泛取样而得出G因素的。

虽然人们都有G因素这种能力，但却有能力高低之分。每个人具有的S因素既有高低的区别，也有有无的区别。不论个人有几种S因素，这些S因素之间，可能相互独立，也可能彼此有些重叠，但是它们必定都含有一部分的G因素。在个体完成的智力作业中，如果包含的G因素越多，则各种作业成绩的正相关值就越高。相反，如果包含的S因素越多，则其成绩的正相关值就越低。图12-1所示是二因素论的图示。

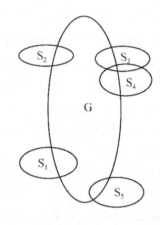

图12-1 斯皮尔曼的二因素论

斯皮尔曼的理论简单明确,对我们理解能力的结果有重要的启发。近半个世纪以来能力测验的理论绝大多数是在这个理论的基础上建立起来的。当然，这个理论也有它自身局限性，因为斯皮尔曼早期是否定群因素存在的；同时他强调一般因素和特殊因素的区别，并将它们绝对对立起来。其实一般因素和特殊因素也是相互联系的，在一定条件下是可以相互转化的。

2. 群因素论

群因素论又称基本心理能力论(primary mental abilities)，由美国心理学家、心理计量学家瑟斯顿(L. L. Thurstone)1938年提出。他凭借着多因素分析的方法，突破过去的能力因素理论的框架，认为个体的能力由七种基本心理能力构成：语词理解(V)、语词流畅(W)、计算(N)、空间知觉(S)、记忆(M)、知觉速度(P)、推理(R)。这些心理能力的不同搭配便构成了每个个体独特的智力结构。

最初，瑟斯顿认为这七种心理能力在功能上是相对独立的，但通过研究发现，每种心理能力和其余六种心理能力之间存在着不同程度的正相关。1941年，瑟斯顿修正和发展了自己的群因素论，认为在七种心理能力以外，还存在次级因素(second order factor)。可见，瑟斯顿的群因素论和斯皮尔曼的二因素论存在一定的相似之处，只是瑟斯顿将斯皮尔曼的一般因素视为次级因素而已。

群因素论提出的因素分析的方法为后来深入研究能力开辟了一条新的道路，提出的七种基本心理能力成为研究能力结构的重要资料，而且他的研究也促进了智力测验的发展。

在现代能力因素理论中，群因素论起着承前启后的重要作用。

3. 智力因素分析理论

美国心理学家、人格特质理论的主要代表卡特尔(Cattell)认为，智力是个体最重要的能力特质。他在因素分析中发现了斯皮尔曼等人没有注意到的一个重要事实，即一般因素不是一种，而是两种：流体智力和晶体智力。

流体智力(fluid intelligence)是一个人生来就能进行智力活动的能力，即学习和解决问题的能力。它依赖于先天的禀赋，随神经系统的成熟而提高。如知觉速度、机械记忆、识别图形关系等不受教育与文化影响。

晶体智力(crystallized intelligence)是指对从社会文化中习得的解决问题的方法进行应用的能力，是在实践(学习、生活和劳动)中形成的能力。这种智力在人的整个一生中都在增长，因为它包括了习得的知识和技能。例如，词汇理解和计算方面的能力等。

在人的一生中，流体智力和晶体智力表现出不同的发展形态。流体智力随机体的衰老而衰退，随生理的成长而变化。晶体智力达到最高点的时间比流体智力晚，下降开始的时间也更晚。根据卡特尔的研究，流体智力在 40 岁以前就开始下降，但晶体智力在老年还能保持在高水平。对健康的 85 岁老人进行晶体智力方面的词汇测验，他们的成绩几乎与中青年人一样，如图 12-2 所示。

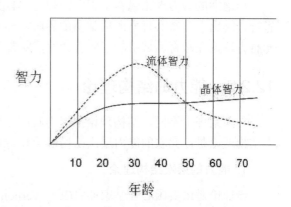

图 12-2 流体智力和晶体智力的发展

4. 多元智力理论

多元智力理论是由美国心理学家、哈佛大学教授霍华德·加德纳(Howard Gardner)提出的。1983 年，他出版著作《智力的结构》，提出了多元智力(multiple intelligence)的理论观点。他反对传统的智力一元结构论，认为智力是一个多元结构，不是一种能力而是一组能力，各种能力不是以整合的形式存在而是以相对独立的形式存在。加德纳通过对脑损伤病人的研究及对智力特殊群体的分析，提出人类的神经系统经过 100 多万年的演变，已经形成了互不相干的多种智力。在临床上发现，一些脑损伤患者可能会发生某些能力上的障碍，但其他能力仍然健全。在世界各地发现的所谓"白痴学者"，这些人虽然智商低、语言能力差、自闭，但在某个方面具有十分出色的能力。有的几乎已经丧失语言能力，但其计算速度与准确性却跟电脑差不多。加德纳认为，这些事实充分说明，智力不是单一元素而是由多种元素构成的。

加德纳试图对每个智力元素建立操作定义，这意味着能够通过对智力操作来揭示智力的内涵。他认为，社会环境中的各种信息都可以用不同符号加以表征，人脑中预存着各种表象模块，能够构成各种符号操作系统。每种智力都是一种特定符号系统，具有一组特定的操作功能。基于这样的观点，加德纳重新定义了智力的概念："智力是在某一特定文化情境或社群中所展现出的、解决问题或制作生产的能力，是一种使个体逐步形成与特定内容相适应的思维方式的潜力。"加德纳认为存在八种相互独立的智力在大脑中按各自的规则运行，它们具体包括以下内容。

(1) 言语智力：这种智力渗透在所有语言能力之中，包括语言和文字的理解与表达。
(2) 逻辑数学智力：这种智力在解决抽象逻辑/数学问题以及逻辑推理问题上特别重要。
(3) 空间智力：这种智力用于导航或环境中的移动，也用于看地图和绘画中。
(4) 音乐智力：这种智力用在演奏乐器、唱歌或欣赏音乐方面。
(5) 身体运动智力：这种智力涉及控制精细的身体运动。
(6) 人际智力：这种智力用于与人交往，对别人有同情心并且善解人意。
(7) 内省智力：这种智力对自己内部世界具有极高的敏感性。
(8) 自然智力：是认识世界、适应世界的能力，是一种在自然世界里辨别差异的能力。

加德纳的智力理论包容了更多的智力，丰富了智力的概念，使人们破除了传统的 IQ 式思维，跳出了传统心理学所框架出的界限，能更深入地了解人类智力的本质。加德纳的多元智力理论在教育领域引起了广泛关注，对教育实践产生了重大影响。

12.2.2 能力的结构理论

与因素理论不同，结构理论把能力看成是具有多种成分的复杂结构，最具代表性的能力结构理论是：弗农的能力层次结构理论和吉尔福特的智力三维结构模型理论。

1. 能力的层次结构理论

该理论是由英国心理学家弗农(P. E. Vernon)在 20 世纪 60 年代提出的。他以一般因素为基础，在继承和发展了斯皮尔曼的二因素论，提出了能力的四层次结构模型(见图 12-3)。认为能力结构是按层次排列的，分为四个层次：最高层次是普遍因素(G)；第二层次分为两个大因素群(言语和教育方面的因素、机械和操作方面的因素)；第三层次分为几个小因素群(言语理解、数量、机械信息、空间能力和手工操作等)；第四层次指各种特殊因素，即斯皮尔曼的 S。

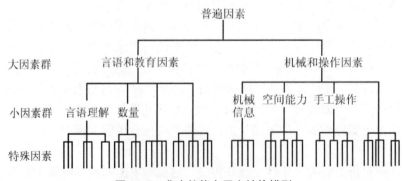

图 12-3　弗农的能力层次结构模型

弗农的能力层次结构模型在一般因素和特殊因素之间增加了大因素群和小因素群两个层次，尤其把大因素群分为言语和教育方面的因素、操作和机械方面的因素，这在一定程度上得到了脑科学研究成果的支持，即大脑左半球以言语机能为主，右半球以空间图像感知机能为主。

2. 智力三维结构模型

美国心理学家吉尔福特(J. P. Guilford)于1967年提出智力三维结构模型理论。他认为智力可以分为三个维度：内容、操作、产物。①智力活动的内容(contents)，即智力活动的对象或材料类型，包括图形、符号、语义、行为4个因素。②智力操作，即智力活动的过程，包括认知、记忆、发散思维、聚合思维、评价5个因素。③智力活动的产物，即信息加工所产生的结果，包括单元、类别、关系、系统、转换和蕴含6个因素。由于三个维度和多种形式的存在，人的智力可以在理论上区分为4×5×6=120种智力因素构成。1971年，他把内容维度中的图形改为视觉与听觉，使其增为5个因素，这样智力组成因素就成为5×5×6=150种。1988年，他又将操作维度中记忆分为短时记忆与长时记忆，使其由5个因素变为6个因素，因而智力因素便增加到5×6×6=180种，如图12-4所示，图上的每一小块方体代表一种智力因素。吉尔福特认为，每种因素就是一种独特的能力，可以通过不同的测验来检验。1971年，吉尔福特通过研究，证实了三维结构模型中的105种因素的存在，这对智力测验的理论与实践无疑是一个巨大的鼓舞。

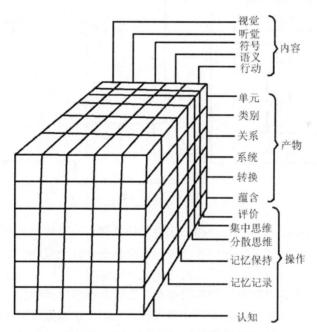

图 12-4　吉尔福特的智力三维结构模型

智力三维结构模型丰富了人们对智力本质，特别是智力复杂性的认识，对推动智力测验起了重要的作用。吉尔福特的智力结构理论虽然否定了G因素的存在，坚持智力因素的独立性，但他却提出了创造能力的研究和创造性测验，这为研究能力提供了新的线索。

12.2.3　能力的信息加工理论

20世纪70年代以来，随着认知心理学的不断发展，心理学家开始用信息加工的观点来研究能力结构,把人的能力和智力看成是一个过程,是由某些更高的决策过程组织起来的,是在一定的心理结构中进行的信息加工,最具代表性的理论有:智力三元论和智力的PASS模型。

1. 智力三元论

1985年,美国心理学家斯滕伯格(R. J. Sternberg)在《超越智商》一书中从信息加工心理学的角度出发,提出了智力三元理论(triarchic theory of intelligence)。他认为,现代的智力因素理论只是对智力特质的描述,而没有阐明智力活动的过程,应该用实验方法分析智力活动过程,对智力活动过程的要素进行分析,并提出了智力的三元结构理论。该理论包括三个亚理论:成分亚理论(揭示智力活动的内在心理结构)、情境亚理论(阐明智力与环境的关系)、经验亚理论(阐述智力与个人经验的关系)(见图12-5)。

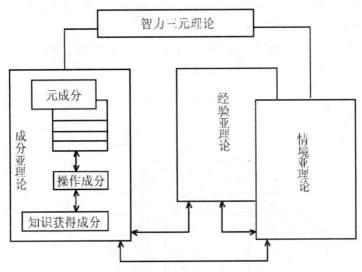

图12-5 斯滕伯格的智力三元模型

(1) 成分亚理论(componential subtheory)是指构成智力的结构和机制。有三个成分对于认知加工非常重要,即元成分、操作成分和知识获得成分。元成分控制信息加工过程,并使个体监督和评价这一过程;操作成分执行元成分构建的计划;知识获得成分进行选择性编码,联结新信息,并选择性地比较新旧信息,以便个体学习新信息。其中元成分在功能上与元认知完全相同。斯滕伯格将元认知列入智力范畴,认为元成分是三种成分中最高级的、最重要的成分,始终处于高层次的管理地位,直接反映与促进了一个人的智力发展。

(2) 情境亚理论(contextual subtheory)是指个体在日常生活中,运用学得的知识经验处理日常事务的能力,阐明智力与环境的关系。它包括对现实环境的适应、选择合适的环境以及有效地改变环境以适应个人的需要。个体在情境方面的反应能力被称为情境智力。研究表明,即便没有较高智商的人,也可以具有较高的情境智力。

(3) 经验亚理论(experiential subtheory)表明在特定任务或环境中,与情境相适应的行为。它包括两种能力,一种是处理新任务和新环境时所要求的能力,另一种是信息加工过程自动化的能力。例如,当一群人共同面临突发事件陷入困境时,你会认为能够率先解决问题的人最聪明;而当人们面对日复一日、烦琐的工作时,你会欣赏毫无怨言、坚持完成工作的人。也就是说，无论在新异或突发的情境中，还是在日常的平凡工作中，一个人的智力水平都可以通过不同的方式反映出来。

斯滕伯格的三元智力理论是对传统智力观的超越，从主体的内部世界、现实的外部世界，以及联系内、外世界的主体经验世界这三个角度来分析智力，充分考虑情境和经验水平对智力的影响，对深入了解智力的实质都有重要的意义。

2. 智力的 PASS 模型

智力的 PASS 模型是由戴斯(J. P. Das)及其助手纳格利里(J. A. Naglieri)在 1990 年提出的。所谓 PASS 模型(plan attention simultaneous successive processing model)是指"计划—注意—同时性加工—继时性加工"，包含三个认知功能系统。

三个认知功能系统分别包括以下内容，如图 12-6 所示。

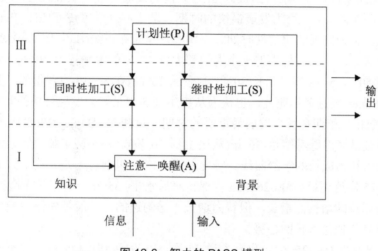

图 12-6　智力的 PASS 模型

(1) 注意—唤醒系统，它在智力活动中的主要功能是激活和唤醒，它直接影响另外两个系统的工作，影响个体对信息的编码加工和做出计划。这个系统是整个系统的基础。

(2) 同时性加工—继时性加工系统，它主要是通过同时性和继时性这两种加工方式，对外界输入的信息进行接收、解释、转换、再编码、储存等加工。这个系统在 PASS 模型中处于关键地位，因为大部分的智力活动都是在这个系统中进行的。

(3) 计划系统，它主要负责确定目标，制定和选择策略，同时监控和调节另外两个系统的活动。这个系统是 PASS 模型中最高层次的部分，是最核心的认知系统。

戴斯的智力 PASS 模型是在信息加工理论、认知心理学新的研究方法基础上建立，从一个新的角度来提出自己的智力理论，力图取代传统的智力理论，它的三个认知功能系统是以神经心理学家鲁利亚(A. R. Luria)的大脑功能区理论为基础的，具有一定的实证性，不是纯粹的思辨。这三个功能系统各自独立，分别完成特定的功能，但三者之间又是相互联系、相互作用的，共同协调完成一定的智力活动。同时，戴斯还根据 PASS 的智力模型设计了一个新的智力测验，称之为认知评价系统，用于测量计划、注意、同时性加工和继时性加工等基本的认知功能，这对进一步地研究智力问题具有非常重要的作用。

综上所述，能力的信息加工理论存在的共同点是：都强调智力的生物学基础，认为智力是一种基本加工机制，存在一系列多重智力、模块、认知潜能；都特别强调个体所处的背景，即影响智力的环境因素的作用。由此可见，对能力和智力的研究将继续探索生理与环境之间复杂的相互作用，这也是当今心理学研究的焦点。

12.3 能力发展与个体差异

12.3.1 能力发展的一般趋势

1. 能力发展的一般趋势

人的一生大致可以分为八个不同的时期，即乳儿期、婴儿期、幼儿期、童年期、少年期、青年期、成年期和老年期。在人的一生中，能力发展有一个发展过程，一般趋势如下。

(1) 出生后的前几年是智力发展最快的时期。瑞士心理学家皮亚杰(J. Piaget)认为从出生到 4 岁是人的智力发展的决定性时期。美国心理学家布卢姆(B. S. Bloom)1964 年对 1000 名被试者跟踪研究后认为，如果把一个人的智力以 17 岁的水平视为 100%，那么，5 岁之前就可以达到 50%，5～8 岁又增长 30%，剩余的 20% 是在 8～17 岁获得的。美国心理学家布鲁纳(J. S. Bruner)经过多年研究，也认为从出生到 5 岁是智力发展最快的时期。

(2) 童年期和少年期是智力发展最重要的时期。贝利(N. Bayley)1968 年用 3 种智力量表，对同一组被试者追踪考察达 36 年(从出生到 36 岁)，在不同年龄对智力发展进行了测量，最终绘制出智力成长的年龄曲线。研究表明：13 岁以前智力是直线上升的发展，随后开始缓慢，到 25 岁达到最高峰，26～35 岁保持高原水平，35 岁开始有下降趋势(见图 12-7)。可见，智力随年龄的增长而增长，但智力增长不是匀速的，一般是先快后慢，到了一定年龄智力的发展呈负加速增长的趋势。

(3) 人的智力在 18～25 岁间(也有人说 35 岁、40 岁)达到顶峰，智力的不同成分达到顶峰的时间是不同的。沙因(K. W. Schaie)和斯特罗瑟(C. R. Strother)等人根据五种主要能力测验，如词的流畅性和知觉速度等，发现一般人的智力在 35 岁达到高峰，60 岁以后迅速下降(见图 12-8)。

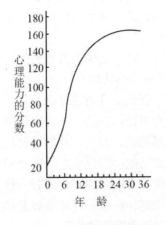

图 12-7 智力发展曲线

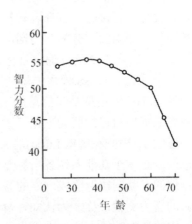

图 12-8 智力发展的年龄变化

(4) 根据对人的智力毕生发展的研究，人的流体智力在中年以后有下降趋势，而人的晶体智力在一生中却是稳步上升的。

(5) 成年期是人生最漫长的时期，也是能力发展最稳定的时期。在 25～40 岁之间，人们常常出现富有创造性的活动。

2. 能力不同侧面的发展趋势

人类各种能力因素的发展和衰退速度是不同的，有些能力因素发展或成熟较早，有些能力因素发展或成熟较迟，各种能力因素的衰退速度也不一样。

美国心理学家迈尔斯(W. R. Miles)等人研究了几种能力的发展，发现能力的不同侧面的发展和衰退是不同的(见表 12-1)，知觉能力发展较早，但下降也早；其次是记忆能力；然后是思维能力；比较和判断能力在 80 岁时才开始迅速下降；动作及反应速度在 18～29 岁时发展达到高峰，在以后的年龄阶段中仍保持较高的水平。

表 12-1　不同能力的平均发展水平

年龄/岁	10～17	18～29	30～49	50～69	70～89
知觉	100	95	93	76	46
记忆	95	100	92	83	55
比较和判断	72	100	100	87	69
动作及反应速度	88	100	97	92	71

瑟斯顿(L. L. Thurstone)通过智力测验对不同智力因素的发展趋势进行了研究，发现不同智力因素存在着不同的发展速度。他考察了七种基本能力的发展后发现：知觉速度、空间知觉、推理能力、计算能力和记忆能力发展较早；语词理解和语言流畅发展较迟。他还研究了其中四种基本能力(见图 12-9)的发展过程，如果以成人的水平为 100%，那么达到成人能力 80% 的年龄阶段为：知觉速度是 12 岁左右，推理能力是 14 岁左右，语词理解是 18 岁左右，语言流畅是 20 岁以后。美国心理学家韦克斯勒(D. Wechsler)用韦氏成人智力量表对年龄在 16～75 岁之间 2052 名被试者进行测试，结果表明：言语方面和操作方面的智力都在 25 岁左右达到最高峰，但是言语方面的智力下降较慢，操作方面的智力下降较快。

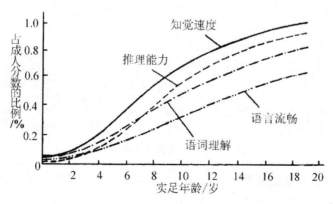

图 12-9　四种基本能力的成长

12.3.2 能力的个体差异

人与人之间在能力发展上存在着明显的个体差异,这种差异主要表现为:能力类型差异、能力发展水平的差异和能力表现早晚的差异。

1. 能力类型的差异

能力类型差异是指构成能力的各种因素有不同的结合方式构成的差异,表现在知觉、记忆、言语和思维等方面的能力差异。

1) 知觉方面

知觉方面的类型差异有:分析型,知觉的分析能力较强,对事物的细节能清晰地感知,但对事物的整体知觉较差;综合型,知觉具有概括性和整体性,但分析能力较弱;分析综合型,知觉兼有上述两种类型的特点。

2) 记忆方面

根据记忆材料的方式,记忆的类型差异可分为:视觉型,视觉识记的效果较好,画家多属于这种类型;听觉型,听觉识记的效果较好,音乐家多属于这种类型;运动型,有运动觉参与时,识记效果较好,运动员属于这种类型;混合型,运用多种表象时识记的效果较好,大部分人都属于混合型。

3) 言语和思维方面

言语和思维方面的类型差异有:生动的言语类型或形象思维类型,这种人在思维和言语中有丰富的形象性,情绪因素占优势;逻辑联系的言语类型或抽象思维类型,这种人的思维和言语富有概括性,逻辑因素占优势;中间型,是居于上述两者之间的类型。

2. 能力发展水平的差异

能力发展水平的差异主要是指能力有高低差异。一般来看,能力在全人口中是表现为正态分布,即两头低,中间高。以智力为例,智力极低和智力极高的人很少,绝大多数的人属于中等智力水平。人类智商的正态分布如图 12-10 所示。

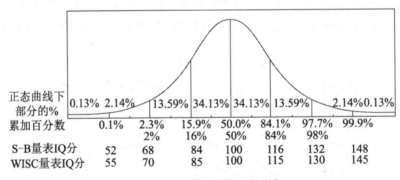

图 12-10 人类智商的正态分布

心理学家根据智力发展水平把儿童分为三个等级:超常儿童、常态儿童和低常儿童。

1) 超常儿童

超常儿童是指智力发展显著超过同龄儿童平均水平的儿童,又称"神童"。超常儿童的智商一般在 130 以上,其共同的心理特征表现为:具有浓厚的认识兴趣和旺盛的求知欲;

思维敏捷,理解力强,有独创性;具有敏锐的感知觉、良好的观察力;注意力集中并易转移,记忆速度快而准;进取心强,勤奋,有毅力。

2) 常态儿童

常态儿童是指智商在 70~130 的儿童,大多数儿童都处于该智力范围。

3) 低常儿童

低常儿童是指智力发展明显低于同龄儿童平均水平,智商一般在 70 分以下,又称智力落后儿童。按智商低下的程度不同,可将低常儿童分为三个等级:①轻度,智商 69~50,生活能自理,能从事简单劳动,但应付新奇复杂的环境有困难,学习有困难,很难领会学习中抽象的科目。②中度,智商 49~25,生活能半自理,动作基本可以或部分有障碍,只能说简单的字或极少的生活用语。③重度,智商在 25 以下,生活不能自理,一般动作及生活技能都有困难。

3. 能力表现早晚的差异

人的能力充分发挥有早有晚。有些人能力表现较早,有些人能力表现较晚,人与人之间有差异。

1) 能力的早期表现

能力的早期表现又称人才早熟。古今中外都有许多在童年期就表现出优异能力的神童。例如,据史料记载,我国唐代诗人白居易,1 岁开始识字,5~6 岁就会作诗,9 岁已精通声韵。唐初王勃 6 岁就善于文辞,27 岁时写下了著名的《滕王阁序》。再如,德国大数学家高斯 3 岁时就会心算,8~9 岁时就会解级数求和的问题(从 1 累积加到 100 的和等于首尾之和乘以级数个数的 1/2,即 5050),他的大部分发现是在 14~17 岁这个阶段做出的。意大利语言学家塔尔雅维尼 12 岁时已经掌握了 7 种语言,22 岁时已掌握 15 种语言。奥地利作曲家莫扎特 5 岁开始作曲,8 岁试作交响乐,11 岁时便能创作歌剧。

2) 中年成才

中年是成才和创造发明的最佳年龄,也是人生的黄金时代,在这期间成才的人最多。我国张笛梅、王通讯等人对公元 600—1960 年间的 1243 位科学家、发明家做出 1911 项重大科学创造发明进行统计,绘出科学人才成功曲线图,如图 12-11 所示。一般认为,30~45 岁是人的智力最佳年龄阶段,其峰值在 37 岁左右。中年期是个人成就最多、对社会贡献最多的时期。

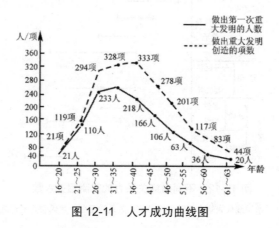

图 12-11 人才成功曲线图

3) 能力的晚期表现

能力的晚期表现又称大器晚成，指智力的充分发展在较晚的年龄才表现出来。例如，达尔文年轻时被人认为是智力一般，但在其 50 岁时出版了惊世巨著《物种起源》。画家齐白石少年时只读过半年书，做过 15 年木匠，后来投师学画，40 岁时才表现出绘画才能，50 岁时才成为著名画家。

12.3.3 能力形成与发展的影响因素

人与人之间能力的差别是显而易见的。那么，能力的个体差异究竟是怎样形成的呢？影响一个人能力形成与发展的因素主要有：遗传素质、环境和教育因素、社会实践因素和个人的主观能动性。

1. 遗传素质在能力发展中的作用

遗传素质是人与生俱来的解剖生理特点，主要包括感觉器官、运动器官以及神经系统的特性，特别是脑的结构和机能。遗传素质是能力形成和发展的生理基础、自然前提和物质条件，为能力的形成和发展提供前提和可能性。

心理学家一般从三个方面研究遗传素质在能力形成和发展中的作用。一是研究智力与血缘关系的相关；二是研究养子女与亲生父母和养父母能力发展之间的相关；三是对同卵双生子进行追踪研究，求其能力之间的相关。1963 年厄伦迈耶-金林和贾维克(Erlenmeyer-Kimling and Jarvik)总结了半个世纪以来 8 个国家 52 项关于遗传与环境关系的研究成果，研究表明(见图 12-12 和表 12-2)：血缘关系接近的人在智力发展水平上确实有接近的趋势。同卵双生子之间的智商相关最高，无血缘关系者之间的智商相关最低；生父母与子女之间的智商相关比养父母与子女间智商相关高；分开抚养的同卵双生子智力相关仍很高，说明遗传因素对智力发展有一定的作用；这些材料同样也表明环境在智力发展中的作用也很重要，即对所有被试组来说，在一起抚养的都比分开抚养的智力相关高一些。可见，遗传素质对能力形成和发展有一定的作用，但这种作用只是为能力形成和发展提供前提和可能性，它并不能决定能力发展的方向和程度。

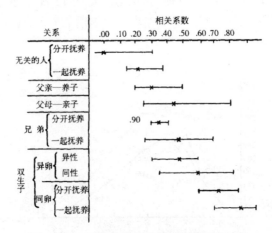

图 12-12 不同血缘关系者的智商相关系数

(注：水平线代表智力测验上得分的相关系数范围，×代表其平均值)

表 12-2　不同血缘关系者的智商相关系数

关　系	相关系数
无血缘关系又生活在不同环境者	0.00
无血缘关系在同一环境长大者	0.20
养父母与养子女	0.30
亲生父母与亲生子女(生活在一起)	0.50
同胞兄弟姐妹在不同环境长大者	0.35
同胞兄弟姐妹在同一环境长大者	0.50
不同性别的异卵双生子在同一环境长大者	0.50
同性别的异卵双生子在同一环境长大者	0.60
同卵双生子在不同环境长大者	0.75
同卵双生子在同一环境长大者	0.88

2. 环境和教育因素在能力发展中的作用

环境和教育是能力形成和发展的客观条件，它决定着能力形成和发展的现实水平。

1) 产前环境的影响

胎儿在母体中的生长环境对胎儿的成长发育及出生后的能力发展有重要的影响。许多研究发现，母亲怀孕的年龄和母亲怀孕期的营养状况、心理状态、工作环境等都会影响胎儿的能力发展。例如，孕妇年龄低于 29 岁的，唐氏综合征的发病率只有 1/3000；而孕妇年龄在 45～49 岁间的，其发病率为 1/40。再如，大量吸烟、遭受过多的辐射、服药与患病等，会使胎儿细胞中的染色体受损，或发生基因突变，使胎儿发育受到影响，甚至直接影响出生后婴儿智力的正常发展。

2) 早期生活环境的影响

早期生活环境包括自然环境和社会环境。早期生活环境、早期经验对个体能力发展有重要作用。德尼斯(D.Dennis)等人在孤儿院做过研究，发现留在孤儿院的儿童的智力发展慢，智商平均只有 53，而被领养的儿童智商发展快，平均智商达到 80，特别是年龄很小时就被领养的儿童，他们的智商可以达到 100，如图 12-13 所示。据多项研究结果显示，贫乏的环境使儿童智力发展更加落后，而丰富的环境则会促进儿童智力的发展。

3) 学校教育的作用

学校教育在学生能力发展中起主导作用，因为学校教育是有计划、有组织、有目的地对学生施加影响的。学生通过学校教育不但掌握了知识和技能，同时也促进了能力的发展。学校教育发展学生的能力关键依赖教师教育、教学内容的正确选择，教学过程的合理安排，教学方法的恰当使用等条件。例如，强师手下出高徒，就说明优质教育、训练对能力的作用。

3. 社会实践活动在能力发展中的作用

人的能力是在社会实践活动中形成和发展起来的。离开了实践活动，即使有良好的素质和环境，能力也得不到发展。一个人的能力水平与他所从事活动的积极性成正比。恩格斯指出:"人的智力是按照人如何学会改变自然界而发展的。"我国古代哲学家王充曾提出"施用累能",即能力是在使用过程中积累起来的;又提出"科用累能",即从事各种不同活动、不同职业积累各种不同能力。社会分工使社会成员长期从事某一方面的实践活动,他们的能力也就在这一方面发展。

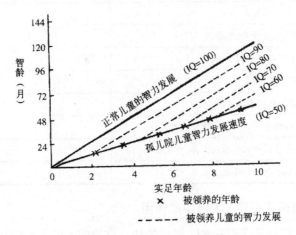

图 12-13 智力发展与环境

4. 个人的主观能动性在能力发展中的作用

一个人要想提高能力,除了需要良好的外部条件外,还离不开个人的主观努力,即人的主观能动性。如果一个人刻苦努力,积极向上,具有广泛的兴趣和强烈的求知欲,那么他的能力就可能得到发展。相反,如果一个人饱食终日、无所用心,工作上没要求,事业上毫无大志,对周围的一切事物态度冷淡、没兴趣,那么他的能力就不可能得到较好的发展。高尔基说:"才能不是别的什么东西,而是对事业的热爱。当人们迷恋自己的工作,对工作情绪洋溢时,会给能力的发展提供巨大的动力"。我国著名数学家华罗庚先生说:"所谓天才就是坚持不懈地努力。"坚强的意志对能力的发展有重要意义,一些人的成功往往不是因为他们具有高于常人的天分,而是由于他们有坚强的意志品质不断努力和奋斗。

总之,能力的形成和发展依赖于多种因素的交互作用,虽然无法精确估算各种影响因素在能力发展历程中的比重,但有一点是不可否定的,即遗传、环境和教育、实践活动及个人的主观努力在能力发展中的作用是缺一不可的。

12.4 能力测量

能力测量就是确定能力的广度和发展水平。能力测量的工具是按照标准化的程序所编制的各种能力测验。能力测验可以用于测定智商、各种专业人员的选拔,对某些心理疾病作出早期诊断及检验智力结构理论等。能力测验可以有不同的分类,按照能力的种类,可分为智力测验、特殊能力测验和创造力测验;按照测验方式,可分为个人测试和团体测试;按照测验内容的表达形式,可分为文字测验的和非文字的测验。在此,按照能力的种类介绍能力测验,即智力测验、特殊能力测验和创造力测验。

12.4.1 智力测验

智力测验(intelligence test)即一般能力测验,是通过测验来衡量人的智力水平高低的一种科学方法。在心理测量中,智力测验是被人们研究得最为广泛、最为深入的一类测验。智力测验有很多,目前国际上常用的三种是:斯坦福—比奈智力测验、韦克斯勒智力测验和瑞文推理测验。

1. 斯坦福-比奈智力测验

1905年法国心理学家比奈(A. Binet)和医生西蒙(T. Simon)编制了"比奈—西蒙智力量表"(Binet-Simonintelligence scale),标志着智力测验的正式诞生。比奈早年就从事测验的研究,并于1903年出版了《智力的实验研究》一书。1904年,比奈受法国教育部的委托,研制一套测定呆傻儿童的方法,以便把他们从一般儿童中区分出来。1905年,比奈在西蒙的帮助下,编制了"比奈—西蒙智力量表"。该测验最先采用了"心理年龄"(Mental Age,MA)的概念,也叫智力年龄,用以表示智力所达到的某一年龄水平。量表中除成人组外,每个年龄组都有6个条目,每个条目都代表2个月的智力。心理年龄根据智力测验结果而得出,个体能通过哪个年龄组的项目就说明他具有这一年龄的智力水平,采用年龄量表的形式。但是,心理年龄可以对同一年龄段个体的智力发展水平进行比较,但不能比较不同年龄段个体的智力发展水平。

1916年,美国斯坦福大学心理学家推孟(L. M. Terman)对"比奈—西蒙量表"进行了修订,引用了"智力商数"的概念,使其进一步标准化,称"斯坦福—比奈量表"(Stanford-Binet scale)。

智力商数(Intelligence Quotient,IQ)简称智商,是心理年龄(MA)与实足年龄(Chronological Age,CA)之比,为了去掉小数,将商数乘以100。该公式用智龄和实足年龄的比率来代表智商,也叫比率智商(ratio IQ)。比率智商的计算公式为

$$智商 = \frac{心理年龄}{实足年龄} \times 100\%$$

按照这个公式,就能比较不同年龄段个体的智力发展水平。例如,甲儿童的实足年龄为8岁,其智力年龄为10岁;乙儿童的实足年龄为5岁,其智力年龄为6岁。甲儿童的智商为125,乙儿童的智商为120,甲儿童的智力比乙儿童的智力高。但比率智商有一个明显的缺点,即一个人的智力年龄和实际年龄不是同步增长的,人的实际年龄逐年在增加,而他的智力发展到一定阶段却可能稳定在一个水平上,采用比率智商来表示人的智力水平会出现年龄越大智商偏低的现象。

阅读资料 12-1

斯坦福—比奈智力量表举例

2岁组

(1) 形式板。把三个几何体放入三孔形式板中。

(2) 延迟反应。延迟 10 秒后指出隐藏物体的位置。
(3) 指出洋娃娃面貌的各个部分。
(4) 模仿主试者叠好四块积木。
(5) 图形词汇。看图说出普通物体的名称。
(6) 词的连用。自发连用两个词。

10 岁组

(1) 词汇。在 45 个词中正确解释 11 个。
(2) 在一个三维的图中数立方体的数目。
(3) 解释抽象词。
(4) 说明理由。说出一种规则和偏好的理由。
(5) 1 分钟内说出 28 个词。
(6) 复述 6 位数。

备用：指出一段话的荒谬之处。

普通成人组

(1) 词汇。45 个词中正确解释 20 个。
(2) 机敏。用大小不同的容器量出所需要的水。
(3) 区别抽象词。指出两个有关的抽象词之间的不同点。
(4) 算术推理。包括几个简单的文字算术题。
(5) 解释谚语。
(6) 确定方向。根据一段改变方向的言语陈述确定方向。
(7) 区别概念。指出两个相互关联的概念的主要区别。
(8) 解释抽象词。

备用：剪纸。

从上面的项目可以看出：2 岁组的项目主要测验被试者的感觉—运动能力、执行指示和辨认身体及物体各部分的能力；10 岁组的项目包括许多抽象概念，强调言语技能；成人组的项目几乎全部是符号、言语和抽象材料。

(资料来源：叶奕乾，何存道，梁宁建. 普通心理学[M]. 上海：华东师范大学出版社，2021.)

2. 韦克斯勒智力测验

美国心理学家韦克斯勒(D. Wechsler)为了更真实地反映出一个人的智力状况，按年龄编制了三套智力测验量表，每套量表都包括言语和操作两个分量表，整个测验量表适用的年龄范围从幼年到老年。三套量表分别是：韦氏成人智力量表(Wechsler Adult Intelligence Scale，WAIS)，适用于 16 岁以上的成人；韦氏儿童智力量表(Wechsler Intelligence Scale for Children，WISC)，适用于 6～16 岁儿童；韦氏学前儿童智力量表(Wechsler Preschool and Primary Scale of Intelligence，WPPSI)，适用于 4～6 岁半的儿童。

韦克斯勒改革了智商的计算方法，把比率智商改成离差智商(deviation IQ)。离差智商以智力的正态分布曲线为基础(见图12-10)，用以确定被试者的智力在同龄人中的相对位置，实质上就是一个人的成绩和同年龄组被试者的平均成绩比较而得出来的相对分数。

韦克斯勒假定，人的智商是平均数为 100 和标准差为 15 的正态分布。离差智商的计算公式是：
$$离差 IQ=100+15Z$$
其中，
$$Z=(X-\bar{x})\div S$$

上述公式中的 Z 代表标准分数，X 代表个体测验得分，$\bar{x}$ 代表团体的平均分数，S 代表团体分数的标准差。

例如，某个年龄组的平均分数为 80 分，标准差是 10 分，某人得 90 分，他的得分比他所在的年龄组的平均分高出一个标准差，他的智商 IQ=100+15×(90-80)÷10=115。根据智力正态分布的原理，他的智商比 84% 的同龄人要高。

韦氏量表包含了言语和操作两个分量表，可以分别度量个体的言语能力和操作能力。韦氏量表这一改进有明显的好处，韦氏智力测验不仅可以算出全量表智商，而且还可以算出被试者的言语智商和操作智商以及各分测验的量表分。图 12-14 是用韦氏成人智力量表测试一名 18 岁男孩的智力剖视图，可以通过手册把分数转换成智商。被试者的言语 IQ 是 108，操作 IQ 是 121，操作 IQ 比言语 IQ 高 13。可见，韦克斯勒智力量表不仅可以了解被试者的一般智力高低，也可以了解被试分量表智商，还可以对人与人之间的智力结构进行具体的比较。

韦克斯勒智力量表是国内外心理学界公认的较好的智力测验工具，它可用于测量人的一般智力，也可用于诊断智力损伤或由脑外伤引起的智力衰退、精神障碍或其他病理状态。

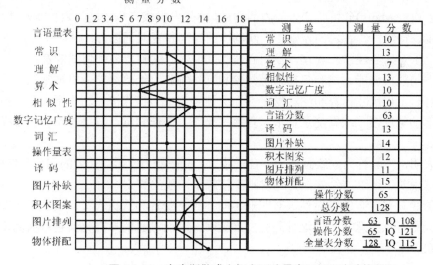

图 12-14　韦克斯勒成人智力测验量表(WAIS)的剖视图

3. 瑞文推理测验

瑞文推理测验(Raven's progressive matrices)由英国心理学家瑞文(J. C. Raven)于 1938 年创制。它是一种非文字的团体智力测验，用以测验一个人的观察力及清晰思维的能力。瑞文测验在 20 世纪 50～60 年代几经修订，目前发展成三种形式：瑞文标准推理测验、瑞文彩图推理测验、瑞文高级推理测验。每种测验均由两种形式的题目组成：一种是从一个完整图形中挖掉一块；另一种是在一个图形矩阵中缺少一个图形，要求被试者从提供的几个备选答案中选出一个能够完成图形或符合一定结构规律的图案。

由于瑞文测验具有一般文字智力测验所没有的特殊功能，测验对象不受文化、种族与语言等条件的限制，可以在言语交流不便的情况下使用，因此适用于各种跨文化的比较研究，适用的年龄范围也很宽，从5岁半直至老年。我国心理学工作者在1985年完成了对瑞文推理测验的修订，此测验有60道题目，可以单独或团体施测。

12.4.2 特殊能力测验

特殊能力测验(special ability test)是对运动能力、艺术能力、音乐能力、机械能力、管理能力等专业能力的测定。该类测验有利于发现特殊才能，因材施教，并能充分发挥潜力，使人尽其才，才尽其用。目前，主要的特殊能力测验有：音乐能力测验、美术能力测验、机械能力测验、飞行能力测验、文书能力测验等。为了测定从事某种专业活动的能力，就需要对该活动进行分析研究，找出它所要求的心理特征，然后根据这些心理特征，列出测验项目，进行测验的设计。

例如，梅尔美术判断测验(Meier art judgment test)，分析了美术家绘画活动的特点，以比例、平衡、明暗排列顺序、线条排列匀称、构图的统一等为指标，将著名的图画加以改编制成100对图画，要求被试者从每对画中选择出他感到满意的图画。由于"正确的图画"反映了上述的艺术特点，并被25名美术家公认为较好的画。因此，被试者的得分就表明其判断与美术家的判断相一致的程度。

又如，西肖尔(Seashore)分析了音乐能力的测量，区分出组成音乐才能的六种特殊能力：辨别音高、响度、持续性、音色的差别，判断韵律的异同和音调记忆力，从而设计出6个分测验。他创立了音乐心理学实验室，发明心理测试仪器，编制了多种测试量表。

张厚粲等编制的机械能力测验包括纸笔测验和操作测验。纸笔测验由机械常识、空间知觉、识图理解、工程尺寸计算和注意稳定5个分测验组成；操作测验由手指灵巧、拼板组合、间接手部动觉反馈、双臂随意调节、理解性操作、操作知觉、双手协调和复合操作8个分测验组成。

测验结果表明，一般智力同绘画能力、音乐能力、机械能力、运动能力的相关是低的，但却是正的。这说明上述这些特殊能力相对地不依赖于一般的智力。

特殊能力测验具有较强的针对性，对职业定向指导、安置和选拔人员、发现和培养具有特殊能力的儿童有重要意义。但这种测验发展较晚，因而测验的标准化问题目前尚未得到较满意的解决。

12.4.3 创造力测验

创造力测验(creativity test)是用于测量人的创造能力的测验，是能力测验之一，通常以发散性思维为指标。创造力测验的内容，不强调对现成知识的记忆和理解，而是强调思维流畅性、灵活性、变通性、独创性、精致性等，问题的答案也并非唯一和固定的。

从20世纪50年代末期开始，在古尔福特(J. P. Guilford)提出创造力理论后，心理学工作者针对过去智力测验的不足之处，编制了着重测量发散思维的创造力测验。目前所编制的创造力测验还主要是实验的形式，用于科学研究，测验的题目多属开放型，在评分和确定测验效度和信度方面都有困难。创造力测验一般分为语言式和绘画式两种类型，常用的创造力测验有以下几个。

(1) 南加利福尼亚大学发散性思维测验，是由美国心理学家吉尔福特等编制，主要测量的是发散思维的能力。吉尔福特认为，发散性思维是思维向不同方向分散的能力，它不受给定事实的局限，使得个体在解决问题时能产生各种不同的解决问题的思路和方法。这套测验包含10个分测验，其中5个语言的(语义的)测验和5个图形的测验。在10个分测验中，有7个测验用于成人测验。

(2) 托兰斯创造性思维测验，是由美国明尼苏达大学心理学家托兰斯(E. P. Torrance)等人编制的标准化创造力测验，主要测查被试者思维的流畅性、灵活性、独创性、精确性等几个方面，整套测验包含三个部分：语言测验(即关于词的创造性思维)、画图测验(即关于形象的创造性思维测验)和听觉测验(即关于声音的创造性思维)，由12个分测验组成。这套测验适用于幼儿园至成人。

(3) 芝加哥大学创造力测验，由美国芝加哥大学心理学家盖泽尔斯(J. W. Getzels)和杰克逊(P. W. Jackson)等人在20世纪60年代初编制。这套测验包括下列五个项目：语词联想测验、用途测验、隐蔽图形测验、完成寓言测验、组成问题测验。这套测验适用于小学高年级至高中阶段的青少年，适用于团体测试，并且有时间限制。

多项研究指出，智商与创造力之间的相关性通常较低，但存在正相关。此外，有研究提出，智商与创造力之间的相关性强弱是由创造力测验的性质决定的。某些创造力可能需要较高的智力水平，而其他的创造力则可能与智力水平的相关性不高。尽管在智力和创造力的相关性上还有不同的看法，但比较一致的看法是高智商并不等同于高度的创造力，而智商较低的人可能只得到创造力的低分数。

在现代社会，创造力的重要性日益凸显，因此，对创造力测验也引起人们的普遍重视。但是这类测验与特殊能力测验一样，研究的历史还不长，测验的标准化程度还不够。某些测验虽然取得了一些有科研价值的资料，但离实际应用，如预测和引导人的创造性行为，还有很远的距离。

复习思考题

1. 名词解释：能力、一般能力、特殊能力、模仿能力、创造能力、超常儿童、低常儿童、智商。
2. 试述能力与知识、技能的关系。
3. 能力的种类有哪些？试说明各种能力的特点与作用。
4. 怎样理解一般智力和特殊智力？它们的关系怎样？
5. 能力的因素理论有哪些学说？其各自的基本观点是什么？
6. 能力的结构理论有哪些学说？其各自的基本观点是什么？
7. 试述智力三元论、智力的PASS模型的基本观点，它们分别给你带来什么启示？
8. 试述能力发展的一般趋势。
9. 举例说明能力个体差异的主要表现。
10. 影响能力形成与发展的因素主要有哪些？

11. 述评常用的智力测验。
12. 分析自己的能力特点,以及在今后发展中如何更有效地发展自己的能力。

教师资格证考试真题再现

一、单选题(每题2分)

1. (2013.05)有人少年早慧,有人大器晚成,有人善于言辞,有人长于数理运算,上述现象表明,人的心理发展具有(　　)。
   A. 顺序性　　　　　B. 连续性　　　　　C. 不均衡性　　　　D. 差异性
2. (2013.11)人们常说聪明早慧、大器晚成是指个体身心发展具有(　　)。
   A. 阶段性　　　　　B. 互补性　　　　　C. 不平衡性　　　　D. 差异性
3. (2013.11)在技能训练过程中,常常会出现进步的暂停现象,这在心理学上称为(　　)。
   A. 挫折现象　　　　B. 回退现象　　　　C. 抑制现象　　　　D. 高原现象
4. (2015.05)笨鸟先飞勤能补拙说明(　　)。
   A. 需要对能力有影响　　　　　　　　　B. 动机对能力有影响
   C. 性格对能力有影响　　　　　　　　　D. 气质对能力有影响

二、辨析题(每题8分)

1. (2013.05)遗传素质决定能力发展的水平。　　　　　　　　　　　(　)
2. (2015.05)液体智力属于人类的基本能力,它受文化教育的影响较大。(　)
3. (2016.05)智力水平越高,学习成绩越好。　　　　　　　　　　　(　)
4. (2017.05)知识越多,能力越强。　　　　　　　　　　　　　　　(　)
5. (2018.05)学生知识越多,说明学生能力越强　　　　　　　　　　(　)

三、简答题(每题10分)

1. (2017.05)简述加德纳的多元智力理论。
2. (2020.11)简述能力发展的个体差异。

第 13 章 学习的基本理论

本章学习目标

- 学习的概念
- 学习的分类
- 巴甫洛夫的经典条件反射论
- 桑代克的联结说
- 斯金纳的操作性条件反射论
- 班杜拉的社会学习理论
- 布鲁纳的认知结构学习理论
- 奥苏伯尔的认知同化论
- 加涅的信息加工学习理论
- 建构主义的学习理论
- 人本主义的学习理论

学习理论是教育心理学中最基本、最核心的内容之一。但由于学习问题本身的复杂性，研究者的文化背景、知识经验，以及指导思想和研究方法的不同，不同研究者对学习的某些根本问题的理解存在分歧，从而形成了各种不同派别的学习理论。学习和掌握这些理论，可以从不同的角度和层面帮助我们理解、研究和解决学习的本质和规律问题。

13.1 学 习 概 述

13.1.1 学习的概念

1. 广义的学习

从心理学的角度来看，广义的学习是指人和动物在生活过程中，凭借经验而产生的行为或行为潜能的相对持久的变化。要把握广义学习的实质，需要从以下三个方面来理解。

(1) 学习的结果表现为行为或行为潜能的变化。其中，"行为"强调了那些即刻的、能够直接观察到的行为变化，如动作、技能、行为方式等的变化；"行为潜能的变化"强调了那些需要经过一定时间之后才表现出来的，以及无法直接观察到的潜在的内部经验的改组和重建，如态度、观念、知识结构等的变化。

(2) 学习所引起的行为或行为潜能的变化是相对持久的。相对持久不是短暂的、一时的变化，如由药物、烈酒、疲劳、成熟、机体损伤以及其他生理变化所导致的行为变化就不属于学习。学习引起的变化相对可以保持较长的时间，具有一定的稳定性，只有通过经验或反复练习使个体行为或行为潜能发生相对持久变化的，才能称为学习。例如，学会游泳后即使多年不下水，只要稍加练习，就能自如地在水中完成游泳动作。

(3) 学习是由经验而引起的。由经验而产生的学习主要有两种类型：一种是由有计划的练习或训练而产生的正规学习，如中小学生在学校中的学习；另一种则是由偶然的生活经历而产生的随机学习，如路遇交通事故而体会到遵守交通法规的重要性。个体的学习只能在其经验的改变中发生，没有经验也就无所谓学习。例如，疲劳、药物(如兴奋剂、镇定剂等)、醉酒等因素也会引起个体行为的变化，但这种变化不是由经验或练习引起的，故我们不能把它们称为学习。

2. 狭义的学习

狭义的学习是指人类的学习，是在社会生活实践中，以语言为中介，自觉地、积极主动地掌握社会的和个体的经验的过程。虽然学习既发生在人类身上，也发生在动物身上，但人类的学习与动物的学习有着本质上的不同。

(1) 人类的学习具有社会性。人类学习的社会性表现在两个方面：一是学习条件的社会性。人类学习在社会生活实践中进行，在与其他人的交往中进行。二是学习内容的社会性。动物主要以直接的方式取得个体经验。而人类的学习除了在生活过程中以直接的方式取得个体经验外，还要掌握人类世世代代积累起来的社会历史经验和科学文化知识。

(2) 人类的学习以语言为中介。动物的学习主要局限于第一信号系统的学习，而人类的学习是第一信号系统和第二信号系统协同活动。语言的使用，使人的学习可以摆脱具体经验与形象的限制，摆脱时间、空间的限制，大大扩大了人类个体掌握经验的范围与深度。

(3) 人类的学习具有很强的自觉性、目的性、积极主动性。动物的学习是在适应环境的过程中进行的，动物并没有明确地意识到自己在学习。而人类的学习是在明确的意识支配下进行的，对于通过学习所要达到的目标和所要掌握的内容，都有明确的认识，并能够根据学习目的，主动地计划与组织学习过程。

学生的学习是人类学习中的一种特殊形式，它不但具有学习的一切本质特征，而且具有自身独特的特点。学生的学习是在教师的指导下，有目的、有计划、有组织、有系统地进行的，是在较短的时间内接受前人所积累的科学文化知识，并以此来充实自己的过程。

13.1.2 学习的分类

从不同角度看，学习可以分为不同类型，而不同类型的学习往往在学习过程和规律上有所不同。

1. 加涅的学习分类

美国著名教育心理学家加涅(R. M. Gagne)在1965年出版了《学习的条件》一书，提出了他的学习分类。他认为人类的学习可依据学习过程中心理机能的复杂性和学习结果的多样性进行分类。

1) 学习的等级分类

20世纪60年代，加涅根据学习的情境和学习的水平，把学习由简单到复杂地分为八个层次水平：①信号学习，主要是指把一个已有的反应和新的刺激或信号联结起来，如巴甫洛夫的经典条件反射。②刺激—反应学习(S-R 的学习)，是指由机体的运动刺激及其反应相结合而产生的学习，如斯金纳的操作性条件反应。③连锁学习，是指一系列刺激—反应的联合。例如，学习打篮球，学会了一系列的接球躲闪动作的连锁化。④言语联想学习，这类学习与连锁学习类似，也是一系列刺激—反应的联合，但它是由言语单位所联结的连锁化。例如，将单词组合为合乎语法规则的句子。⑤辨别学习，即学会识别多种刺激的异同并对之做出不同的反应。例如，辨别不同形状、颜色的物体。再如，对相似的、易混淆的单词分别做出正确的反应。⑥概念学习，对刺激进行分类时，学会对一类刺激做出同样的反应，也就是对事物的抽象特征的反应。可依赖直接的观察，获得具体概念；也可由间接的概括获得定义性概念。⑦规则学习，亦称原理学习。规则指两个或两个以上概念的联合。规则学习即了解两个或两个以上概念之间的关系。⑧解决问题学习，亦称高级规则的学习，是指在不同条件下运用规则或者规则组合去解决问题。加涅的学习水平分类把八类学习按从简到繁、从低级到高级的顺序排列成不同层次，每一后继学习类型都是前一学习类型更加复杂的表现。

2) 学习的结果分类

20 世纪 80 年代，加涅在上述八类学习的基础上，又根据学习结果将学习分为五种类型：①言语信息的学习，是指掌握以言语信息传递的内容，或者学习结果是以言语信息表现出来的，是帮助学生解决"是什么"的问题。具体内容包括符号、人名、地名、事实、事件、组织成体系的知识。②智慧技能的学习，是指学习者使用符号与环境相互作用的能力。学习者要掌握概念、规则并将其应用于新情境中，是要解决"怎么做"的问题。加涅认为，智慧技能按照其复杂程度又可分为四种：辨别学习、概念学习、规则学习、解决问题或高级规则学习。③认知策略的学习，是指学生对内部认知过程进行调节与控制的能力。学生要学会调节与控制自己的注意、记忆、思维和问题解决过程等。加涅认为，认知策略与智慧技能的不同在于，智慧技能是处理对外认知加工的能力，而认知策略是处理对内认知加工的能力，它支配着学生在应对环境时自身的行为。④态度的学习，指通过学习获得的影响个人行动倾向的内部状态，表现为影响着个体对人、对物或对某些事件的选择倾向。态度学习是个体认知、情感和行为意向三个方面的综合结果。⑤动作技能的学习，是指通过练习获得的、按一定规则协调自身运动的能力。动作技能的获得不仅包括外显的动作反应，还包括对内部心理加工的控制。

加涅认为，上述五类学习不存在等级关系，其顺序是随意排列的，它们只是一些不同的学习。这五种学习又分为三个领域：认知领域 (包括前三种学习结果)；情感领域(指态度的学习)；动作技能领域(指动作技能的学习)。由于把人类的学习结果分为认知、情感和动作技能三个领域已经成了许多学习心理学家和教育心理学家的共识，因此，从学习结果对学习进行分类，对教师确定教学目标、指导学生的学习、更好地组织教学具有现实意义。

2. 奥苏伯尔的学习分类

当代美国教育心理学家奥苏伯尔(D. P. Ausubel)更为关注对在校学生学习的研究。20 世纪 60 年代，他提出了学习类型划分，并在其《教育心理学——认知观点》一书中对学习分类做了系统阐述。他从两个独立维度对认知领域的学习进行了划分：一是根据学习的方式，将学习分为接受学习和发现学习；二是根据学习材料与学习者原有知识的关系，将学习分为机械学习和意义学习。奥苏伯尔的理论特别重视有意义的接受学习，这是该理论的核心。

1) 接受学习与发现学习

奥苏伯尔认为，接受学习是指讲授者以定论的形式，把学习的内容传授给学习者，学习者"被动"接受，把学习的内容内化为自身的知识，在适当的时候能够提取出来加以应用。发现学习是指讲授者不直接把学习内容教给学生，而是让学生独立地去发现这些内容并将其内化。换言之，接受学习与发现学习之间有着明显区别，发现学习比接受学习多了"发现要学习的内容"这一环节。

2) 意义学习和机械学习

在奥苏伯尔的理论中，意义学习是指学习者利用原有经验来进行新的学习，建立新旧经验的联系。这样，学生不仅能够记住符号，而且能理解学习内容的实质。而机械学习则是指学习者不在学习内容和已有经验之间建立实质性的联系。这样，学生只能记住符号本身，而不能理解内容，从而导致死记硬背。

奥苏伯尔认为，无论是接受学习还是发现学习，都可能表现为机械性或有意义性。如果在接受学习中讲授方法得当，并不一定导致学生机械地接受知识，也可能是进行有意义的学习。同样，发现学习也不一定保证学生进行有意义的学习。如果学生仅仅机械地记住了解决问题的典型步骤，而对自己正在做什么、为什么这样做感到非常模糊，他们也可能得到正确答案，但这并不比机械学习更有意义。为了清楚地说明接受学习、发现学习与意义学习、机械学习的关系，奥苏伯尔从两个维度对学校中的学习进行了分类，如图13-1所示。不难发现，有意义地学习与机械地学习、接受学习与发现学习，分别代表了学习发展连续体的两个极端。实际上，许多真实的学习是处于两者之间的某一点上。在现实的课堂教学中，有意义地接受学习被认为是最常见且最有效的学习方式。

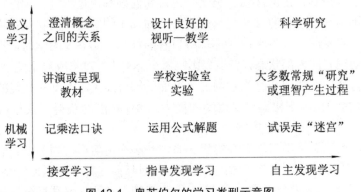

图13-1 奥苏伯尔的学习类型示意图

3. 我国学者冯忠良的学习分类

我国学者冯忠良根据国外的研究并结合我国教育实际，将学生学习分为以下三种类型。

1) 知识的学习

知识是主体与环境相互作用后获得的信息及其组织，是客观事物的主观表征。知识的学习是通过一系列的认知活动，在头脑中构建相应的认知结构而实现的。

2) 技能的学习

技能是指建立合乎一定规则的活动方式过程，包括外部技能和内部技能。技能的学习是指通过练习在头脑中构建起相应的动作结构。技能的学习不仅要知道做什么，还要学会怎样去做。

3) 社会规范的学习

社会规范也叫行为规范，是人类用来调节社会行为、实现社会控制、维持社会秩序的一种学习方式。社会规范学习的目的是在认识与实践的基础上，在个体的头脑中建立起相应的道德结构，从而实现对个人行为的调节。

13.2 行为主义的学习理论

自华生在1913年发表《一个行为主义者眼中的心理学》以来，首次举起了行为主义心理学的大旗，行为主义曾一度成为心理学的主流。行为主义强调外部环境对人的学习的决定作用，强调研究可观察的行为，认为学习过程是个体在特定的条件下形成刺激与反应的联系，从而获得新的经验的过程。其基本观点如下：①以S-R公式作为所有心理现象的最高解释原则，将一切心理现象归结为S-R联结的形成；②强调学习发生的原因在于外部强化，主张研究学习就在于研究其外部条件，而忽略对学习内在过程和内部条件的研究。行为主义学习理论的代表人物主要有巴甫洛夫、桑代克、斯金纳与班杜拉等。

13.2.1 巴甫洛夫的经典条件反射学习理论

巴甫洛夫(Иван Петрович Павлов)是苏联著名生理学家和心理学家，他最早用精确的实验对条件反射做了研究，获得1904年诺贝尔生理学或医学奖。他通过对动物的实验研究，提出了经典条件反射理论，其主要原理如下。

1. 巴甫洛夫的经典实验

巴甫洛夫在研究狗的消化腺的分泌变化时发现，当把食物投喂给一个饥饿的狗时，它就会分泌很多唾液，这是一种先天的无条件发射，食物作为一种无条件刺激引起了分泌唾液这种无条件反应。如果在出示食物时伴随或稍前出现一种与分泌唾液毫无关系的中性刺激，比如，脚步声或铃声，经过多次重复结合后，这种中性刺激单独出现也会引起狗的唾液分泌。这样，原来的中性刺激(如脚步声)通过与无条件刺激(如食物)反复结合，变成了一种条件刺激，分泌唾液成了由这种条件刺激引起的条件反应，这就建立了一种条件反射(conditioned reflex)，后人称之为"经典条件反射"(classical conditioning)。

经典条件反射的形成条件如下：①无条件刺激，指本来就能引起某种固定反应的刺激；②无条件反应，指由无条件刺激原本就可以引起的固定反应；③条件刺激，指原来的中性刺激；④条件反应，指条件反射形成后由条件刺激引起的反应。经典条件反射的建立过程可以用表13-1来表示。

表 13-1　经典条件反射的形成过程

建立前	无条件刺激（食物） → 无条件反应（唾液分泌）
	中性刺激（铃声） → 引起注意但无唾液分泌
建立中（多次重复）	中性刺激（铃声） ⇢
	无条件刺激（食物） → 无条件反应（唾液分泌）
建立后	条件刺激（铃声） → 条件反应（唾液分泌）

2. 经典条件反射的基本规律

1) 获得与消退

获得是指将条件刺激与无条件刺激多次结合呈现，可以获得条件反应和加强条件反应。例如，将声音刺激与喂食结合呈现给狗，狗便会获得对声音的唾液分泌反应。在条件作用的获得过程中，条件刺激与无条件刺激之间的时间间隔十分重要。

消退是指对条件刺激反应不再重复呈现无条件刺激，即不予强化，反复多次后，已习惯的反应就会逐渐消失。例如，狗获得对铃声产生唾液分泌反应，在一段时间听到铃声而不喂食之后，可能对铃声不再产生唾液分泌反应。然而，要完全消除一个已经形成的条件反应比获得这个反应要困难得多。

2) 泛化与分化

泛化是指某种特定条件刺激形成条件反应后，其他与该条件刺激相类似的刺激也能诱发相同的条件反应。例如，曾经被一条大狗咬过的人，看见小狗也可能产生恐惧。"一朝被蛇咬，十年怕草绳"就是获得与泛化的经典例证。

分化是指通过选择性强化和消退使个体学会对与条件刺激相类似的刺激做出不同的反应。例如，为了使狗区分开圆形和椭圆形光圈，只在圆形光圈出现时才给予食物强化，而在呈现椭圆形光圈时则不给予强化，那么狗便可以学会区分圆形和椭圆形光圈。

泛化和分化是一个互补的过程，泛化是对事物相似性的反应，分化则是对事物差异的反应。泛化能使我们的学习从一种情境迁移到另一种情境，而分化则能使我们对不同的情境做出不同的恰当反应，从而避免盲目行动。

3. 经典条件反射学习理论简评

巴甫洛夫虽然不属于行为主义心理学家，但是他通过对动物研究所发现的条件反射原理，却对以后美国行为主义的兴起产生了先导作用。巴甫洛夫对条件反射的研究是开创性的，而且他的实验方法与研究结果被后来的心理学家广泛接受。然而，经典条件反射要成功地解释所有的学习，前提就是个体所有的行为都可以由某个无条件刺激引发出来，但是事实并非如此，所以用经典条件反射来说明个体的学习就受到了限制。

13.2.2 桑代克的试误—联结学习理论

桑代克(E. L. Thorndike)是美国著名心理学家，他是科学教育心理学的开创者，也是第一个系统论述教育心理学的心理学家，人们一般把他推崇为"教育心理学之父"。他采用实证主义的取向，使教育心理学研究走向了科学化的道路，将传统哲学教育心理学转化为科学教育心理学。

1. 桑代克的经典实验

桑代克是最早用动物实验来研究学习规律的心理学家。他从1896年开始以动物为对象进行学习方面的研究。桑代克早期以猫来研究动物的学习，最著名的实验是"猫开笼取食"实验。他把饥饿的猫放入迷笼中，把食物放在笼外猫看得见却摸不到的地方，为了获取笼外食物，猫本能地做出许多反应，如乱跳、撕咬栏杆、碰撞笼壁等盲目、尝试性的无关动作，后来猫偶然碰到了开门的踏板，打开了笼门，得到笼外食物。经过多次试误，猫学会了碰踏板以开笼门的行为，这说明猫学会了正确的反应。

2. 桑代克关于学习实质的基本观点

1) 学习的实质在于形成情境与反应之间的联结

1898年桑代克发表了博士论文《动物的智慧：动物联想过程的实验研究》，对动物实验的结果进行了总结，提出了著名的"学习的联结理论"。该文指出：学习即联结。所谓联结，指的是某种情境仅能引起某种反应，而不能唤起其他反应的倾向。学习的实质在于形成情境与反应之间的联结，二者之间是直接的因果关系，不需要任何中介因素，不需要观念或思维的参与。桑代克认为人类所有的思想、行为和活动都能分解为基本的单位——刺激与反应的联结。

2) 学习的过程是不断尝试和犯错的过程

桑代克认为，刺激与反应之间的联结是通过尝试和犯错、不断修正行为而逐步形成的，是随着错误反应的逐渐减少和正确反应的逐渐增加而形成的。学习是一种渐进的、盲目地尝试与犯错的过程，因此，他的学说也被称为"尝试错误说"(简称试误说)。

3. 桑代克关于学习规律的基本观点

桑代克在用动物进行实验的过程中，总结了影响学习(联结的形成)的一些规律性东西，并提出了3条主要的学习定律：准备律、练习律和效果律。

1) 准备律

桑代克认为，学习者在进入某种情境时所具有的预备性反应倾向会影响到学习的反应。学习者有准备而且给予活动就感到满意，有准备而无活动就会感到烦恼；学习者无准备而强制其活动也会感到烦恼。准备律实际上体现了学习的动机原则。

2) 练习律

练习次数的多少，影响刺激和反应之间稳固的程度。练习律包括应用律和失用律。应用律是一个已形成的可以改变的联结，若加以应用就会使这个联结增强；失用律是一个已形成的可以改变的联结，如不应用就会使这个联结减弱。

3) 效果律

一个联结的后果会对这个联结有加强或削弱作用。如果行为得到满意的结果，行为将增强；如果行为得到惩罚的结果，行为将减弱。

4. 试误—联结学习理论简评

桑代克的学习联结说以实验研究为基础，提出了教育心理学史上最早、最系统的学习理论之一。他用刺激—反应之间的联结取代了传统联想主义中观念之间的联结，并提出了学习无需意识参与的观点，这引起了后来行为主义者的关注。然而，他特别强调了先天本性以及满意、烦恼、定势(心向)等因素的影响，这与后来华生等人的行为主义又是不相容的。在这种意义上，桑代克并不完全是一个行为主义者。桑代克理论的主要缺陷在于机械论和简单化倾向，抹杀了人类学习的主观能动性，也把复杂的学习过程简单化。他热衷于发现普遍适用的学习规律，但这些规律实际上只能解释简单、机械的学习。

13.2.3 斯金纳的操作性条件反射学习理论

斯金纳(B. F. Skinner)是美国心理学家、新行为主义学习理论的创始人，也是新行为主义的主要代表人物，他在桑代克的联结主义学习理论的基础上，通过对动物的实验研究，提出了操作性条件反射理论，其主要原理如下。

1. 斯金纳的经典实验

斯金纳的理论也是建立在动物的研究基础之上的。在斯金纳以白鼠等动物为被试对象进行的精密实验研究中，运用了一种特殊的实验装置——"斯金纳箱"。箱内装有一个小杠杆，杠杆连接一个食物盘，只要按压杠杆，就会有一粒食物丸滚到食物盘内。斯金纳将饥饿的白鼠关在箱内，白鼠便在箱内不安地乱跑，若活动中偶然压到了杠杆，则食物丸滚到食物盘内，白鼠也就吃到了食物丸。白鼠经过几次尝试，会不断按压杠杆，直到吃饱为止。斯金纳发现，如果一个操作(自发反应)出现以后，有强化刺激尾随，则该操作的概率就会增加；反之，如果没有强化刺激尾随，则该操作发生的概率就会减弱，甚至消失。他认为，学习实质上是一种反应概率上的变化，而强化是增强反应概率的手段。由此，他提出了操作性条件反射(operant conditioning)学习理论。

2. 操作性条件反射学习的基本规律

斯金纳认为，人和动物存在两种类型的学习：一类是应答性行为，是由特定刺激所引起的，是经典条件反射的研究对象；另一类是操作性行为，是不与任何特定刺激相联系、个体自发做出的随意反应，是操作性条件反射的研究对象。斯金纳认为，在日常生活中，人的行为大部分都是操作性行为，影响行为巩固或再次出现的关键因素是行为结束后所得到的结果，即强化(reinforcement)。

1) 强化

强化是指通过某一事物增强某种行为的过程。强化的作用在于增强同类反应在将来发生的概率。强化物则是一些刺激物，它们的呈现或撤销能够增加反应发生的概率。

(1) 强化的类型。强化有正强化与负强化之分。正强化(positive reinforcement)是指在行为发生之后，伴随的一种积极刺激。正强化的功能是实施奖励，增加行为出现的次数。例如，饥饿的白鼠按压杠杆得到食物是正强化。负强化(negative reinforcement)是指移除环境中的厌恶刺激，使行为频率增加。例如，老师说，如果同学们认真听讲、课堂上学得好，就少留课后作业，结果学生在课堂上听课非常认真。老师通过减少课后作业的办法，增强了学生课堂学习行为的积极性，这是负强化。无论是正强化还是负强化，其结果都是增加行为再次出现的概率，促进行为的发生。

逃避条件作用与回避条件作用都是负强化。逃避条件作用是指当厌恶刺激出现时，个体做出某种反应逃避了厌恶刺激，该反应在以后的类似情境中发生的概率增加。例如，看见路上的垃圾绕道走开，感觉屋内人声嘈杂暂时离屋等。回避条件作用是指当预示厌恶刺激即将出现的刺激信号呈现时，个体也可以自发地做出某种反应以避免厌恶刺激，则该反应在以后的类似情境中发生的概率便增加。例如，小红对豆类过敏，听说领导要请大家去豆腐连锁饭店吃饭，便找借口推辞了。回避条件作用与逃避条件作用都是负强化，其结果都是增加行为发生的概率。回避条件作用是在逃避条件作用的基础上建立的，是个体在经历过厌恶刺激或不愉快情境的痛苦之后，学会了对预示厌恶刺激或不愉快情境的信号做出反应，从而免受痛苦。

斯金纳所说的强化指的是在条件作用中，能使个体操作性反应的概率增加的一切事件。当环境中某种刺激增加而行为反应出现的概率也增加时，这种刺激的增加就是正强化；当环境中某种刺激减少而行为反应出现的概率却增加时，此种刺激的减少就是负强化。在经典条件反射中，强化使无条件刺激与条件刺激相结合，用前者强化后者。在操作性条件反射中，强化是指做出正确反应后所给予的奖励(正强化)或撤销惩罚(负强化)。

(2) 强化的程式。强化程式(schedules of reinforcement)是指对强化的频率和时间的安排。斯金纳认为，在行为实验中，强化程式是最容易控制的、最有效的变量。强化的程式多种多样，每一种不同的程式都会产生相应的反应模式(见图 13-2)。

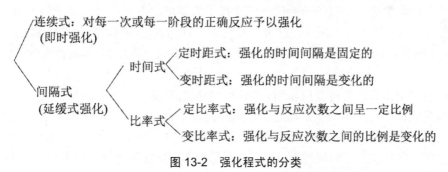

图 13-2 强化程式的分类

根据强化实施的频率和时间两个因素，可以将强化程式分为连续式强化和间隔式强化。①连续式强化又叫即时强化，是对每一次期望的反应都给予强化。这种强化在学习新的反应时最为有效。②间隔式强化又叫延缓式强化，是对多次期望的反应给予选择性强化。间隔式强化分为时间式和比率式两类。

时间式强化又可分为：定时距式强化和变时距式强化。①定时距式强化的时间间隔是固定的。即固定时间间隔后一定会给予一次强化，因此强化是可预测的。运用该强化程式时，反应数量往往随着强化时间的临近而增加，而强化后骤减。例如，学生在期末考试前临时抱佛脚。②变时距式强化的时间间隔是变化的。个体不知何时出现强化，但总有一种马上就要出现的预想，所以建立的反应比较稳定，强化的行为具有更好的持续性，较少出现停顿。例如，不定期的卫生检查就属此类强化。

比率式强化又可分为：定比率式强化和变比率式强化。①定比率式强化，即强化与反应次数之间成一定比例。在这种强化条件下，在一定数量的期望行为发生后给予一次强化，因此强化是可以预测的。这种强化程式的优点在于：个体完全依靠自己的反应去控制强化，反应建立迅速，所形成的反应有一定的持续性，但如果没有预期的强化物出现，行为便开始消退。例如，儿童每完成10道作业题就允许玩5分钟就属此类强化。②变比率式强化，即强化与反应次数之间的比例是变化的。在不定数量的期望行为发生后给予一次强化，因此强化是不可预测的。这种强化程式的优点在于：反应建立迅速，所强化的行为具有较长的持续性，很难消退。例如，日常生活中家长、教师对儿童的表扬、批评多属于此类强化。教师如果想让学生的特定行为持续下去，就应该在行为基本建立后使用该强化程式，促使其行为的保持。

根据强化的上述特点，在教学中应注意以下问题：①教授新任务时，要进行即时强化，不要进行延缓强化。强化紧跟着行为出现比延缓出现要有效得多。②在任务的早期阶段，强化每一个正确的反应，随着学习的继续，逐渐地转到间隔式强化。③强化要保证做到朝正确方向促进或引导，不要强化不希望的行为。总之，强化程式的组合和强化物的运用在教学中起着关键作用。

2) 消退

消退是指个体做出以前曾被强化过的反应，如果在这一反应之后不再有强化物相伴，那么，此类反应在将来发生的概率便降低。在操作性条件反射中，无论是正强化的奖赏，还是负强化的逃避与回避条件作用，其作用都在于增加某种反应在将来发生的概率，以达到塑造行为的目的。而消退是一种无强化的过程，其作用在于降低某种反应在将来发生的概率，以达到消除某种行为的目的，因此，消退是减少不良行为、消除坏习惯的有效方法。例如，一些父母经常会由于孩子的哭闹就满足孩子的要求，不经意间对孩子的哭闹行为进行了强化，如果想使哭闹行为减少，就可以对哭闹的行为置之不理，使之自行消退。再如，学生上课为了吸引老师注意，上课做鬼脸，老师对此不理不睬，学生做鬼脸的行为便会减少。

3) 惩罚

惩罚是指当个体做出某种反应以后，呈现一个厌恶刺激，以消除或抑制此类反应的过程。惩罚与负强化不同：负强化是通过厌恶刺激的排除来增加反应在将来发生的概率；惩罚则是通过厌恶刺激的呈现来降低反应在将来发生的概率。但是，惩罚并不能使行为发生永久性的改变，它只能暂时抑制行为，而不能根除行为。惩罚只能让学生明白什么不能做，但并不能让学生知道能做什么和应该怎么做。因此，对惩罚的运用必须慎重，惩罚一种不良行为应与强化一种良好行为结合起来，才能取得预期的效果。

总之，根据操作性条件反射学说，在教育过程中，教师应多用正强化的手段来塑造学生的良性行为，用不予强化的消退方法来消除或减少不良行为，同时应慎重地运用惩罚。

3. 操作性条件反射学习理论在教学中的应用

斯金纳分析了传统教学的劣势，将其操作性条件反射理论应用于教学中，开展了一场轰轰烈烈的教学改革运动，提出了程序教学论及其教学模式，影响了第二次世界大战后美国甚至世界的中小学教育。

程序教学是基于操作性条件反射和积极强化原理而设计的教学模式。所谓程序教学，是指将各门学科的知识按其中的内在逻辑联系分解为一系列的知识项目，这些知识项目之间前后衔接，逐渐加深，然后让学生按照知识项目的顺序逐个学习，对每个知识项目的学习及时给予反馈和强化，使学生最终能够掌握所学的知识，达到预定的教学目的。程序教学的基本原理是采用连续接近法，将设计好的程序不断强化，使学生形成教育者预期的行为模式。可见，精心设置知识项目序列和强化程序是程序教学成功的关键因素。

程序教学遵循以下原则：①小步子：将知识项目分解为许多具有逻辑联系的小步子，可方便学生顺利地学习。②积极反应：学生对每个知识项目的问题都要做出积极反应。③及时反馈：对学生的反应及时给出反馈信息，及时强化。④低错误率：将错误率降到最低限度，使学生尽可能每次都做出正确反应。⑤自定步调：学生可以根据自己的实际情况确定学习的进度，而不必要求每个学生同时同步学习同一知识项目。

4. 操作性条件反射学习理论简评

斯金纳的操作性条件反射学习理论具有重要的理论意义和实际应用价值。他推动了学习理论和教育心理学的研究与发展，克服了桑代克、华生等人的联结学说解释学习现象的局限，对强化进行了严格的实验和理论研究，扩展了联结派心理学家的眼界，加深了人们对行为习得机制的理解，使人们能够成功地预测、控制、塑造和矫正行为。程序教学理论强调的学习中的程序、操作、强化和反馈等对今天的 CAI 教学和个别化教学都产生了深远的影响。但他的研究局限在实验室中动物的简单学习上，缺乏对人的高级学习活动的探讨，而且他只研究外显行为，避免涉及个体的内部状态，在这方面他与传统的行为主义者有着同样的缺陷。将人等同于学习机器，将所有的学习行为简单地归结为操作性条件反射，这一观点未免过于偏狭。

13.2.4 班杜拉的社会学习理论

班杜拉(A. Bandura)是美国心理学家、社会学习理论的奠基人。20 世纪 60 年代，在大量实验研究的基础上，他逐渐从行为主义研究中脱离出来，提出了一系列的思想，逐渐从偏重于外部因素作用的行为主义者向强调外在与内在两者并重转化，建立起具有自己特色的社会学习理论，其主要观点如下。

1. 观察学习

1) 学习的实质

班杜拉发现，人类通过两种不同的过程习得行为：一种是直接经验的学习，即传统的行为主义理论关注的学习行为。在此模式下，个体通过对环境刺激做出反应，或根据自身行为结果的反馈获得知识和技能。桑代克的试误学习、巴甫洛夫的条件反射作用学习和传统行为主义的刺激—反应的联结式学习均属于此类学习。另一种则是间接经验的学习。班杜拉认为，前面所提到的学习理论只适用于解释人类的部分行为和知识的获得，难以解释复杂的社会行为的获得，如对道德规范和风俗习惯的学习。他指出，人类大量的社会行为是通过间接经验获得的，即通过观察他人的行为及其行为的强化结果形成新的行为模式，这就是观察学习。

班杜拉指出，观察学习(又称替代学习或模仿学习)就是通过榜样的示范作用，把完成某一活动所需的各种反应技能整合成完整的行为模式而传递给观察者，使其获得新的行为模式的过程。在观察学习中,学习者注意到榜样的示范行为后,对其进行储存和模仿,最终在合适的情境中表现出新的行为反应。班杜拉同时注意到个体的内部状态对学习的影响,他根据中介过程来思考刺激输入与反应输出间的关系,指出了个体内部的认知过程在个体与环境间的重要作用,因而其理论常被看作行为主义和认知主义的折中。

2) 观察学习的过程

班杜拉认为,观察学习主要经历以下四个基本过程(见图13-3)。

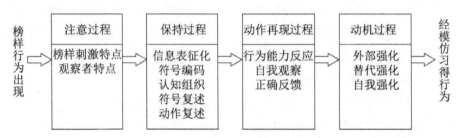

图 13-3 观察学习的基本过程

(1) 注意过程(attention processes):观察者对榜样进行知觉的过程。观察者在大量的榜样影响中会选择什么作为观察的对象、抽取榜样哪些信息呢?一般情况下,观察者比较容易关注那些具有趣味性、新异性的刺激,或者是与自身相似的、优秀的或有影响力的、时尚的榜样;同时自我发展不成熟的、有依赖性的或不自信的观察者更容易模仿他人的行为。即影响注意过程的因素主要有:榜样行为的特性、榜样的特征、观察者的特点以及观察者和榜样的关系。

(2) 保持过程(retention processes):观察者对榜样示范信息的储存。观察者对所观察到的行为在记忆中以言语或图像等符号形式进行储存,此阶段对进行编码的符号系统的选择就显得极为重要。个体一般会通过所关注偶像的演讲、访谈或是纪录片来对榜样的相关信息进行储存。这种储存可能是文字上的讲述和记录,也可能是纪录片中的一系列图像。同时,动作的演练也可作为一种重要的记忆支柱。

(3) 动作再现过程(motor reproduction processes):观察者根据储存的信息亲身再现榜样行为。观察者以内部表征为指导,把原有的行为成分组合成信息的反应模式。通俗地讲,动作再现过程就是观察后的模仿过程。观察者对榜样信息的储存和提取会对这一过程的顺利进行产生影响。观察者可能会遗失一些信息,因而所再现的行为可能与榜样行为有所不同。自我效能感是影响动作再现过程的一个重要因素。

(4) 动机过程(motivation processes):个体不仅观察、习得榜样身上的行为,而且也愿意在适当的时机将学到的行为表现出来。班杜拉把行为习得与行为表现相区分,认为习得的行为不一定表现,通常情况下,是否产生动机过程会受到来自过去他人和自身在类似行为上受到的强化的影响。这些强化包括替代强化(vicarious reinforcement)、直接强化(direct reinforcement)与自我强化(self-reinforcement)。班杜拉尤其强调替代强化和自我强化的重要作用。所谓替代强化,是指观察者在模仿榜样的行为时,是以榜样做出反应时所受到的强化为动力的。所谓自我强化,指的是人能够自发地预测自己行为的结果,并能够依靠信息反馈进行自我评价和调节。这无疑强调了学习的认知性和学习者在学习中的主观能动性。

> **阅读资料 13-1**

暴力视频会诱发暴力行为吗

　　心理学家研究发现，经常观看暴力节目的孩子，在自卫时更易出现暴力行为。暴力视频游戏与攻击性行为存在关联，尤其是儿童和青少年会很快习得并模仿观察到的行为。观看暴力节目或操作暴力视频游戏的时间越长，表现出的身体攻击次数就越多。

　　美国心理学家克雷格·安德森(Craig Anderson)和同事通过一系列研究发现，经常玩《喋血街头》《毁灭战士》等暴力游戏的大学生，更易出现过失行为和攻击行为，学业表现也较差。

　　心理学家研究认为，暴力视频可能是从以下方面促进了攻击行为的发生。

　　(1) 观看暴力节目会削弱人们对攻击行为的抑制，使人们认为在相应情境中使用暴力是合理的。

　　(2) 观看暴力节目会使人更易歪曲他人的行为意图，将别人的中性行为感知为是具有攻击性的。

　　(3) 持续观看暴力节目会使人麻木不仁，对于暴力造成的痛苦和伤害无动于衷。

　　(资料来源：麦格劳·希尔. 妙趣横生的心理学[M]. 2版. 北京：人民邮电出版社，2015.)

2. 交互作用论

　　在对影响学习的因素进行探讨的过程中，与以往单一的环境决定论或个体决定论不同，班杜拉提出了三元交互决定论(Triadic Reciprocal Determinism)，即行为的产生是由环境和个体共同决定的(见图13-4)。班杜拉认为，环境、个体和行为三者之间相对独立同时又相互作用，互为因果，且每两者之间都具有双向的互动和决定关系。个体的认知因素(思维倾向、信念、期待等)和生理因素(身体状况等)会支配并引导个体行为，同时，行为发生之后的结果反馈又会作用于个体，改变个体的认知内容和情绪体验；环境能影响个体所具有的认知模式和生理极限，但个体也能在一定基础上创造并改变周围的环境；行为作为有机体适应环境的手段，个体可以通过行为来改变环境，使其有利于自身生存，但这种行为也受到环境中现实条件的制约。行为、环境和个体三者是"你中有我，我中有你"的关系，它们交互作用，彼此联系，共同决定了行为的发生，保证了学习过程的顺利进行。

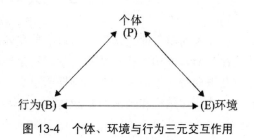

图13-4　个体、环境与行为三元交互作用

3. 自我效能感

　　20世纪70年代末期以后，班杜拉的研究兴趣开始转移到个体自我效能感。与以往的行为主义学习理论家不同，班杜拉认为强化不仅包括外部强化(直接强化)，也包括内部强化(替代强化和自我强化)。外部强化和内部强化协同作用，不论个体受到的是外部强化还是内部强化，都能帮助个体认识到行为和强化之间的关系，从而产生对下一次强化的期待。

班杜拉把期待分为：结果期待和效能期待。结果期待指个体对自己行为结果的估计；效能期待则是个体对自己能否在一定水平上完成某种活动的推测和判断，这种推测和判断就是个体的自我效能感。

自我效能感与人的行为动机之间有着密切的联系，这是因为人们对自己的能力判断影响着其对自己将来行为的期待。自我效能感通过决定着人试图做什么，以及在做的过程中要付出多大努力的预期而对个体行为起着重要的引导作用。例如，如果一个人觉得榜样的行为在自己的能力范围之内，那么，他就会设法去模仿这一行为；如果一个人的自我效能感很低，觉得榜样的行为超出其能力范围，就会妨碍其采取积极的行为。

班杜拉认为，自我效能感在调节个体的学习行为方面有很重要的作用。自我效能感的形成受到个体以往生活中成功和失败的经验、替代性经验、个体自身的情绪与生理状态和言语劝说等因素的影响。因此，在教学过程中，教师应注意培养学生的自我效能感，常给学生鼓励和支持，对学生进行合理归因训练，帮助学生积累成功的经验，以促进学生的学习。

4. 社会学习理论简评

班杜拉的社会学习理论对当代学习理论研究和教育实践产生了重要影响。首先，它创造性地将强化理论与认知加工的观点有机地结合起来，既关注学习者所处的外部环境，同时也注重学习者的内部因素，更加全面地揭示了学习的本质。其次，社会学习理论提出的观察学习和榜样的替代强化作用，启发我们在教育实践中要注重应用榜样进行示范教学。最后，与其他早期的学习理论不同，他的社会学习理论建立在设计严密的实验研究基础上，主要以人为被试对象进行，所构建的理论对人类的学习具有较强的概括性。社会学习理论侧重研究个体社会行为的获得，为道德教育实践提供了一定理论依据。然而，班杜拉的社会学习理论也存在一些缺陷。虽然榜样的作用不可忽视，但它不能完全取代通过直接经验获得知识和技能的学习。

13.3 认知派的学习理论

认知派的学习理论认为，学习不是在外部环境的支配下被动地形成 S-R 联结，而是主动地在头脑内部构造认知结构；学习不是通过练习与强化形成反应习惯，而是通过顿悟与理解获得期待；学习受主体的预期所引导，而不是受习惯所支配。个体当前的学习依赖于他原有的认知结构和当前的刺激情境，教学的目标在于帮助学习者把外界客观事物(知识及其结构)内化为其内部的认知结构。认知派学习理论的代表人物主要有布鲁纳、奥苏伯尔和加涅等，他们的主要观点如下。

13.3.1 布鲁纳的认知—发现学习理论

20 世纪 50 年代，行为主义心理学在美国心理学界处于绝对主导地位，以斯金纳等人的理论为基础的行为主义的教学理论被广泛地应用到教育实践当中。1957 年，苏联率先发射了第一颗人造地球卫星，这个事件震惊了美国教育界，人们当即反省，认定美国太空科技的落后源于美国中小学科学教育的落后，认为斯金纳的理论只能让学生在控制的环境中机械、被动地学习一些固定的、零碎的知识，无法培养出能够创造性地解决问题的学生。在这一背景下，认知学习理论受到了人们的重视，并得以迅速发展。

美国哈佛大学教授布鲁纳(J. S. Bruner)自1951年开始对儿童思维行为进行研究，1956年出版了《思维之研究》(*A Study of Think*)。他强调，要想了解儿童的学习行为，就必须到教室去研究他们，不能以实验室内老鼠或鸽子的学习现象去推论和解释儿童的学习。布鲁纳主张学习的目的在于以发现学习的方式，使学科的基本结构转变为学生头脑中的认知结构，因此，他的理论常被称为"认知—发现"学习理论，也称为"认知—结构"论。

1. 学习观

每个人的学习都是以他原有的认知结构为基础的。什么是认知结构呢？布鲁纳认为，认知结构(cognitive structure)就是人关于现实世界的内在的编码系统(coding system)，是一系列相互关联的、非具体性的类目，是由个体过去对外界事物进行感知、归类的一般方式或经验所组成的观念结构。在一个人学习的历程中，他并不是把各种概念、事实信息等简单地堆积在自己的记忆中，各种知识之间是充满纵横交错的联系的，是一个动态的结构。认知结构是人获得和理解新知识的基础框架，也是人进行联想、推理和思维活动的基础。该理论学习观的核心内容有以下三点。

1) 学习的实质是主动地形成认知结构

布鲁纳认为，学习的实质是主动地形成认知结构，是认知结构的组织和重新组织，而不是被动地形成刺激—反应的联结。知识的学习就是指在学习者的头脑中形成各学科知识的基本结构。他说，任何一门学科知识的学习其最终目的都是"对学科基本结构的一般理解"。学生不是被动地接受知识，而是主动地获取知识，并通过把新获得的知识和已有的认知结构联系起来，积极地构建知识体系。

2) 发现式学习是学习知识的最佳方式

布鲁纳认为，学习知识的最佳方式是发现式学习。所谓发现式学习，是指学生利用教材或教师提供的条件独立思考，自行发现知识，掌握原理和规律。他认为，尽管学生学习的知识都是经过人类长期实践已经知晓并证明了的事物，但是学生依靠自己的努力独立地认识和总结出的原理、规律，对学生而言仍然是一种"发现"(准确地说是一种"再发现")。在他看来，学生的这种发现和科学家在科学研究领域对人类以前未知的现象、规律进行探索而获得的新知识的发现，其本质是一样的，都是把现象重新组织或转化，使人能超越现象再进行组合，从而获得新的领悟而已。

3) 学习包括知识的获得、转化和评价三个过程

布鲁纳认为，学习包括三个几乎同时发生的过程：①获得是指个体运用已有的认知经验，使新输入的信息与原有的认知结构发生联系，理解新知识的意义，使之与已有的知识建立各种联系。②转化是指对新知识作进一步分析和概括，用获得的新知识对原有的认知结构进行重构，运用外推、内推或转换的方法，把知识整理成另一种形式，以便在所给予的信息基础上进一步升华。③评价是指对知识转化的一种检验，检验我们对新知识的分类是否正确、运用推导出的信息解决问题是否合适，以及新形成的认知结构是否合理等。

总之，布鲁纳认为学习任何一门学科，其最终目的都在于构建学生良好的认知结构。

教师首先应明确所要建构的学生认知结构包含哪些组成要素，并能画出各组成要素的关系图解。在此基础上，教师应采取有效措施来帮助学生获得、转化和评价知识，使学科的知识结构转化为学生的认知结构，使书本上的死知识变为学生自己的活知识。

2. 教学观

布鲁纳根据其学习理论，提出了非常有影响的"结构—发现"教学理论。他认为，教学活动应该最大限度地促进学生主动地形成认知结构，并在此基础上提出了结构教学观和发现法教学模式。

1) 结构教学观

布鲁纳强调学习的结果是形成认知结构，因此他强调在学科知识的教学过程中，促使学生掌握学科基本结构的重要性，认为教学的最终目标是促进"对学科结构的一般理解"。学科基本结构包括基本概念、基本原理及其内部规律。布鲁纳提倡将学科基本结构放在编写教材和设计课程的中心地位。他认为，理解学科基本结构至少有以下好处：①更有利于学生理解学科的具体内容。因为多数具体的问题只是一些原理、法则的具体化或变形而已。②有助于学习内容的记忆。一门学科的基本结构实际上是一种高度概括化、结构化、系统化的储存知识的网络，它本身有简化记忆、利于检索和提取信息的作用。③有助于迁移。学科的基本结构具有强大的概括力和解释力，因而也是最容易被迁移的知识。④有助于激发学生的学习动机和学习兴趣。布鲁纳认为好的学科结构本身就具有巨大的吸引力，能使学生产生强烈的兴趣和求知欲，让学生认为这些知识是值得学习的，并在学习过程中主动进行自我激励，从而获得自我效能感。⑤有助于儿童智力的发展。教学要适应各个年龄阶段儿童的特点，并按照他们观察和理解事物的方式去呈现学科的结构，使他们能够理解学科的基本结构。

2) 发现法教学模式

布鲁纳认为，发现法教学模式的指导思想是：教师不应当让学生处于被动接受知识的状态，而是应为学生提供一定的材料、创设问题情境、引导学生独立地发现解决问题的方法，使学生从中发现事物之间的联系和规律，获得相应的知识，形成或改造认知结构。发现法教学是根据发现法学习而提出的，没有一个固定的程序和模式，灵活性和自发性都很大，具体采用什么材料和组织形式要视不同学生的特点和不同学科的具体知识而定。

发现法教学模式的特点是：①教学围绕一个问题情境而展开，而不是围绕某一个知识项目而展开。②教学中以学生的"发现"活动为主，教师只起引导作用。③没有固定的组织形式。其最大优点是能最大限度地发挥学生在学习中的主体性和创造性。

发现法教学的基本步骤是：①提出和明确使学生感兴趣的问题；②让学生从问题中体验到某种程度的不确定性，以激发其探究欲望；③提供解决问题的各种材料和线索；④协助学生分析材料和证据，提出可能的假设，帮助学生对材料、线索进行分析审查，搜集和组织可用于作出判断的资料；⑤协助、引导学生审查假设，得出结论。引导学生对有关假设进行比较，找出最佳或可行的方法去解决问题。

在发现法教学过程中，教师的主要任务是：①培养学生发现的自信心；②激发学生的好奇心，使之产生求知欲；③帮助学生寻找新问题与已有经验之间的联系；④训练学生运用知识解决问题的能力；⑤协助学生进行自我评价；⑥启发学生进行对比。由此可以看出，教师的主要任务在于引导学生去发现及培养其发现技巧与方法，而不是直接教给学生解决问题的方法。

3. 认知—发现学习理论简评

布鲁纳对整个学习理论的发展做出了卓越的贡献，其认知—发现学习理论是当代认知学派最重要的理论之一。布鲁纳将学生放在教学活动的核心，主张学生学习的能动性，注重认知结构、学习动机、直觉思维、独立性与积极性在学习中的重要作用，强调注重学科的基本概念、原理和技能的教学，形成了独特的认知发现教学法和结构教学观，这些都在教学理论中具有重要地位。可以说，布鲁纳的学习理论推动了教育心理学从行为主义心理学向认知心理学的转变，从实验室研究向课堂研究的转变，以及从学习研究向教学研究的重大转变。但是，布鲁纳的理论也存在一些缺陷。首先，他提倡用发现教学法来代替知识的系统讲授法，夸大了学生的学习能力，忽视了教师的主导作用。其次，发现教学法在实际教学中的运用范围非常有限，比较适用于低年级学生和部分科目。

13.3.2 奥苏伯尔的接受—同化学习理论

奥苏伯尔(D. P. Ausubel)，美国当代著名教育心理学家，认知学派代表人物。奥苏伯尔在医学、精神病理学和发展心理学等领域都取得了一定的成就，但其最大的贡献主要集中于对学习理论的研究。奥苏伯尔吸收了同时代著名心理学家皮亚杰、布鲁纳等人的认知同化理论和结构论思想，提出了"接受—同化"学习理论。该理论阐述了有意义接受学习、先行组织者策略等内容及其在学校教学中的重要应用，使学习论与教学论得到有机的结合与统一。

他致力于课堂教学中学生对言语材料学习的研究，认为学生的学习与科学家的研究活动存在本质上的区别，学习是对环境的一种主动活动过程，影响学习的唯一的重要因素是学生的经验。

1. 学生的学习主要是有意义的接受学习

奥苏伯尔的理论与布鲁纳的理论同中有异，同属于认知结构学习理论。奥苏伯尔认为，传统教育心理学所研究的动物或人的学习基本上是机械学习，而人的学习主要是有意义的接受学习。

1) 有意义学习的实质

有意义学习(meaningful learning)是指在学习知识的过程中，符号所代表的新知识与学习者认知结构中已有的适当观念之间建立实质性的、非人为的联系的过程。有意义学习的实质是学习者将新知识纳入已有的认知结构，并经过分析、比较，最终整合成新的认知结构的过程。这也是划分机械学习与有意义学习的标准。

在有意义学习的定义中有两个关键点，即实质性的联系和非人为的联系。所谓实质性联系(substantive contact)，是指新符号或符号所代表的新知识观念能与学习者认知结构中已有的表象、有意义的符号、概念或命题建立内在的联系，而不仅仅是字面上的联系。建立了实质性联系的新知识可以摆脱字面表述形式的限制，用不同的语言来表达某一概念的含义。在教学中，教师经常把学生能否用不同表述作为判断有意义学习的一种重要指标。所谓非人为的联系(unartificial contact)，是指新知识与认知结构中的有关观念具有某种人们可以理解的合乎逻辑的联系，而不是一种任意附加上去的联系。例如，"等边三角形"与"三角形"之间的联系不是任意附加上去的联系，而是符合一般与特殊的联系。

2) 有意义学习的条件

有意义学习的产生既受学习材料性质的影响，也受学习者自身因素的影响。有意义学习有三个方面的条件：①学习材料的逻辑意义。材料本身与人类学习能力范围内的有关观念可以建立非人为的和实质性的联系。②有意义学习的心向。学习者具有积极主动地把符号所代表的新知识与学习者认知结构中原有的适当知识加以联系的倾向性。③学习者认知结构中必须具有适当的知识，以便与新知识进行联系。总之，学习者必须积极主动地将具有潜在意义的新知识与他认知结构中有关的旧知识发生相互作用，从而使旧知识得到改造，使新知识获得实际意义。

3) 接受学习的实质

奥苏伯尔认为，接受学习(acceptance learning)是指在教师的指导下，学习者接受事物意义的学习。接受学习也是概念同化的过程，是课堂学习的主要形式。与发现学习不同，在接受学习中，所要学习的内容大多是现成的、已有定论的、科学的基础知识，通过教科书或教师的讲述，用定义的方式直接向学习者呈现，使学习者接受这些已有的知识，并掌握它们的意义。

接受学习绝非被动学习，学习者仍然可以是主动的。有人认为接受学习必然是机械学习，发现学习必然是有意义的学习。奥苏伯尔认为，这种看法是不正确的，无论是接受学习还是发现学习，都既可以是有意义的学习，也可以是机械的学习，关键在于学生如何进行学习。例如，照套公式解题就是一种机械的发现学习。任何学习，只要在新旧知识之间建立的联系是实质性的、非人为的，都是有意义学习的过程。

奥苏伯尔提倡有意义接受学习。他认为有意义学习就是将符号所代表的新知识与学习者认知结构中已有的适当观念建立起非人为的和实质性的联系。当新知识与原有认知结构合理地联系起来时，有意义学习便发生了。奥苏伯尔认为，传统教学使得学生对教材进行机械学习的主要原因之一是在学生还没有具备起固定作用的先前知识时，教师就要求他们学习某种新内容。由于学生认知结构中还没有可以与新教材建立联系的有关观念，因而使得教材内容失去了意义。因此，在进行某个具体的教学活动之前，教师应该分析学生是否已具备学习该内容所需要的先前知识。当学生缺少有关的先前知识背景时，教师可以在正式教学之前先向学生呈现准备性的、引导性的学习材料。

2. 有意义学习的内部心理机制是同化

奥苏伯尔对行为主义持批评态度，认为行为主义在本质上是一种外周论，没有说明学习的内部心理机制。奥苏伯尔强调学习过程是自上而下的同化过程，用同化来解释有意义学习的内部心理机制。同化实质是新知识通过与已有的认知结构中的起固定作用的知识或观念，建立实质性的、非人为的联系，进而被同化到已有的认知结构中来，其结果一方面是使新知识被学习者理解，获得心理意义；另一方面是使已有的认知结构发生改变，增加了新的内容，建立了更广泛的联系。

奥苏伯尔认为，认知结构是有一定层次性的，按照新旧观念的概括水平及其联系方式，其可以分为以下三种同化模式。

1) 下位学习

下位学习又称为类属学习，是指将概括程度或包容范围较低的新概念，归属到认知结构中原有的概括程度或包容范围较高的概念之下，从而获得新概念的意义。即新学习的概念较原有概念更具体，这时新旧概念的关系构成类属关系，或称为下位关系。例如，先学习"油"的概念，再学习"汽油""花生油"的概念，这时将"汽油""花生油"归属到原有的"油"的概念之下，这就是下位学习。

2) 上位学习

上位学习也称总括学习，是指已有的若干概念较为具体，而新概念是更为一般、更为抽象的概念，通过综合归纳获得意义的学习。例如，先学习了"胡萝卜""菠菜"这些下位概念，再学习"蔬菜"这一上位概念，就属于上位学习。

3) 组合学习

组合学习是指新知识在与认知结构中的原有概念既不产生下位关系，又不产生上位关系时，它们之间可能存在组合关系，这种只能凭借组合关系来理解意义的学习就是组合学习。例如，学习质量与能量、需要与价格、遗传结构与变异等概念之间的关系就属于组合学习。在这种学习中，学习者头脑中没有最直接的可以利用的概念，只能在更一般的知识背景中为新知识寻找适当的固定点。

3. 有意义学习的结果是形成认知结构

奥苏伯尔认为，有意义学习的结果是形成认知结构。奥苏伯尔与布鲁纳关于认知结构的见解尽管提法不同，实质上却是一致的，他们都将认知结构看作是按照概括程度高低层级组织起来的概念与规则体系。奥苏伯尔认为，认知结构是按层次的形式组织起来的诸多概念或观念，众多的概念或观念按照层次组织起来就是认知结构。换句话说，认知结构是指学生现有知识的数量、清晰度和组织方式，它由学生当前能回想起来的事实、概念、命题、理论等构成，既是学生学习的结果，又是学生进行学习的基础。他认为，当学生把教学内容与自己的认知结构联系起来时，意义学习便发生了，因而认知结构是影响有意义接受学习的最重要的因素。

奥苏伯尔认为，要促进新知识的学习，需要注意两个方面：①要尽可能先传授具有最大包摄性、概括性和最有说服力的概念和原理，相关概念和原理的概括程度越高，包容范围越大，迁移的能力就越强。②要注意渐进性，使用最有效的方法安排学习内容的顺序，构成学习内容的内在逻辑。

4. 先行组织者策略

先行组织者策略是奥苏伯尔学习理论中另一个重要的内容。奥苏伯尔指出，有意义学习与机械学习的根本区别在于学习者是否用已有的知识经验去消化吸收新知识，因而学习者已有的知识经验就显得格外重要。如果学习者没有具备先前的知识，学习就会成为枯燥死板的机械学习，教学活动也是无意义的。因此，在进行教学活动之前，教师应该分析学生是否已具备学习该内容所需要的先前知识，当学生缺少这种知识时，可为学生提供"先行组织者"。

所谓先行组织者(advanced organizer)，就是先于学习任务本身呈现的一种引导性材料，它有比学习任务本身更高的抽象、概括和综合水平，并且能清晰地与认知结构中原有的观念和新的学习任务关联起来。设计先行组织者的目的，是为新的学习任务提供观念上的固定点，增加新旧知识之间的可辨别性，以促进下位学习。

奥苏伯尔曾用实验来研究先行组织者在知识学习中的作用，结果证明，合理地使用先行组织者，不仅可以促进知识的学习，也有利于知识的保持、迁移和运用。先行组织者教学策略是奥苏伯尔提出的一种重要的教学策略，也是他对知识教学的巨大贡献。

5. 接受—同化学习理论简评

奥苏伯尔的接受—同化学习理论强调同化在有意义学习中的作用，阐明了有意义接受学习的过程及实质，消除了长期以来对传统教学方式和接受学习的偏见，为学校教育做出了巨大的贡献。与其他心理学家相比，奥苏伯尔更加关注课堂教学实践，区分了有意义学习和机械学习、接受学习和发现学习，肯定了学生的学习主要是有意义的接受学习，阐明了有意义学习的条件，突出了学生的认知结构在知识获得中的重要作用。他提出的先行组织者教学策略等，对于我们反思传统的教学具有借鉴意义。然而，奥苏伯尔的理论也存在一定的局限性，主要表现在：他过于强调接受学习与讲授方法，没有给予发现学习应有的重视；他更偏重于学生对知识的掌握，对学生能力的培养尤其是创造能力的培养不够重视。

13.3.3 加涅的信息加工学习理论

加涅(R. M. Gagne)是美国著名心理学家，他早年接受了行为主义的学习观，但从20世纪60年代起，开始转为信息加工认知学习观点，被公认为是行为主义与认知心理学派的折中主义者。加涅一方面承认行为的基本单位是刺激与反应的联结，另一方面又注重探讨刺激与反应之间的中介因素——心智活动。在20世纪70年代后，他在对学习理论的探讨中，试图阐明学生的认知结构，并着重用信息加工模式来解释学习活动，创造性地提出了关于学习的信息加工过程、学习阶段等重要观点，有力地推动了现代科学心理学与学校教育实践的结合，也为未来的学校教育做出了杰出的贡献。

1. 学习的信息加工过程

受信息加工认知心理学的影响，加涅提出了关于学习的信息加工模式的观点。用信息加工模式来说明学习的过程，对于理解学习和教学及如何进行教学设计均具有重要的意义。

1) 信息的三级加工

学习的信息加工模式指出了人脑对外界信息进行加工的全部流程，即信息从一个结构中流到另一个结构中的过程。从图13-5可以看出，人脑首先接受来自外界的各种环境刺激，然后通过各种感受器将注意到的刺激转化为神经信息，从而开始了信息的三级加工。

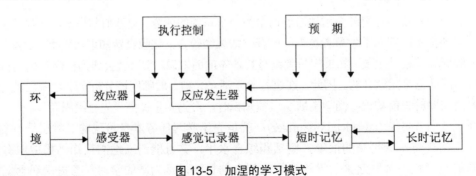

图13-5 加涅的学习模式

(1) 感觉记忆。个体通过感受器从环境中接受刺激，感受器将刺激的物理信息转换为神经信息，使信息进入了感觉登记，这是非常短暂的记忆储存形式，即感觉记忆。哪些信息被登记，哪些信息消逝了，这涉及注意或选择性知觉的问题。

(2) 短时记忆。被感觉登记的信息很快进入短时记忆，信息在这里可以持续20～30秒钟。短时记忆的容量有限，一般只能储存7个左右的信息项目。一旦超过了这个数目，新的信息进来，就会把部分原有信息赶走。如果想要保持信息，就必须采取复述的策略。但复述只能有利于保持信息以便于进行编码，并不能增加短时记忆的容量。

(3) 长时记忆。信息通过编码进入长时记忆。所谓编码，不是把有关信息收集在一起，而是用各种方式把信息组织起来。一般认为，长时记忆是一个永久性的信息储存库。当需要使用信息时，要经过检索才能提取信息。被提取出来的信息可以直接通向反应发生器，从而产生反应；也可以再回到短时记忆，对该信息的合适性作进一步的考虑，结果可能是进一步寻找信息，也可能是通过反应发生器作出反应。

2) 信息加工的控制

人类的学习过程与计算机的信息加工过程的不同之处在于，人类的学习除了信息的加工流程之外，还包含"预期"与"执行控制"这两个内容。它们是人类学习过程中的两个重要的系统，对学习的过程和结果起到了控制和影响的作用。预期是指学习者在学习时预期达到的目标，即学习的动机。执行控制，即加涅学习分类中的认知策略，执行控制过程决定哪些信息从感觉记忆进入短时记忆、对新信息如何编码以及采用何种提取策略等。

2. 学习过程的八个阶段

加涅认为，学习由学生与环境相互作用的一系列事件构成，尽管有些事件学生不能观察，甚至没有意识到，但一个学习行动的阶段就是构成单个学习的内部和外部事件的系列或锁链。每一个阶段都有它各自的内部过程和外部事件。在学习的信息加工过程基础上，加涅将学习过程分为八个阶段，如图13-6所示。左边是学习阶段，其中，方框上面是该阶段的名称，方框里面是该阶段内部的主要学习过程；右边则是教学事件。这样，学生内部的学习过程就会一环接一环，形成一个锁链，把学习阶段的内部过程与构成教学的外部事件联系起来。

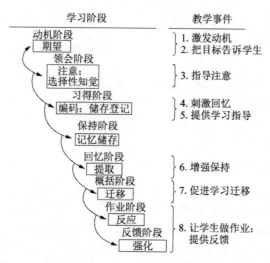

图13-6 加涅的学习过程八阶段及其相应的心理过程

1) 动机阶段

动机阶段，与之相应的心理过程是期望。有效地学习必须激发起学生的学习动机，学习动机可以与期望建立联系。期望是指学生对完成学习任务后将会得到满意结果的一种预期，它可以为随后的学习指明方向。要促进学生的学习，教师就要使学生具有一种奔向某个目标的动力，并把学习目标与学生的实际学习活动联系起来，激发学生的学习动机。

2) 领会阶段

领会阶段，与之相应的心理过程是对学习材料的注意、选择性知觉。学习必须注意与学习有关的刺激，而无视其他刺激。当学生把所注意的刺激特征从其他刺激中分化出来时，这个过程就是选择性知觉。具有较高学习动机的学生容易选择外部刺激，使外部信息进入自己的信息加工系统，并储存到自己的记忆中。教师可以通过指导把学生的注意引向与学习有关的某一方面，使学生有选择地感知某些刺激。

3) 习得阶段

习得阶段，与之相应的心理过程是编码、储存登记。该阶段是把感知到的材料在短时记忆系统中进行编码的过程。在这一阶段，经过编码过程的信息与最初的信息并不完全相同，有时会对信息加以修饰，有时信息会被规则化，有时则会被歪曲。因此，教师要帮助学生采用较好的编码策略，以利于信息的获得。

4) 保持阶段

保持阶段，与之相应的心理过程是记忆储存。该阶段是使短时记忆中编码的知识进入长时记忆并储存起来的过程。知识到达长时记忆后，还会继续对材料进行加工，使之能永久保持。

5) 回忆阶段

回忆阶段，与之相应的心理过程是提取。该阶段就是把已经在长时记忆系统中保持住的信息给予重现的过程。在这个阶段中，线索是很重要的，线索有助于回忆起那些难以回忆起来的信息，因此，教师要提供一些有利于记忆和回忆的线索，教会学生检索、回忆信息的方法和策略。

6) 概括阶段

概括阶段，与之相应的心理过程是迁移。该阶段是对学习材料进行总结、整理、归纳，形成体系或结构，并将知识和技能应用到各种新的情境中的过程，即让学习产生迁移。

7) 作业阶段

作业阶段，也叫操作阶段，与之相应的心理过程是反应。该阶段教学的主要任务是为学生提供应用知识的机会，提供各种形式的作业，使学生展示出学习的效果，并且为下阶段的反馈做准备。

8) 反馈阶段

反馈阶段，与之相应的心理过程是强化。该阶段是对作业的效果进行评价的过程。教学过程中教师应及时给予反馈，让学生知道自己的作业是否正确，从而使第一阶段所建立的期望和动机在最后阶段得到证实和强化。加涅认为，强化主宰着人类的学习。

总之，加涅认为教师是教学活动的设计者和管理者，也是学生学习效果的评定者。一个完整的学习过程是由上述八个阶段组成的。在每个学习阶段，学生头脑内部都进行着信息加工活动，使信息由一种形态转变为另一种形态，直到学生用作业的方式做出反应为止。

教学程序必须根据学习的基本原理来进行。在学习结果(即言语信息、认知策略、智慧技能、动作技能、态度)确定之后，它们必须按照教学工作的适当顺序进行。有效的教学要求教师根据学生的内部学习条件，创设或安排适当的外部条件，促进学生有效地学习，以实现预期的教学目标。

3. 信息加工学习理论简评

加涅学习理论的精华在于提出的学习信息加工模式和学习过程的八个阶段，对于理解教学和教学过程、进行教学设计提供了具有可操作性的思路，并详细地设计了每一阶段的教学要求，使学习理论很容易转化为教学理论。他不仅分析了影响学习过程的各种条件，还提倡要根据学习的不同层次采取循序渐进的教学指导方式，为控制教学提供了一定的依据，对实际教学具有积极的意义和参考价值。但是，加涅的学习理论也有一些局限性：较少考虑情绪、意志等因素对学习过程的影响；其理论是建立在假设基础上的，许多概念还处在经验思辨阶段，缺少必要的实验证明和科学依据等。

13.4 建构主义的学习理论

20 世纪 90 年代以来，随着心理学家对人类学习过程认知规律研究的不断深入，认知学习理论的一个重要分支——建构主义(constructivism)学习理论在西方逐渐盛行。建构主义学习理论是行为主义发展到认知主义以后的进一步发展，被誉为当代教育心理学中的一场革命。

13.4.1 建构主义学习理论概述

20 世纪 90 年代以来，建构主义学习理论在科学哲学、新进化论，以及后现代哲学等当代哲学思想的影响下，在西方逐渐流行开来。其思想来源繁杂，流派众多，先后受到了皮亚杰、杜威、维果斯基、布鲁纳、奥苏伯尔等重要人物的影响。

建构主义学习观与行为主义学习观和认知学习观的根本区别在于：行为主义学习观和认知学习观的共同主题是把学习看成学习者个体的活动，二者所不同的是行为观指向个体的外部(行为反应)，认知观指向个体的内部(信息加工过程)；而建构主义学习观则将学习作为个体原有经验与社会环境互动的加工过程。在教育心理学中，建构是指学习者通过新旧知识经验之间反复、双向的相互作用，形成和调整自己的经验结构的过程。

建构主义主张，世界是客观存在的，但是对于世界的理解和赋予意义却是由每个人自己决定的。我们是以自己的经验为基础来建构现实、解释现实的。我们个人的经验世界是用我们自己的头脑创建的，由于我们的经验以及对经验的信念不同，于是我们对外部世界的理解也有所不同，因此在学习上建构主义更加关注学生如何以原有的经验、心理结构和信念为基础来建构知识，强调学习的主动性、社会性和情境性，对学习和教学提出了许多新的见解。

目前，建构主义的理论观点可以细分为六种：激进建构主义、社会建构主义、社会文化认知观、信息加工建构主义、社会建构论和控制系统观。尽管许多心理学家和教育学家都在使用"建构主义"一词，但他们所表达的事物通常是不同的。有些人着重强调个体是如何获得意义的，有些人则强调知识的共享和社会建构等，这些主要跟他们的理论渊源有关系。

13.4.2 建构主义学习理论的基本观点

1. 新知识观

建构主义是与客观主义相对立的，对知识的客观性和确定性提出了质疑。按照客观主义的观点，事物是客观存在的，知识是对事物的表征，科学概念是与各种事物相对应的，科学命题、定理等是经过科学验证了的对事物的唯一正确的、真实的解释。而且只要掌握了这些知识，我们便掌握了这个世界的运转法则，便具有了支配世界的力量。

建构主义认为，知识并不是对现实的准确映射，它只是一种解释、一种假设，并不是问题的最终答案。随着人类的进步，知识会不断地被"革命"掉，并随之出现新的假设。知识并不能精确地概括世界的法则，在具体问题中，我们需要根据具体情境进行再创造。另外，建构主义认为，知识不可能以实体的形式存在于具体个体之外，尽管我们通过语言符号赋予了知识一定的外在形式，甚至这些命题还得到了较普遍的认可，但这并不意味着学习者会对这些命题有同样的理解，因为这些理解只能由个体学习者基于自己的经验背景而建构起来，这取决于特定情境下的学习历程。总之，建构主义对知识的客观性、可靠性和确定性提出了质疑。这种知识观虽然可能显得过于激进，但它对传统的教学和课程理论提出了巨大的挑战，值得我们深思。

2. 新学生观

怎样看待学生？怎样看待他们的经验世界？建构主义强调，学生是信息加工的主体，是意义的主动建构者，而不是知识的被动接受者和被灌输的对象。学生并不是空着脑袋走进教室的，在以往的学习中，他们已经形成了从自然现象到社会生活的一些自己的看法。在学生建构自己的知识过程中，现有的知识经验和信念起着重要作用。即使有些问题他们还没有接触过，没有现成的经验，但当问题一旦呈现在他们面前时，他们往往也可以基于相关的经验，依靠他们的认知能力，形成对问题的某种解释。这种解释并不都是胡乱猜测，而是从他们的经验背景出发提出的合乎逻辑的假设。所以，教学不能无视学生的这些经验而另起炉灶，也不能无视学习者的原有知识经验而简单粗暴地从外部对学习者实施知识的灌输，而应该从学习者原有的知识经验中"生长"出新的知识经验。由于经验背景的差异，学生对问题的理解常常是不同的，在学生的共同体之中，这些差异本身对学习者来说就是一种宝贵的学习资源。

3. 新学习观

建构主义对学习的理解首先是从对传统学习理论的反思出发的，认为当前之所以很多学生学习无效，一个主要原因就在于目前教育教学实践所依赖的有关学习假设是错误的。

1) 学习是认知结构的改变过程

学习过程并非简单的信息输入、存储和提取过程，而是新旧知识或经验之间的相互作用过程，涉及同化和顺应两种机制。也就是说，建构主义认为个体的学习是双向建构的过程。学生不仅需要从头脑中提取与新知识一致的旧有经验作为同化新知识的固着点，而且也要关注到与当前知识不一致的已有经验，看到新旧知识之间的冲突，并设法通过调整来解决这些冲突，有时甚至需要改变原有的错误观念。

以往的学习理论(比如奥苏伯尔的"同化论")重在从同化的一面来解释学习过程，强调以原有的知识为基础来理解和记忆新知识，而对原有知识经验因为新知识而发生的顺应则重视不够。例如，在一般儿童的认知中，轻物体要比重物体落地慢，而现在要教给他的伽利略的原理："两个物体同时落地"，这两者就是相互冲突的，这时即便儿童理解了课本所描述的定理的含义，他也很可能想不通，无法理解它，尽管他可能把它记忆下来，考试时按照这一说法作答，但他并不能真正把它变成自己的经验结构的一部分，在实际情况面前，他还是按自己的经验行事。可见，同化不是机械记忆，但也不是简单的理解性记忆，它不仅意味着学生"知道"某种知识，而且意味着"相信"它，相信这一说法的合理性和有效性，使新知识真正与已有的知识经验一体化，成为自己的经验。因此，学习不仅是新的知识经验的获得，同时还意味着对既有知识经验的改造，学习是认知结构的改变过程。

2) 学习是个体主动建构自己知识的过程

建构主义认为，学习不是知识由教师向学生的传递，而是学生主动建构自己知识的过程。学习者不是被动的刺激接受者，而是主动地选择、加工、建构信息的意义，是知识意义的主动建构者，这种建构不可能由其他人代替。建构主义认为，学习是个体建构自己知识的过程，这意味着学习是主动的，学生是学习的主体，每个学生都会根据自己的知识经验对建构的对象做出解释。学习的实质是学习者通过新旧知识经验之间的相互作用来形成、充实或改造自己的经验体系的过程，这种观点与以往的学习理论有所不同。

3) 情境、协作、会话、意义建构是学习环境设计的四大要素

在建构主义的观点中，学习是在一定社会文化背景下，借助他人的帮助，即通过人与人之间的协作活动来实现的意义建构过程。也就是说，学习者主动地对外来信息进行选择和加工，从不同的角度和背景出发，在教师和他人的协助下，通过独特的信息处理活动，构建起自己对现实世界的理解。因此，情境、协作、会话和意义构建就成了学习环境中的四个核心要素。其中，情境是意义构建的基本条件，师生之间、学生之间的协作和会话是意义构建的具体过程，而意义构建则是学习的最终目的。

4. 新教师观

建构主义提倡在教师指导下以学习者为中心的学习，也就是说，既要强调学习者的主体作用，又不能忽视教师的主导作用。教师是意义建构的帮助者、促进者，而不是知识的提供者和灌输者。教师为学生提供复杂的真实问题，激励学生寻找解决问题的多种答案。教师要为学习者创设一种良好的学习环境，使之可以在这种环境中通过实验、探究、合作学习等方式来学习。教师应该重视学生对各种现象的不同理解，倾听他们的想法，洞察这些想法的由来，以此为基础，引导学生丰富和调整自己的解释。教师还要注意培养学生批判性的认知加工策略，以及自己建构知识的心理模式。因此，在教师的教学目标中至少应包括认知目标和情感目标。

5. 新教学观

建构主义者认为，未来的教学主要是给学习者提供建构的知识框架、思维方式、学习

情境以及有关的线索，而不是知识内容的多少。学习者也正是利用这些内容不断地建构新的知识，发展他们的自主学习能力和创新能力。建构主义在教学目标、教学活动安排和教学过程方面都提出了独特的观点。

1) 教学目标

传统的教学往往以知识传授为主要目标，而且教学目标的实现就是学习的终点，是一种单向的教学目标观。建构主义认为，教学应该以培养学生的探究能力和创新能力为目标，而且教学与学习之间是互为促进的循环过程。教师的教学目标应该是为学生提供有关知识的主题、图式和框架，而不应是提供具体的学习内容。只有这样，教学目标才能适用于不同的人、不同的内容以及不同的学习环境。教学就是围绕着上述目标展开的一系列的有关知识的建构过程，学生从中不断获得意义并进一步完善认知结构，发展创新能力。因此，教学的中心任务应是培养学生的探究能力和创造性思维。

2) 教学活动

建构主义非常重视教学活动的安排，认为一个好的教学活动应该具备以下特点：①教学活动应该在一个丰富的真实教学情境中进行，使学习者有足够的建构知识的空间。②教学活动应保证学习者总是在其"最近发展区"中学习。这就需要教师精心组织，在教学中及时对学生进行评估，使教学活动能最大限度地促进学生的发展。③教学活动应促进和接受学习者的自主精神和创新精神。教师不应按照自己的观念、经验和认知结构来组织教学活动，而是应根据学生的观念、经验和认知结构来组织教学活动。为此，教师在教学活动中必须促进学生的相互对话并与学生对话，同时放弃教给学生现成答案的教学行为。

3) 教学过程

建构主义反对以往的传统教学过程观。传统的教学过程观是以客观主义认识论为基础的，知识被看作是对客观世界的真实反映，教学也就成为大量客观知识的传递过程。教师的任务只是让学生学会复制这些知识，而很少给学生呈现这些知识被建构的真实情境。

建构主义认为，教学过程是建构和理解的过程。知识是学习者在适应环境的过程中所建构起来的，每个学习者都只能认识自己所建构的经验世界，而对外部世界无从知晓。教学应该是一个循环往复、反思的互动过程，即在教师的引导下，学生积极主动地构建自己对特定事物的理解和体验。

13.4.3 建构主义理论在教育中的应用

目前，建构主义理论在实际教育中已得到了日益广泛的应用，形成了一些可促进学生心理发展的具体教学技术。其中相对比较成熟的教学技术主要包括随机通达教学、支架式教学、情境性教学和合作学习等。

1. 随机通达教学

随机通达教学(random access instruction)是指学习者可以随意通过不同途径、不同方式进入同样教学内容的学习，从而获得对同一事物或同一问题多方面的认识与理解。由于学习者对信息的意义建构不同，所获得的理解可能会漏掉事物的某些方面，以及在运用已有知识解决实际问题时存在着复杂概念和实例间的差异等，因此，建构主义主张对同一内容的学习要多次进行，每次的学习情境都是经过改组的。这不是为巩固知识技能而进行的简单重复，而是为了使学习者能够对学习获得新的、多维的理解。

2. 支架式教学

支架式教学(scaffolding instruction)是指在教学过程中，为学习者提供或建构一种对知识理解有意义的概念框架，用于促进学习者对问题的进一步理解。这种框架中的概念是学习所必需的，就像建筑行业所使用的脚手架一样，学生沿支架逐渐攀升，由开始时需要教师的指导逐渐过渡到独立构建。建构主义认为，在支架式教学中，教师引导着教学，使学生掌握和内化那些能使其从事更高认识活动的技能，通过教师的帮助，把管理学习的任务逐渐由教师转移给学生。这种掌握和内化是与其年龄和认知水平相一致的。

3. 情境性教学

情境性教学(situated or anchored instruction)是指教学活动方式与现实生活相结合，使学生学到的知识更具有意义，以解决学生在现实生活中遇到的问题为目标。情境性教学的学习内容要选择真实性任务。由于现实中真实问题往往与多种概念、原理相关，所以，建构主义主张教师在教学中要弱化学科界限，强调学科之间的交叉。教师要在课堂上展示专家解决类似问题的探索过程，提供解决问题的原型，指导学生探索。情境性教学并不需要独立于教学过程的测验，而是采用融合式测验或进行与学习过程一致的情境化的评估，因为学习中具体问题的解决过程本身就反映了学习的效果。

4. 合作学习

合作学习(cooperative learning)是当前很受研究者重视的一种学习形式，学生在小组中展开学习活动，这种小组要足够小，以便让所有的人都能参与到明确的集体任务中，而且，学生们是在没有教师直接、即时管理的情况下进行学习的。它强调集体性任务，强调教师放权给学生小组。与传统教学中的小组活动不同，合作学习的关键在于小组成员之间相互依赖、相互沟通、相互合作，共同负责，从而达到共同的目标。

在合作学习中，教师必须注意以下几点：①成员之间面对面地互动。②良性的相互依赖。让学生体验到自己需要同伴的支持、解释和指导。③明确各成员的职责。每个成员都要承担学习的职责，以保证完成集体性任务。④传授合作技巧。教师在安排小组完成某一学习任务之前，需要事先给学生讲解如何提供建设性反馈、如何达成共识、如何吸引每个成员参与等技巧，并使学生加以必要练习。⑤实施成员监控。成员要监控本小组的学习进程和成员人际关系，以保证本小组高效率地开展工作并及时掌握小组活动的动力状况。

> **简评**

建构主义理论是继行为主义理论、认知学习理论之后的又一影响深远的学习理论。建构主义学习理论提出了一系列有关学习与教学的崭新理论观点，是对传统学习理论的一次重大突破。建构主义提出新的知识观、学生观、教师观、学习观和教学观，强调知识的动态性，强调学习是一个主动建构的过程，并提出了随机通达教学、支架式教学、情境性教学和合作学习等富有创见的教学设计模式。这些观点对改革传统教学具有重要的启示，对进一步推动学习与教学理论的发展具有重要的意义，对于指导教育实践也有积极的作用。

然而，建构主义尚在发展和完善之中，不同倾向的建构主义者还存在着较大的分歧。有的建构主义者过于强调知识的相对性，否认知识的客观性；有的过于强调学生学习过程中信息加工活动的个别性，否认其本质上的共同性；有的过于强调学生学习知识的情境性、非结构性，完全否认知识的逻辑性与系统性等，使建构主义表现出了一定的相对主义和工具主义的色彩。

13.5 人本主义学习理论

人本主义主张在心理学研究中将人作为一个整体来研究，而不是将人的心理活动分解为不能整合的几个部分。研究的重点应当放在正常人的心理活动，尤其是高级心理活动的内容。人本主义学习理论通过成人教育的视角阐释了学习者的成长历程和人性的发展，重点研究如何为学习者营造一个良好的环境，让其从自己的角度感知世界，形成对世界的理解，达到自我实现的最高境界。对教育领域产生深远影响的人本主义学习理论包括：康布斯的学习理论和罗杰斯的学习理论。

13.5.1 康布斯的学习理论

康布斯(Combs)是美国人本主义心理学家，他认为个体的行为基本上是由个体对自己和周围世界的知觉而决定的。康布斯主张，教育的目的绝不只限于教学生知识或谋生技能，更重要的是针对学生的情感需要，使他们能在认知和情感方面均衡发展，从而培养健全人格。

1. 教师对学生的知觉是有效教学的前提

知觉(perception)一词，在人本主义心理学概念上，与认知心理学上的用法完全不同。认知心理学家所指的知觉是理性的，而人本主义心理学家把知觉解释为一种感受，是个人对其所知觉者产生的感受，属于感情范畴，是决定个人行为为取向的基础。他们认为，知觉是构成信念的基础，不同的知觉产生不同的信念。因此，要理解人的行为，就必须理解行为者的知觉世界。要改变一个人的行为，也不能仅从行为表现上加以矫正，而必须设法改变他的知觉或信念。教师要想了解学生在某种情境下表现的某种行为，必须先了解学生如何知觉该情境。教师可能认为学生的某种行为是怪异且不应该的，而学生却认为是正常且应该的。学校的要求有时不被学生所认同，学生不遵守校规校纪，往往是由于学生对此行为规范所产生的知觉和信念未能与学校一致而造成的。例如，有学生明知破坏学校财物是违规行为，但仍然会那样去做，很可能是因为他自知不能以优异的成绩取悦于老师，所以宁愿以反常的行为去获得朋友的"赞赏"。康布斯曾经提醒教师说："一个学生犯规，并不是他明知道错误而犯规，而是他知道自己那样做才能得到满足。"因此，每当教师抱怨"学生缺乏动机"时，应该稍加补充为"学生对读书缺乏动机"。事实上，换一个读书以外的环境，同样是那些学生，很可能就会有强烈的动机。原因很简单，对这些学生而言，读书一事在知觉和信念上都缺乏意义。

2. 个人的知觉与其学习行为有密切关系

康布斯认为，对学生而言，学习有两种含义：一是学到一种新知识；二是新知识使个人产生新意义。在教学中，学生并不一定会按"适当"的教材安排学习，因为"意义"并不存在于教材的表面，而是蕴含在教材中。只有学生专注于其中，才会真正获得意义。由此可见，成功的教学不在于教师教给学生多少知识，而在于教师能否启迪学生，使知识个性化，从而获得深刻的理解。

3. 教育的目的是培养健全人格

康布斯还主张，教育的目的绝不只限于教学生知识或谋生技能，更重要的是针对学生的情感需要(affective needs)，使他们能在认知和情感方面均衡发展，从而培养健全人格。学生的情感需要，是指他们在情绪、情操、态度、道德以及价值判断等多方面的需要。这些需要关系到人与人之间的关系，是人在社会生活方面律己、待人、处事所需要的能力。

13.5.2 罗杰斯的学习理论

在人本主义心理学所形成的改革运动中，马斯洛占据重要地位，被誉为"人本主义心理学之父"。然而，在教育实践方面发生影响最大的，却是卡尔·兰桑·罗杰斯(Carl Ransom Rogers)。20世纪60年代，罗杰斯将他的"当事人中心治疗法"(client-centered therapy)移植到教育领域，创立了"以学生为中心"的教育和教学理论，成为20世纪重要的教育理论之一。罗杰斯的学习理论主要有以下观点。

1. 知情统一的教学目标观

罗杰斯认为，情感和认知是人类精神世界中两个不可分割的有机组成部分，彼此是融为一体的。因此，罗杰斯的教育理想就是要培养既用认知的方式也用情感的方式行事的知情合一的人。这种将知情融为一体的人，他称为"完整的人"(Whole Person)或"功能完善者"(fully functioning person)。当然，"完整的人"或"功能完善者"只是一种理想化的人的模式，而要想最终实现这一教育理想，应该有一个现实的教学目标，这就是"促进变化和学习，培养能够适应变化和知道如何学习的人"。在现代世界中，变化是唯一可以作为确立教育目标的依据，这种变化取决于过程而不是静止的知识。可见，人本主义重视的是教学过程而不是教学内容，是教学方法而不是教学结果。

2. 有意义的自由学习观

人本主义认为，学习是指学生在好奇心的驱使下去吸收任何他们觉得有趣和需要的知识的过程，教学的目标在于促进学习。怎样才能促使学习变得生动活泼且有意义呢？罗杰斯认为，要想使学习变得生动活泼且有意义，就应该让学生进行有意义的自由学习。

所谓有意义学习(significant learning)，不仅是一种增长知识的学习，而且是一种与每个人各部分经验都融合在一起的学习，是一种个体的行为、态度、个性以及在未来选择行动方针时发生重大变化的学习。在这里，我们必须注意罗杰斯的意义学习和奥苏伯尔的意义学习(meaningful learning)的区别。前者关注的是学习内容与个人之间的关系；后者则强调新旧知识之间的联系，它只涉及理智，而不涉及个人意义。因此，按照罗杰斯的观点，奥苏伯尔的意义学习只是一种"在颈部以上发生的学习"，并不是罗杰斯所指的有意义学习。对于有意义学习，罗杰斯认为其具有以下四个特征：①全神贯注。整个人的认知和情感均投入到学习活动之中。②自动自发。学习者由于内在的愿望而主动去探索、发现和了解事件的意义。③全面发展。学习者的行为、态度、人格等获得全面发展。④自我评估。学习者自己评估自己的学习需要、学习目标是否完成。因此，学习能对学习者产生意义，并能纳入学习者的经验系统之中。

罗杰斯认为，具有自由性的有意义学习的十大原则是：①人类具有天赋的学习潜能。只要建立起良好的师生关系，这些潜能和愿望就能释放出来。②学习内容有意义且符合学生学习目的和发展需要，有意义学习便会产生。③学生倾向于拒绝那些引起自我组织变化的学习，尤其是当这种改变带有明显的外部威胁时。④当外部威胁降至最低限度时，学生比较容易同化自我的学习内容。当具有某种学习能力缺陷的学生处于一种相互理解、相互支持、相互尊重，没有压力的环境中时，才会愿意接受提高这种学习能力的训练，从而逐步提高该学习能力。⑤当外部环境对自我的威胁相当微弱时，学生会用一种辨别的方式来学习。⑥大多数有意义学习的方式是"做中学"。⑦当学生负责任地参与学习过程时，就会促进有意义学习。⑧学生的情感和理智全部投入的学习是自发的学习，也是最持久、最深刻的学习。⑨当学生以自我评价作为学习的主要依据时，就会促进独立性、创造性和自主性学习。创造性才能只有在自由的氛围中才会生长。⑩在现代社会中最有用的学习是了解学习过程，对经验始终持开放的态度，并将自己与变化的过程相结合。以此为基础，学生就能自由学习，从而使身心得到全面发展。

3. 以学生为中心的教学观

罗杰斯从人本主义的学习观出发，认为教师的任务不是教学生学习知识(这是行为主义者所强调的)，也不是教学生如何学习(这是认知主义者所重视的)，而是为学生提供各种学习的资源，提供一种促进学习的氛围，让学生自己决定如何学习。罗杰斯认为，促进学生学习的关键不在于教师的教学技巧、专业知识、课程计划、视听辅导材料、演示和讲解以及丰富的书籍，而在于特定的心理气氛因素，这些因素存在于"教师"与"学生"的人际关系之中。

那么，促进学习的心理气氛因素有哪些呢？罗杰斯认为，这与心理治疗领域中治疗者对来访者的心理气氛因素是一致的。罗杰斯提出了以下三个基本条件：①真诚一致(congruence)，是指治疗者在态度上必须真诚一致，使当事人觉得他是自然、诚恳且有人情味的。②无条件积极关注(unconditional positive regard)，是指治疗者对当事人的关心是没有任何条件的。③同理心(empathy)，是指治疗者对当事人的痛苦除了同情之外，还能设身处地了解当事人的心境。罗杰斯以同样的理念，认为学生们各有其求知向上的潜在能力，只需设置一个良好的学习环境。在这样一种心理气氛下的学习，是以学生为中心的，教师只是学习的促进者、协作者或是伙伴、朋友。如果教学是开放性的，学生就会学到他们所需要的。开放性教学是一种无结构取向的、鼓励思考的、重视接纳的教学。

那么，教师在促进学生的自由学习方面起什么作用呢？罗杰斯认为，教师的作用主要体现在以下十个方面：①构建真实的问题情境，让学生面临对他们个人有意义的问题；②提供大量的学习资源，提供各种学习方式，让学生自由选择；③与学生建立协议，让学生自己负责在课程规定的范围内确定学习目标、选择学习方法、确立评价准则；④充分利用社区的学习资源，让学生成为知识的探索者；⑤开展同伴教学，发挥同伴之间的个别指导作用；⑥采用分组学习，让学生自由选择自动学习或被动学习的方式；⑦提供探究的环境，进行探究的训练，使学生体验到科学是不断发展的；⑧适当使用程序教学，使学生直接体验到满足感；⑨建立交朋友小组，为个体提供一种坦诚交往的情境；⑩鼓励自我评价，使学生感到自己有责任去追求特定的学习目标。

简评

人本主义的学习理论是一种新观点、新思潮，对学习与教育理论的进步做出了重要的贡献。人本主义学习理论将学习与人的整体发展联系起来，强调学习的目的是促进人格的发展，是使学习者成为一个具有适应变化的能力、具有内在自由特性的人，该学习理论使学习与教学的目标发生了重大变化，对只注重学科知识学习与教学的传统学习理论提出了挑战。同时，人本主义学习理论强调要关注学生的情感与愿望，重视个人的选择，让学生处于一种和谐、融洽、被人关爱和理解的氛围，强调无条件积极关注在个体成长过程中的重要作用，相较于纯粹从认知角度进行的传统理论，这也是一种突破。然而，人本主义学习理论片面强调学生的天赋潜能的作用，忽视人的本质的社会性，过分强调学生的中心地位，注重学习与教学要符合学生个人自发的兴趣与爱好，忽视教学内容的系统逻辑性和教师在学科学习中的主导作用，降低了教育与教学的效能。

复习思考题

1. 名词解释：广义的学习、狭义的学习、学生的学习、强化、正强化、负强化、逃避条件作用、回避条件作用、消退、惩罚、下位学习、上位学习、组合学习、先行组织者。
2. 加涅与奥苏伯尔是怎样对学习进行分类的？
3. 经典条件反射学习理论的基本观点是什么？
4. 桑代克的试误—联结学习理论的基本观点是什么？
5. 操作性条件反射学习理论的主要观点是什么？它的程序教学思想的基本点是什么？
6. 什么是负强化？教学过程中怎样运用负强化的原理促进学生的学习？
7. 如何根据强化原理进行行为塑造？
8. 班杜拉提出的观察学习主要有哪几个过程？
9. 布鲁纳认知—发现学习理论的主要观点是什么？他为什么强调学习学科的基本结构和发现学习？
10. 奥苏伯尔学习理论的基本观点是什么？有意义学习的实质是什么？
11. 什么是先行组织者策略？如何根据先行组织者策略组织教学？
12. 加涅提出的学习过程包括哪八个阶段？对教学有什么启示意义？
13. 建构主义的知识观、学习观、教学观的主要观点是什么？对教学有何启发作用？
14. 人本主义学习理论对基础教育有哪些启发意义？

教师资格证考试真题再现

一、单选题(每题 2 分)

1. (2021.10)学生对遗传与变异之间关系的学习属于( )。
   A. 组合学习　　　　B. 上位　　　　C. 下位　　　　D. 归属

2. (2022.03)李红看到王强经常因帮助同学而受到老师的表扬,因此他也愿意帮助同学,这种现象主要体现了哪种强化方式?( )
   A. 负向强化　　　　B. 间隔强化　　　　C. 自我强化　　　　D. 替代强化

3. (2022.03)在心理辅导课上,廖老师经常使用小红花换文具等物品作为奖励替代物来改变学生的行为,这种做法属于( )。
   A. 认真法　　　　B. 代币法　　　　C. 脱敏法　　　　D. 消退法

4. (2022.11)王琳不知不觉就会唱许多流行歌曲。她的这种学习属于( )。
   A. 发现学习　　　　B. 替代学习　　　　C. 内隐学习　　　　D. 外显学习

5. (2022.11)鉴于何雷这学期各方面都有明显进步,学校撤销了对他原有的警告处分,学校采用的行为矫正方法属于( )。
   A. 正强化　　　　B. 负强化　　　　C. 正惩罚　　　　D. 负惩罚

二、辨析题(每题 8 分)

1. (2014.11)学习所引起行为或行为潜能的变化是短暂的。
2. (2015.11)程序教学是合作学习的一种重要形式。
3. (2016.11)行为改变都是学习的结果。
4. (2017.05)接受学习一定是意义学习。
5. (2017.11)负强化和惩罚在本质上是相同的。
6. (2022.11)所有的行为变化都是学习的结果。
7. (2023.3)动物与人的学习存在本质区别。

三、简答题(每题 10 分)

1. (2017.11)简述建构主义学习理论的知识观、学习观、学生观。
2. (2018.05)加涅将学习结果分为哪几类?
3. (2021.03)简述建构主义学习理论的主要观点。

第 14 章 学习策略和学习迁移

本章学习目标

- 学习策略的概念
- 典型的学习策略
- 学习策略的训练
- 学习迁移
- 学习迁移的基本理论
- 学习迁移与教学

14.1 学 习 策 略

14.1.1 学习策略的概念

1. 学习策略的定义

学习策略(learning strategy)是指学习者为了提高学习的效果和效率，有目的、有意识地制定的有关学习过程的复杂的方案。对于学习策略的理解，要把握以下四个方面的特征：①主动性。学习者采用学习策略的过程，是一个有意识的心理过程，是学习者为了完成学习目标而积极主动地使用的。②有效性。学习策略是有效学习所必需的。③过程性。学习策略是对整个学习过程的规划和计划，对于学什么和不学什么，先学什么，后学什么，如何学，达到什么样的学习程度等都进行计划。④程序性。学习策略是学习者制订的学习计划，由规则和技能构成。严格说来，所有学习活动的计划都是不相同的，每一次学习都有相应的计划。学习策略是一种程序性知识，由规则系统或技能构成，是学习技巧或学习技能的组合。

2. 学习策略与学习方法

学习策略与学习方法属不同层次的范畴。学习方法比较直接、具体、单一，具体的学习方法与具体的学习任务相联系，用于解决具体问题，有特定的程序和步骤，一旦学习者熟练掌握就可运用。学习方法是学习策略的知识和技能基础，是学习策略的一个基本组成部分。学习策略有一定的概括性，它是有目的、有意识地使用学习方法和技巧的活动，对学习方法具有选择、应用上的指导意义。学习策略比学习方法高一层次，高在"选择""组织"与"调控"上，是与元认知相联系的，它的功能在于调节与控制整个学习过程及具体学习方法的选用。

从理论上说，学习方法属于"战术"的范畴，而学习策略则属于"战略"的范畴。学习策略是指根据学习情境的特点和变化选用最为适当的学习方法的过程，可以说"学习方法的掌握和灵活运用"与"学习策略"基本上同义。在学习实践中，我们可以把一些复杂的包括调节、控制学习活动及其方法的方法称为学习策略，但把某些十分具体、单一的学习方法称为学习策略就不妥了。

3. 学习策略的分类

不同的学者对学习策略有不同的理解，对学习策略的成分和层次提出了不同看法，并依次对学习策略作出了不同的分类。下面将选择几种有代表性的分类进行阐述。

1) 丹瑟洛的分类

丹瑟洛(Dansereau)根据学习策略所起的作用，把学习策略分为两类：基本策略和支持策略。基本策略是指直接操作材料的各种学习策略，包括信息的获得、储存以及信息的检索和应用的策略。支持策略主要是指帮助学习者维持适当的学习心理状态，以保证基本策略能够有效执行的策略。

2) 沃克斯福德的分类

沃克斯福德认为学习策略包含五个层面的内容，分别是：①元认知策略，即用来帮助学生计划、管理以及评估学习过程的策略；②情感策略，即用来提高学生学习兴趣和态度的策略；③社会策略，即用来促进学生之间合作的策略；④记忆与认知策略，即用来记忆与思考的策略；⑤补偿性策略，即用来与学习者沟通，帮助学生克服知识上的不足的策略。

3) 迈克卡的分类

迈克卡(W. J. McKeachie)等人根据学习策略所涵盖的内容，把学习策略分为三种：认知策略、元认知策略与资源管理策略(见图 14-1)。其中，认知策略包括：复述策略、精细加工策略、组织策略；元认知策略包括：计划策略、监控策略和调节策略；资源管理策略包括：时间管理策略、学习环境管理策略、努力管理策略和学业求助策略。学生使用这些策略可以帮助他们尽快地适应环境、调节环境以适应自己的需要。迈克卡的分类是目前应用最广的一种典型的学习策略分类。

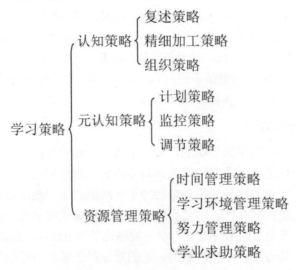

图 14-1 迈克卡学习策略分类

14.1.2 典型的学习策略

1. 认知策略

认知策略是加工信息的一些方法和技术,其有助于有效地从记忆中提取信息。一般而言,认知策略指学习者对学习材料的信息加工策略,亦即个体在理解和记忆学习材料时所采用的各种方法和技术的总称,主要有复述策略、精细加工策略和组织策略。

1) 复述策略

复述策略是指在工作记忆中为了保持信息,运用内部语言在大脑中重现学习材料或刺激,以便将注意力维持在学习材料上的方法。在学习中,复述是一种主要的记忆方法,如有效地利用无意识记与有意识记、排除前摄抑制与倒摄抑制的干扰、合理组织复习、多种感官参与、部分学习和整体学习、反复阅读与尝试背诵相结合、过度学习等,在此就不再重复介绍。

画线是阅读时常用的一种复述策略。在教学生画线时,教给学生一些圈点批注的方法以与画线策略一起使用:①圈出不知道的词;②标明定义和例子;③列出观点原因或事件序号;④在重要的段落前面加上星号;⑤在混乱的章节前画上问号;⑥自己做注释;⑦标出可能的测验项目;⑧画箭头表明关系;⑨注上评论,记下不同点和相似点;⑩标出总结性的陈述。

2) 精细加工策略

精细加工策略是一种将新学材料与头脑中已有知识联系起来从而增加新信息意义的深层加工策略。一个新信息与其他信息联系得越多,能回忆出该信息原貌的途径就越多,也就是提取的线索越多,回忆就越容易。因此,精细加工策略是一种理解性的记忆策略,和复述策略结合使用,可以显著提高记忆效果。

(1) 记忆术。在陈述性知识学习中,记忆术是最常用的方法。常用的记忆术有:①位置记忆法,就是学习者在头脑中创建一幅熟悉的场景,在这个场景中确定一条明确的路线,在这条路线上确定一些特定的点。然后将所要记的项目全都视觉化,并按顺序将这条路线上的各个点联系起来。回忆时,按这条路线上的各个点提取所记的项目。位置记忆法对于记忆有顺序的系列项目特别有用。②缩简和编歌诀,缩简就是将识记材料的每条内容简化成一个关键性的字,然后转变成自己所熟悉的事物,从而将材料与过去经验联系起来。编歌诀就是将材料缩简成歌诀。歌诀韵律和谐,抑扬顿挫,有助于记忆。③谐音联想法,就是学习一种新材料时运用联想,假借意义,以帮助记忆。例如,有人记忆马克思诞生的日期"1818 年 5 月 5 日"时,将其联想为"马克思一巴掌一巴掌打得资产阶级呜呜地哭"。④关键词法,就是将新词或概念与相似的声音线索词,通过视觉表象联系起来。例如,学习单词 gloom (忧郁)时,运用关键词法:g 哥哥+ loo(100)+ m(meter)米 = 我让哥哥在地上爬 100 米,他非常郁闷。这种方法在记外语词汇时非常有用。⑤视觉想象,许多有效力的记忆术的基础都是通过形成心理想象来帮助人们记忆的。联想时,想象越奇特,加工越深入、细致,记忆就越牢。可以使用夸张、动态、奇异的手段进行联想。例如,可以将"飞机—箱子"想象为"飞机穿过箱子"。⑥语义联想,就是指通过联想,将新材料与头脑中的旧知识联系在一起,赋予新材料更多的意义。实际上,就是在理解的基础上,把过去的旧知识当作"衣钩"来"挂住"所要记住的新材料。例如,在记一个公式或原理时,要想一想新公式或原理是如何从以前的公式或原理中推导出来的。

(2) 做笔记。做笔记是阅读和听课时常用的一种精细加工策略。研究表明，做笔记有助于建立新知识与旧知识之间的联系。笔记要发挥预期的作用，有人建议采用以下三个步骤做听课笔记：①留下笔记本每页右边的 1/4 或 1/3；②记下听课的内容；③整理笔记，在笔记的空白部分加边注、评语等，这不仅可以促进学生的理解，而且可以为他们今后的回忆提供线索。

(3) 提问。无论阅读还是听课，学生要经常评估自己的理解状况，并且经常提出这样一些问题：这一信息意味着什么？与课文中的其他信息以及过去所学的信息有什么联系？还能用什么样的例子来说明这种新知识？如果教学生在阅读时多提一些"谁""什么""哪儿"和"如何"等问题，则有助于学生理解所学新知识。

(4) 生成性学习。生成性学习就是要训练学生对他们所阅读的东西产生一个类比或表象，如图形、图像、表格和图解等，以加强其深层理解。生成性教学是指在弹性预设的前提下，在教学的展开过程中由教师和学生根据不同的教学情境自主构建教学活动的过程。学习是一个主动的过程，学习者积极参与其中并非被动地接收信息，而是主动地构建自己对信息的解释，并从中做出推论。这种方法最重要的一点，就是需要积极地加工，不是简简单单地记录和记忆信息，也不是从书中寻章摘句或稍加改动，而是要改动对这些信息的知觉。

(5) 利用背景知识，联系实际。精细加工强调在新学信息和已有知识之间建立联系。在学习中，背景知识的多少非常重要的。对于某一事物，我们能学会多少，一个重要的决定因素是我们对该事物已经知道多少。事实上，背景知识比一般学习能力更能使我们预测学生能学会多少。一个学习者如果非常了解某一课题，他就能更完美地将新知识融合到已有的图式中。但是，学习者往往不会主动使用他们先前的知识来帮助他们学习新的材料。因此，教师一定要引导学生把新的学习内容与他们已有的背景知识联系起来。

3) 组织策略

组织策略是指整合所学新知识之间、新旧知识之间的内在联系，形成新的知识结构的策略。运用组织策略可以使学习内容由繁到简、由混乱到有序，从而帮助学生理解学习内容，形成较为清晰的知识网络。下面是一些常用的组织策略。

(1) 列提纲。列提纲时，先对材料进行系统的分析、归纳和总结，然后，用简要的语词，按材料中的逻辑关系，写下主要观点和次要观点。所列出的提纲要具有概括性和条理性，但其效果往往取决于学习者是如何使用它的。一个有效的方法是让学生每读完一段后用一句话做概括，或者让学生准备一个提纲来帮助别人，这样可以促使学生认真考虑什么重要、什么不重要。

(2) 利用图示。图示主要用来图解各种知识之间的联系。具体做法是先提炼出主要知识点，然后识别这些知识点之间的关系，再用适当的解释来标明这些知识点的联系。常用的策略有：①系统结构图。学完某一学科知识，对学习材料进行归类整理，将主要信息归类成不同水平或不同部分，然后形成一个系统结构图。复杂的信息一旦被整理成一个金字塔式的层次结构，就容易理解和记忆多了。在金字塔结构里，较具体的概念要放在较抽象概念之下。②流程图。流程图可用来表现步骤、事件和阶段的顺序。流程图一般是从左向右或从上到下展开，使用箭头连接各个步骤。流程图可以与系统结构图相结合。③模式图或模型示意图。模式图就是利用图解的方式来说明在某个过程中各要素之间是如何相互联系的。模型示意图是用简图表示事物的位置(静态关系)，以及各部分的操作过程(动态关系)。④网络关系图。利用关系图可以图解各种观点之间是如何相互联系的。做关系图时，首先找出学习材料中的主要观点；然后找出次要的观点或支持主要观点的部分；接着标出这些部分，并将次要的观点和主要的观点联系起来。在关系图中，主要观点位于图正中，支持性的观点位于主要观点的周围。目前，网络关系图越来越受重视，在学习、教学和测评中被加以广泛利用，人们也将它称为概念图。

(3) 利用表格。利用表格的常用方法有：①一览表。首先，对材料进行全面综合的分析，然后提取主要信息，并从一个角度出发，将这些信息全部列出来，力求反映材料的整体面貌。例如，在学习中国历史时，可以时间为轴，将朝代、主要历史人物、历史事件全部展现出来，制成中国历史发展一览表。②双向表。双向表从纵、横两个维度罗列材料中的主要信息。系统结构图和流程图都可以衍变成双向表。

2. 元认知策略

所谓元认知策略，是指个体对自己学习过程进行计划、调节、有效监视与控制的策略。元认知策略包括计划策略、监控策略和调节策略。

1) 计划策略

计划策略是指根据认知活动的特定目标，在一项认知活动之前计划各种活动，预计结果、选择策略，想出各种解决问题的方法，并预估其有效性。元认知计划策略包括设置学习目标、浏览阅读材料、产生待回答的问题以及分析如何完成学习任务。成功的学习者并不只是被动地听课、做笔记和等待老师布置作业。他们会预测完成作业需要多长时间，在做作业前将各种相关知识融会贯通，在考试前复习笔记，在必要时组成学习小组，等等。通过这些预先设定的计划，学习者会对自己的学习过程进行监控，经常将学习过程与原先的计划设想进行比较，以便及时发现问题，进行调整。

2) 监控策略

监控策略是指学习者对自己应用策略的情况进行监控，保证策略在学习过程中被有效地运用。元认知监控策略包括阅读时对注意加以跟踪、使用自我提问法，考试时监视自己的速度和时间等。这些策略使学习者警觉自己在注意和理解方面可能出现的问题，以便找出问题所在并加以修改。例如，当为了应考而学习时，会向自己提出问题，并且会意识到某些章节自己不懂、自己的阅读和记笔记方法对这些章节行不通，需要尝试其他的学习策略。

3) 调节策略

调节策略是指根据对认知活动结果的检查，采取相应的补救措施；根据对认知策略效果的检查，及时修正、调整认知策略。元认知调节策略与监控策略有关。例如，当学习者意识到他不理解课文的某一部分时，他就会退回去读困难的段落；在阅读困难或不熟的材料时放慢速度；在测验时跳过某个难题先做简单的题目等。调节策略能帮助学生矫正他们的学习行为，从而弥补理解上的不足。

元认知策略的这三个方面是相互联系在一起工作的。元认知策略总是和认知策略一同起作用。认知策略是学习内容必不可少的工具，元认知策略则监督和指导认知策略的应用，也就是说，可以教学生使用多种认知策略，但如果没有元认知策略来帮助学生决定在某种情况下应该使用哪种认知策略或改变认知策略，学生的学习也难以成功。

3. 资源管理策略

资源管理策略属于支持性学习策略，是辅助学生管理可用的环境和资源的策略，其实质是各种可用的学习条件的选择、组织与运用。有关研究表明，资源管理策略与学生学业成就密切相关。资源管理策略主要包括以下三种具体策略。

1) 学习时间管理策略

学习时间安排是学生对自己学习活动的一种管理，又称为时间管理。尤其是课余时间的安排更为重要。因为课内时间主要是由教师安排，学生没有多少自主权，而课余时间大多可以由学生自己自由支配，这里的计划性与有序性就显得比较重要了。

在对学生进行学习时间的计划与管理的辅导时，辅导者应注意以下几方面：①统筹安排学习时间。每个人都应当根据自己的总体目标，对时间做出总体安排，并通过阶段性的时间表来落实。对每一天的活动，都要列出一张活动优先表。在制订学习计划时，要注意将学习计划落实在学习成果上。在执行学习计划时，要有效防止拖拉作风。②高效利用最佳学习时间。研究发现，在不同的时间里，人的体力、情绪和智力状态是不一样的，学习质量也是不一样的。在同一天中不同个体体内的新陈代谢状况和大脑机能状况是各不相同的，不同人的最佳学习时间也是因人而异的。有些人的最佳时间在白天，而有些人则在黑夜。因此，每个人要根据自己的模式，安排学习内容，确保在状态最佳时间学习最重要的内容。③中小学生的一次学习时间不宜太长，要指导学生注意劳逸结合，张弛有度，既要考虑学习，也要考虑休息和娱乐。④培养学生养成守时的习惯，什么时候该玩，什么时候该学习，应心中有数，不要等到火烧眉毛了，才去临时抱佛脚，甚至通宵达旦"开夜车"。⑤要注意学习时间的合理分配。中小学生的学习内容较多，特别是中学生的课程更多，不同课程的难度不同，个人的兴趣、爱好、基础也不一样，这就要求不同的学习者针对自身的实际情况，合理地分配自己的时间。⑥灵活利用零碎时间。可以利用零碎时间处理学习上的杂事，可以读短篇或看报纸、杂志，拓宽自己的知识面，或者背诵诗词和外文单词等。

2) 学习环境管理策略

任何学习活动都发生在特定的环境中，环境的好坏会直接影响学习的效果。因此，在学习策略的辅导中，帮助学生掌握学习环境的自我管理技能是不可缺少的。学习环境主要包括三个方面：自然环境、物质环境与心理环境。

(1) 自然环境。学习的自然环境，包括空气、温度、光线、噪声等。舒适的温度对人体各部位机能的正常发挥具有明显的影响。研究表明，从事脑力劳动最适宜的温度是16℃～21℃。温度高于40℃或低于5℃，都会使人产生不适、情绪烦躁、反应缓慢等症状，从而影响学习效率。因此，要在学习环境中安装通风和调温设施，保证空气的流通与气温适宜，同时让学生养成定时到室外呼吸新鲜空气的良好习惯。

学习环境中的光线应均匀分布，切忌刺眼或明暗反差强烈的光。学习环境中的光源可分为自然照明和人工照明两种。白天以自然照明为主，学习时应避免因背光而产生的阴影落在书本上，也不应该有因阳光直射或反射而出现的眩光现象。研究表明，书桌面上的光照度应以200～500勒克斯为宜，最低不能少于100勒克斯，即一盏30～40瓦的白炽灯的照明要求。

(2) 物质环境。学习的物质环境，包括学习的空间范围、室内布置、用具的摆设等。如果条件允许，家庭应为孩子提供一间书房，作为相对固定的学习场所，这样可在一定程度上减少家庭成员之间的相互干扰，形成相对安静的学习环境。书房最好是南北开窗，通风透气，结构简洁实用。

另外，要注意调整好桌椅的陈设。研究表明，适度的肌肉紧张可以促进智力活动，直着身体坐在硬椅子上，比躺在柔软的沙发里或舒适的床上工作效率要高。因此，在桌椅的设计上应该合理，使学习者能产生一定的肌肉紧张。一般来说，书桌和椅子的高低差应便于学生采取前倾和微后倾的坐姿，使坐着时前胸不受挤压，两足着地，眼与书的距离保持在 30～35cm。书桌一般摆放在窗户的右侧墙壁边，这样既可以保持有充足的光线，又可以避免强光的直射。

(3) 心理环境。学习的心理环境，包括影响学生身心发展的学习、生活、游戏、交往的全部空间，分为学校内部心理环境和学校外部心理环境。良好的心理环境对学习具有重要的促进作用，对学生的心理健康所起的作用也是不可估量的，因此要注意心理环境的调整。一般来说，高兴、快乐、喜悦、热情的情绪对学习有促进作用，而焦虑、痛苦、忧伤、愤怒、冷漠的情绪对学习起阻碍作用。

3) 努力管理策略

为了使学生保持自己的意志和努力，需要不断地鼓励学生进行自我激励。该策略包括：激发内在的动机；树立正确的学习信念；选择有挑战性的任务；调节成败的标准；正确归因；自我奖励等。

4) 学业求助策略

学业求助策略是指当学生在学习上遇到困难时，向他人请求帮助的行为，是一种适应性的学习策略，也是重要的社会支持管理策略。学业求助策略主要有：①善于寻求教师的帮助。②加强同学间的合作与讨论，可以彼此提问和回答，可以共同完成同一项任务，也可以相互辅导。③有效利用学习工具，如参考资料、工具书、图书馆、电脑与网络等。学业求助不是自身能力缺乏的标志，而是获取知识、增长能力的一种途径，是一种重要的学习策略。

14.1.3 学习策略的训练

教育的目标之一是要帮助学生学会使用有效的学习策略。常常有学生把学习中的困难归因于能力不足，而实际上，他们的问题是没有掌握有效的学习策略，从来没有人教过他们如何学习。教师的任务不仅是结合教学内容教学生学习策略，而且，要教学生积极地、适时地选用有效的学习策略。

1. 学习策略训练的原则

人们在学习时常使用各种不同的策略，但很少有什么学习策略总是有效或总是无效。显然，学习策略的价值依赖于其根据具体情况如何去使用。在进行学习的训练时，不管教什么策略、怎么教这些策略，都应该遵循一定的原则。

1) 主体性原则

主体性原则指任何学习策略的使用都有赖于学生主动性和能动性的充分发挥。主体性原则既是学习策略训练的目的，也是其必要的方法和途径，如果学生处于一种被动状态，学习目标、过程、方法都由他人包办代替，学习的效果也由他人评价，那么学会学习也就无从谈起了。

2) 内化性原则

内化性原则是指训练学生不断实践各种学习策略，逐步将其内化成自己的学习能力，并能在新的情境中加以灵活应用。内化过程需要学生将所学的新策略与头脑中已有的有关策略的知识整合在一起，并能熟练地加以应用，形成新的认知和能力。

3) 特定性原则

特定性原则是指学习策略一定要适合于不同的学生类型和学习目标。同样的策略，不同的学生使用起来的效果是不一样的。教师要针对学生的年龄和其已有的知识水平以及学习动机类型，把策略交给合适的学生，帮助学生选择学习策略或改善不良的学习策略。

4) 生成性原则

生成性原则是指学习者要利用学习策略对学习材料进行重新加工，生成某种新的东西。要想使一种学习策略有效，做这种深层次的心理加工是必不可少的。生成性程度高的策略有：写内容提要、向别人提问、将笔记列成提纲、图解要点之间的关系、向同伴讲授课程的内容要求等。生成性程度低的策略有：不加区分的画线、不抓要点的记录、抓不住重要信息的肤浅的提要等，这些策略对学习都是无益的。

5) 有效地监控原则

有效监控原则是指学生应该把注意力集中在学习结果和学习过程之间的关系上，监控自己使用每种学习策略所导致的学习结果，以便确定所选策略是否有效。经过这样的监控实践，学生就能够灵活把握何时、何地以及如何使用某种策略，甚至在这些策略运作时能将学习策略的运用过程描述出来。

6) 个人自我效能感原则

个人自我效能感原则是指教师给学生提供一些机会，使他们感受到策略的效力以及自己运用策略的能力。许多学生可能知道一些学习策略，但是不愿意使用这些策略，因此他们的学习能力也不会得到提高。教师一定要给学生提供机会，使学生感受到策略的效力，提升对自己胜任能力的评估和自信程度，让学生清楚地意识到"一分耕耘一分收获"。

2. 学习策略训练的方法

1) 指导教学模式

指导教学模式的基本思想是学生在教师的引领下学习有关的学习策略，由激发、讲演、练习、反馈和迁移等环节构成。在教学中，教师先向学生解释所选定学习策略的具体步骤和条件，然后在具体应用中，教师不断给出提示，让学生口头叙述和明确解释所操作的每一个步骤，以及请学生报告自己应用学习策略时的思维。同时，教师在教学中依据每种策略来选择许多恰当的事例以说明其应用的多种可能性，使学生形成对策略的概括化认识。提供的事例应从学生的认知水平出发，由简到繁。

2) 程序化训练模式

程序化训练是将活动的基本技能,分解成若干个有条理的小步骤,在其适宜的范围内,作为固定程序,要求活动主体按此进行活动,并经过反复练习使之达到自动化程度。程序化训练的基本步骤是:①将某一活动技能,按有关原理,分解成可执行、易操作的小步骤,而且可使用简练的词语来标志每个步骤的含义。②通过活动实例示范各个步骤,并要求学生按步骤活动。③要求学生记忆各步骤,并坚持练习,直至使其达到自动化程度。

3) 完形训练模式

完形训练是在直接讲解策略之后,提供不同完整性的材料,促使学生练习策略的某一个成分或步骤,然后逐步降低完整性程度,直至完全由学生自己完成所有成分或步骤。例如,给学生提供一个不完整的提纲,对学生分步进行完形训练:①提供一个几乎完整的提纲,需要学生听课或阅读时填写一些支持性的细节;②提供一个只有主题的提纲,要求填写所有的支持性细节;③只提供支持性细节,而要求填写主要的观点。这种教学模式能够使学生有意识注意每一个成分或步骤,每一步训练都帮助学生加深对策略应用的整体印象。

4) 交互式教学模式

交互式教学模式主要是用来帮助成绩差的学生进行阅读理解。它是由教师和一小组学生(约 6 人)一起进行的,主要是为了把擅长阅读的人的心智模型,通过策略外化成不擅长阅读的学生能操作的程序,以帮助成绩差的学生阅读领会。此外,交互式学习还是一种很好的改善人际关系的学习方式,学生在互帮互学的过程中能够增加交往活动。

5) 合作学习模式

合作学习模式就是在学习活动中,两个学生一组,一部分一部分地彼此轮流向对方总结材料,当一个学生主讲时,另一个学生听着,为主讲学生纠正错误和指出遗漏之处。然后,两个学生变换角色,直到学完所学材料为止。研究证明,这种形式的学习比独自总结或单纯地阅读材料的学习效果好得多。而且,合作性讲解的两个参与者都能从这种学习活动中受益,主讲者比听者获益更大。

在实际教学中,教师不管采用什么方法进行学习策略的教学,都要结合学科知识。教师要善于不断探索、优化自己的教学步骤,为学生提供可以仿效的活动程序。同时,要根据学生原有的学习方式和基础来启发学生的思路,让他们有意识地内化有效的学习策略。

14.2 学习的迁移

学习的目的不仅在于获得有关知识和技能,更重要的还在于能够将所学的知识、技能应用到新的情境中去,达到"举一反三""触类旁通"的目的,这就牵涉学习迁移的问题。学习迁移是教育心理学研究的一个既古老又充满活力的领域。在整个 20 世纪中,学习迁移理论始终是教育心理学的研究热点。

14.2.1 学习迁移概念

1. 学习迁移的定义

学习迁移(transfer of learning)也称训练迁移,是指一种学习对另一种学习所产生的影响。学习迁移现象普遍存在于人们的各种学习、工作和生活活动中。例如,学会了打羽毛球,有助于打网球,这是动作技能的迁移;学会了平面几何,有助于学习立体几何,这是知识的迁移;从小养成认真勤奋的学习态度,会影响人的中学、大学乃至一生,会使人在许多方面对自己的态度和行为习惯严格要求,这是态度与行为习惯的迁移。

2. 学习迁移的种类

迁移的种类可以从许多角度来划分,常见的划分有以下几种。

1) 正迁移与负迁移

根据迁移的性质和影响效果不同,迁移可以划分为:正迁移和负迁移。正迁移(positive transfer)指的是一种学习能促进另一种学习。例如,学好数学有利于学习物理;钢笔字写得好有利于写好毛笔字;等等。负迁移(negative transfer)指的是一种学习阻碍和干扰了另一种学习。例如,掌握了汉语语法,在初学英语语法时,总是出现用汉语语法去套英语语法的现象,从而影响了英语语法的正确掌握。

2) 横向迁移与纵向迁移

根据迁移内容的不同抽象与概括水平,迁移可以划分为:横向迁移与纵向迁移。横向迁移(lateral transfer)又称作水平迁移,是指处于同一概括水平的经验之间的相互影响。例如,化学中锂、钠、钾等金属元素之间的关系是并列的,都处于同一抽象和概括水平,各概念之间的相互影响即横向迁移。

纵向迁移(vertical transfer)又称垂直迁移,是指处于不同概括水平的经验之间的相互影响。具体讲,是具有较高的概括水平的上位经验与具有较低的概括水平的下位经验之间的相互影响。纵向迁移表现在两个方面:一是自下而上的迁移,二是自上而下的迁移。自下而上的迁移是指下位较低层次的经验影响上位较高层次经验的学习,常见于归纳式的学习中。例如,数学学习中由数字运算到字母运算的转化,就包含着自下而上的迁移。自上而下的迁移是指上位较高层次的经验影响下位较低层次经验的学习,常见于演绎式的学习中。例如,一般平行四边形的学习影响着菱形的学习,这其中就包含着自上而下的迁移。

3) 一般迁移与特殊迁移

根据迁移内容的不同,迁移可以划分为:一般迁移与特殊迁移。一般迁移(general transfer)也称普遍迁移,是指将在一种学习中习得的一般原理、方法、策略和态度等迁移到另一种学习中去。例如,在数学学习中形成的认真审题的态度、审题的方法也将影响到化学、物理等学科中的审题活动。

特殊迁移(specific transfer)也称具体迁移,是指将在一种学习中习得的具体的、特殊的经验直接迁移到另一种学习中去,或经过某种要素的重新组合迁移到新情境中去。例如,在英语学习中,当学完单词 eye(眼睛)后,再学习 eyeball(眼球)时,即产生特殊迁移。特殊迁移的范围往往不如一般迁移广,仅适用于非常有限的情境中,但这并不意味着特殊迁移是不重要的,相反,它对于系统掌握某一领域的知识是非常必要的。

4) 顺向迁移与逆向迁移

根据迁移的方向不同，迁移可以划分为：顺向迁移与逆向迁移。顺向迁移(forward transfer)是指先前学习对后继学习的影响。例如，通常所说的"举一反三""触类旁通"就是顺向迁移的例子。逆向迁移(backward transfer)是指后继学习对先前学习的影响。例如，发展心理学和教育心理学的学习对先前普通心理学的理解产生影响，这就是逆向迁移。逆向迁移可以使原有的经验、知识结构得到充实、修正、重组或者重构等。不管是顺向迁移还是逆向迁移，其影响的效果都有积极与消极之分。

5) 同化性迁移、顺应性迁移与重组性迁移

根据迁移过程中所需的内在心理机制的不同，迁移可以划分为：同化性迁移、顺应性迁移与重组性迁移。同化性迁移(assimilative transfer)是指不改变原有的认知结构，直接将原有的认知经验应用到本质特征相同的一类事物中去。原有认知结构在迁移过程中不发生实质性的改变，只是得到某种充实。例如，原有认知结构中的概念"鱼"，由带鱼、草鱼、黄鱼等概念组成，当前要学习鳗鱼，把它纳入鱼的原有结构中，既扩充了鱼的概念，又获得了鳗鱼这一新概念的意义。"举一反三""闻一知十"也都属于同化性迁移。

顺应性迁移(conformance transfer)是指将原有认知经验应用于新情境中时，需调整原有的经验或对新旧经验加以概括，形成一种能包容新旧经验的更高一级的认知结构，以适应外界的变化。例如，学生原认为空气没有质量，经过科学研究之后发现是自己错了。

重组性迁移(recombinative transfer)是指重新组合原有认知系统中某些构成要素或成分，调整各成分间的关系或建立新的联系，从而将其应用于新情境。在重组过程中，基本经验成分不变，但各成分间的结合关系发生了变化，即进行了调整或重新组合。例如，在操作技能形成过程中，许多不同成分的动作被结合成连续的整体动作，其中不涉及新的动作的增加，只是各动作成分的重新结合、重新排列。

3. 学习迁移的作用

(1) 学习迁移对于提高解决问题的能力具有直接的促进作用。学习的最终目的并不是将知识经验储存于头脑中，也不是仅用于解决书本上的问题，而是要应用于各种不同的实际情境中，解决现实中的各种问题。在学校情境中，大部分的问题解决是通过迁移来实现的，迁移是学生进行问题解决的一种具体体现。要将校内所学的知识技能用于解决校外的现实问题，这同样也依赖于迁移。要培养解决问题的能力，就必须从迁移能力的培养入手，否则问题解决也就成为空谈。

(2) 学习迁移是习得的经验得以概括化、系统化的有效途径，是能力与品德形成的关键环节。只有通过广泛的迁移，原有的经验才能得以改造，原有的经验结构也才能更为完善、充实，从而建立起能稳定地调节个体活动的心理结构。迁移是习得的知识、技能与行为规范向能力与品德转化的关键环节。

(3) 学习迁移规律对学习者、教育工作者具有重要的指导作用。应用有效的迁移原则，学习者可以在有限的时间内学得更快、更好，并在适当的情境中主动、准确地应用原有的经验，防止原有经验的惰性化。教育工作者应用迁移规律进行教学设计，在课程设置、教材编排、教学方法的确定、教学活动的安排、教学成效的考核方面利用迁移规律，可以加快教育教学的进程。

14.2.2 学习迁移的基本理论

尽管人们很早就注意到学习迁移现象的存在，但真正对迁移现象进行系统的理论探讨和研究则开始于18世纪中叶以后。在一两百年间，许多心理学家从不同的心理学立场出发，或者通过精心的实验，或者结合教育、教学的实际，对学习迁移发生的原因、过程以及影响因素等方面进行了研究和说明，形成了众多关于学习迁移的理论或观点。

1. 形式训练说

最古老的迁移理论应首推"形式训练说"(theory of formal discipline)，它由德国的沃尔夫(Wolff)提出，该学说以"官能心理学"(faculty psychology)为基础，因此也有人称其为"官能说"。形式训练说的基本观点包括以下内容。

(1) 个体心理的组成成分是各种官能。形式训练说认为，人的各种活动都由相应的官能所主宰，各种官能分别从事不同的活动。例如，利用记忆官能进行回忆活动，利用思维官能从事思维活动。人的心理由意志、记忆、思维、推理等各种分立的官能组成，它们遵循着用进废退的原则。迁移要经过一个"形式训练"的过程才能产生。对官能的训练就如同对肌肉的训练一样，通过练习才能得到发展和加强。如果一种官能在某种学习情境中得到改造，就可在与该官能有关的所有情境中自动地起作用，从而表现出迁移的效应。例如，记忆官能增强后，可以更好地学会和记住各种东西。

(2) 心理是由各种成分组成的整体，一种官能的改进会加强其他所有官能。形式训练说认为，各种官能不仅可以一个个孤立地加以训练使其提高或增多，而且一种官能经过训练得以增强后能自动强化其他官能的作用。心理的各种官能，可由一种科目或一种题材受到训练而产生迁移，并使整体都得到发展。

(3) 教学最重要的目标就是训练和改进心理的各种官能。形式训练说认为，训练迁移的学习内容并不重要，重要的是所学的东西的难度及其训练价值。学习要收到最大的迁移效果，就应该经历一个"痛苦"的过程，即锻炼的项目越困难，官能得到的训练就越多；学校作业越难，学习就越有效。

形式训练说在欧洲和北美盛行了200多年，在国内外教学实践中至今还发挥着一定的作用。形式训练说重视学习的迁移，强调能力的培养和训练。这种观点不仅对后来的学习迁移理论研究有很大的影响，而且还在教育领域形成了"形式教育说"。但是，该理论也有许多缺陷，如心理的各种官能是否能够通过训练得到提升，并自动迁移到以后的学习活动中？学生的学习内容是否真的不重要？训练和提升各种学习官能能否脱离学习内容而进行？在回答这些问题上，该学说还缺乏充分的科学依据。19世纪末20世纪初，一些心理学家通过实验对形式训练说提出了质疑。

2. 共同要素说

共同要素说(identical elements theory)又称相同要素说，是19世纪末20世纪初在大量实验基础上，由美国著名心理学家桑代克(E. L. Thorndike)和伍德沃斯(R. S. Woodworth)提出，是对形式训练说的一种挑战。

1) 实验研究

许多心理学家纷纷设计严密的实验，从各种角度开展迁移问题的研究，其中最有影响的是桑代克的研究。桑代克首先在形状知觉方面进行迁移训练的实验研究。1901 年，他以大学生为被试，训练他们判断各种大小和形状不同的图形的面积，结果发现，经过 90 个平行四边形面积判断的训练，被试对矩形面积的判断成绩明显提高了，但他们对三角形、圆形和不规则图形面积的判断成绩并没有提高。此外，桑代克在长度估计实验中，让被试估计 2.5~4cm 长的线段，经过练习取得一定进步后，再让被试估计 15~30cm 长的线段。结果发现，其长短估计能力并不因先前的训练而有所增进。在注意和记忆方面，桑代克也做过类似实验，同样发现，在注意和记忆方面的训练并未能迁移到不相似的活动中去。桑代克进一步设想：让学生选学某些特殊课程，并经过较长时间的训练，是否能提高学生的一般智力呢？为此他在 1924 年和 1927 年做了两次规模很大的实验。受试的学生达 13 000 多人，学生分别选修的科目包括几何、拉丁语、公民课、戏剧、化学、簿记和法语，学习时间为 1 年。实验测验了学生学习这些科目前后的智商变化，结果并未发现某些学科对改善学生智力特别有效。

桑代克的实验结果显然与形式训练说的迁移理论不相符。他的实验结果证明，特殊的训练确实存在一定的迁移，但只是特殊经验的事实、技能、方法乃至态度的迁移。特殊的训练并不能由此而提高一般的观察力、记忆力、注意力等。桑代克根据这些实验的结果指出，之所以产生迁移，是因为练习课题与迁移课题之间具有共同的要素。因此，练习任务与测验任务越接近，测验任务的成绩越好。

2) 共同要素说的基本观点

在实验的基础上，桑代克提出了迁移的共同要素说，后来又被伍德沃斯(R. S. Woodworth)修改为共同成分说(common components theory)。伍德沃斯认为只有当学习情境和迁移测验情境存在共同成分时，一种学习才能影响另一种学习，即才会产生学习的迁移。桑代克认为，只有当两种心理机能具有共同成分作为因素时，一种心理机能的改进才能引起另一种心理机能的改进；迁移是非常具体的、有条件的，要有共同的要素。

3) 共同要素说的理论价值及现实意义

共同要素说在学习迁移方面开展了大量的实验研究，揭露了形式训练说的缺陷，推动了学习迁移的实验研究进程。共同要素说揭示了迁移现象中的一些事实，对学习迁移的研究和实际教学产生了积极影响，使学校教学脱离了单纯注重形式训练而不考虑实际生活的状况，并开始在课程设置和教学内容安排上注重知识的实际应用。但该理论从联结主义的观点出发，仅强调学习内容间元素的简单对应关系，只关注学习情境对学习迁移的影响，却忽略了主观因素的作用，将学习迁移局限在一个狭义的圈子里。同时，在关注情境中相同要素的积极迁移时，忽略了一种学习对另一种学习可能产生的干扰作用。此外，共同要素说只能机械化地解释具体的特殊迁移，难以揭示复杂学习迁移的本质，因而存在一定的局限性。

3. 概括化理论

概括化理论(generalization theory)，亦称经验类化(泛化)说，由美国心理学家贾德(Judd)提出，强调原理、原则的概括对迁移的作用，并做了大量的实验加以验证。

1) 实验研究

贾德于 1908 年进行过一个很著名的"水下击靶"实验，这个实验被看作是概括化理论的经典实验。该实验以小学五、六年级学生为被试，根据教师的评定把他们分为能力相等的甲、乙两个组，让他们射击置于水中的靶子。甲组事前学习光学折射原理，乙组则不学。最初射击潜于水下3cm的靶子时，这两个组的成绩基本相同，说明理论不能代替实际的练习。但当情境改变，将靶子置于水下10cm时，学习了光学折射原理的甲组学生，无论在速度，还是在准确度上，都大大超过没有学过光学折射原理的乙组学生。贾德认为这是由于经过原理学习的学生对不同深度的目标可以做出更适当的调整，将折射原理概括化，并运用到特殊情境中去。

2) 概括说的基本观点

根据其实验研究，贾德强调原理、原则的概括对迁移的作用，认为在前期学习中所获得的东西，之所以能迁移到后期的学习中，是因为在前期学习时获得了一般原理。根据这一理论，两个学习活动之间存在的共同成分只是产生迁移的必要前提，而产生迁移的关键是学习者在两种活动中概括出它们之间的共同原理，学习者概括水平越高，迁移的可能性越大。贾德十分强调经验概括化的重要性，认为学生需要先掌握原理，形成类化，才能迁移到具体的类似的活动中去。掌握原理是学习迁移发生的一个先决条件。

3) 概括说的理论价值及现实意义

贾德的概括化理论强调学习者掌握有关的原则和原理，这是对共同要素说的发展。它揭示了学习迁移的关键原因在于两种学习遵循共同的原理，而不仅仅是相同的成分，从而使学习迁移范围大为扩展。另外，概括不是一个自动的过程，而是与教学方法有密切的关系，即同样的教材内容，由于教学方法不同，教学效果也会有很大差异，迁移效应也会大不相同。因此，在教学过程中，教师应注重引导学生对学习材料进行广泛的概括，寻找导致学习迁移的共同原理和原则。

4. 认知结构迁移理论

自20世纪60年代以来，由于认知心理学的兴起，学习迁移的研究也较多地集中到知识学习迁移上来。其中研究最多的是认知结构与学习迁移的关系问题。1963年，美国心理学家奥苏伯尔(D. P. Ausubel)在有意义言语学习理论的基础上提出认知结构迁移理论，其基本观点包括以下内容。

1) 一切有意义的学习必然包括迁移

奥苏伯尔认为，一切新的有意义学习都是在原有学习基础上产生的，不受学习者原有认知结构影响的有意义学习是不存在的。一切有意义的学习必然包括迁移，迁移是以认知结构为中介进行的，先前学习所获得的新经验，通过影响原有认知结构的有关特征，从而影响新学习。

2) 认知结构变量是影响学习迁移的重要因素

认知结构即学生头脑里的知识结构。广义地说，认知结构是学生已有的观念的全部内容及其组织；狭义地说，认知结构是学生在某一学科的特殊知识领域内的观念的全部内容及其组织。学生的认知结构各有特点，主要表现为认知结构变量各异。认知结构变量，是指个人认知结构在内容和组织方面的特征。奥苏伯尔提出了三个主要的影响有意义学习和迁移的认知结构变量：认知结构的可利用性、认知结构的可辨别性、认知结构的稳定性。

(1) 认知结构的可利用性：是指面对新知识的学习时，学习者原有认知结构中是否具有用来同化新知识的适当观念。认知结构中如果具有处于较高抽象、概括水平的观念，就会给新的学习提供最佳关系和固定点，从而产生类属学习、总括学习或者并列结合学习。如果学习者的认知结构中没有适当的、起固定作用的观念可以用来同化新知识，那么，个体往往只能进行机械学习，新知识不能有效地被固定在认知结构中，从而引起不稳定的和含糊的意义。

(2) 认知结构的可辨别性：是指面对新知识的学习时，学习者能否清晰分辨新旧知识间的异同。这一特征涉及新学习的知识与同化它的相关知识的可分辨度，两者的可分辨程度越高，越有助于迁移，同时还能避免因混淆而带来的干扰。

(3) 认知结构的稳定性：是指面对新知识的学习时，用来同化新知识的原有知识是否已被牢固掌握。这一特征是指同化新知识的原有知识的巩固程度。原有知识巩固程度越高，越有助于迁移。

如果学生在某一领域的认知结构越具有可利用性、可辨别性和稳定性，那么就越容易导致正迁移的发生。如果他的认知结构是不稳定的、含糊不清的、无组织的或组织混乱的，就会抑制新材料的学习和保持或导致负迁移。奥苏伯尔的认知结构迁移理论代表了利用认知观点来解释迁移的一种主流倾向。

3) 认知结构迁移理论的价值

相较于传统的学习迁移理论，奥苏伯尔的认知结构迁移理论更为科学和完善，能更令人信服地阐释迁移的实质。其理论价值及实践意义体现在：①对学习迁移的研究更接近学校实践。传统的学习迁移理论多在实验室中孤立地研究，且研究更多地集中在简单的或操作性的学习迁移方面。认知结构迁移理论指出，一切有意义的学习都涉及迁移。在教学中，可以通过改革教材内容和呈现方式等来改进学生的原有认知结构变量，以达到迁移的目的。②迁移是以认知结构为中介进行的。传统迁移理论认为，先后学习的两个课题在刺激和反应方面存在的相似程度决定迁移是否发生及迁移量的多少；而认知结构迁移理论认为，迁移是以认知结构为中介进行的，影响学习者原有认知结构的有关特征，从而间接影响新的学习，决定迁移的应该是学习者在一定知识领域内的认知结构的组织特征，如清晰性、稳定性、概括性和包容性等。③对迁移效果的解释也更为广泛。奥苏伯尔认为，无论是在接受学习还是在解决问题中，只要已形成的认知结构影响新的认知功能的地方，就存在迁移。

14.2.3 学习迁移与教学

"为迁移而教"是当前教育界推崇的口号。要实现"为迁移而教"的目标，就要了解影响迁移的因素，并以此为根据改进教学，以促进积极迁移的产生。

1. 影响学习迁移的因素

影响学习迁移的因素分为客观因素和主观因素。

1) 影响学习迁移的客观因素

(1) 学习材料的相似性。学习材料相似性是影响产生学习迁移的重要因素之一。学习材料之间的相似性主要由两种材料中含有的共同成分决定，较多的共同成分将产生较大的相似性，并导致迁移的产生。共同成分既可以是学习材料、学习中的环境线索、学习过程、学习目标、学习结果等方面的，也可以是态度、情感等方面的。早期的研究主要关注外在的刺激与外在的反应的相似性对迁移的影响,现代的研究对迁移中所需的内在心理特性的相似性也给予了充分的关注。迁移的产生既受到客观相似性的影响,也受到主观相似性的影响。

(2) 学习情境的相似性。学习情境如学习场所、环境的布置、教学或测验人员等条件的相似性,能不同程度地为学生提供有关原有学习的线索,促进学习或问题解决中迁移的出现。

(3) 教师的指导。教师在教学过程中,有意识地引导学生发现不同的知识之间或情境之间的共同点,启发学生去概括总结,指导学生运用已学到的原理知识去解决具体问题,要求学生将所学的知识举一反三,指导或教会学生如何学习,都有利于促进积极迁移的产生。

2) 影响学习迁移的主观因素

(1) 学生的分析与概括能力。学生分析与概括能力的高低是决定迁移能否产生的重要因素之一。分析与概括能力高的学生,能有效地根据自己已有的知识经验对当前复杂的问题进行分解,概括出问题所隐含的原理原则,从而加强对新旧知识之间关系的识别,促进积极迁移的产生。

(2) 学习的心向与定势。学习的心向是指学生随时将已学的知识经验迁移到新场合的心理准备状态。这种心向的产生有利于学习迁移的实现。定势的形成往往是由于先前的反复经验,会支配个体以同样的方式去对待后继的同类问题,正因如此,定势在迁移过程中也起到一定的作用。心向与定势通常是指的同一种现象,即先于一定的活动而又指向该活动的一种动力准备状态。它们对迁移的影响也分为两种:促进和阻碍。既可以成为积极的正迁移的心理背景,也可以成为负迁移的心理背景。

(3) 认知策略与元认知。学生在原有学习过程中能否形成一种有组织的、方法得当的思考方式或解决问题的方式方法,这也是影响迁移的一个重要因素。认知策略反映的是人类认识活动的规律性知识,一般带有很高的概括性,在应用时有很大的灵活性。心理学研究认为,要使认知策略的训练能够实现在多种任务情境中的迁移,一个重要的条件是提高学习者的元认知水平。

2. 促进学习迁移的教学

学生迁移能力的形成有赖于教学,促进迁移的有效教学应从以下几方面考虑。

1) 精选教材

要想使学生在有限的时间内掌握丰富的知识,教学内容就必须经过精心设计。教师应选择那些具有广泛迁移价值的科学成果作为教材的基本内容,而每一门学科中的基本知识(如基本概念、基本原理)、技能和行为规范具有广泛的适应性,其迁移价值较大。布鲁纳认为所掌握的内容越基本、越概括,则对新情况、新问题的适应性就越广,也就越能产生广泛的迁移。

2) 合理编排教学内容

精选的教材只有通过合理的编排才能充分发挥其迁移的效能,否则迁移效果就会很小,甚至阻碍迁移的产生。从迁移的角度来看,合理编排的标准就是使教材达到结构化、一体化、网络化。结构化是指教材内容的各构成要素具有科学的、合理的逻辑联系,能体现事物的各种内在关系，如上下、并列、交叉等关系。一体化是指教材的各构成要素能整合为具有内在联系的有机整体。为此，既要防止教材中各要素之间的相互割裂、支离破碎，又要防止相互干扰或机械重复。网络化是对一体化的引申，即教材各要素之间要有上下左右、纵横交叉的广泛联系，要突出各种基本经验的联结点、联结线，这既有助于了解原有学习中存在的断裂带或断裂点，也有助于预测以后学习的发展带、发展点，为迁移的产生提供直接的支撑。

3) 合理安排教学程序

教学程序是使有效的教材发挥功效的最直接的环节。合理编排的教学内容是通过合理的教学程序得以体现、实施的。无论是宏观的整体的教学规划，还是微观的每一节课的教学活动，都应依据迁移规律，处理好教学与学习的先后次序。在宏观上，教学中应将基本的知识、技能和态度作为教学的主干结构，并据此进行教学。在微观上，应注重学习目标与学习过程的相似性，或有意识地沟通具有相似性的学习。简言之，在教学过程中的每一个环节上都应努力体现迁移规律。

4) 教授学习策略，提高迁移意识

授人以鱼，不如授人以渔。这意味着仅教给学生组织良好的信息是不够的，还必须使学生了解在什么条件下迁移所学的内容、迁移的有效性如何。掌握必要的学习策略及其元认知策略是达到这一目标的有效手段。许多研究证明，学习策略及元认知策略具有广泛的迁移性，同时它们又能够提高学习者的迁移意识。结合实际学科的教学来教授有关的学习策略和元认知策略，不仅可以促进学生对所学内容的掌握，而且可以改善学生的学习能力，使学生学会学习，提高迁移的意识，从根本上促进迁移的产生。

复习思考题

1. 名词解释：学习策略、认知策略、元认知策略、资源管理策略、复述策略、精细加工策略、组织策略、元认知策略、计划策略、目标策略、监控策略、调节策略、学习迁移、正迁移、负迁移、横向迁移、纵向迁移、一般迁移、特殊迁移、顺向迁移、逆向迁移、同化性迁移、顺应性迁移、重组性迁移。
2. 认知策略主要有哪些？如何使用？
3. 元认知策略主要有哪些？如何使用？
4. 资源管理策略主要有哪些？如何使用？
5. 教师应如何对学生进行学习策略的训练？
6. 什么是学习迁移？学习迁移的意义和作用何在？
7. 形式训练说的主要观点是什么？共同要素说的主要观点是什么？
8. 简述概括说认知结构迁移理论。
9. 影响学习迁移的因素是什么？结合教学实践，谈谈如何促进学生正迁移的形成。
10. 结合素质教育与学生学习的实际，谈谈学习策略的意义。
11. 结合自身学习经验，谈谈如何应用所学的有关学习策略的知识。
12. 在教学上为什么提出"为迁移而教"？

教师资格证考试真题再现

一、单选题(每题2分)

1.(2019.05)晓春上课时把老师的讲解内容用自己的语言写在课本上,以加深对知识的理解。他采取的学习策略是( )。
   A.复述策略　　　　B.组织策略　　　　C.计划策略　　　　D.精加工策略

2.(2021.03)李利今天新学习了20个英文单词,放学后,他就一遍一遍地背诵,直至背会全部单词。这种学习策略属于( )。
   A.监控策略　　　　B.组织策略　　　　C.计划策略　　　　D.复述策略

3.(2021.10)晓杰在阅读课文时常常自我提问:我对课文表达的内容清楚了吗?我抓住课文的重点了吗?这种学习策略属于( )。
   A.复述策略　　　　B.组织策略　　　　C.计划策略　　　　D.监控策略

4.(2021.10)在教师的帮助下,小学生通过列提纲、画思维导图等方式进行学习,这种学习策略属于( )。
   A.计划策略　　　　B.元认知策略　　　C.组织策略　　　　D.资源管理策略

5.(2022.03)刘杰学过物理平衡的概念,促进了他对化学平衡概念的理解。这种迁移属于( )。
   A.负向迁移　　　　B.顺向迁移　　　　C.垂直迁移　　　　D.逆向迁移

二、辨析题(每题8分)

1.(2013.05)逆向迁移就是负迁移。

2.(2015.11)两种学习材料的相似度越高越容易产生正迁移。

3.(2018.11)学习材料的难度越大,越难以产生迁移。

4.(2020.11)顺向迁移就是正迁移。

5.(2021.03)后继学习对先前学习产生负迁移作用。

三、简答题(每题10分)

1.(2018.05)简述学习迁移的影响因素。

2.(2019.11)简述元认知策略的种类。

附录A 心理效应

心理效应在教育教学中有着不可低估的作用。如果我们在班级管理、教育教学中恰当运用心理效应，那么不仅能够提高教育工作的艺术性，而且也会增强教育教学的效果。通常说，"没有教不会的学生，只有不会教的老师"。一方面，作为教师，我们应该明白，那些所谓"学不会"的学生只是在学习中暂时遇到困难而已；另一方面，只有使学生在心理领域跨越学习的各种障碍，才有可能真正地改善教学效果。这就意味着，教师的任务不仅是按照教学进度推进教学，而且要时刻帮助学生消除负面、消极心理，战胜各种心理障碍，从而真正提高教学效率。下面介绍几种心理效应及其在教育教学中的作用，希望能带给大家一些有益的启示。

A.1 罗森塔尔效应

罗森塔尔效应(the Rosenthal Effect)，又称皮格马利翁效应，也称人际期望效应，是指教师对学生的真诚期待能戏剧性地收到预期效果的现象。

词语来源：1968年的一天，美国著名心理学家罗森塔尔(R. Rosenthal)和其助手到一所小学进行一个"未来发展趋势测验"，他们从一至六年级各选了3个班，对这18个班的学生进行7项实验。之后，罗森塔尔以赞许的口吻将一份"最有发展前途者"的名单交给了校长和相关教师，叮嘱他们务必要保密，以免影响实验的正确性。其实，罗森塔尔撒了一个"权威性谎言"，因为名单上的学生是随机挑选出来的。8个月后，罗森塔尔和其助手对那18个班级的学生进行复试，结果奇迹出现了：凡是上了名单的学生，个个成绩有了较大的进步，且性格活泼开朗，自信心强，求知欲旺盛，更乐于和别人打交道。

实验者认为，教师因收到实验者的暗示，不仅对名单上的学生抱有更高期望，而且有意无意地通过态度、表情、体谅和给予更多提问、辅导、赞许等行为方式，将隐含的期望传递给这些学生，学生则给老师以积极的反馈；这种反馈又激起老师更大的教育热情，维持其原有期望，并对这些学生给予更多关照。如此循环往复，以致这些学生的智力、学业成绩以及社会行为朝着教师期望的方向靠拢，使期望成为现实。

罗森塔尔的这个实验是受希腊神话启发的。这个神话的大意是说："塞浦路斯国王——皮格马利翁性情孤僻，为回避塞浦路斯妓女而一人独居。他善雕刻，孤寂中用象牙雕刻了一座表现他理想中女性的美女雕像，在雕像的长久陪伴下，使他竟对自己的作品产生了爱慕之情。他祈求爱神阿佛罗狄忒赋予雕像生命。阿佛罗狄忒被他的真诚爱情所感动，就使这座美女雕像活了起来。皮格马利翁遂称她为伽拉忒亚，并娶她为妻。"在这个神话中，皮格马利翁的期待是真诚的，是这种真诚打动了爱神，使其梦想成真，故罗森塔尔效应又称皮格马利翁效应。

罗森塔尔效应给我们的启示：①对一个人传递积极的期望，就会使他进步得更快，发展得更好；反之，向一个人传递消极的期望则会使他自暴自弃，放弃努力；②在生活、工作、学习中，不要吝惜对别人的赞美；③真诚、信任、赞美和期待具有一种能量，它能改变人的行为；④三百六十行，行行出状元，要善于发现自己和别人身上的闪光点；⑤你相信自己是什么样的人，你就能成为什么样的人。

罗森塔尔效应在教育教学实践中得到广泛应用。许多教师在教学实践中尝试运用，注意在教学活动的各个环节中表现出对学生的充分信任，并给予学生更多的肯定与鼓励，使学生树立起极大的学习信心，从而获得理想的教育效果。然而，也有不少教师抱怨说，自己也给予学生不少的表扬与肯定，但学生的热情就是提高不起来。问题到底出在哪里？是罗森塔尔效应失效了吗？笔者认为，这些教师可能是忽略了一个问题，即应用罗森塔尔效应需要满足一个关键条件——真诚期待。

那么，如何才能使自己的期待变得真诚呢？除了要树立正确的教育观和学生观外，教师必须从以下三个方面入手。

1. 蹲下身子看一看

不同的学生，其发展现状及发展潜力都是不一样的。教师如果高高在上，居高临下，以成人的要求、特优生的标准看待一般的学生，看到的永远只能是一无是处的学生。在这种情况下，要对学生真诚期待，谈何容易？

如果我们蹲下身子仰视学生，就会发现，其实学生是多么的了不起。如果教师真能蹲下身子看一看，学生在教师的心目中就会变得高大。有了这种感觉，教师对学生的肯定、鼓励就会发自内心，对他们的期待就会真诚，学生自然就能从教师的言谈举止中感受到这种真诚。

2. 换个角度想一想

学生都是有个性的，其发展的特点、能力、方向都不完全相同。比如，在小组合作学习中，一个小组中的几个成员，有的表现得非常活跃，有的则沉默不语。教师如果换个角度想一想，就会发现学生还真是很出色。有的学生善于组织，有的学生善于表达，有的学生喜欢倾听。换句话说，有的学生是帅才，有的学生则是将才，还有的学生是军师。这样一想，教师对学生的看法自然是欣赏，对学生的期待也就真诚了。

3. 搭个台子试一试

每一个学生都是具有发展潜力的，只是有时我们缺少伯乐的眼光，没有发现学生的种种潜质，也缺少可供千里马自由驰骋的天地，没有让学生的才能得以充分地展示。教师应该为学生搭建展示自己的平台，让学生在这些舞台上大显身手。学生的才能展示出来，教师对他们的认识就会更深一层，继而对学生增添更多的欣赏与喝彩，减少轻视与指责，在一言一行中流露出对学生的信任。

A.2　破窗效应

破窗效应(Broken Window Effect)，又叫破窗理论，是犯罪心理学的一个理论，原意是指如果一座房子的窗户破了，没有人去理会它，那么不久之后，其他的窗户也会被人打破。

此理论认为环境可以对一个人产生强烈的暗示性和诱导性，环境中的不良现象如果被放任存在，就会诱使人们仿效，甚至变本加厉。

词语来源：破窗效应来源于美国斯坦福大学心理学家菲利普·津巴多(Philip G. Zimbardo)曾经做过的一项有名的"偷车实验"：将两辆一模一样的轿车分别放在一个环境很好的中产阶级社区和一个环境比较脏乱的贫民区，结果发现：贫民区的车很快被偷走了；而另一辆放在中产阶级社区里的轿车几天后仍然完好无损。如果将放在中产阶级社区的那辆车的天窗玻璃打破，几个小时后，那辆车也被偷了。

在此实验基础上，美国政治学家威尔逊(J. Q. Wilson)和犯罪学家凯林(G. L. Kelling)于1982年提出了有名的破窗理论：如果有人打坏了一栋建筑上的一块玻璃，又没有及时修好，他人就可能受到某些暗示性纵容，去打碎更多的玻璃。

破窗效应体现的是：细节对人的暗示效果，以及细节对事件结果不容小觑的重要作用。该理论在教育中给我们的启示如下。

1. 教育工作者不要轻易给学生贴"破窗"标签

如果一名学生因为成绩不好或有些不良的行为习惯，就给他贴上一个"差生"或"坏学生"的标签，那么人们就会戴着有色眼镜看他，只要他犯了一点小错，就抓住不放。而这样做的结果，是使所谓的"差生"的逆反心理越来越强：反正你们都不拿我当好人看，我索性就跟你对着干，坏就坏到底吧！他就会出现破罐子破摔的想法。所以，教育工作者不要轻易贴标签，要注意保护学生的自尊心。

2. 及时修好"破窗"才是明智之举

学校中任何一种不良现象的存在，都在传递着一种信息，这种信息会导致不良现象的无限扩展，如果对这种现象熟视无睹或纠正不力，就会纵容更多的人"去打烂更多的窗户玻璃"。比如，学校一面墙上，如果出现一些涂鸦没有被清除掉，很快地，墙上就会被涂满乱七八糟的东西；学校里一个干净的地方，学生不好意思丢垃圾，但是一旦地上有垃圾出现，学生就会毫不犹豫地往那里扔垃圾。再如，在具体教育教学中，如果个别违纪学生没有被教育好，就可能会影响到其他学生；如果学生学习一个知识点的疑惑或遇到的一个难题没有被解决，就会有更多的疑惑和难题得不到解决。因此，我们在学校教育中，要懂得防微杜渐，将不好的苗头扼杀在萌芽状态，教育学生勿以恶小而为之，勿以善小而不为。我们不仅不能做第一个打烂窗户的人，也不能做第 N 个打破窗户的人，我们要努力做及时修复"第一扇窗户"的人。

总之，每件大事都由无数小事——细节构成，将细节尽量做到完美，将来的结果才有可能完美。人的一生也由无数细节组成，将小事做好，给他人留下美好印象，将来才会更美好。

A.3　鲇鱼效应

鲇鱼效应(the Catfish Effect)，原是指鲇鱼在搅动鱼生存环境的同时，也激活了鱼的求生能力。后来，鲇鱼效应是指采取一种手段或措施，刺激一些企业/组织活跃起来，投入到市场中积极参与竞争，从而激发市场中的行业活力。

词语来源：挪威人爱吃沙丁鱼，尤其是鲜活的沙丁鱼，渔民们如能将活的沙丁鱼带到市场，不仅能吸引人们争相购买，而且还可以卖出高价。为此，许多渔民想尽办法，但总不成功。然而有一条渔船却让沙丁鱼成功地活了下来，由于该船船长将其视为秘密，不准船员外泄，所以外人一直不知道其做法。待他去世后，奥秘才被揭开。原来他们在鱼槽中放了一条以沙丁鱼为食的鲇鱼，刚捕捞上船的沙丁鱼放入鱼槽后立即发现了鲇鱼，非常紧张，于是左冲右突，跳跃不停，这么一来，沙丁鱼活蹦乱跳地被运回渔港，从而使人们大饱口福，也使渔民有了丰厚的回报。这就是著名的"鲇鱼效应"。

鲇鱼效应在管理心理学中说明了人员流动的必要性和重要性。对于个人来讲，人员流动有助于激发人的干劲和潜力。流动会逼人开创新局面，做出新的成绩。许多人都是带着开拓精神流动到另一个单位去的，到了新单位以后往往会大显身手，充分展示自己的才能。对于群体来说，人员流动有助于激发群体成员的活力和竞争意识，从而提高工作效率。一个单位如果人员长期固定，就少了新鲜感和活力，容易产生惰性。加入一些"鲇鱼"来制造一种紧张氛围，自然就生机勃勃了。

鲇鱼效应在教育中有着很重要的借鉴意义。美国人在教育、培养孩子的独立性等个性品质方面，有许多值得我们借鉴的经验和做法。比如：孩子跌倒，父母不管，让他自己爬起来；父母要求几岁的孩子做家务劳动，如洗碗、扫地、洗衣服等；即使家庭经济状况很好，也鼓励孩子用自己的双手劳动挣钱，让孩子自己支付部分学习费用及其他费用；18岁以上的孩子，有不少人靠自己挣钱读书。有的人把钱赚够了才进学校读书，也有人一边打工，一边读书，或读读停停，用十几年时间拿个博士学位。孩子们认为，长这么大还伸手向父母要钱，很不光彩，会被人家瞧不起，说自己无能。这些做法尽管对我们中国父母来说还有些不可思议甚至"残酷"，但对孩子而言，有适当的压力，才会激发起他的斗志，才有利于培养孩子独立、自立。

A.4　蝴蝶效应

蝴蝶效应(the Butterfly Effect)，是指在一个动力系统中，初始条件下微小的变化能带动整个系统的长期的、巨大的连锁反应。

词语来源：美国麻省理工学院气象学家洛伦兹(Lorenz)为了预报天气，他用计算机求解仿真地球大气的13个方程式。为了更细致地考查结果，他把一个中间解取出，提高精度后再送回。当他喝了杯咖啡后回来再看时竟大吃一惊：本来很小的差异，结果却偏离了十万八千里！计算机没有毛病，于是，洛伦兹发现了微小差异导致的巨大反差，他用一个形象的比喻来表达这个发现：一只南美洲亚马孙河流域热带雨林中的蝴蝶，扇动几下翅膀，两周后在美国德克萨斯州可能就会引起一场龙卷风。这就是混沌学中著名的蝴蝶效应。

洛伦兹发现，由于误差会以指数形式增长，在这种情况下，一个微小的误差随着不断的推移造成了巨大差异的后果。在大气运动过程中，即使各种误差和不确定性很小，也有可能在过程中将结果积累起来，由此引起连锁反应，经过逐级放大，最终形成巨大的大气运动。该效应说明，事物发展的结果，对初始条件具有极为敏感的依赖性，初始条件的极小偏差，将会引起结果的极大差异。

蝴蝶效应在社会学界用来说明：一个坏的微小的机制，如果不加以及时地引导、调节，会给社会带来非常大的危害；一个好的微小的机制，只要正确指引，经过一段时间的努力，将会产生轰动效应。

蝴蝶效应之所以令人着迷、令人激动、发人深省，不仅在于其大胆的想象力和迷人的美学色彩，更在于其深刻的科学内涵和内在的哲学魅力。在孩子的成长道路上必然会遇到各种问题，这是成长的需要。作为父母，一定要注意并检查家教中的细枝末节，如果引导得好，可能会带来巨大的成功；如果引导得不好，可能造成无法挽回的后果。

A.5 霍桑效应

霍桑效应(the Hawthorne effect)，是指由于受到额外的关注而引起努力或绩效上升的情况。

词语来源：位于美国芝加哥市郊外的霍桑工厂是一个制造电话交换机的工厂，具有较完善的娱乐设施、医疗制度和养老金制度等，但工人们仍愤愤不平，生产状况也很不理想。为探求原因，1924年11月，美国国家研究委员会成立了一个由多方专家组成的研究小组，在该工厂开展一系列实验研究。

实验最开始研究的中心课题是生产效率与工作物质条件之间的相互关系。其中，有个"谈话试验"，用了两年多的时间，专家们找工人进行个别谈话两万余人次，规定在谈话过程中，要耐心倾听工人对厂方的各种意见和不满，并做详细记录；对工人的不满意见不准反驳和训斥。"谈话试验"收到了意想不到的结果：霍桑工厂的产量大幅度提高。这是由于工人长期以来对工厂的各种管理制度和方法有诸多不满，无处发泄，而"谈话试验"使他们这些不满都发泄了出来，从而感到心情舒畅，干劲倍增。社会心理学家将这种奇妙的现象称为"霍桑效应"。

霍桑效应给我们的启示是：人在一生中会产生数不清的意愿和情绪，但最终能实现、能满足的却为数不多。对那些未能实现的意愿和未能满足的情绪，切莫压抑克制下去，而要千方百计地将它宣泄出来，这样对人的身心和工作都有利。

霍桑效应在教育中也有重要作用。面对一节又一节课，一门又一门作业，一场又一场考试，学生们承受的心理压力越来越大，这些压力会积聚成学生的不满和懈怠。对此，教师可以运用霍桑效应，积极营造师生之间的交流机会。教师应该学会当一个平等、耐心的倾听者。有时只需耐心听完即可，有时只需表示理解和同情就够了，有时可给予认真的引导和说服。事实上，最让学生感动的是能够受到教师的真正重视，此时学生才会正视自己，树立信心，从而产生精神动力，努力完成学习任务。

扫码阅读：更多的心理效应

附录 B 心 理 测 验

B.1 症状自评量表(SCL-90)

【指导语】以下列出了有些人可能会有的问题，请仔细地阅读每一条，然后根据最近一星期以内下述情况影响您的实际感觉，在每个问题后标明该题的程度得分。其中，"没有"选1，"很轻"选2，"中等"选3，"偏重"选4，"严重"选5。

1. 头痛。　　　　　　　　　　　　　　　　　　　　1-2-3-4-5
2. 神经过敏，心中不踏实。　　　　　　　　　　　　1-2-3-4-5
3. 头脑中有不必要的想法或字句盘旋。　　　　　　　1-2-3-4-5
4. 头昏或昏倒。　　　　　　　　　　　　　　　　　1-2-3-4-5
5. 对异性的兴趣减退。　　　　　　　　　　　　　　1-2-3-4-5
6. 对旁人责备求全。　　　　　　　　　　　　　　　1-2-3-4-5
7. 感到别人能控制您的思想。　　　　　　　　　　　1-2-3-4-5
8. 责怪别人制造麻烦。　　　　　　　　　　　　　　1-2-3-4-5
9. 忘性大。　　　　　　　　　　　　　　　　　　　1-2-3-4-5
10. 担心自己的衣饰整齐及仪态的端正。　　　　　　　1-2-3-4-5
11. 容易烦恼和激动。　　　　　　　　　　　　　　　1-2-3-4-5
12. 胸痛。　　　　　　　　　　　　　　　　　　　　1-2-3-4-5
13. 害怕空旷的场所或街道。　　　　　　　　　　　　1-2-3-4-5
14. 感到自己的精力下降，活动减慢。　　　　　　　　1-2-3-4-5
15. 想结束自己的生命。　　　　　　　　　　　　　　1-2-3-4-5
16. 听到旁人听不到的声音。　　　　　　　　　　　　1-2-3-4-5
17. 发抖。　　　　　　　　　　　　　　　　　　　　1-2-3-4-5
18. 感到大多数人都不可信任。　　　　　　　　　　　1-2-3-4-5
19. 胃口不好。　　　　　　　　　　　　　　　　　　1-2-3-4-5
20. 容易哭泣。　　　　　　　　　　　　　　　　　　1-2-3-4-5
21. 同异性相处时感到害羞不自在。　　　　　　　　　1-2-3-4-5
22. 感到受骗，中了圈套或有人想抓住您。　　　　　　1-2-3-4-5
23. 无缘无故地突然感到害怕。　　　　　　　　　　　1-2-3-4-5
24. 自己不能控制地大发脾气。　　　　　　　　　　　1-2-3-4-5
25. 怕单独出门。　　　　　　　　　　　　　　　　　1-2-3-4-5
26. 经常责怪自己。　　　　　　　　　　　　　　　　1-2-3-4-5
27. 腰痛。　　　　　　　　　　　　　　　　　　　　1-2-3-4-5
28. 感到难以完成任务。　　　　　　　　　　　　　　1-2-3-4-5

29. 感到孤独。	1-2-3-4-5
30. 感到苦闷。	1-2-3-4-5
31. 过分担忧。	1-2-3-4-5
32. 对事物不感兴趣。	1-2-3-4-5
33. 感到害怕。	1-2-3-4-5
34. 您的感情容易受到伤害。	1-2-3-4-5
35. 旁人能知道您的私下想法。	1-2-3-4-5
36. 感到别人不理解您、不同情您。	1-2-3-4-5
37. 感到人们对您不友好，不喜欢您。	1-2-3-4-5
38. 做事必须做得很慢以保证做得正确。	1-2-3-4-5
39. 心跳得很厉害。	1-2-3-4-5
40. 恶心或胃部不舒服。	1-2-3-4-5
41. 感到比不上他人。	1-2-3-4-5
42. 肌肉酸痛。	1-2-3-4-5
43. 感到有人在监视您、谈论您。	1-2-3-4-5
44. 难以入睡。	1-2-3-4-5
45. 做事必须反复检查。	1-2-3-4-5
46. 难以做出决定。	1-2-3-4-5
47. 怕乘电车、公共汽车、地铁或火车。	1-2-3-4-5
48. 呼吸有困难。	1-2-3-4-5
49. 一阵阵发冷或发热。	1-2-3-4-5
50. 因为感到害怕而避开某些东西、场合或活动。	1-2-3-4-5
51. 脑子变空了。	1-2-3-4-5
52. 身体发麻或刺痛。	1-2-3-4-5
53. 喉咙有哽塞感。	1-2-3-4-5
54. 感到前途没有希望。	1-2-3-4-5
55. 不能集中注意。	1-2-3-4-5
56. 感到身体的某一部分软弱无力。	1-2-3-4-5
57. 感到紧张或容易紧张。	1-2-3-4-5
58. 感到手或脚发重。	1-2-3-4-5
59. 想到死亡的事。	1-2-3-4-5
60. 吃得太多。	1-2-3-4-5
61. 当别人看着您或谈论您时感到不自在。	1-2-3-4-5
62. 有一些不属于您自己的想法。	1-2-3-4-5
63. 有想打人或伤害他人的冲动。	1-2-3-4-5
64. 醒得太早。	1-2-3-4-5
65. 必须反复洗手、点数目或触摸某些东西。	1-2-3-4-5
66. 睡得不稳、不深。	1-2-3-4-5
67. 有想摔坏或破坏东西的冲动。	1-2-3-4-5

68. 有一些别人没有的想法或念头。	1-2-3-4-5	
69. 感到对别人神经过敏。	1-2-3-4-5	
70. 在商店或电影院等人多的地方感到不自在。	1-2-3-4-5	
71. 感到任何事情都很困难。	1-2-3-4-5	
72. 一阵阵恐惧或惊恐。	1-2-3-4-5	
73. 感到在公共场合吃东西很不舒服。	1-2-3-4-5	
74. 经常与人争论。	1-2-3-4-5	
75. 单独一个人时神经很紧张。	1-2-3-4-5	
76. 别人对您的成绩没有做出恰当的评价。	1-2-3-4-5	
77. 即使和别人在一起也感到孤单。	1-2-3-4-5	
78. 感到坐立不安、心神不定。	1-2-3-4-5	
79. 感到自己没有什么价值。	1-2-3-4-5	
80. 感到熟悉的东西变成陌生或不像是真的。	1-2-3-4-5	
81. 大叫或摔东西。	1-2-3-4-5	
82. 害怕会在公共场合晕倒。	1-2-3-4-5	
83. 感到别人想占您的便宜。	1-2-3-4-5	
84. 为一些有关性的想法而很苦恼。	1-2-3-4-5	
85. 您认为应该因为自己的过错而受到惩罚。	1-2-3-4-5	
86. 感到要很快把事情做完。	1-2-3-4-5	
87. 感到自己的身体有严重问题。	1-2-3-4-5	
88. 从未感到和其他人很亲近。	1-2-3-4-5	
89. 感到自己有罪。	1-2-3-4-5	
90. 感到自己的脑子有毛病。	1-2-3-4-5	

计分方法： SCL-90 测验结果处理

因 子	因子含义	项 目	T 分=项目总分/项目数	T 分
F1	躯体化	1、4、12、27、40、42、48、49、52、53、56、58	/12	
F2	强迫	3、9、10、28、38、45、46、51、55、65	/10	
F3	人际关系	6、21、34、36、37、41、61、69、73	/9	
F4	抑郁	5、14、15、20、22、26、29、30、31、32、54、71、79	/13	
F5	焦虑	2、17、23、33、39、57、72、78、80、86	/10	
F6	敌对性	11、24、63、67、74、81	/6	
F7	恐怖	13、25、47、50、70、75、82	/7	
F8	偏执	8、18、43、68、76、83	/6	
F9	精神病性	7、16、35、62、77、84、85、87、88、90	/10	
F10	其他	19、44、59、60、64、66、89	/7	

正常成人 SCL-90 的因子分常模

项 目	$\bar{x} \pm SD$	项 目	$\bar{x} \pm SD$
躯体化	1.37±0.48	敌对性	1.46±0.55
强迫	1.62±0.58	恐怖	1.23±0.41
人际关系	1.65±0.61	偏执	1.43±0.57
抑郁	1.50±0.59	精神病性	1.29±0.42
焦虑	1.39±0.43	阳性项目数	24.92±18.41

B.2 气质类型问卷

【指导语】下面 60 题可大致确定人的气质类型，在回答下列问题时，若与自己的情况"很符合"记 2 分，"较符合"记 1 分，"一般"记 0 分，"较不符合"记-1 分，"很不符合"记-2 分。

1. 做事力求稳妥，不做无把握的事。
2. 遇到可气的事就怒不可遏，把心里话全说出来才痛快。
3. 宁肯一个人干事，不愿很多人在一起。
4. 到一个新环境，很快就能适应。
5. 厌恶那些强烈的刺激，如尖叫、噪声、危险镜头等。
6. 和人争吵时，总是先发制人，喜欢挑衅。
7. 喜欢安静的环境。
8. 善于和人交往。
9. 羡慕那种善于克制自己感情的人。
10. 生活有规律，很少违反作息制度。
11. 在多数情况下情绪是乐观的。
12. 碰到陌生人感觉很拘束。
13. 遇到令人气愤的事，能很好地自我克制。
14. 做事总是有旺盛的精力。
15. 遇到问题常常举棋不定，优柔寡断。
16. 在人群中从不觉得过分拘束。
17. 情绪高昂时，觉得什么都有趣；情绪低落时，又觉得什么都没有意思。
18. 当注意力集中于一事物时，别的事情很难使我分心。
19. 理解问题总是比别人快。
20. 碰到危险情景时，常有一种极度恐慌感。
21. 对学习、工作、事业怀有很高的热情。
22. 能够长时间做枯燥、单调的工作。
23. 符合兴趣的事情，干起来劲头十足，否则就不想干。
24. 一点小事就能引起情绪波动。

25. 讨厌做那种需要耐心、细致的工作。
26. 与人交往不卑不亢。
27. 喜欢参加热烈的活动。
28. 爱看感情细腻,描写人物内心活动的文学作品。
29. 工作或学习时间长了,常感到厌倦。
30. 不喜欢长时间谈论一个问题,愿意实际动手干。
31. 宁愿侃侃而谈,不愿窃窃私语。
32. 别人说我总是闷闷不乐。
33. 理解问题常比别人慢些。
34. 疲倦时只要短暂休息就能精神抖擞,重新投入工作。
35. 心里有话,宁愿自己想,不愿说出来。
36. 认准一个目标就希望尽快实现,不达目的,誓不罢休。
37. 同样和别人学习、工作一段时间后,常比别人更疲倦。
38. 做事有些莽撞,常常不考虑后果。
39. 老师或师傅讲授新知识、技术时,总是希望他慢些,多重复几遍。
40. 能够很快地忘记那些不愉快的事情。
41. 做作业或完成一件工作总比别人花的时间多。
42. 喜欢运动量大的剧烈体育活动,或参加各种文艺活动。
43. 不能很快地忘记那些不愉快的事情。
44. 接受一个任务后,就希望把它迅速解决。
45. 认为墨守成规比冒风险强些。
46. 能够同时注意几件事物。
47. 当我烦闷的时候,别人很难使我高兴起来。
48. 爱看情节起伏跌宕、激动人心的小说。
49. 对工作抱认真严谨、始终一贯的态度。
50. 和周围人们的关系总是相处不好。
51. 喜欢复习学过的知识,重复做已经掌握的工作。
52. 希望做变化大,花样多的工作。
53. 小时候会背的歌词,我似乎比别人记得清楚。
54. 别人说我"出语伤人",可是我并不觉得自己这样。
55. 在体育活动中,常因反应慢而落后。
56. 反应敏捷,头脑机智。
57. 喜欢有条理而不甚麻烦的工作。
58. 兴奋的事常常使我失眠。
59. 教师讲新概念,常常听不懂,但是弄懂以后就很难忘记。
60. 假如工作枯燥无味,马上就会情绪低落。

【确定气质类型的方法】

(1) 将每题得分填入下表相应"得分"栏内。

(2) 计算每种气质类型的总得分数。

(3) 气质类型的确定方法：

① 如果某类气质得分明显高出其他三种，均高出 4 分以上，则可定为该类气质。其中，如果该类气质得分超过 20 分，则为该气质的典型类型；如果该类气质得分在 10~20 分，则为该气质的一般类型。

② 两种气质类型得分接近，甚至差异低于 3 分，而且又明显高于其他两种，高出 4 分以上，则可定为这两种气质的混合型。

③ 三种气质得分均高于第四种，而且接近，则为三种气质的混合型。

四种气质类型得分栏

胆汁质	题号	2	6	9	14	17	21	27	31	36	38	42	48	50	54	58	总分
	得分																
多血质	题号	4	8	11	16	19	23	25	29	34	40	44	46	52	56	60	总分
	得分																
黏液质	题号	1	7	10	13	18	22	26	30	33	39	43	45	49	55	57	总分
	得分																
抑郁质	题号	3	5	12	15	20	24	28	32	35	37	41	47	51	53	59	总分
	得分																

B.3　A 型行为问卷

【指导语】请回答下列问题，凡是符合您的情况的答"√"，凡是不符合您的情况就答"×"。每个问题必须回答，答案无所谓对与不对、好与不好。请尽快回答，不要在每道题上做太多思索。回答时不要考虑"应该怎样"，只回答您平时"是怎样的"就行了。

1. 我常力图说服别人同意我的观点。
2. 即使没有什么要紧事，我走路也很快。
3. 我经常感到应该做的事情很多，有压力。
4. 即使是已经决定了的事，别人也很容易使我改变主意。
5. 我常常因为一些事大发脾气或和人争吵。
6. 遇到买东西排长队时，我宁愿不买。
7. 有些工作我根本安排不过来，只是临时挤时间去做。
8. 我上班或赴约会时，从来不迟到。
9. 当我正在做事时，谁要是打扰我，不管有意无意，我都非常恼火。
10. 我总看不惯那些慢条斯理、不紧不慢的人。
11. 有时我简直忙得透不过气来，因为该做的事情太多了。
12. 即使跟别人合作，我也总想单独完成一些更重要的部分。
13. 有时我真想骂人。
14. 做事喜欢慢慢来，而且总是思前想后。

15. 排队买东西，要是有人加塞，我就忍不住指责他或出来干涉。
16. 我觉得自己是一个无忧无虑、逍遥自在的人。
17. 有时连我自己都觉得，我所操心的事远远超过我应该操心的范围。
18. 无论做什么事，即使比别人差，我也无所谓。
19. 我总不能像有些人那样，做事不紧不慢。
20. 我从来没想过要按照自己的想法办事。
21. 每天的事情都使我的神经高度紧张。
22. 在公园里赏花、观鱼等，我总是先看完，等着同来的人。
23. 对别人的缺点和毛病，我常常不能宽容。
24. 在我认识的人里，个个我都喜欢。
25. 听到别人发表不正确见解，我总想立即就去纠正他。
26. 无论做什么事，我都比别人快一些。
27. 当别人对我无礼时，我会立即以牙还牙。
28. 我觉得我有能力把一件事情办好。
29. 聊天时，我也总是急于说出自己的想法，甚至打断别人的话。
30. 人们认为我是一个相当安静、沉着的人。
31. 我觉得世界上值得我信任的人实在不多。
32. 对未来我有许多想法，并总想一下子都能实现。
33. 有时我也会说人家的闲话。
34. 尽管时间很宽裕，我吃饭也快。
35. 听人讲话或报告时我常替讲话人着急，我想还不如我来讲呢。
36. 即使有人冤枉了我，我也能够忍受。
37. 我有时会把今天该做的事拖到明天去做。
38. 人们认为我是一个干脆、利落、高效率的人。
39. 有人对我或我的工作吹毛求疵时，很容易挫伤我的积极性。
40. 我常常感到时间晚了，可一看表还早呢。
41. 我觉得我是一个非常敏感的人。
42. 我做事总是匆匆忙忙的，力图用最少的时间办尽量多的事情。
43. 如果犯错误，我每次都愿意承认。
44. 坐公共汽车时，我总觉得司机开车太慢。
45. 无论做什么事，即使看着别人做不好我也不想拿来替他做。
46. 我常常为工作没做完，一天又过去了而感到忧虑。
47. 很多事情如果由我来负责，情况要比现在好得多。
48. 有时我会想到一些坏得说不出口的事。
49. 即使受工作能力和水平很差的人所领导，我也无所谓。
50. 必须等待的时候，我总是心急如焚，像热锅上的蚂蚁。
51. 当事情不顺利时我就想放弃，因为我觉得自己能力不够。
52. 假如我可以不买票白看电影，而且不会被发觉，我可能会这样。
53. 别人托我办的事，只要答应了，我从不拖延。
54. 人们认为我做事很有耐性，干什么都不会着急。
55. 约会或乘车、船，我从不迟到，如果对方耽误了，我就恼火。

56. 我每天看电影，不然心里不舒服。
57. 许多事本来可以大家分担，可我喜欢一个人去干。
58. 我觉得别人对我的话理解太慢，甚至理解不了我的意思。
59. 我是个厉害的暴性子的人。
60. 我常常比较容易看到别人的缺点而不大容易看到别人的优点。

【计分及评估方法】

A 型行为问卷 60 题分三类：TH 为时间紧迫感，CH 为无端敌意各 25 问，L 为掩饰分 10 问，若 L 分过高则应考虑问卷无效。

L=　　　　TH=　　　　CH=

① L10 问，即答 8、20、24、43、56 的"是"和 13、33、37、48、52 的"否"各记 1 分。

② TH25 问，即答 2、3、6、7、10、11、19、21、22、26、29、34、38、40、42、44、46、50、53、55、58 的"是"和 14、16、30、54 的"否"各记 1 分。

③ CH25 问，即答 1、4、5、9、12、15、17、23、25、27、28、31、32、35、39、41、47、57、59、60 的"是"和 18、36、45、49、51 的"否"各记 1 分。

评估方法：CH+TH 得分＞28 分者为 A 型行为倾向。

B.4 焦虑自评量表(SAS)

【指导语】以下列出了有些人可能会有的问题，请仔细地阅读每一条，然后根据最近一星期以内下述情况影响您的实际感觉，在每个问题后标明该题的程度得分。其中，"从无/偶尔有"选 1，"很少有"选 2，"经常有"选 3，"总是如此"选 4。

1. 我觉得比平常容易紧张或着急。　　　　　　1-2-3-4
2. 我无缘无故地感到害怕。　　　　　　　　　1-2-3-4
3. 我容易心里烦乱或觉得惊恐。　　　　　　　1-2-3-4
4. 我觉得我可能将要发疯。　　　　　　　　　1-2-3-4
5. 我觉得一切都很好，不会发生什么不幸。　　1-2-3-4
6. 我的手脚发抖打颤。　　　　　　　　　　　1-2-3-4
7. 我因为头痛、颈肩痛和背痛而苦恼。　　　　1-2-3-4
8. 我感觉容易衰弱或疲乏。　　　　　　　　　1-2-3-4
9. 我觉得心平气和，并容易安静地坐着。　　　1-2-3-4
10. 我觉得心跳得很快。　　　　　　　　　　　1-2-3-4
11. 我因为一阵阵头晕而苦恼。　　　　　　　　1-2-3-4
12. 我有晕倒发作或觉得要晕倒似的。　　　　　1-2-3-4
13. 我吸气呼气都感到很容易。　　　　　　　　1-2-3-4
14. 我的手脚麻木和刺痛。　　　　　　　　　　1-2-3-4
15. 我因为胃痛和消化不良而苦恼。　　　　　　1-2-3-4
16. 我常常要小便。　　　　　　　　　　　　　1-2-3-4
17. 我的手脚常常是干燥温暖的。　　　　　　　1-2-3-4
18. 我容易脸红发热。　　　　　　　　　　　　1-2-3-4

19. 我容易入睡并且一夜睡得很好。　　　　　　　　1-2-3-4
20. 我容易做恶梦。　　　　　　　　　　　　　　　1-2-3-4

【结果分析】

SAS 的 20 个项目中，第 5、9、13、17、19 条共 5 个项目的计分，必须反向计算。将 20 个项目的各个得分相加，即得粗分，粗分乘以 1.25 以后取整数部分，就得到标准分。

B.5　抑郁自评量表(SDS)

【指导语】以下列出了有些人可能会有的问题，请仔细地阅读每一条，然后根据最近一星期以内下述情况影响您的实际感觉，在每个问题后标明该题的程度得分。其中，"从无/偶尔有"选 1，"很少有"选 2，"经常有"选 3，"总是如此"选 4。

1. 我感到情绪沮丧、郁闷。　　　　　　　　　　　1-2-3-4
2. 我感到早晨心情最好。　　　　　　　　　　　　1-2-3-4
3. 我要哭或想哭。　　　　　　　　　　　　　　　1-2-3-4
4. 我夜间睡眠不好。　　　　　　　　　　　　　　1-2-3-4
5. 我吃饭像平时一样多。　　　　　　　　　　　　1-2-3-4
6. 我的性功能正常。　　　　　　　　　　　　　　1-2-3-4
7. 我感到体重减轻。　　　　　　　　　　　　　　1-2-3-4
8. 我为便秘烦恼。　　　　　　　　　　　　　　　1-2-3-4
9. 我的心跳比平时快。　　　　　　　　　　　　　1-2-3-4
10. 我无故感到疲劳。　　　　　　　　　　　　　　1-2-3-4
11. 我的头脑像往常一样清楚。　　　　　　　　　　1-2-3-4
12. 我做事像平时一样不感到困难。　　　　　　　　1-2-3-4
13. 我坐卧不安，难以保持平静。　　　　　　　　　1-2-3-4
14. 我对未来感到有希望。　　　　　　　　　　　　1-2-3-4
15. 我比平时更容易激怒。　　　　　　　　　　　　1-2-3-4
16. 我觉得决定什么事很容易。　　　　　　　　　　1-2-3-4
17. 我感到自己是有用的和不可缺少的人。　　　　　1-2-3-4
18. 我的生活很有意义。　　　　　　　　　　　　　1-2-3-4
19. 假若我死了别人会过得更好。　　　　　　　　　1-2-3-4
20. 我仍旧喜爱自己平时喜爱的东西。　　　　　　　1-2-3-4

【评分方法】

20 个条目中有 10 项(第 2、5、6、11、12、14、16、17、18 和 20)是用正性词陈述的，为反序计分，其余 10 项是用负性词陈述的，按上述 1~4 顺序评分。抑郁严重程度指数按下列公式计算：抑郁严重程度指数=各条目累计分/80(最高总分)。指数范围为 0.25~1.0，指数越高，抑郁程度越严重。

扫码阅读：更多的心理测验

参 考 文 献

[1]阿德勒．心理与生活[M]．叶颂姿，刘乐群，译．上海：上海三联书店，2010．

[2]戴维·迈尔斯．社会心理学[M]．11版．侯玉波，乐国安，张智勇，等，译．北京：人民邮电出版社，2016．

[3]理查德·格里格，菲利普·津巴多．心理学与生活[M]．19版．王垒，等，译．北京：人民邮电出版社，2016．

[4]布罗克．中小学生注意缺陷多动障碍——识别、评估和治疗[M]．滕川，沈瑜，译．北京：中国轻工业出版社，2012．

[5]罗杰·霍克．改变心理学的40项研究[M]．5版．白学军，译．北京：人民邮电出版社，2010．

[6]安妮塔·伍尔福克．教育心理学[M]．12版．北京：清华大学出版社，2014．

[7] M. H. 鲍特文尼克．神话辞典[M]．黄鸿森，温乃铮，译．北京：商务印书馆，2015．

[8]艾森克．心理学——一条整合的途径[M]．阎巩固，译．上海：华东师范大学出版社，2005．

[9]蔡笑岳．心理学[M]．3版．北京：高等教育出版社，2014．

[10]车文博．西方心理学史[M]．杭州：浙江教育出版社，1998．

[11]陈琦，刘儒德．教育心理学[M]．2版．北京：高等教育出版社，2011．

[12]陈永明，张侃，李扬．二十世纪影响中国心理学发展的十件大事[J]．心理科学，2001，24(16)：718~720．

[13]冯忠良，伍新春，姚梅林．教育心理[M]．北京：人民教育出版社，2010．

[14]高觉敷．中国心理学史[M]．北京：人民教育出版社，2009．

[15]郭本禹．西方心理学史[M]．2版．北京：人民卫生出版社，2013．

[16]郭秀艳，杨治良．实验心理学[M]．北京：人民教育出版社，2009．

[17]何兰芝，罗萍．心理学[M]．武汉：华中师范大学出版社，2015．

[18]黄希庭．心理学导论[M]．2版．北京：人民教育出版社，2007．

[19]教师资格认定考试编写组．教师资格认证及师范类毕业上岗考试辅导教材：教育心理学[M]．北京：北京师范大学出版社，2008．

[20]兰继军．心理学概论[M]．徐州：中国矿业大学出版社，2010．

[21]李伯黍，燕国材．教育心理学[M]．3版．上海：华东师范大学出版社，2010．

[22]李小平．新编基础心理学[M]．南京：南京师范大学出版社，2005．

[23]梁宁建．心理学导论[M]．上海：上海教育出版社，2006．

[24]林崇德．发展心理学[M]．2版．北京：人民教育出版社，2009．

[25]林丰勋．教育心理学[M]．济南：山东大学出版社，2008．

[26]林丰勋．教育知识与能力(中学)[M]．济南：齐鲁书社，2015．

[27]刘昌．生理心理学[M]．北京：高等教育出版社，2012．

[28]吕炳君，何兰芝．在新课标关照下关注学习策略的教学[M]．西安：陕西师范大学出版社，2012．

[29]莫雷．教育心理学[M]．北京：教育科学出版社，2010．

[30]莫雷．心理学[M]．北京：北京师范大学出版社，2014．

[31]彭聃龄．普通心理学(修订版)[M]．北京：北京师范大学出版社，2004．
[32]皮连生．教育心理学[M]．4版．上海：上海教育出版社，2011．
[33]全国十二所重点师范大学联合编写．心理学基础[M]．2版．北京：教育科学出版社，2008．
[34]沈德立，阴国恩．基础心理学[M]．2版．上海：华东师范大学出版社，2010．
[35]沈政，林庶芝．生理心理学[M]．北京：北京大学出版社，2014．
[36]汤宜朗，许又新．心理咨询概论[M]．贵阳：贵州教育出版社，1999．
[37]唐钺．西方心理学史大纲[M]．北京：北京大学出版社，2010．
[38]王甦，汪安圣．认知心理学[M]．2版．北京：北京大学出版社，2006．
[39]王有智，欧阳仑．心理学基础：原理与应用[M]．2版．北京：首都经济贸易大学出版社，2006．
[40]许又新．神经症[M]．2版．北京：北京大学医学出版社，2008．
[41]许又新．心理咨询与治疗原理及实践[M]．北京：北京大学医学出版社，2007．
[42]叶浩生．西方心理学史[M]．北京：开明出版社，2012．
[43]叶奕乾，何存道，梁宁建．普通心理学[M]．4版．上海：华东师范大学出版社，2010．
[44]叶奕乾，祝蓓里，谭和平．心理学[M]．5版．上海：华东师范大学出版社，2016．
[45]叶奕乾．现代人格心理学[M]．2版．上海：上海教育出版社，2011．
[46]张承芬．教育心理学[M]．2版．济南：山东教育出版社，2010．
[47]张春兴．现代心理学——现代人研究自身问题的科学[M]．3版．上海：上海人民出版社，2009．
[48]张大均．教育心理学[M]．北京：人民教育出版社，2005．
[49]郑雪．人格心理学[M]．广州：暨南大学出版社，2007．
[50]麦格劳·希尔编写组．妙趣横生的心理学[M]．2版．王芳，等，译．北京：人民邮电出版社，2015．